P9-ECL-267

TOUJOURS PLUS !

FRANÇOIS DE CLOSETS

TOUJOURS PLUS !

FRANCE LOISIRS
123, boulevard de Grenelle, Paris

Édition du Club France Loisirs, Paris,
avec l'autorisation des éditions Grasset & Fasquelle

ISBN : 2-7242-1586-9

I

L'INÉGALITÉ FRANÇAISE

Tare de notre société, source de tous nos maux, l'inégalité française est si naturellement « excessive » que, de 54 millions de Français, elle fait 54 millions de défavorisés. Les hommes politiques se doivent d'en souhaiter la réduction. Pour avoir manqué à cette obligation, la droite perdit les élections en 1981. Pour avoir promis d'en venir à bout, la gauche fut portée au pouvoir. Bref, « la revendication d'égalité est devenue institutionnelle », comme dit Jean Fourastié. Touchante unanimité.

L'évidence s'impose : les uns sont trop riches, les autres trop pauvres. La solution coule de source : il faut prendre aux premiers pour donner aux seconds. Cela « crève les yeux ». C'est bien ce qui m'inquiète. Je me méfie toujours de ces éblouissantes clartés qui obscurcissent la vision. Quand une idée se prête d'aussi bonne grâce aux discours, aux dénonciations et aux slogans, lorsqu'elle offre si opportunément un bouc émissaire réconciliateur, il y a gros à parier que l'aveuglement collectif a transformé l'erreur la plus communément admise en vérité première.

J'ai, comme tant d'autres, dénoncé le trop inégal partage de l'argent. Je ne vais donc pas condamner aujourd'hui ce que je prônais hier. Le pouvoir socialiste ne peut être qu'approuvé et soutenu, dans sa volonté de réduire l'écart entre les mieux nantis et les plus démunis des Français. Nulle équivoque sur ce point. Mais en un domaine aussi délicat, ni les bonnes intentions ni les fermes résolutions ne suffisent à garantir le résultat.

La guérison de l' « inégalopathie » française suppose un diagnostic correct, débouchant sur un traitement approprié. Tel ne me paraît pas être le cas aujourd'hui. Je crains que des remèdes inadéquats, appliqués à contresens et à contretemps, ne déplacent le mal sans le faire disparaître et ne dégradent la santé au lieu de la restaurer. Au terme du traitement, les privilèges auraient changé de nature et de titulaires, tandis que les Français se retrouveraient plus pauvres pour s'être voulus plus égaux.

Du discours sur la solidarité, les Français n'ont encore entendu que la première partie : la redistribution monétaire entre riches et pauvres. Elle les satisfait, mais ils savent au fond d'eux-mêmes qu'elle ne résout en rien les problèmes de l'heure. Ni le gouvernement Barre, ni le gouvernement Mauroy n'ont osé parler de la solidarité face à la crise, celle qui met en cause la France moyenne et ses avantages. Chacun pressent que tôt ou tard il faudra en venir là et c'est pourquoi le malaise ressenti avec la majorité libérale est si vite réapparu avec la majorité socialiste. C'est précisément de cela qu'il sera question tout au long de ce livre. Il importe que les Français sachent clairement ce qu'ils devinent confusément en attendant que les faits contraignent leurs gouvernants à renoncer aux actuels faux-fuyants.

L'épreuve de vérité s'annonce rude pour une société qui, sous couvert de justice, s'efforce surtout de maintenir la paix avec les plus puissantes corporations. De ce point de vue, le changement n'a encore porté que sur les groupes dominants et non sur le système. C'est cette « opération-vérité » que je voudrais donc tenter ici et elle risque de ne plaire à personne : il n'est rien de si hargneux qu'un vrai riche tiré de l'ombre, qu'un faux pauvre dépouillé de ses guenilles ou qu'une corporation reconnue dans ses privilèges. Mais peut-on sérieusement croire qu'on corrigera les inégalités sans fondements si l'on n'en prend pas l'exacte mesure, si l'on ne met pas à nu les mécanismes cachés qui les engendrent et les reproduisent ?

En dépit d'une littérature surabondante, ce travail préalable n'a toujours pas été fait. Toutes les dénonciations s'en tiennent à des modèles inexacts qui déforment systématiquement la réalité. A l' « inégalité française » il faut d'abord tordre le cou — nous verrons alors ce que pourrait être une certaine idée de l'égalité entre les Français.

Celle-ci, n'en déplaise à notre devise nationale, n'est pas la référence. La preuve en est que l'égalitarisme est rejeté sous toutes ses formes et que l'inégalité n'est condamnée que dans ses outrances. C'est donc la justice qui doit servir de norme suprême, laquelle admet certains écarts entre les individus. Le tout est de savoir dans quelle mesure et pour quelles raisons certains Français peuvent être « plus égaux que d'autres » sans attenter à l'équité. Trois questions simples peuvent guider notre démarche : « qui ? », « quoi ? », « pourquoi ? ».

A la première on répond ordinairement en regroupant les Français, soit en fonction de leur richesse, soit par grandes catégories socio-professionnelles, les « C.S.P. » des statisticiens. On parlera donc de l'écart entre les 10 p. 100 plus riches et les 10 p. 100 plus pauvres ou entre les ouvriers et les cadres moyens. Première déformation de la réalité : ces catégories sont des fourre-tout qui ne servent qu'à dissimuler la diversité des Français.

La réponse au « quoi ? » ne fait aucun doute : c'est l'argent. Les Français ne se distinguent les uns des autres que par leur compte en banque. Nos statisticiens construisent des échelles de revenus sur lesquelles ils répartissent tantôt les individus, tantôt les « ménages », comme des hirondelles sur les fils télégraphiques. A chacun son barreau. Que ceux du bas montent de trois crans tandis que ceux du haut descendront de cinq, et tout sera dit. L'inégalité française enfin ramenée sur une seule portée retrouvera son harmonie. Plus de fausses notes.

Quant au « pourquoi ? », on ne s'en soucie guère. Un franc est un franc. Peu importe son origine ou son environnement. L'abstraction comptable permet de gommer les différences et d'additionner imperturbablement le bénéfice d'un paysan, le cachet d'un chanteur, les dividendes d'une héritière et le traitement d'un professeur.

Cette présentation simple, claire, permet d'appréhender commodément l'inégalité française d'un seul coup d'œil posé sur un graphique. Se fier à de tels documents pour conduire une politique est aussi aberrant qu'explorer l'Afrique en se guidant sur une carte du XVIe siècle. Certes, les quelques indications reportées sont à peu près exactes, mais elles sont si partielles qu'elles masquent l'essentiel.

Par opposition à ces statistiques monétaires, quelle est donc la véritable inégalité qui sépare les Français ? Sa première caractéristique est de n'être pas seulement financière. Oh ! l'argent est important et je n'ai garde de l'oublier. Seulement le « reste » ne l'est pas moins et il serait tout aussi grave de l'omettre. Mais autant la comptabilité est simple de par son unité de compte commune, autant l'inventaire du bric-à-brac de l'inégalité défie toute classification.

On y trouve pêle-mêle la rente de situation, les prix garantis, la sécurité de l'emploi, l'âge de la retraite, les horaires et les congés, la protection syndicale, la fermeture sur elle-même de la profession, le restaurant d'entreprise, les régimes fiscaux, les conditions de travail, les prêts bonifiés, les assurances maladie, les retraites complémentaires, les services sociaux, l'avancement à l'ancienneté, les possibilités de formation et promotion, la considération sociale, l'importance de la pension... C'est également, en négatif, le bruit, la crasse, la puanteur, le danger, la tension, la fatigue, la compétition, le mépris, la peur du licenciement, la crainte de la faillite, l'incertitude des revenus, l'absence de convention collective, le travail à la chaîne, de nuit, au rendement, par équipes de 3 × 8, la discipline de l'usine, la pression de la concurrence, la vie itinérante avec son véhicule : train, avion, camion, bateau, la certitude de ne pas trouver un emploi fixe, la perspective de faire jusqu'à soixante ans, sans promotion, le même travail. L'argent s'ajoute à tout cela de façon indissociable, mais il est essentiellement éphémère alors que ces biens sont généralement durables. La remise en question des situations monétaires par le mécanisme de la redistribution prouve bien qu'elles ne sont jamais acquises.

En d'autres temps, l'inflation, la faillite, le chômage se sont chargés de la besogne. Rien de tel avec les facteurs non monétaires. Ils sont frappés du sceau de l'éternité : « droits acquis ».

Qui oserait en retirer à certains pour en donner à d'autres ainsi qu'on fait pour l'argent ? Or les difficultés économiques présentes accroissent considérablement le coefficient d'incertitude qui hypothèque toute position purement financière. Par les temps qui courent, avec la crise qui menace et les ministres qui rôdent, le fric n'est plus sûr : seul le « hors-fric » conserve toute sa valeur. J'en parlerai donc, et abondamment, en dépit des obstacles de toute nature qui rendent ces réalités difficilement saisissables.

Si la propriété de l'argent est individuelle, il en va différemment de ces biens divers que je qualifie globalement de Facteurs Non Monétaires [F.N.M.], encore que certains consistent, directement ou indirectement, en des avantages financiers. C'est le cas de toutes les primes et gratifications, des régimes fiscaux particuliers — 5 p. 100 seulement d'agriculteurs sont réellement taxés, c'est-à-dire imposés au bénéfice réel et non au forfait —, des appartements et voitures de fonction — au moins 400 000 voitures en France —, des notes de frais pour repas d'affaires — au moins 100 millions de repas par an —, et ainsi de suite. Les sommes mises en jeu tant au niveau des particuliers que de la collectivité sont donc considérables.

Tous ces biens, cependant, sont de nature collective. Impossible de se faire reconnaître, pour soi tout seul, un statut professionnel, un régime fiscal ou des prix garantis. Il ne peut s'agir que d'un patrimoine commun, partagé par un groupe. On ne jouit de ces avantages, on ne pâtit de ces inconvénients que si d'autres les ont avec vous en communauté indivise.

De cette copropriété naît une sorte de complicité ou de fraternité d'autant plus étroite qu'en ce domaine, rien ne s'obtient que par l'action collective. Inutile de jouer seul, l'individuel n'a pas cours. Inutile également de miser sur la grande armée des « travailleurs », trop vaste et trop disparate pour mener efficacement les batailles revendicatives. Certes de grands progrès furent ainsi obtenus : élaboration d'une législation du travail et création de la Sécurité sociale, notamment. Mais il ne s'agit là que du plus petit commun dénominateur des Français et l'on peut espérer mieux. Beaucoup mieux. A condition, bien sûr, de tenir une position de force permettant d'ouvrir la chasse aux avantages.

Pour réussir l'opération, il faut que le groupe, arc-bouté sur ses moyens de pression, s'isole de l'ensemble et commence à agir pour son propre compte. C'est alors qu'il va engranger les plus substantiels bénéfices, d'autant plus larges qu'accordés à un groupe plus restreint.

Comme le constate Pierre Rosanvallon : « La société est de plus en plus segmentée, oligopolisée, balkanisée sous la pression de l'évolution des structures économiques [la segmentation du marché du travail] et des structures de négociation sociale [...] De son côté, l'Etat contribue également à corporatiser la société [...] L'Etat clientélaire commence à s'édifier dans l'Etat providence[1]. »

La segmentation se fait à plusieurs niveaux : secteur industriel, entreprise, service, catégorie socioprofessionnelle, profession, spécialisation... Il est bon, par exemple, de former un petit groupe privilégié, une « aristocratie » noyée dans un regroupement plus large et moins favorisé. La forêt cache le château. Ainsi, le tissu social se divise et se subdivise en une infinité de groupes et sous-groupes imbriqués les uns dans les autres.

L'image traditionnelle d'une société structurée par des solidarités horizontales et des inégalités verticales se trouve complètement diffractée par la multiplication des particularismes. Elle devient illisible. Cette opacité affecte tous les plans, celui des hommes, des intérêts, des moyens d'action. L'exacerbation du particulier dissout le général. On ne sait plus qui est qui, qui possède quoi : la corporatisation généralisée brouille les pistes et c'est dans un inextricable labyrinthe qu'elle abrite et protège les nouvelles inégalités.

Il est clair que ces regroupements créent des liens beaucoup plus forts que les solidarités sociales traditionnelles. Les Français se sentent peu concernés par les revendications communes à des millions de personnes. Les journées d'action pour la défense de la Sécurité sociale ou pour la lutte contre le chômage ne mobilisent guère que les appareils syndicaux. Ils ne retrouvent leur pugnacité que pour défendre leur corporation : chauffeur

1. *La Crise de l'Etat providence*, Pierre Rosanvallon, Seuil, 1981.

de taxi, viticulteur, instituteur ou salarié de telle ou telle entreprise...

Les agents de la nouvelle inégalité ne sont donc plus uniquement les Français pris individuellement, en fonction de leur richesse ou regroupés en C.S.P., mais une multitude de corporations : les unes très privilégiées et fort peu nombreuses — riches héritiers, notaires, pharmaciens, managers, trésoriers-payeurs généraux, etc. —, les autres plus peuplées et moins avantagées — céréaliers, électriciens ou cheminots, par exemple. Certaines se composent de salariés travaillant dans des secteurs ou des entreprises en pointe sur le plan du progrès social, d'autres rassemblent des travailleurs indépendants — qu'importe la condition, c'est l'avantage commun qui fait la corporation. Ce sera, à la limite, l'exemption fiscale, qui rend 3 500 Monégasques solidaires de leur prince ! Pour tous ces groupes, il n'est qu'une loi : obtenir davantage. Davantage d'avantages !

Mais qu'est-ce qu'une garantie en plus ou en moins, par rapport à l'abîme qui sépare le milliardaire du smicard ? Peu de chose assurément [et c'est la raison pour laquelle, dans toute lutte contre les inégalités, on doit commencer par attaquer l'argent], quelque chose, cependant, et dont l'importance multipliée par des millions de bénéficiaires peut devenir extrême : c'est pourquoi le progrès social ne saurait l'ignorer.

Toutefois, les deux systèmes de répartition sont découplés de telle sorte qu'ils peuvent évoluer de façon entièrement différente au sein d'une même société. Dans le Far West de légende, tout le monde, excepté les Indiens, a le droit minimum d'entreprendre et rien de plus. Ce sont les dollars et eux seuls qui font les différences. Dans bien des pays « socialistes », l'argent est réparti de façon à peu près équitable et c'est à travers les avantages non monétaires que certains citoyens deviennent beaucoup « plus égaux » que d'autres. Le progrès social doit donc se poursuivre sur les deux plans, faute de quoi il n'est qu'une mystification.

La réduction significative des inégalités financières entraîne presque inévitablement une restriction de l'activité marchande. L'argent, mieux distribué, tient un moindre rôle, c'est une loi générale. A l'inverse, la sphère des droits, avantages, garanties et services gratuits s'accroît considérablement. Du coup les inégalités qui s'y développent deviennent beaucoup plus significatives. Ainsi, la redistribution de l'argent, loin de réduire l'utilité de ce second partage, le rend-elle indispensable.

Contrairement aux apparences, la seconde de ces redistributions se heurte à des résistances beaucoup plus difficiles à surmonter que la première. Car il s'agit bien d'une « redistribution » et non d'une « distribution ». Ces biens n'existent qu'en quantité limitée : de même que la société ne saurait donner l'argent sans jamais en prendre, elle ne peut non plus étendre à tous les droits des plus favorisés. La première inflation qui résulterait de cette trop grande générosité précipiterait l'économie dans une surchauffe explosive, la seconde dans une paralysie mortelle. A trop renforcer les rigidités, on tuerait toute faculté d'adaptation, toute capacité de croissance. Dans un cas comme dans l'autre, il faut étaler la pénurie en toute équité et, à première vue, reprendre pour donner.

Le partage actuel des F.N.M. (Facteurs Non Monétaires) est aussi injuste que celui de l'argent, mais la redistribution ne suit pas ici les mêmes lois. Les sacrifices ne sont plus demandés à une petite minorité de riches, mais à la France moyenne beaucoup plus nombreuse. L'Etat partageur n'a plus en face de lui des particuliers, plus ou moins solidaires, mais des groupes fortement soudés. Les biens à répartir ne sont plus composés de richesses aisément mesurables et dont la propriété peut toujours être remise en question, mais de droits ou d'inconvénients extrêmement divers, difficilement évaluables et dont la possession semble de nature permanente.

Quant à la répartition des droits acquis, elle suit aujourd'hui une logique de puissance qui reflète très exactement les rapports de force entre les différents groupes sociaux. C'est une expression fidèle de la structure sociale. Car rien ne s'obtient qu'en fonction des moyens de pression. Les acquis des corporations mesurent leurs positions dans la société et leurs facilités d'organisation. Toute remise en cause se heurtera donc à des obstacles dont il sera difficile de venir à bout, puisque les mêmes moyens qui permirent d'arracher les avantages permettront également de les défendre.

Au jeu des Facteurs Non Monétaires, les gains ne sont jamais repris. Redistribuer dans de telles conditions, c'est accepter le risque de graves conflits sociaux ; quel gouvernement aura le courage de défier l'égoïsme des plus puissantes corporations, alors qu'il se heurte déjà à la virulente opposition des riches ?

Après ces premières constatations, nous pouvons déjà poser quelques lois de l'inégalité.

— Seule la prise en compte simultanée des Facteurs Monétaires et Non Monétaires permet de définir la condition des individus.

— L'inégalité s'observe à partir des corporations et imbrications de corporations qui s'organisent autour des avantages.

— La condition de chacun correspond autant à la puissance de sa corporation qu'à son mérite personnel. Cette puissance tient aux moyens de pression et aux possibilités d'organisation, et pas seulement au mérite ou à la combativité des intéressés.

— La répartition des F.N.M. suit des règles comparables à celles de la bataille pour l'argent, en sorte que les inégalités tendent à se cumuler d'un système à l'autre.

— Les inégalités monétaires sont donc généralement amplifiées et non pas corrigées par les F.N.M.

— Ceux qui touchent les plus basses rémunérations n'ont que des Facteurs Non Monétaires négatifs.

— Les corporations dont on entend beaucoup parler sont souvents celles qui ont beaucoup reçu. La misère est silencieuse.

— En période de crise, l'argent se dévalue et les droits se valorisent, en sorte que les secondes inégalités deviennent plus importantes que les premières.

— Toute réduction des inégalités monétaires accroît l'importance des inégalités non monétaires.

— Depuis quelques années, les inégalités monétaires tendent à se réduire et les inégalités non monétaires à s'accroître. Ce sont elles qui posent le plus grave problème de redistribution pour l'avenir.

— Les corporations, ayant intérêt à se faire plaindre plutôt qu'envier, défendent jalousement le secret sur leurs avantages.

D'un chapitre à l'autre, nous observons l'application de ces différentes lois dans notre société. Dans l'immédiat, faisons, avec ce petit guide en mémoire, une rapide excursion sociale en France — la France d'avant « le changement » s'entend — pour confronter ce schéma avec la réalité.

Première étape : visitons la Défense, le nouveau quartier d'affaires parisien avec ses tours du troisième millénaire. Ces ruches modernes ont un système nerveux : le téléphone et des milliers de braves petites abeilles qui s'activent pour donner à chacun son correspondant. « Société M... à votre service... Ne quittez pas, je vous prie... » La commodité statistique devrait permettre de regrouper en une même catégorie, non pas, peut-être, toutes les standardistes de France et de Navarre, mais certainement celles de la Défense qui travaillent à quelques centaines de mètres les unes des autres. Qu'en est-il, en fait ? Première surprise : elles ne gagnent pas toutes la même chose.

A la fin de 1980, la standardiste de la tour W... était payée 31 F de l'heure et celle de la tour F... 15,06 F seulement. Seconde surprise : leurs statuts diffèrent. Dans certaines tours, le personnel du standard téléphonique a toutes les garanties d'un contrat à durée indéterminée, cinq semaines de congés annuels, treizième et quatorzième mois, augmentation à l'ancienneté de 2 % par an, etc. ; dans d'autres, tout le monde est engagé sur la base de contrats d'un an, jamais transformés en engagements permanents. Ces situations peu stables ne s'accompagnent pas des avantages et des garanties dont un personnel statutaire peut seul jouir.

Comme vous ne l'avez pas forcément deviné, ce sont les standardistes de la tour W..., les mieux payées, qui bénéficient de garanties et celles de la tour F..., les plus mal rémunérées, qui vivent dans la précarité totale. Entre les deux, le statisticien fabriquera sans doute la « standardiste moyenne de la région parisienne » moyennement payée, moyennement avantagée.

Dans la réalité, c'est tout l'un ou tout l'autre. Si l'opératrice est intégrée dans la société qui la fait travailler, elle aura tout à la fois un salaire convenable et des conditions de travail décentes ; si elle est simplement louée ou engagée à temps, elle n'appartient pas à l'entreprise où elle travaille et ne jouit pas des avantages sociaux consentis au personnel. Statutaire bien payée ou précaire mal payée, les Facteurs Non Monétaires amplifient bien, on le voit, l'inégalité au lieu de la corriger.

Deuxième étape : un restaurant d'entreprise d'E.D.F. Les serveuses font toutes le même travail, dans le même établissement et pourtant... Avant les nouvelles dispositions sur la retraite, certaines pouvaient se reposer dès cinquante-cinq ans et d'autres devaient continuer jusqu'à soixante-cinq. Cependant, le patron n'avait rien d'un méchant capitaliste : c'était le comité d'entreprise d'E.D.F. géré par les syndicats, essentiellement la C.G.T. Pourtant, cet employeur d'un genre très particulier ne traitait pas sur le même pied ses 2300 salariés. A certains, il pouvait accorder un statut assez comparable à celui d'E.D.F., tandis qu'à d'autres, il n'avait à proposer qu'un contrat « classique » ne prévoyant pas cet avantage. La retraite précoce n'était d'ailleurs que l'un des nombreux Facteurs Non Monétaires dont bénéficiaient les uns et pas les autres.

Ainsi, voilà quelques années, le personnel employé par le comité d'entreprise d'E.D.F. s'est mis en grève pour obtenir de payer le courant à prix réduit, comme les agents statutaires qui venaient déjeuner au restaurant d'entreprise. Il fallut faire des acrobaties juridiques pour corriger cette anomalie. Les textes étaient formels. Ils prévoyaient que l'électricité devait être facturée 4 centimes le kWh à l'hôtesse d'accueil mais au prix fort à la serveuse de la cantine !

Autre étape, qui se situe toujours dans la région parisienne : une entreprise chimique. Voulant éviter de licencier, elle décida d'affecter au gardiennage des ouvriers spécialisés en surnombre. Rien de plus facile puisque ce service était assuré par une société extérieure. Il suffisait de rompre le contrat. Les vigiles perdraient leur emploi. Cela ne gênait ni l'entreprise ni la société prestataire de services qui, elle, pouvait licencier sans grands problèmes. Les O.S. maison allaient donc remplacer les gardes extérieurs et l'on préserverait la paix sociale.

Le directeur du personnel découvrit cependant que l'opération risquait de coûter fort cher. Cela peut surprendre, dans la mesure où l'utilisation du personnel maison faisait disparaître le profit de la société extérieure. Mais les nouveaux gardiens étaient protégés par la convention collective et le contrat d'entreprise, tandis que les anciens étaient corvéables à merci. Il n'était plus question de rémunérer les heures de nuit et les week-ends au tarif normal, de ne donner aucun avantage d'ancienneté, ni de treizième mois, ni rien. Alors que les différences de salaires bruts entre le gardien extérieur et l'O.S. maison ne s'élevaient guère à plus de 20 %, le remplacement revenait presque deux fois plus cher à l'entreprise !

Pour ce premier coup d'œil, je me suis volontairement cantonné au bas de l'échelle. Gardiennage, restauration collective, service aux entreprises utilisent souvent les laissés-pour-compte : femmes, jeunes, immigrés, travailleurs sans qualification. Hier ils parvenaient encore à s'infiltrer dans des corporations plus larges et plus puissantes, profitant ainsi d'avantages conquis par plus forts qu'eux. Avec la crise, le jeu s'est durci. Les individus sans défense sont rejetés hors corporations. Marginalisés. Rendus à leur seule faiblesse, ils ne peuvent obtenir aucun F.N.M. de complément puisque ceux-ci ne compensent pas les inconvénients mais récompensent la force.

Il y a encore vingt ans, l'ensemble des gens travaillant pour une entreprise partageaient le même sort. Aujourd'hui, il est naturel de faire appel à une société extérieure. Désormais, le travailleur garanti semble coûter trop cher.

A la Défense, on balance entre les deux formules. Les copropriétaires de l'une des deux tours évoquées, qui sont tous des entreprises offrant de nombreux avantages à leurs salariés, ont accepté de payer le prix nécessaire pour offrir des conditions de travail satisfaisantes aux standardistes. Dans la seconde tour, d'autres sociétés copropriétaires ont voulu faire des économies. Elles ont imposé au syndic — le même dans les deux cas — de faire appel à une société extérieure qui, en exploitant davantage son personnel, peut assurer le service à un moindre coût.

Il s'agit là d'une tendance générale que l'on observe en France depuis le début de la crise. Nous reviendrons longuement sur cette évolution qui introduit dans le monde français du travail une division radicale telle qu'il n'en a jamais existé auparavant. Voilà donc mises en pratique un certain nombre de nos lois : l'amplification des inégalités monétaires par les F.N.M., l'adjonction aux plus basses rémunérations de F.N.M. purement négatifs, les différences de conditions en fonction de l'appartenance aux corporations.

A partir de ces exemples ponctuels mais significatifs on voit qu'un ordre se cache sous l'apparent désordre. Ce n'est pas le hasard, la tradition ou l'histoire qui donne à chacun son lot, moins encore un souci de justice. Cette organisation est fondamentalement perverse : elle suit des règles de cumul et non de compensation. La machine à corriger les inégalités que pourraient être les F.N.M. fonctionne à contresens : dans le meilleur des cas, les avantages et les inconvénients sont attribués au petit bonheur. Il arrive qu'à de très bas salaires correspondent des conditions de travail convenables, mais cela tient à la nature des fonctions et non à une quelconque volonté de justice. On n'ira pas jusqu'à inventer des servitudes pour punir le salarié d'être mal payé, mais c'est tout juste.

Tout en haut de l'échelle, l'équilibre des avantages monétaires et non monétaires peut être sensiblement différent malgré certaines apparences.

Alors qu'aux niveaux subalternes, ce sont les plus mal payés qui sont démunis de F.N.M., dans le monde des cadres supérieurs, c'est bien souvent le contraire. Ce sont les mieux payés qui se trouvent être les moins garantis. A ce stade, la précarité se nomme « goût du risque », dynamisme, sens de l'entreprise. C'est une vertu qui se monnaye. Ceux qui jouent ce jeu se voient récompensés par de hauts salaires, des primes, des avantages en nature et une promotion plus rapide. « Dans le privé, c'est moins sûr, mais on gagne plus », reconnaissent tous les élèves sortant des grandes écoles. De fait, à diplômes équivalents, on est mieux payé et moins garanti dans le privé que dans le public.

Pour ces hauts salariés, bien armés et qui ne se laisseraient pas flouer, le principe de compensation entre avantages monétaires et non monétaires s'applique à peu près correctement. Toutefois la situation risque de se retourner brutalement. Alors que les salariés à faible rémunération et hautes garanties traversent la crise sans encombres, les salariés à haute rémunération et faibles garanties sont frappés par le resserrement de l'éventail des salaires, l'insécurité croissante des emplois, l'alourdissement des impôts sur les hauts revenus enfin. Si cette évolution se poursuivait pendant plusieurs années, on arriverait à une nouvelle répartition dans laquelle, par exemple, le salaire d'un directeur commercial serait pratiquement ramené au même niveau que celui d'un professeur de faculté. Ce dernier, n'ayant rien perdu de ses avantages, jouirait alors d'une condition incomparablement supérieure.

Là encore, ce nouveau système d'inégalités ne devrait rien au hasard. Il n'est que d'observer la composition socioprofessionnelle de la nouvelle Assemblée nationale — professeurs, fonctionnaires — pour connaître les catégories sociales qui, demain, seront préservées et celles qui seront atteintes. Les forces sociales qui conduiront la redistribution monétaire étant généralement plus riches en F.N.M. qu'en argent, n'auront, pour l'essentiel, ni à payer, ni à recevoir, dans ce flux monétaire qui sera commandé par elles et circulera hors d'elles.

D'ores et déjà, des bouleversements considérables se sont opérés dans les classes les plus favorisées, changements qui iront en s'amplifiant.

Parmi mes camarades à l'Institut d'études politiques, je prendrai trois exemples, bien réels et qui caractérisent ces différentes situations. Premier cas, que j'appellerai Nicolas P. Dans la foulée de l'école, il est entré à l'E.N.A., en est sorti dans le corps du Conseil d'Etat. Nicolas m'a toujours semblé être le type même du technocrate — ce qui à mes yeux n'est nullement péjoratif. L'administration l'ennuie, le pouvoir le fascine. Il a donc commencé une carrière politico-administrative, sautant d'un cabinet ministériel à l'autre. Je l'ai retrouvé, au fil des années, conseiller technique d'un ministre de la Recherche, ou chef de cabinet d'un ministre de la Coopération, puis, en dernière position, directeur de cabinet d'un secrétaire d'Etat. Carrière classique, brillante, mais liée aux aléas de la vie politique.

Thierry F. a fait sa licence en droit, outre Sciences Po. Il entre en 1963 dans un grand organisme patronal. Habile, dynamique, efficace, il s'impose et réussit, en l'espace de dix ans, à devenir secrétaire général. A quarante ans, c'est un personnage important, influent, décoré, qui prépare son passage dans une des grandes sociétés de la chambre syndicale. A un poste de direction, bien entendu. Son salaire doit largement dépasser celui d'un conseiller d'Etat.

Quant à Pierre T., que j'ai connu à l'époque, je sais qu'il a obtenu par la suite une charge d'administrateur judiciaire. Je l'ai perdu de vue, mais j'eus de ses nouvelles par la presse en le voyant désigné comme administrateur judiciaire dans deux affaires importantes. Preuve qu'il était à la tête d'une charge considérable et qu'il devait gagner très confortablement sa vie.

La crise a succédé aux années de vaches grasses. Que sont-ils devenus ? Je n'ai suivi de près que le destin de Thierry F., mon ami. La chance a tourné pour lui au début des années 70. Dans les batailles d'intérêt qui opposaient les membres du syndicat, il a fait le mauvais choix. Il s'est retrouvé dans le camp des perdants. Acculé à la démission. Sans indemnités. Du coup il fut « grillé » dans le milieu et obligé de se reconvertir.

En 1975, les entreprises « dégraissaient », elles étaient peu disposées à engager un cadre supérieur sans expérience dans leur branche. Pour chaque place proposée se présentaient 300 candidats. « Même des polytechniciens et des H.E.C. répondent aux annonces. Les gens comme moi n'ont aucune chance. Pour s'en sortir, il faut un diplôme très fort, un piston extraordinaire ou une solide expérience à l'intérieur d'une même entreprise, pas dans une chambre patronale », m'expliquait-il à l'époque.

Après des mois de recherche infructueuse, il a accepté de s'installer en province pour devenir secrétaire général d'une moyenne entreprise. Six mois plus tard, le poste était supprimé à l'occasion d'une fusion. Thierry s'est retrouvé au chômage. Il y est resté près de deux ans et ne s'en est tiré qu'en acceptant un salaire inférieur — en francs constants — de 50 % à celui qu'il touchait auparavant. Tout a été dit sur l'horreur d'un chômage prolongé et tout cela, mon ami l'a vécu, avec divorce et infarctus en prime. A quarante-huit ans, c'est un homme brisé, déclassé, qui réapprend prudemment, presque peureusement à vivre. Un grand malade du chômage qui entreprend une très longue convalescence.

Pour Nicolas P., j'ai eu l'occasion de le revoir en juin 1981. Le naufrage giscardien avait laissé sur le sable son secrétaire d'Etat. Le directeur de cabinet avec. Piteux comme un patron dont l'entreprise vient de déposer son bilan, il faisait grise mine : « Je vais retourner au Conseil. Cela ne m'enthousiasme pas. D'autant qu'y retournant après une carrière à éclipses et sans appuis politiques, je n'y ferai rien de bien intéressant. Pas enthousiasmant. Et je gagnerai 5 000 F de moins par mois... sans compter tous les avantages... Enfin, chacun son tour. » Pauvre Nicolas P., j'ai compati à son infortune. A vrai dire, je n'ai pas été vraiment bouleversé.

Je n'ai jamais revu Pierre T. et n'ai jamais eu de ses nouvelles, mais j'ai toutes raisons de penser qu'il continue à prospérer. Dans sa profession bien fermée, bien protégée, il doit cultiver sa rente de situation à l'abri des remous qui secouent l'économie. Des trois, c'est certainement lui, de très loin, qui gagne le plus d'argent aujourd'hui, lui qui, en outre, a le moins souffert des avanies conjoncturelles.

Trois destins parfaitement authentiques, trois situations qui illustrent les diversités de situation au sommet de la pyramide sociale. A la fin des années 70, au vu des seuls gains monétaires, on pouvait considérer que Pierre, Nicolas et Thierry étaient à peu près égaux. Pourtant leurs conditions n'étaient en rien comparables. L'un avait une garantie tout risque, l'autre un parachute, le troisième n'avait rien. De l'un à l'autre, on passait de la sécurité totale à l'insécurité absolue. La différence n'apparaissait guère à cette époque : il a suffi que l'environnement change pour qu'elle se révèle au grand jour.

Du coup, ces statuts, ces droits, ces garanties qui avaient paru n'être que des moyens de moins payer leurs bénéficiaires, se sont transformés en valeurs or. Alors que les salaires des cadres, les profits des patrons se trouvent obérés d'une servitude de précarité, le titre de conseiller d'Etat, la charge de syndic de faillite ne sont menacés ni par l'inflation, ni par la dévaluation, ni par la concurrence. A revenus comparables, qui ne préférerait aujourd'hui être inspecteur des Finances plutôt que patron d'une petite entreprise? Agent statutaire d'une entreprise publique plutôt que cadre dans une industrie en difficulté?

Pourtant chacun feint d'ignorer cette transformation. On continue à jouer avec l'ancienne règle alors que les atouts ont changé de couleur. C'est la grande triche dont tout le monde est complice.

Je me souviens d'y avoir participé lors d'un débat télévisé en 1977. Une dame, que j'avais fort égratignée dans un de mes livres, se mit tout à coup à brandir sous mon nez sa feuille de paye, très modeste il est vrai, et me défia d'en faire autant devant les téléspectateurs. A l'époque, la télévision devait me verser quelque 8000 francs par mois. Je n'éprouvais donc nulle gêne à donner publiquement ce chiffre. La vilaine curieuse en fut pour ses frais et la partie de poker-menteur s'arrêta là. Car, l'un et l'autre, nous mentions effrontément.

La feuille de paye était authentique, le salaire annoncé véritable, mais ces informations ne donnaient qu'une vision partielle et déformée de nos situations respectives. Tous deux aurions été bien marris de n'avoir aucune garantie et aucun avantage pour accompagner ces rétributions. Que les téléspectateurs se rassurent : nous mentions comme tout le monde.

Un journaliste de télévision gagne sa vie correctement. Sans plus. Mais cette première indication monétaire ne dit rien des avantages liés à la corporation, l'entreprise et la profession. Journalistes, nous bénéficions d'une déduction fiscale spéciale (les fameux 30%), de droits à indemnités en cas de licenciement ou de départ volontaire (la « clause de conscience »), d'un régime particulier de congés, etc.

Employés de la télévision, nous jouissons des services sociaux de feu l'O.R.T.F. : cantine, mutuelles, colonies de vacances, clubs sportifs... Cela existe dans toutes les grandes entreprises, plus rarement dans les moyennes ou les petites. La profession me paraît bien attrayante en dépit de ses servitudes. Le journaliste de télévision n'est pas astreint à des tâches routinières et répétitives : chaque jour est un autre jour pour l'actualité. Il n'est pas enfermé dans le cadre étouffant d'une entreprise ; l'information plonge au cœur de la vie. Enfin, cette activité fait une large part à l'initiative individuelle. Elle distingue le travail de chacun et apporte des gratifications morales qu'on ne retrouve plus dans le monde industriel. S'il est d'autres professions qui « payent mieux », il en est peu qui apportent autant de satisfactions non monétaires.

J'imagine le regard torve de mes confrères à la lecture de ces lignes. Ne serais-je pas mieux inspiré en parlant de la pénibilité de notre métier ? Cette dictature de l'actualité qui me fait entrer le soir à l'heure où les enfants se couchent, qui me fait redouter un appel téléphonique pendant le week-end, cette pingrerie de la télévision qui oblige le reporter à chercher le restaurant le moins cher, l'hôtel le plus économique, à collectionner soigneusement les notes de taxi, ces mauvaises conditions de travail, cette suspicion permanente... Tous ces inconvénients sont réels.

Je pense pourtant que, par comparaison à bien d'autres professions, nos avantages l'emportent. C'est un fait : le journaliste de télévision, moins favorisé que le public ne l'imagine, reçoit tout de même plus que son seul salaire. Il serait malhonnête de le nier. C'est particulièrement vrai dans mon cas puisque, au prix d'un surcroît de travail, je peux avoir des activités annexes, sources d'autres satisfactions et d'autres revenus.

Mais que dire de mon interlocutrice d'un soir, professeur à l'université de Vincennes ! Si je me sens avantagé par rapport à un contremaître d'usine, en revanche je n'éprouve nul complexe vis-à-vis d'un universitaire. Voilà bien le cas où la feuille de paye ne sert qu'à dissimuler la réalité.

Autant qu'il m'en souvienne, le salaire de mon interpellatrice ne devait pas dépasser 5000 francs par mois. C'est peu. Mais commençons à examiner le « contexte ». La sécurité de l'emploi : elle est évidente et importante. L'intérêt du travail : il est au plus haut, soit que le professeur choisisse un sujet original source de travail et d'enrichissement personnel, soit qu'il se contente de réactualiser son cours pour se ménager des loisirs. Et puis, quelle tâche plus passionnante que d'enseigner des jeunes ! Les conditions de travail, souvent très pénibles pour l'instituteur, sont généralement agréables pour l'universitaire.

Ajoutons au passage tous les avantages de l'Éducation nationale : mutuelle, coopératives d'achat et venons-en à l'essentiel : le temps.

Réputé champion du monde des « vacances », l'universitaire se voit offrir quelque vingt-cinq semaines de congés annuels. Reconnaissons cependant que la durée du travail des maîtres de conférence n'est pas de trois heures de cours hebdomadaires, contrairement à ce que disent brutalement les pédagophobes. Ces trois heures supposent une préparation, s'accompagnent de toute une pédagogie active. Mais combien cela fait-il au bout du compte ? Impossible de donner un chiffre. Certainement pas, en tout cas, quarante heures par semaine. Dans une interview au *Nouvel Observateur,* Gérard Vincent, professeur à l'Institut d'études politiques, déclarait : « J'ai calculé que, si je voulais, je pourrais travailler deux cent cinquante heures par an et exercer mon métier de professeur de manière certes répétitive, mais parfaitement honorable. »

Qui pourrait contester que cette liste d'avantages pèse aussi lourd que la feuille de paye, que le salaire seul ne dit que la moitié de la vérité ? Pourtant la dame avait beau jeu de mettre en avant ses 5 000 F. Voilà un talisman qui paralyse l'adversaire. A 5 000 F par mois, elle était nécessairement défavorisée, exploitée. Un vrai « travailleur » quoi ! Du coup, toute critique lui permettait de classer son adversaire parmi les « ennemis des travailleurs ». O commodité des situations non monétaires et non quantifiables !

Cette fois ce sont tous les universitaires et, par extension, tous les enseignants qui vont s'irriter. Pourtant je ne fais que constater les faits. Mais, précisément, la loi implicite des corporations exige de taire ces choses. Si, au cours de la dernière décennie, les Français se sont habitués à jeter un regard timide sur la feuille de paye du voisin, ils considèrent toujours que de regarder l'état de ses avantages est aussi inconvenant que de voler ses secrets d'alcôve.

Troisième point, le « pourquoi » de l'inégalité. Car on ne saurait l'admettre dans une certaine mesure sans lui reconnaître des justifications, économiques, « naturelles », morales, religieuses ou autres. Sur le plan théorique, la France possède au moins deux systèmes complémentaires et concurrents, débouchant sur une pratique des plus confuses. Bien que le discours philosophique sur l'inégalité soit passé de mode depuis Rousseau et que l'on s'en tienne généralement aux proclamations politico-revendicatives, il est indispensable d'apporter à cette question un peu de clarté sur le plan des principes, ne serait-ce que pour mettre en lumière les mécanismes par lesquels la politique des gouvernements et des corporations ne cesse de dévoyer les idées sur lesquelles elle prétend s'appuyer.

On peut dater de 1975 l'institutionnalisation de la revendication égalitaire. A l'époque, le gouvernement créa une « Commission des inégalités sociales » pour préparer le VIIe plan. Cette commission, présidée par Jacques Méraud, rédigea un de ces excellents « rapports sans suite » dont le précédent septennat s'était fait une spécialité. En une centaine de pages, ce « rapport Méraud » passait en revue les différentes formes de l'inégalité, devant l'argent mais aussi devant l'éducation, la culture, la médecine ou le logement, entre autres. Il expliquait leur mode de production, d'accumulation et de reproduction et faisait même un certain nombre de propositions raisonnables pour les réduire.

Ce texte eut le mérite de cerner parfaitement la question. « Pour les uns, l'injustice c'est l'inégalité des chances au départ et l'objectif de la politique à mener est d'assurer à tous une plus grande égalité des chances, en laissant à l'initiative et aux libres efforts de chacun le soin de tirer parti des chances ainsi données ; pour les autres, l'injustice, c'est l'inégalité des situations à l'arrivée, et la politique qu'il s'agit de définir doit tendre à réaliser peu à peu l'égalisation des situations. » On ne saurait mieux opposer l'inégalité libérale et l'égalité socialiste.

L'inégalité est dans la nature même de l'économie libérale. C'est elle qui distingue les vainqueurs des vaincus, qui sélectionne les meilleurs. Quelle que soit son amplitude, elle n'est pas contraire à la justice dès lors que les chances sont égales au départ et que la compétition reste régulière. Appliqué dans toute sa rigueur, ce système conduit l'Etat à permettre l'écrasement complet du pauvre par le riche. Les hommes sont tous sur la même ligne de départ et c'est le mérite personnel qui fait les différences à l'arrivée : la morale est sauve.

Dans la pratique, l'Etat ne peut s'empêcher d'intervenir pour contenir la violence des affrontements, pour éviter la mort des faibles. Il met en œuvre toute une batterie de « lois sociales » qui tempère l'inégalité trop brutale qu'engendrerait naturellement le capitalisme libéral. Mais cette action égalisatrice se fait à contre-doctrine, elle n'est qu'une concession de la raison au cœur, de la théorie à la pratique sociale.

Socialisme et communisme, quant à eux, ne reconnaissent aucun fondement éthique solide à l'inégalité, qu'ils assimilent globalement à l'injustice. Si les hommes sont égaux en droit, ils doivent l'être en fait. S'ils sont égaux au départ, ils doivent l'être de même à l'arrivée. Et ce n'est que par un effort de réalisme qu'une certaine place peut être faite à la méritocratie inégalitaire. Mais, étant donné son absence de fondement éthique, elle doit être cantonnée dans des limites très strictes. Tout écart « excessif » est automatiquement « injustifié ». Les sociétés socialistes ressentent en permanence le vertige égalitaire et ne se déprennent de cette passion qu'au point extrême où elle paraît remettre en cause la liberté et la diversité des êtres.

Aucun de ces deux systèmes n'est humainement tolérable dans sa version intégriste. L'un conduit aux dictatures « libérales » d'Amérique latine dans lesquelles l'armée interdit par la force la remise en cause d'inégalités démesurées. L'autre aboutit aux pires perversions du communisme, lorsque le parti normalise les individus et élimine physiquement les « hors-normes » au nom d'un égalitarisme délirant. Il reste aux sociétés « civilisées » à définir une politique sociale entre Charybde et Scylla : le Nicaragua de Somoza et le Cambodge de Pol Pot. Mais on voit bien que la question de l'inégalité est à la base même du pacte social. Une société se définit par sa conception de l'égalité tout autant que par les libertés.

Deux systèmes sont donc proposés et affrontés. D'un côté, la méritocratie libérale, qui justifie les inégalités de condition par l'égalité des chances ; de l'autre, le socialisme égalitaire, qui oppose les exigences de la solidarité aux mérites de la compétition. Bien que le jeu politique veuille en faire une alternative absolue, ils sont, dans la réalité, complémentaires. Pour être vivable, le socialisme doit se teinter de libéralisme et réciproquement. C'est à cette condition seulement que l'on peut éviter les extrêmes dévastateurs.

Que pourrait être cette société mixte, séduisante dans son principe, mais difficile à bâtir ? Les inégalités auraient une source bien spécifique : la compétition méritocratique, tandis que les corrections égalitaires auraient pour objectif soit de donner les mêmes chances à tous, soit d'éviter l'anéantissement des plus faibles. C'est déjà ce que fait l'État avec l'enseignement gratuit et obligatoire d'une part, les lois sociales de l'autre. Un minimum est ainsi assuré à tous, tant au niveau de la formation qu'à celui de la rémunération.

Mais on est encore loin du compte. Pour deux raisons. Tout d'abord le système libéral, comme nous le verrons, est incapable d'assurer une juste et honnête concurrence entre les individus. En dépit des efforts pour donner à tous des chances de formation et de réussite identiques, ce sont un peu toujours les mêmes qui gagnent. Quelques exemples édifiants de promotion sociale à partir des classes populaires ne peuvent masquer la vérité statistique : le jeu est fermé ou, du moins, ne s'ouvre qu'au fil des générations. Dès lors les inégalités ne peuvent être expliquées par le seul mérite et leurs justifications s'effondrent.

L'intervention étatique profite bien aux plus faibles lorsqu'elle fixe des minima pour le salaire, les conditions de travail, les prestations sociales, mais elle s'exerce davantage en faveur des corporations les mieux organisées aussitôt que l'on considère les situations particulières, notamment au niveau des F.N.M.

En bonne théorie, ceux-ci devraient se répartir selon un principe équitable de compensation. Nous savons que, dans la réalité, l'Etat, de même que le patronat, tantôt laisse jouer le principe d'accumulation, tantôt l'applique lui-même dans son souci de maintenir la paix sociale en apaisant les groupes les plus puissants, c'est-à-dire les plus menaçants.

Ainsi, notre société, prétendant pratiquer une méritocratie tempérée par la solidarité, favorise-t-elle les plus forts, soit en laissant les puissances économiques contrôler le marché libéral, soit en apportant ses bienfaits aux corporations les mieux organisées. Ne reste pour les plus faibles que le « minimum vital », situé très en dessous de la condition qu'une nation prospère pourrait assurer aux plus pauvres de ses membres.

Les plus informés, les plus armés des Français ont parfaitement compris ce double jeu. Rares sont les valeureux qui affrontent « à la régulière » la compétition méritocratique qui leur est proposée. Tant qu'à miser sur une chance aussi incertaine, ils préfèrent jouer au Tiercé ou au Loto. C'est tout aussi aléatoire, mais infiniment moins fatigant. Non ; pour réussir, ils doivent se lancer à partir d'une bonne case « départ » et suivre le cursus honorum préparé, balisé qui les conduira dans la bourgeoisie où les attendent leurs parents, ou bien se choisir une bonne corporation.

Celle-ci ne se trouve pas forcément dans le secteur étatique ou para-étatique, contrairement à ce que l'on veut faire croire. Nous verrons que les professions indépendantes ou les entreprises privées peuvent, elles aussi, offrir des oasis de sécurité, protégées du champ de bataille libéral.

Tout est là : éviter la concurrence sauvage, la compétition ouverte ou, du moins, ne l'affronter qu'avec des armures et, si possible, des chars d'assaut. Voilà précisément ce que vont apporter les F.N.M. arrachés par les groupes organisés. Statuts, garanties, avantages, protections, sécurité, le patrimoine commun non monétaire constitue essentiellement un système d'assurance contre les mauvais coups et le mauvais sort. Celui qui peut ainsi trouver refuge dans une corporation est certain, quoi qu'il arrive, de ne pas tout perdre, de ne pas se retrouver au plus petit dénominateur commun de la solidarité sociale. Faute de pouvoir rejoindre la bourgeoisie et ses privilèges, le travailleur ainsi intégré obtient une sorte de « droit acquis » à la classe moyenne. Le minimum corporatiste est nettement supérieur au minimum national.

Reste la population « hors bourgeoisie » et « hors corporation » qui, à l'extérieur de ces invisibles murailles, supporte de plein fouet tous les aléas de la vie économique, passant en une navette infernale d'un travail précaire à une période de chômage, à moins qu'elle ne s'incruste dans les plus « sales boulots ». Jeunes, femmes, immigrés, travailleurs âgés, sans qualification, dispersés, inorganisés, tel est le moderne prolétariat, celui dont les médias n'entendent jamais les plaintes, assourdis qu'ils sont par les vociférations des grandes corporations.

Les F.N.M., qui se combinent fort bien dans la haute bourgeoisie avec les privilèges de l'argent, constituent — c'est clair désormais — l'outil principal de l'inégalité française. Ce sont eux qui permettront aux Français forts et organisés de passer les années difficiles qui nous attendent en préservant un niveau de vie parmi les plus élevés du monde et sans endurer les tourments de la crise. Au contraire, il est probable que le peuple des inorganisés, des exclus, des marginaux supportera à lui seul tout le poids de ces contraintes.

La société française joue au mistigri avec la crise, chacun s'efforçant de refiler à son voisin les plus mauvaises cartes pour ne garder que les meilleures. A ce jeu, les faibles n'auront bientôt plus entre les mains que le rebut, tout ce dont les autres ne veulent pas. Répartir de façon équilibrée l'ensemble des avantages, tel est donc le véritable enjeu de la justice sociale. La redistribution de l'argent n'en constitue qu'une petite bataille : la plus facile à mener, non pas celle qui fera la décision.

En France, l'éventualité qu'un riche puisse se retrouver ruiné est admise. De même ne voit-on rien que de très moral à prendre dans la poche des uns pour donner aux autres. L'argent est fait pour circuler. Sa possession n'est jamais vraiment un droit acquis. Les Français tendent à traiter de même les revenus du travail. Il existerait un droit acquis au maintien du pouvoir d'achat. Nul n'est cependant dupe de cette formule et il n'est pas impossible que, dans l'avenir, la hausse des salaires ne suive pas le coût de la vie.

Aux yeux des Français, les Facteurs Non Monétaires sont d'une autre nature, des droits naturels dont les travailleurs ont été injustement privés et dont ils font la reconquête par les luttes sociales et politiques. L'homme aurait ainsi le droit au travail, à la sécurité de l'emploi, à la semaine de trente-cinq heures, à la retraite dès cinquante-cinq ans, aux cinq semaines de congés, à une assurance maladie intégrale, etc. Comme il a celui de s'exprimer librement, d'élire ses dirigeants politiques, d'être protégé par la procédure judiciaire ou de pratiquer la religion de son choix.

S'agissant de ces libertés publiques, elles ont été effectivement conquises par la lutte des peuples et nul ne songe à les remettre en cause. On n'imagine pas que le suffrage universel, la liberté d'expression ou le droit de grève puissent être modulés selon les circonstances ou supprimés lorsqu'elles changent. Ce sont des droits de la personne.

Curieusement, les avantages socio-économiques se voient spontanément attribuer le même statut. Ce ne sont pas des biens économiques qui s'acquièrent par des transactions sur le marché et peuvent faire l'objet de renégociations. S'agissant d'institutions aussi fondamentales que le salaire minimum, la durée du travail, la sécurité sociale, les indemnités de chômage, les pensions de retraite, cela se comprend aisément. La solidarité nationale assure un statut à tous, c'est un acquis sur lequel on n'a pas à revenir. On peut en négocier les modalités d'application. Pas le principe.

Ce statut politique et non économique s'étend à tout avantage particulier que peut obtenir tel ou tel groupe. Toute corporation considère que les sécurités, garanties et salaires indirects qu'elle a obtenus sont, à l'égal des droits constitutionnels, d'essence intangibles et perpétuels. Quelles que soient les causes, bien souvent circonstancielles qui les firent attribuer, quelle que soit l'évolution de la situation, ce qui est acquis l'est à tout jamais. On ne peut le renégocier qu'à la hausse. Jamais à la baisse.

Le cheminot bénéficie toujours d'un statut élaboré à l'origine du chemin de fer à une époque où cette technique était considérée comme très dangereuse ; à l'heure de la traction électrique, il continue de toucher une prime spéciale que justifiait seule la saleté des locomotives à charbon.

Au XIXe siècle, le transport des cadavres posait un grave problème d'hygiène publique et de sécurité. Il appartenait au commissaire de police de s'assurer que l'opération s'effectuait dans des conditions satisfaisantes et, surtout, qu'il n'y avait pas eu substitution de corps. Pour cette mission en dehors de ses fonctions traditionnelles, le commissaire était payé, à l'acte, par la famille. Aujourd'hui le contrôle de police n'est plus que de pure forme, mais les familles, par l'intermédiaire des pompes funèbres et sans le savoir, versent toujours une commission à la police. Le commissaire ajoute donc à son traitement ces sortes de primes liées au nombre de cadavres déplacés sur son territoire. Et maintenant devinez pourquoi le commissariat de Villejuif est très recherché...

Le salaire de certains fonctionnaires s'accompagne de primes totalement anachroniques, mais parfaitement immuables : primes d'égouts pour les conseillers d'État, primes de chaussures pour les facteurs motorisés, primes de contrôle des casinos pour les agents du Trésor, etc. Le traitement des serviteurs de l'Etat n'ayant rien d'excessif, il ne s'agit pas de privilèges exorbitants, simplement leur intangibilité prouve bien l'extraordinaire résistance au changement de tout ce qui a pu être acquis un jour par une corporation.

Depuis trois siècles, les capitaines des navires entrant dans les ports français doivent se faire assister pour les formalités en douanes par des « courtiers maritimes ». Ce sont des officiers ministériels, propriétaires de leurs charges et ayant le monopole de certaines opérations. La fonction n'est pas des plus utiles ni toujours des plus rémunératrices, mais le titre permet de figurer dans les notabilités de province. On a donc maintenu la charge avec un titulaire dans des ports qui, depuis longtemps, ne sont plus accessibles aux navires de mer. Même vidé de tout contenu, le droit reste acquis.

D'après ces premiers exemples, on serait tenté de croire que le corporatisme est propre au secteur public. Il n'en est rien. On retrouve le même phénomène partout et à propos de tout. Dans un article du *Monde,* le préfet Jean-Émile Vié se plaisait à faire l'inventaire des privilèges fiscaux. Un vrai « poème de Prévert », ainsi qu'il le notait lui-même. Qu'on en juge : peuvent ajouter 40% de déduction aux 10% de base les passementiers et guimpiers du Sud-Est propriétaires de leurs métiers, les tisseurs à bras de la soierie lyonnaise, les tisseurs de tissus façonnés propriétaires de leurs métiers. Dans la catégorie des bénéficiaires d'une déduction de 30%, on trouve le personnel navigant de l'aéronautique — les cosmonautes y auront-ils droit ? —, les inspecteurs d'assurance-vie, les journalistes, les V.R.P., plus une kyrielle de métiers du textile : tisseurs, tricoteurs, passementiers. Entre 20 et 25% se pressent les artistes, les chauffeurs de cars, les employés des cercles et casinos, les commis d'agents de change, les modélistes, les lapidaires, les polisseurs-ponceurs du Jura, les fonctionnaires des Assemblées parlementaires, les métallurgistes des Ardennes, les pinceurs-mouleurs d'Oyonnax, les rubaniers de Loire et de Haute-Loire et la liste continue interminablement avec les petits privilégiés qui ne déduisent, eux, que 10% à 15% de leurs revenus. Et le préfet Vié de conclure : « Il serait intéressant de rechercher sous l'influence de quel lobby professionnel ou de quelle personnalité plus ou moins éminente, cette liste a été progressivement établie. »

Tout cela pourrait prêter à sourire. On connaît bien le goût français pour les combines et les privilèges. Chacun a le sien. Cela ne fait de tort à personne et plaît à tout le monde. Il s'agit là d'un certain art de vivre ensemble. « Les Français, note Jean-Daniel Reynaud, ont toujours été fiers de leur diversité et inquiets de leurs divisions[1]. » En réalité, la diversité tend à devenir division. Car les petits privilèges, en s'accumulant dans les mêmes groupes, finissent bien par opposer deux France. N'est-il

1. *Français qui êtes-vous ?* La Documentation française, 1981.

pas frappant que l'on vive plus ou moins longtemps selon que l'on appartient à l'une ou à l'autre ?

Prenons l'exemple de l'ouvrier qualifié. Les statistiques révèlent qu'il n'a pas la même espérance de vie à trente-cinq ans selon qu'il travaille dans le secteur public ou dans le secteur privé. D'un côté on vit encore 37,3 années, de l'autre 35,6 seulement. Travail comparable, salaires équivalents et près de deux années de vie en plus ou en moins. On voudrait croire à une erreur. Or le même calcul, fait sur les ouvriers non qualifiés, donne pratiquement les mêmes résultats. Quelle est la différence entre les uns et les autres, sinon une diversité de statut ? L'ouvrier du privé touche son salaire et rien de plus. Pour lui, les F.N.M. sont pratiquement tous négatifs. Au contraire, l'ouvrier de L'État possède un statut qui le protège dans son travail, l'assure dans son emploi, l'intègre dans la société. Sécurité de l'emploi + protection syndicale + avancement à l'ancienneté + retraite améliorée + assurance santé améliorée + + + = 2 années de vie en plus. Rien de tout cela n'est inscrit sur la feuille de paye. Dira-t-on pour autant que c'est négligeable ?

Les corporations nanties connaissent la valeur de ces biens et c'est pourquoi elles les défendent aussi farouchement. On voit tout l'intérêt de cette transposition du capital corporatiste sur le plan des droits intangibles. Dès lors que les F.N.M. sont des « droits acquis » non négociables, il n'est plus besoin de les connaître. C'est la suprême défense : celle du silence.

Au cours de cette enquête, les personnes que j'ai rencontrées m'ont chaleureusement encouragé... à abandonner. « Il est vrai, me disait-on, que chaque catégorie possède ainsi son jardin secret. Mais il s'agit d'un bric-à-brac accumulé au fil des ans. Et les Français sont ainsi faits que tout cela est enfermé dans le coffre-fort des droits acquis. Quand vous aurez défriché cette forêt vierge vous constaterez une fois de plus que l'agent d'E.D.F. est plus avantagé que l'ouvrière du textile et que le travailleur manuel est moins bien traité que l'employé. Ce n'est pas très original. » Or rien n'est plus faux, il existe là un système cohérent et pervers, qui structure de plus en plus fortement la société française. Mais ce sujet ne tente guère les experts.

Statisticiens, économistes et sociologues préfèrent se réfugier dans l'idéologie ou la comptabilité. Ainsi trouve-t-on toutes les analyses souhaitables sur le concept de classe chez Gramsci ou chez Poulantzas, ou sur le revenu moyen du ménage retraité dans une ville de moins de 2 000 habitants. Mais on ne dispose même pas d'un document synthétique montrant à quel âge et à quel taux les différentes catégories de Français jouissent des droits à la retraite. Pour le découvrir, il faut prendre son bâton de pèlerin et s'enquérir auprès des marins, des militaires, des cheminots, des professeurs, des mineurs, des électriciens, de toutes les professions ou s'armer d'une patience de bénédictin pour fouiller dans une montagne de textes. Nul fonctionnaire, nul universitaire, nul chercheur n'a pris cette peine. Il en va de même pour l'ensemble des droits et avantages peuplant cette nébuleuse non monétaire qui entoure l'argent. Seules les injustices et servitudes de quelques groupes ont été observées de plus près.

Pourtant, un effort a été accompli grâce à la loi du 12 juillet 1977 instituant le « bilan social ». Depuis 1979, toute entreprise de plus de 700 personnes (et toute entreprise de plus de 300 personnes à partir de 1981) a l'obligation de publier chaque année, outre son bilan financier, un document codifié, normalisé comportant des indications sur l'emploi, les rémunérations et charges accessoires, les conditions d'hygiène et de sécurité, les autres conditions de travail (organisation du travail, horaires, etc.), la formation, les relations professionnelles, les conditions de vie des salariés et de leurs familles, document qui doit préciser les efforts réalisés en matières d'œuvres sociales, de logement, de transports, de restauration, de loisirs, ainsi que le coût pour l'entreprise des prestations sociales complémentaires en matière de maladie, de décès, de retraite. Une véritable mine de renseignements, on en conviendra, et qui a l'avantage d'être présentée dans une codification systématique, comme une comptabilité.

Les grandes entreprises publient donc depuis plusieurs années leurs bilans sociaux, mais ils s'accumulent dans une indifférence générale et les entreprises sont de plus en plus réticentes à les communiquer alors qu'ils sont publics de plein droit. Est-ce négligence, incuriosité ou connivence entre les différents partenaires ?

Les seules tentatives d'exploitation de ces renseignements sont à porter au crédit de la presse. Dans une enquête conduite par Josette Alia, *le Nouvel Observateur* s'efforcera en 1978 de recenser les privilèges des Français. Une autre enquête a été lancée en 1981 par *le Quotidien de Paris.* Mais le travail le plus remarquable est poursuivi depuis 1975 par Émile Favard dans *l'Expansion.* Chaque année, il compare la situation sociale d'un certain nombre d'entreprises. Qu'aucun organisme officiel n'ait pris le relais, que l'on trouve normal de se référer à ces études sans même chercher à les développer en dit long sur la volonté de ne pas savoir.

Alors que l'observation des inégalités monétaires tend à devenir le pont aux ânes des statisticiens, ce « reste » non monétaire forme la partie immergée et inexplorée de l'iceberg.

La focalisation sur l'argent s'explique pour des raisons de commodité. Tout ici peut être mesuré, compté, quantifié et l'ordinateur, prenant la suite des chercheurs, vous dresse une prétendue carte des inégalités à la quatrième décimale, au centime près. Toutes les situations, les comparaisons, les agrégats sont, par le miracle de la quantification monétaire, réduits à des chiffres.

Bien que cette précision n'ait pas grand-chose à voir avec l'exactitude, elle facilite les recherches. Par contre, dès que l'on quitte le terrain solide du monétaire ou des grandes séries statistiques : temps de travail, nombre de chômeurs, taux d'accidents du travail, etc., les difficultés commencent. Comment additionner un privilège fiscal, de mauvaises conditions de travail, le restaurant d'entreprise, les billets à prix réduits, la précarité de l'emploi et la rente de situation ? Ici le particulier refuse de se dissoudre dans le général et les particuliers refusent de se dévoiler devant le curieux. C'est bien là le problème.

Toutes les raisons avancées pour expliquer cette incroyable carence de l'information ne sont que de mauvaises raisons. L'ignorance traduit un refus de savoir, et même un interdit. Les chercheurs qui sont payés pour étudier la réalité sociale n'ont pas envie de chasser sur ces terres défendues. Cela se comprend aisément.

Aussi longtemps que l'on reste dans les grandes catégories et la confusion monétaire, personne de précis ne semble être visé. Si l'on en vient à conclure que les dix mille personnes les plus riches de France sont vraiment très riches, on ne fait jamais que désigner les « gros ». C'est un réquisitoire toujours bien reçu dans la société française. Dans le monde des inégalités non monétaires, il existe également des « gros », au sein des grands corps ou parmi les titulaires de charges et offices. Je ne risque rien à détailler leurs privilèges. Rares sont les Français qui s'identifient aux commissaires-priseurs ou aux notaires.

Il en va tout différemment des corporations plus nombreuses et moins privilégiées : on tombe dans la France moyenne et ce sont des milliers, voire des millions de gens qui se sentent incommodés par ce regard trop indiscret. D'autant mieux qu'il faut ici renoncer à l'abstraction. Parlant d'un avantage spécifique, on désigne, par là même, ceux qui en profitent. Les « agents de maîtrise », les « cadres moyens » les « employés », c'est un ensemble général flou, confortable. Les salariés d'Air France et leur famille qui voyagent à 10 % du prix, voilà une autre chose, précise, gênante. Les intéressés se sentent désignés du doigt. Menacés peut-être. La corporation va montrer les dents.

Il ne s'agit plus de quelques « richards » qui se terrent dans leur chambre forte, mais de travailleurs indignés qu'on ose les qualifier avantagés. Et, pourquoi pas, « privilégiés ». Sûr, qu'ils vont se défendre. Dans la presse, par l'intermédiaire des organismes corporatifs, auprès des pouvoirs publics, partout et par tous les moyens, ils vont dénoncer la lâche agression dont ils sont l'objet et s'efforceront d'imposer silence au fureteur indélicat. Non, décidément, il est bien préférable, pour tout le monde, que l'on travaille dans les agrégats monétaires et les constructions statistiques.

Aucun danger à cela : un membre d'une corporation n'enfreint jamais la loi du milieu. Le bavard qui irait se vanter des avantages dont il jouit serait immédiatement mis en quarantaine par ses collègues. On peut à la rigueur critiquer son groupe, certainement pas en conter les bonnes fortunes. C'est la trahison suprême, celle qui ne se pardonne pas. Le statut social de la Banque de France ou de certaines grandes administrations — le vrai, celui qui détermine les situations concrètes et ne se contente pas de décrire un cadre juridique — devient ainsi un secret d'État, qu'ignorent généralement les ministres de tutelle.

Si encore on s'en tenait au silence ! Mais il s'agit d'une véritable désinformation. Certaines corporations, muettes sur leurs avantages, ne cessent de clamer leurs sincères doléances. Les grands médias répercutent fidèlement ces plaintes. Pour qui s'en tient à l'information transmise par la grande presse, il ne fait pas de doute que les policiers font un métier effroyablement dangereux. Chaque fois que l'un d'entre eux meurt en service, ne voit-on pas la photo du ministre s'inclinant devant le cercueil ? Et vit-on jamais un ministre assister à l'enterrement du maçon tombé de son échafaudage ? Qu'importe la vérité statistique : il est plus dangereux de travailler dans la police que dans le bâtiment.

Les lecteurs savent encore que les conducteurs de la R.A.T.P. vivent sous la menace constante des loubards et les employés de banque sous celle des gangsters. Qui va comparer ce risque à celui des ouvriers de la métallurgie vivant au contact de machines dangereuses ? Qu'un enseignant ce suicide et la pédagogie devient la plus éprouvante de toutes les professions. Qu'importe que le taux de suicide soit de 17 pour 100 000 chez les instituteurs et 94 pour 100 000 chez les manœuvres ! Qui ne sait que les aiguilleurs du ciel risquent l'infarctus à chaque seconde à cause de leurs conditions de travail ? Qui se soucie de comparer ce travail à celui de l'O.S. au rendement ou simplement de regarder les statistiques médicales ? Aussi bien faut-il croire pieusement que les viticulteurs du Midi ont des revenus très inférieurs au S.M.I.C. Interdit de vérifier sur place le revenu réel de ces sous-smicards. De comparer à l'heure de travail leurs gains et ceux des salariés agricoles.

Tel est le monde du mensonge organisé ou spontané, celui qui interdit toute connaissance des inégalités, afin d'en empêcher toute correction. Le tout protégé par un formidable tabou qui culpabilise toute recherche de la vérité.

Le gouvernement doit compter avec le refus de savoir que manifeste constamment la France moyenne qui l'a porté au pouvoir. Car les demandeurs d'égalité se refusent obstinément à regarder au-dessous d'eux. Règle absolue de la revendication : l'inégal c'est le « plus » et jamais le « moins », l'injuste est au-dessus, jamais au-dessous. Position difficilement soutenable sitôt que l'on considère le spectacle de la société. Mille exemples risquent alors de vous remettre à votre place : au-dessus des uns, bien plus qu'au-dessous des autres. Il faut donc nier l'existence d'inférieurs qui risquent de vous mettre en position d'avantagé. Attitude classique de tous les citadins ignorant les balayeurs africains, de tous les employés statutaires qui ne manifestent leur solidarité aux hors-statuts qu'en l'absence de toute menace sur l'emploi.

La France forte s'intéresse à la France forte et ne veut pas entendre parler du reste, surtout pas de sacrifices. Il faut donc rendre la justice sans en prendre les moyens ni en payer le prix. Difficile exercice.

Lorsque je me suis lancé dans ce travail, Valéry Giscard d'Estaing était encore président de la République ; le gouvernement de M. Barre réservait sa tendresse à ceux qui affrontent la concurrence du marché libéral et manifestait la plus grande réserve à l'égard des « nantis », que leurs statuts protègent de la crise. Depuis mai 1981, la situation s'est renversée et c'est la France moyenne et organisée, celle des grandes corporations qui a constitué le noyau dur de la nouvelle majorité. La France des garanties a remplacé au pouvoir la France de l'argent. Cela, les socialistes ne peuvent l'ignorer. Sans céder aux facilités du clientélisme, ils doivent en tenir compte.

A l'inverse, il serait injuste de nier que les nouveaux dirigeants ne soient conscients de cette forme particulière d'inégalité. Je n'en veux pour preuve que le livre de Nicole Questiaux, *le Pouvoir du social*[1], et les nombreux travaux de la C.F.D.T. effectuées sur ce sujet.

Les nouveaux responsables, c'est indiscutable, souhaitent corriger ces injustices. Mais la redistribution leur étant interdite par les contraintes socio-politiques que je viens d'évoquer, ils ne peuvent que distribuer. C'est la correction indolore des inégalités dont on sait qu'elle coûte fort cher. Au monétaire comme au non-monétaire : les avantages sont très onéreux. Pour ne parler que de leur effet immédiat et sans tenir compte des rigidités qu'ils introduisent dans l'appareil productif, ils constituent un véritable salaire indirect qui obère les bilans des entreprises.

Une étude de l'I.N.S.E.E. montrait qu'en 1974 le coût des régimes complémentaires de retraite, avantages en nature ou de caractère social et dépenses de formation, représentait 23 % de la charge salariale pour les grandes banques et 6 % pour les petites boutiques. Dans la production d'énergie, l'un des secteurs industriels les plus favorisés, le salaire direct — pourtant très élevé — ne représente que 59 % des dépenses en ce qui concerne les ouvriers, le reste correspondant tant à des prélèvements sociaux qu'à des avantages propres à ces entreprises. Dans le bâtiment, au contraire, le salaire direct ouvrier représente 71,5 % du total de la masse salariale.

La solution « douce », qui consiste à aligner les moins favorisés sur les mieux pourvus, représente donc des charges supplémentaires que l'industrie française serait incapable de supporter. D'autant que les secteurs qui traitent le plus mal leur personnel sont précisément ceux où la rentabilité est faible. Toute progression trop rapide fera vite flancher l'économique sous le poids du social.

A cet égard, la prudence avec laquelle le gouvernement socialiste doit procéder au relèvement des plus basses rémunérations est révélatrice. Pour les droits et avantages comme pour les salaires, on ne peut donner que très peu si l'on ne veut prendre à personne.

1. *Le Pouvoir du social,* Nicole Questiaux, P.U.F., 1979.

Qui plus est, cet alignement des faibles sur les forts risque de relancer les revendications. Car la valeur de l'avantage n'est pas uniquement absolue. Elle est également relative. C'est le « plus » qui distingue les catégories, qui cimente les hiérarchies. Retrouver à son niveau ceux qui, la veille, étaient en dessous crée toujours le sentiment désagréable d'être rétrogradé ou, à tout le moins, de n'être plus distingué. En outre, le bien se dévalorise en se généralisant. La retraite à soixante ans était précieuse lorsque la masse des Français travaillait jusqu'à soixante-cinq ans. Désormais elle n'est plus qu'un droit banal. Du coup, ceux qui avaient la chance de se retirer plus jeunes ont le sentiment d'avoir perdu dans l'affaire. La liste de leurs avantages s'est raccourcie. C'est ce que l'on sent très bien dans le monde ouvrier avec la revalorisation des plus bas salaires qui, progressivement, rapproche le manœuvre et l'O.S. de l'ouvrier qualifié. Cet écrasement de la hiérarchie au bas de l'échelle salariale crée un sentiment de malaise. Une frustration.

Or les corporations, ainsi ramenées au minimum sur tel ou tel point, n'ont rien perdu de la force qui leur avait permis de se hisser un cran au-dessus. Elles vont donc relancer l'action revendicative pour obtenir un « plus », pour obtenir « toujours plus » et marquer ainsi leur puissance. Si tout le monde cesse le travail à soixante ans, les groupes qui avaient obtenu cet avantage de longue date estimeront qu'ils doivent désormais se reposer à cinquante-cinq ans. Et ainsi de suite. Autrement dit, la progression de l'arrière tend à se répercuter dans le corps social, poussant vers l'avant ceux qui se trouvaient en deuxième ou troisième ligne.

L'égalité des droits, pas plus que celle de l'argent, ne peut se décréter. Elle ne se réalise qu'au terme d'une action prolongée visant à transformer en profondeur les rapports sociaux. Mais, surtout, elle ne saurait se réaliser sans remettre en cause la position de nombreux groupes sociaux parmi les mieux organisés. On ne redistribue pas l'argent sans se heurter à l'opposition des riches, on ne redistribuera pas les Facteurs Non Monétaires sans braver celle des corporations. Autant un pouvoir socialiste se trouve bien armé pour surmonter la première résistance, autant il est gêné face à la seconde.

Entre le désir de réduire ces injustices et la crainte d'affronter les commanditaires, la gauche est toujours tentée d'étendre les droits et avantages, au risque de paralyser peu à peu la machine économique. C'est la contradiction sur laquelle les gouvernants buteront chaque jour. La prospérité ne peut se conquérir sans contraintes et tous les statuts ne sont que des systèmes protecteurs face à ces exigences de la production. La solution actuelle, qui garantit les uns et pas les autres, revient à dispenser certains des rigueurs économiques pour les reporter tout entières sur d'autres. Mais la protection généralisée aboutirait à installer définitivement la France dans la stagnation, sinon la récession. Répartir équitablement les contraintes et avantages, tel sera donc l'enjeu déterminant de la nouvelle politique.

L'expérience qui commence est trop jeune encore pour être jugée sur ses résultats. C'est pourquoi je me contenterai de décrire l' « héritage », m'efforçant, à travers cette exploration de l'inégalité française, de mettre au jour les principes nouveaux qui pourraient fonder une véritable politique de justice sociale.

II

LA BANQUE ET LES BALAYEURS

Une banque ne saurait être que propre. Impeccable même. Car, plus encore que le cabinet du médecin, elle doit inspirer un sentiment de sécurité. Les Français viennent remettre ici ce qu'ils ont de plus précieux : leur argent et, abandonnant toute pudeur financière, parler à compte ouvert. Seul un cadre approprié peut susciter de telles confidences. La richesse du décor, l'absolue netteté des locaux attestent du sérieux et de la rigueur de la maison.

Le superbe banquier a donc besoin du modeste balayeur pour exercer sa lucrative activité. Les deux professions sont indissociables et complémentaires : là où travaillent des employés de banque, travaillent également des services de nettoyage. Dans les mêmes locaux, mais pas aux mêmes heures. Loin de moi l'idée de mettre les uns et les autres sur un plan identique. La gestion d'un compte requiert une plus haute qualification que la chasse à la saleté. Il paraît juste que la condition des uns soit supérieure à celle des autres. Mais jusqu'où ?

Je prends à dessein deux catégories extrêmes. D'un côté les 400 000 travailleurs des établissements financiers, de l'autre les 500 000 travailleurs du nettoyage, dont 140 000 employés par des sociétés spécialisées. Nous allons rencontrer entre eux de prévisibles et naturelles inégalités monétaires. Il ne s'agit pas de les estomper, bien au contraire, mais de les dépasser pour décrire l'ensemble des conditions de travail — et finalement de la vie —

des salariés dans la noble industrie de l'or et l'intouchable industrie de la crasse.

Parmi les honorables établissements qui s'intéressent à notre argent, en voici un et des plus respectables : les caisses d'épargne. Vous savez : « l'Écureuil ». Eh bien ! il ne se porte pas trop mal, merci. A la caisse de Paris (1 700 personnes), les 10 p. 100 les moins payés du personnel gagnaient déjà, en 1980, deux fois le S.M.I.C. et les 10 p. 100 les mieux payés touchaient mensuellement 16 000 F en moyenne. De substantielles rémunérations qui, selon les lois du cumul, devraient s'accompagner de nombreux autres avantages. Effectivement, le reste suit. Le personnel jouit ici d'un statut qui, tout à la fois, lui garantit l'emploi etla promotion. C'est la forteresse et l'ascenseur : une bonne maison.

La forteresse, tout d'abord. Si la garantie d'emploi n'est pas réglementaire comme dans la fonction publique, elle est aussi bien assurée par le statut de l'établissement.

Le principe premier, c'est la propriété exclusive par le personnel de tous les postes existants ou à créer dans l'entreprise. Non seulement les réductions d'effectifs sont exclues de facto mais, en outre, les recrutements extérieurs strictement limités. Ils doivent se faire à la base, par concours. Après quoi, on relève le pont-levis.

Le statut du personnel stipule dans son article 24 qu'on ne doit pas engager les Écureuils au-delà de la trentaine. Cela fut toujours vrai pour les emplois subalternes et, au cours des années 70, l'interdiction a été étendue à tout l'encadrement. Nulle passerelle ne peut être jetée pour des diplômés qui pourraient renforcer l'entreprise, en raison de leurs compétences, s'ils ont franchi le seuil fatidique des trente ans. La hiérarchie doit être assurée par la promotion interne, à la seule exception de la direction générale. Passé les emplois de débutants, toute concurrence extérieure se trouve donc exclue. On reste entre soi.

Comment faire, dans ces conditions lorsque l'établissement a besoin de compétences qu'on ne trouve pas dans le personnel ? Éventualité d'autant plus probable que, jusqu'à une date récente, le niveau de recrutement était très bas : la moitié des nouveaux engagés entraient sans le bac. La question s'est posée lorsqu'il s'est agi d'introduire l'informatique dans la gestion. Grâce à la formation permanente à laquelle la caisse consacre 2,75 % de la masse salariale, on initia un certain nombre d'agents aux subtilités des ordinateurs. Mais il est difficile de s'improviser analyste. Il a donc fallu engager un ingénieur spécialisé, ayant l'expérience requise. Il avait trente-quatre ans. La commission paritaire a refusé la dérogation. La caisse a dû créer une société filiale de droit privé pour engager des ingénieurs informaticiens. C'était le seul moyen de faire tourner les ordinateurs. Le principe en sortit affermi : la forteresse a une entrée et une seule : tout en bas.

Mises en difficulté par des charges excessives, certaines caisses de province pourraient être amenées à fermer dans l'avenir. Dans ce cas, le principe d'exclusivité jouerait encore et les agents seraient recasés dans d'autres caisses. Plus vraisemblablement, l'opposition du personnel parviendrait à empêcher les fermetures.

La certitude de l'avenir, chez les Écureuils, n'est pas statique mais dynamique. Ce n'est pas l'emploi qui est garanti, c'est la promotion.

Celle-ci ne dépend pas de la compétence — tout le monde a commencé au même niveau —, guère plus du mérite, mais de la patience. C'est un droit qui est fonction de l'ancienneté. En bonne théorie, le tableau d'avancement doit tenir compte de « la qualité du travail, des connaissances techniques, de l'assiduité et de la conscience professionnelle, des rapports avec le public ». Une note écrase cependant toutes les autres : l' « ancienneté dans le service ».

Toute dérogation à l'ordre de séniorité se heurte à la redoutable opposition syndicale. En pratique, le train de l'avancement emporte tout le monde au fil du temps, de sorte que l'employé de base, qui gagne autant qu'un professeur certifié, est pratiquement assuré de se retrouver quinze ans plus tard avec le traitement d'un conseiller d'État.

L'inconvénient de cet ascenseur pour tous, c'est qu'il risque d'amener aux étages supérieurs plus de monde qu'il n'y a de places à pourvoir. Il faut donc combiner l'ascension dans la hiérarchie avec l'ascension du téléférique. Les agences vont jouer le rôle de cabines. Elles sont réparties sur une grille, hiérarchisée d'après la quantité de l'argent qu'elles collectent. Le grade des employés dépend du classement de leur agence. Lorsque celle-ci avance d'une catégorie, elle propulse du même coup tout son personnel. Encore faut-il augmenter la recette pour que l'ascension de la cabine permette celle de ses occupants. Ce n'est pas trop difficile, une subtile méthode de calcul permettant d'améliorer les résultats en profitant de l'inflation qui, elle, ne fait jamais défaut. La hausse des prix aidant, le téléférique monte irrésistiblement vers les sommets et les agents, se trouvant travailler dans des agences de mieux en mieux classées, sont de mieux en mieux payés. Grâce à ce système et à quelques autres commodités, la caisse a été « épargnée » par le plan Barre et ses rigueurs. Le Premier ministre avait beau fulminer, la croissance de la masse salariale était inscrite dans le règlement !

De fait, les rémunérations qui, en 1965 étaient comparables à celles — déjà fort convenables — des banques leur étaient supérieures de 38 % en 1975 et de 55 % en 1981 !

Sécurité de l'emploi, salaires élevés, promotion assurée, le principe des cumuls ne va pas s'arrêter en si bon chemin. Effectivement, le personnel des caisses se voit offrir très généreusement des prêts à des taux dérisoires, pouvant être inférieurs d'une dizaine de points à ceux du marché. Les Écureuils sont évidemment grands emprunteurs. Pour certains, la charge de remboursement peut atteindre jusqu'à 70 % du salaire ! Faisons un rapide calcul : un prêt de 400 000 F avec un intérêt abaissé de 10 points représente un bénéfice de 48 000 F. Cadeau non imposable, il représente un salaire indirect de 50 à 60 000 F. A l'opposé, l'épargnant, lui, voit fondre l'argent qu'il remet à la caisse, et que celle-ci ne rémunère que bien faiblement.

Quant aux conditions de travail, elles ne comportent aucune servitude particulière ; lorsqu'on a introduit les écrans cathodiques, des règles d'utilisation pour éviter la fatigue des yeux ont été fixées, qui sont infiniment plus favorables que celles en vigueur dans la plupart des usines d'électronique. En ce qui concerne le temps de travail, les Écureuils ont toujours été à la pointe du progrès social. On pratique depuis un certain temps déjà les quarante heures « administratives ». Pas question de partager les bienfaits de la technique avec les usagers. Ainsi l'heure de fermeture est-elle traditionnellement calculée pour laisser aux employés le temps de faire la caisse. On ne quitte son poste qu'une fois l'opération terminée. Avant l'introduction de l'informatique, il fallait cinquante minutes minimum pour solder la journée. Depuis que l'ordinateur tient les comptes, douze minutes suffisent. La direction proposa que les agences ferment un quart d'heure plus tard et qu'on autorise les agents à partir un quart d'heure plus tôt. Grève avec occupation des locaux. Pas question de donner aux clients un quart d'heure de grâce. La direction a cédé. Les agences ferment toujours à la même heure et les employés partent une demi-heure plus tôt.

Pour les vacances, en additionnant les congés officiels, supplémentaires et exceptionnels, on arrive à sept semaines par an. Camarade balayeur, que feriez-vous de tout ce temps libre ? Mieux vaut le donner à ceux qui ont les moyens d'en profiter.

L'âge de la retraite sonne traditionnellement à cinquante-cinq ans pour les femmes et soixante ans pour les hommes. On peut rester au travail pour améliorer la pension. Les vieux jours ne se font donc pas trop attendre et coulent confortablement.

Ajoutons, pour mémoire, des services sociaux fort complexes et toute une batterie de primes : de vacances, de bilan, de fin d'année, d'association, de naissance, de mariage et cinq mois de salaire plein pour congé maladie et même des primes de « non-spécialité » !

Tel est le nid douillet de l'Écureuil. De quoi faire rêver la plupart des salariés, sans parler de nos modestes serviteurs du balai que nous retrouverons plus loin. Et chacun de s'interroger : « Comment fait-on pour se construire une si bonne maison ? »

La réponse classique, traditionnelle, des syndicats c'est la « combativité des travailleurs ». Et, de fait, pour être accrocheurs, ils le sont, les Écureuils. Solidement syndiqués, ils en ont donné une brillante démonstration en 1981. Dès juin, en plein état de grâce, alors que la France fait ses bagages pour rejoindre la mer, les agents de la caisse du Mans engagent la lutte pour le « partage du travail ». Après un mois de grève, ils obtiennent dès juillet la semaine de trente-huit heures à salaire maintenu, avec l'engagement, pour les années à venir, de toujours travailler cinquante minutes de moins que la moyenne nationale !

Automne 81 : ils sont encore les premiers sur le pied de guerre. Fin octobre, c'est la caisse d'épargne de Marseille qui est occupée, puis bientôt celle de Paris. On veut les trente-cinq heures sans attendre. Conflit très dur, largement commenté par la presse. Finalement, le 25 novembre, *l'Humanité* peut annoncer : « Victoire des grévistes. Caisse d'épargne : la semaine de trente-six heures », et le journal d'expliquer : « Les Écureuils, au terme de vingt-sept journées de grève avec occupation, ont donc gagné et le travail a pu reprendre ce matin. Ils viennent de faire la démonstration que le mur des trente-neuf heures, dressé par le C.N.P.F., pouvait tomber. »

C'est vrai, la combativité paye, mais pas n'importe où ni dans n'importe quelles conditions. Les Écureuils gagnent d'autant plus que le terrain est particulièrement favorable. On n'obtient rien par hasard. D'une façon générale, la banque est un champ de bataille idéal pour les luttes revendicatives. C'est encore plus vrai ici car la caisse d'épargne n'est pas un patron comme les autres.

De quoi s'agit-il en réalité ? D'une banque nationalisée, d'un établissement privé, d'une société mutualiste ? Rien de tout cela : une bizarrerie juridique, héritée du XIXe siècle. Ce point d'histoire et de droit est important parce qu'il permet de voir comment se met en place un système corporatif.

Au siècle dernier, de bons bourgeois philanthropes se soucient de favoriser l'épargne populaire. A l'époque, les seuls placements rémunérés supposaient une mise de fonds relativement importante. Ils étaient inaccessibles aux petits épargnants. Afin d'enseigner au peuple les vertus de l'économie, il fallait lui offrir un placement rémunéré sans mise de fonds minimale. Cet argent représentant des économies toujours nécessaires « pour le cas où... », il convenait qu'il reste disponible. Enfin, dans un grand geste de générosité, le Parlement accorda l'exonération fiscale des intérêts versés. Le livret d'épargne était né.

Pour gérer ce produit hors des normes bancaires ordinaires,

on créa un organisme original, sans but lucratif : les caisses d'épargne. Ses règles de fonctionnement sont très strictes. L'argent collecté ne peut être engagé dans des opérations financières, mais doit être confié à la Caisse des dépôts et consignations qui l'utilise, notamment, pour financer ses prêts aux collectivités. Pour prix de leurs services, les caisses reçoivent 0,75 % de l'argent collecté. A elles de s'en accommoder sans faire de bénéfices et, bien entendu, sans payer d'impôts. Pour diriger ces établissements, on fit appel aux « personnes les plus recommandables de la ville ». Ces notables participent bénévolement aux conseils d'administration et commissions de contrôle, où ils se trouvent à parité avec les représentants du personnel pour que tout conflit soit réglé de l'intérieur.

Résultat : un incroyable monstre juridique qui s'apparente par certains côtés à une fondation et présente cette particularité de n'appartenir à personne. C'est d'autant plus surprenant que les caisses ont accumulé au fil des décennies un patrimoine considérable (immeubles, forêts, portefeuilles, etc.), dont ni l'État, ni les déposants, ni les dirigeants, ni personne, ne sont, en dernier ressort, propriétaires.

Que retenir de cet imbroglio ? Tout d'abord, qu'il ne s'agit pas d'une entreprise capitaliste, habituel lieu d'un conflit entre capital et travail. Les dirigeants n'ont pas à défendre leurs profits. D'autre part, les caisses d'épargne ne se trouvent pas en position de concurrence. Elles ont un monopole et jouissent d'une rente de situation. Troisièmement, le pouvoir y est relativement faible. Les notables septuagénaires et bénévoles se soucient peu de croiser le fer avec les représentants syndicaux. Enfin, les caisses tiennent un rôle très important dans la vie du pays. elles drainent des dizaines de milliards de francs chaque année et, surtout, tiennent la bourse de millions de Français, généralement peu fortunés. Tout arrêt prolongé de leur fonctionnement perturbe gravement la vie des petits épargnants qui, tout à coup, se voient privés de ressources. Lors de la grève d'octobre à Marseille, les clients, souvent des retraités, ont assailli l'établissement en réclamant leur argent et le Trésor public a dû verser des secours aux plus démunis d'entre eux. Certes, cela ne contribue pas à rendre le mouvement populaire, mais le public est toujours tenté en pareille circonstance de dire : « Donnez-leur ce qu'ils demandent et que le service reprenne ! » Les caisses d'épargne constituent donc un terrain idéal pour le développement du corporatisme et l'on comprend mieux que l'action revendicative se soit révélée aussi efficace sur un tel bien de mainmorte comme on disait au Moyen Age.

Pourtant les caisses restèrent assez longtemps un médiocre patron. Le personnel n'avait pas encore su s'organiser. De ce fait, les établissements prospéraient. Car on vit fort bien avec 0,75 p. % des dépôts, quand on serre les cordons de la bourse et qu'on ne prend aucun risque financier. Faute de pouvoir faire des bénéfices, l'Écureuil se fabriquait donc une énorme pelote en accumulant un solide patrimoine.

Tout change à partir des années 50. D'une part les dépôts se mettent à augmenter rapidement, d'autre part le personnel constitue de puissants syndicats et va peu à peu se répartir le pactole.

Ainsi en est-on arrivé à la situation actuelle dans laquelle la caisse de Paris ne gagne pas d'argent alors qu'elle aurait été, en 1980, en excédent de 70 millions si elle avait pratiqué la même politique salariale que les banques. Ce n'est pas encore assez. Le personnel, fort de sa puissance et du peu de résistance qui lui est opposé, réclame davantage. Cette fois, les caisses ne peuvent plus payer sans risquer le déficit. Qu'à cela ne tienne, les syndicats demandent que l'on augmente la rémunération de leur service; le pourcentage versé passerait de 0,75 % à 1 %. La Caisse des dépôts en serait quitte pour élever le taux de ses prêts aux collectivités et, *in fine,* ce seraient les contribuables citadins qui paieraient l'ardoise pour améliorer le sort des pauvres Écureuils.

Si l'on prospère dans la démocratique épargne populaire on vit également très bien dans la haute aristocratie bancaire : la Banque de France. Si bien même que le bilan social de cet établissement est un document confidentiel qui ne circule que sous le manteau. Lorsqu'on en demande un exemplaire, la réponse est toujours la même : « Il n'est pas possible de vous l'adresser, les partenaires sociaux ayant souhaité que ce document ne soit pas diffusé à l'extérieur. » Diable ! Que peut être le contenu explosif de ce rapport ? Rien qu'un bouquet d'avantages, de garanties et de privilèges, parmi les plus beaux qui se puissent trouver en France. Un petit trésor corporatiste à préserver des regards indiscrets.

La Banque de France, c'est le temple des chauves-souris, race ambiguë pouvant à volonté se réclamer d'une espèce ou de l'autre. Fonctionnaire pour le statut, banquier pour la paye, le « banquedefrançais » cultive l'art des contraires, n'adoptant chaque famille que pour jouir de ses privilèges. Tactique habile, qui n'a d'utilité, cependant, que dans un établissement aussi particulier.

De son origine napoléonienne, la Banque a conservé l'organisation quasi militaire. Ici, on parle encore de sous-brigadiers, de brigadiers, de sous-adjudants et d'adjudants. Cette hiérarchie sert désormais à répartir judicieusement la manne entre les 15000 agents titulaires. Que les temps ont changé !

A la Belle Époque, la Banque de France formait un club très fermé auquel n'appartenaient que les membres de l'aristocratie ou de la très haute bourgeoisie. C'était le temple des « 200 familles ». On n'y entrait pas pour s'enrichir mais parce qu'on était riche, la fonction étant plus prestigieuse que rémunératrice. Prestigieuse... pour l'encadrement. Quant aux employés, payés à la journée, sans la moindre sécurité, ils étaient très mal traités. Bien que la Banque soit un établissement privé, ses serviteurs se devaient d'être désintéressés.

En 1936, le gouvernement du Front populaire nationalise. En bon socialiste, le nouveau gouverneur demande à prendre contact avec les syndicats. Stupéfaction ! Pour faire plaisir à M. le gouverneur, on mit rapidement sur pied une première organisation syndicale. Ce ne sera, pourtant qu'à la Libération que de véritables syndicats lanceront l'action revendicative. L'objectif, obstinément et victorieusement poursuivi, sera donc de cumuler les avantages de la fonction publique et du secteur bancaire. Quoi de plus naturel, puisque l'établissement s'apparente à l'un comme à l'autre.

Ayant reçu dès sa fondation le privilège d'émission, la Banque de France fabrique, au sens physique, la monnaie, notamment en imprimant les billets : c'est là une « industrie ». Banque de l'État, elle intervient pour réguler le crédit et la masse monétaire, elle assure des concours au Trésor public. Banque des banques, elle réescompte les effets de commerce et joue le rôle de tuteur pour l'ensemble du système bancaire. En dépit de ces activités, il ne s'agit pas d'une banque au sens classique, c'est-à-dire d'une entreprise devant tenir son compte d'exploitation et maintenir sa rentabilité. C'est une banque administrative, à moins que ce ne soit une administration bancaire qui, en tout état de cause, ne risque guère d'être acculée par les assauts de la concurrence à déposer son bilan.

A partir des années 50, le personnel prend progressivement conscience de cette proposition exceptionnelle. Il va tout d'abord tenter d'arracher les principaux avantages de la fonction publique... sans être rattaché à sa médiocre grille de rémunération. C'est pratiquement chose faite en 1956. Il engage alors de véritables actions revendicatives. La résistance n'est pas bien forte. Cette année-là, les agents décident de ne plus venir travailler le samedi matin. La direction s'incline. C'est que la Banque de France tient une position triplement stratégique. En tant que banque d'émission, elle peut priver l'économie de signes monétaires en interrompant la livraison des billets. En tant que banque des banques, elle perturbe à elle seule la totalité du réseau bancaire si elle cesse de réescompter les effets. En tant que première banque de France, enfin, elle a valeur exemplaire. En 1968 et 1974, les grèves de la Banque de France ont été un détonateur, étendant ensuite le conflit à l'ensemble de ce secteur vital.

Le personnel a tous les atouts dans la manche : un patron qui peut payer et des arguments qui ne peuvent être négligés. Les récompenses vont donc pleuvoir sur nos « banquedefrançais ». Pas sur tous, à vrai dire. Ainsi les balayeurs ne verront-ils rien venir. Pourtant, ils sont directement payés par la Banque de France et non par une société de nettoyage. Mais ils constituent, avec les gardiens, les agents auxiliaires de caisse, les manutentionnaires et autres travailleurs de petits métiers, une caste d'intouchables : les « habits bleus » hors statut. Cela représente au total deux mille salariés qui ne sont pas, mais alors pas du tout, privilégiés. En 1980, leurs salaires mensuels n'étaient guère supérieurs au S.M.I.C. et ne s'accompagnaient d'aucun avantage. Ils travaillaient dans la maison, sans en être pour autant.

Les vrais « banquedefrançais » sont rangés en différentes cohortes comme à la parade. Ici les « habits bleus », qui, en réalité, sont souvent des blouses grises, là les « cols blancs », employés de bureau, agents de caisse et, au-dessus, les cadres. Tout ce personnel entre à la banque sur concours. Avant vingt-cinq ans pour le personnel d'exécution, avant trente ans pour les cadres. Ici, de même que chez les Écureuils, on n'aime pas la concurrence de l'extérieur. Seule exception, on admet à plus de quarante-cinq ans des officiers et gendarmes en retraite qui, sans jouir du statut complet, seront employés à la surveillance.

Même pour un établissement financier, la Banque de France paye encore très bien. En 1980, les employés y gagnaient en moyenne mensuelle 7272 F, les caissiers 8212 F et les cadres 16542 F. C'est dire que le salaire de l'employé était exactement le double de la moyenne nationale pour sa catégorie et que le caissier gagnait à peu près autant qu'un cadre supérieur dans la fonction publique. Voilà pour l'argent : ce n'est là qu'un début.

La carrière est très régulièrement assurée par le tableau d'avancement. Au cas où les notes de l'agent seraient vraiment trop mauvaises, on va mettre en marche la C.A.R.M.I.G. C'est une procédure de « voiture-balai » qui assure à tous une Carrière Minimum Garantie. Quoi que l'on fasse ou que l'on ne fasse pas, on aura franchi son échelon en dix ans.

Si l'on veut se donner un peu de mal, alors on n'a que l'embarras du choix. La formation professionnelle offre tous les stages possibles. Pour occuper ses employés, la Banque consacre à ce chapitre quatre fois plus que le minimum légal. Qui veut progresser progressera.

Pour se loger, le « banquedefrançais » peut compter sur les appartements de fonction mis à la disposition des directeurs et même d'employés dans les agences. Si, à l'âge requis, il n'obtient pas le logis gratis, alors la maison lui donnera une prime mensuelle d'environ 1000 F en dédommagement. Pour sa maison de campagne, il n'aura qu'à emprunter. A 3 % pour commencer, à 8,5 % s'il est plus gourmand.

Le statut apporte mille garanties : sécurité d'emploi tout

d'abord. C'est bien le moins, en dépit d'effectifs que tout le monde estime pléthoriques (le personnel ne cotise d'ailleurs pas aux A.S.S.E.D.I.C.). Mais, également, sécurité maladie avec une couverture totale, et puis sécurité vieillesse avec un système spécial de capitalisation qui assure les pensions les plus généreuses à 75 % du salaire. Passons vite sur la réputée coopérative d'achats de la Banque de France ainsi que sur les œuvres sociales et venons-en au temps libre.

Théoriquement, le salarié de la Banque est astreint à trente-huit heures par semaine. En pratique, nul n'oserait poser des pointeuses, même à trente-cinq heures. Aux vingt-cinq jours ouvrables de congés annuels s'ajoutent des rallonges d'environ quatre jours par mois que distribuent les directeurs, outre les congés exceptionnels : dix jours pour le mariage ou la garde d'un enfant, etc. Quant à la retraite, elle se prend depuis fort longtemps à cinquante-six ans. Tout cela n'est pas trop mal pour une vie professionnelle qui ne comporte qu'un nombre vraiment très limité de contraintes.

Les ouvriers qui impriment les billets dans les usines de Chamalières et le Vic-le-Comte bénéficient, dans un registre différent, de situations confortables avec, en 1980, des salaires mensuels qui s'élèvent à 7779 F, et des fins de carrière à 10000 F environ. Les mauvais esprits s'étonnent que de si bonnes places soient si peu courues. Le fait est qu'à Chamalières, il ne se présente jamais que cinq ou six candidats aux concours de recrutement..., ce qui est beaucoup car la publicité toujours très mal faite ne permet qu'aux parents et amis des salariés d'être informés. Si l'on ajoute à cela que les épreuves, très particulières, ne peuvent être préparées qu'avec l'aide d'un professionnel habitué au travail de l'usine, on s'étonnera moins de trouver tant de relations familiales et amicales parmi le personnel. La chasse est bien gardée.

Dans sa mouvance douillette, la Banque de France entraîne trois établissements financiers qui s'alignent traditionnellement sur son statut : le Crédit national, le Crédit foncier et le Comptoir des entrepreneurs. Chacun a ses bonnes œuvres sociales. Au Crédit national, on ne travaille que trente-six heures quinze, au Crédit foncier trente-sept. Le Comptoir des entrepreneurs, lui, est très généreux pour les services sociaux. Tous ont pour caractéristique commune de verser des rémunérations dépassant de 25 à 30 % celles des banques.

Ces largesses ne doivent rien au hasard et pas davantage à la seule pression revendicative. Ces établissements offrent des services particuliers, notamment des prêts bonifiés pour l'immobilier, et ne sont guère concurrencés dans ce domaine. Rien de tel pour bien vivre et traiter généreusement son personnel.

Si l'on n'obtient rien sans se battre, il est tout aussi exact que l'on n'emporte rien dans une situation propice au départ. Les avantages sont arrachés par les groupes qui se sont retrouvés armés et solidement retranchés dans des forteresses sociales.

Les médias s'intéressent peu aux conflits difficiles, incertains, menés par des travailleurs en position de faiblesse. En revanche, toute la presse marque sa prédilection pour les actions menées par les divisions blindées des grandes corporations : batailles sans risques, sinon gagnées d'avance. Ainsi les Écureuils ont-ils toujours été soutenus et M. Barre, lorsqu'il les désignait comme les privilégiés pendant la grande grève de 76, parlait-il dans le désert. A l'opposé, *le Monde* se posait anxieusement la question de savoir si le gouvernement ne prétendait pas limiter le droit de grève au-delà d'un certain salaire. Il n'en est, évidemment, rien. C'est, au contraire, à partir d'un certain salaire que la revendication devient d'un bon rapport. Un smicard n'a pas la possibilité de faire la grève, c'est un luxe qu'il ne peut s'offrir.

Nos femmes de ménage, balayeurs et nettoyeurs le savent bien. C'est pourquoi ils filent doux. Par opposition au monde turbulent des banques, leur profession est paisible et docile. L'I.N.S.E.E. a calculé que « l'indice de propension à la grève » — qu'en termes recherchés... — n'y est que de 0,034 p. 100 alors qu'il atteint 0,328 p. 100 dans les établissements financiers. Dix fois plus ! Heureux patrons des armées du balai qui, en 1978, n'enregistrèrent qu'une journée de grève là où ils en auraient eu cent vingt-trois s'ils avaient commandé une usine de construction aéronautique ou d'armement. Ne vous étonnez pas de découvrir votre banque fermée pour cause de grève, mais jamais malpropre. Il y a bien des raisons à cela.

Salariés de sociétés extérieures, les balayeurs ne reviennent pas bien cher. Dans le meilleur des cas, c'est le S.M.I.C. + 10 %. Mais, attention, c'est un S.M.I.C. horaire et non mensuel car on ne nettoie pas toute la journée. Dans la profession, un tiers des salariés travaille à tiers de temps, un autre tiers à mi-temps et le dernier tiers à temps complet. La loi interdisant de nettoyer « aux heures de bureau », les balayeurs viennent à la banque avant l'arrivée des employés ou après leur départ. Sans compensation particulière pour ces horaires décalés. Cela fait partie du métier. Pour atteindre le S.M.I.C., il faut généralement cumuler deux jobs : un aux aurores et un autre le soir.

De même que les F.N.M. suivent positivement les bons salaires du secteur bancaire, ils suivent négativement les bas salaires du nettoyage. D'un côté, les salariés sont protégés par des statuts en béton, de l'autre on en était toujours, en 1981, à négocier une future convention collective nationale du nettoyage. En définitive, c'est seulement en décembre 1981 que l'accord put être signé et cette convention collective n'a été étendue à l'échelon national par arrêté ministériel qu'en mai 1982.

Il existe donc enfin quelques avantages et garanties dans cette profession en dehors du minimum légal, à faire respecter car la plupart des sociétés n'ont pas de comité d'entreprise. Telle est la situation d'ensemble : une protection légale théorique, une protection syndicale défaillante. Un siècle de décalage social par rapport aux Écureuils.

Les conditions de travail sont ce que l'on peut imaginer. A l'opposé même de celles, fort décentes, qui règnent dans les banques aux heures d'ouverture. Ici le baromètre oscille entre le « mauvais » et l' « épouvantable ». Dans une enquête réalisée par Alain Denver pour le magazine télévisé *l'Enjeu*, une ouvrière affectée au nettoyage des trains expliquait : « On trouve les toilettes dans un état de saleté abominable. Des fois les gens ont fait leurs besoins directement sur le sol et, quand on demande du matériel pour enlever ça, on nous répond : " Tu n'as qu'à le ramasser avec ta langue. " » Le travail n'est pas toujours aussi pénible, c'est vrai. Mais les mauvaises conditions de travail ne sont jamais compensées pour la femme de ménage alors qu'elles le sont toujours pour l'employé de banque. A la B.N.P., le seul fait de travailler en sous-sol vaut une réduction des horaires hebdomadaires à trente-six heures et le travail de nuit donne droit à dix semaines de congés annuels. Un rêve pour le balayeur, qui n'ose même pas en appeler à l'inspecteur du Travail pour faire respecter la législation.

Pour un aussi mauvais job dispose-t-on, au moins, de la sécurité de l'emploi ? Absolument pas. Ne parlons pas du renvoi pur et simple avec huit jours de préavis seulement (« Si tu n'es pas content, tu prends la porte »), mais du licenciement économique. Son taux, calculé par l'I.N.S.E.E., atteint 1,6 dans l'ensemble du secteur bancaire et 14 dans le secteur du nettoyage. 10 fois plus à nouveau. Les sociétés débauchent dès qu'ayant perdu des contrats elles risquent de se trouver en sur-effectifs. Dans les institutions financières, en revanche, on prend grand soin de n'introduire les nouvelles techniques : télématique, guichets automatiques, monnaie électronique, qu'à un rythme très lent, tel que les gains de productivité suivent la fonte naturelle des effectifs, sans entraîner des compressions de personnel. Sécurité d'un côté, précarité totale de l'autre.

Quant aux Facteurs Non Monétaires positifs, ils n'existent pas pour des smicards. Ni services sociaux, ni primes exceptionnelles, ni mutuelles, ni congés supplémentaires, ni promotion, ni avancement à l'ancienneté, ni coopérative, ni cantine, ni prêts bonifiés, ni vacances organisées ne viennent s'ajouter à la feuille de paye. Boulot-salaire, c'est tout.

Face à face : des salariés combatifs, bien traités, et d'autres, résignés et maltraités. Voilà qui semble démontrer le rôle déterminant de l'action revendicative dans le progrès social. Or, les choses ne sont pas si simples. Le personnel du nettoyage est, fondamentalement, en position de faiblesse, comme celui des banques est, avant tout, en position de force. C'est la différence et la racine des inégalités.

Le nettoyage industriel s'est rapidement développé à partir des années 50. Il est passé de 12000 personnes en 1950, à 60000 en 1968, pour atteindre 140000 en 1978. Décupler les effectifs en moins de trente ans, cela représente une brillante expansion.

Ne nous faisons aucune illusion, cependant, cette réussite ne correspondant pas à de véritables créations d'emplois, mais essentiellement à des transferts : la tendance générale à se débarrasser des services internes de nettoyage a fait la fortune des sociétés spécialisées.

A la télévision, rue Cognacq-Jay à Paris, le personnel de nettoyage n'a pas le même statut selon qu'il s'occupe de l'ancien ou du nouvel immeuble. Dans le premier, où se réalisèrent les plus anciennes émissions, le nettoyage est fait par des travailleurs ayant le statut, les avantages et les garanties de tout le personnel titularisé : le balayeur « fait partie de la maison ». Or, la télévision a dû acheter l'immeuble mitoyen pour s'agrandir. Désormais les deux bâtiments communiquent et ne font plus qu'un. Mais, les temps ayant changé, on a progressivement fait appel à une société extérieure pour entretenir les nouveaux locaux : ici, les balayeurs n'appartiennent donc plus à la maison. De ce fait ils n'ont droit à aucun des avantages figurant dans nos conventions collectives et contrats d'entreprise. D'un palier à l'autre, pour le même travail, si les différences de salaire sont réduites, elles sont démesurément amplifiées par les différences de statut.

Il n'est plus question ici de monopole et de rente de situation. C'est le domaine du capitalisme sauvage, dans toute sa brutalité. Les utilisateurs (administrations, grandes entreprises) font jouer à plein la concurrence et ne retiennent que les propositions les moins onéreuses. C'est même une obligation réglementaire pour les établissements publics, qui doivent choisir « le moins disant ».

Or, il s'agit d'une industrie de main-d'œuvre. L'investissement financier ne représente que 5 % du chiffre d'affaires — les balais ne coûtent pas cher. Tout se joue donc sur les frais salariaux, qui s'élèvent à 85 %. Comme les gains de productivité restent limités dans une telle activité, l'offre la plus basse correspond normalement aux plus basses rémunérations. L'employeur qui poussera le plus loin l'exploitation de son personnel est donc celui qui emportera le marché. Telle est la règle du jeu.

Toutes les entreprises utilisatrices le savent. Les « bons patrons » de la banque, qui « font du social » chez eux n'ignorent pas qu'en traitant au meilleur compte ils contribuent à perpétuer les pires conditions sociales. Mais ils peuvent s'en laver les mains. La situation misérable du balayeur ne viendra pas ternir le bilan social de l'entreprise. Bien au contraire, moins on paye pour le nettoyage et plus on peut se montrer généreux avec le personnel statutaire.

Face à la pression impitoyable de la demande, celle de l'offre n'est pas moins forte. Dans une telle branche, la mise de fonds est minime. On achète un peu de matériel, on loue des bureaux et l'on part à la chasse aux contrats. Ceux-ci décrochés, il ne restera plus qu'à embaucher la main-d'œuvre correspondante. N'importe quel jeune loup du capitalisme peut se lancer. Son seul risque serait de se voir souffler ses affaires par plus coriace que lui, s'il venait à relâcher la gestion de son personnel. Quant à la taille de la société de nettoyage, elle ne joue guère. Une grosse entreprise risquerait même d'être handicapée par la constitution d'un comité d'entreprise ou d'une section syndicale. Mieux vaut être une P.M.E. si l'on ne veut pas être trop gêné par les contraintes sociales.

De fait, les 6,5 milliards de chiffre d'affaires réalisés en 1980 par le nettoiement sont répartis en 1 200 entreprises dont 900 comptent moins de 100 personnes. A la limite, les grandes sociétés créent elles-mêmes l'affaire de nettoyage dont elles ont besoin ou bien l'entrepreneur préfère multiplier les P.M.E., plutôt que de laisser se constituer une concentration trop forte de personnel. Quant aux utilisateurs, ils traitent souvent avec plusieurs contractants à la fois, ce qui permet de limiter les inconvénients en cas de conflit.

Quel est donc ce prolétariat qui se laisse ainsi exploiter ? Le plus faible, évidemment. Le nettoyage emploie 75 p. 100 d'immigrés dans la région parisienne et 75 p. 100 de femmes en province. Main-d'œuvre inorganisée, sans qualification, sans défense, prête à tout accepter pour un salaire. Main-d'œuvre abondante, toujours remplaçable. Fort différente du personnel des banques, dans lequel on ne compte que 1 p. 100 d'immigrés.

Sans pouvoir rivaliser avec les statuts des établissements les plus favorisés, les conventions collectives des institutions financières sont parmi les meilleures que l'on connaisse. S'y ajoutent des avantages particuliers selon les établissements, sans grandes différences entre les banques nationalisées et les banques capitalistes — preuve que la situation sociale des employés tient davantage à la position économique de leur branche qu'au caractère public ou privé des entreprises. Chaque établissement offre, sans rivaliser toutefois avec les prébendes des caisses d'épargne ou de la Banque de France, des privilèges fort appréciables.

Paribas verse dix-sept mois de salaire, tandis que la B.N.P. se distingue par ses prêts immobiliers. En 79, les emprunts du personnel représentaient 10 p. 100 des sommes prêtées à la clientèle dans ce secteur. Au C.I.C., les congés de maternité sont payés trois mois à plein salaire, plus six mois à mi-traitement. Une allocation est prévue pour la garde des enfants en dessous de six ans. A la banque Worms, les œuvres sociales atteignent 8,3 % de la masse salariale. Ailleurs on est plus généreux pour les congés, les retraites, les promotions ou les primes : dans tous les cas, les établissements bancaires tiennent à battre des records sur le plan social.

Si l'on fait le portrait robot de l'employé de banque moyen, on peut considérer qu'il gagne entre deux et trois fois le S.M.I.C., qu'il jouit de la garantie de l'emploi, que ses conditions de travail sont satisfaisantes et ne comportent pas de servitudes particulières, qu'il se voit offrir de larges possibilités de promotion, qu'il jouit d'une protection syndicale très forte et qu'il bénéficie de multiples avantages non salariaux : primes, congés, mutuelle, indemnités, prêts, services sociaux, etc.

Ainsi, la prise en compte des situations globales et non pas seulement salariales révèle une inégalité renforcée par la loi des cumuls. Sans vouloir, par crainte de vertige, jouer sur les extrêmes et comparer la situation des P.-D.G. à celle des balayeurs, on voit que l'inégalité du simple au double qui apparaît dans les statistiques ne traduit en rien la réalité. Il s'agit, en fait, de deux systèmes sociaux entièrement différents, de deux mondes qui, comme dans les romans de science-fiction, occupent le même espace à des temps différents. Les écarts ne sont plus quantitatifs, mais qualitatifs. On peut dire, à volonté, qu'une situation est trois, quatre ou cinq fois meilleure que l'autre : les comparaisons n'ont strictement plus aucun sens.

Fait important, les acquis du personnel bancaire correspondent à la force du système corporatiste et non aux lois de l'offre et de la demande sur le marché du travail. Si ces lois pouvaient jouer, la condition des intéressés se dégraderait sans doute considérablement. Ce sont elles, nous le savons, qui écrasent le balayeur. Car il ne manque pas de candidats disponibles et compétents qui travailleraient dans les banques à meilleur compte. Mais, le système des avantages acquis s'oppose à tout retour en arrière. Les médecins, les paysans peuvent voir diminuer leur niveau de vie ou se détériorer leurs conditions de travail. Pas le personnel bancaire, solidement retranché dans son statut.

Ce statut, à son tour, ne saurait s'expliquer par la seule organisation syndicale du personnel. Il ne se comprend que par référence à la situation particulière du secteur bancaire dans l'économie française.

La force des institutions financières tient à ce qu'elles contrôlent une activité stratégique sans avoir à supporter la concurrence. Le premier point est évident. La fonction bancaire est vitale dans un pays moderne, elle assure la circulation monétaire sans laquelle tout est paralysé.

Au cours des dernières décennies, tout le secteur a connu une brillante expansion. A la différence de ce qui s'est passé dans l'industrie du nettoyage, ce « marché porteur » n'est pas le champ clos de luttes sauvages, c'est un monde bien policé où chacun respecte les règles d'un jeu « civilisé ». La croissance, qui ne s'obtient généralement qu'au prix de grands efforts, suit ici l'expansion économique. A mesure qu'augmente le P.N.B., s'accroissent également la masse monétaire et les transactions financières. Le chiffre d'affaires de la banque, tout comme celui de l'industrie pétrolière est, en quelque sorte, indexé sur l'évolution économique. Le marché est moins à créer qu'à occuper.

Et qui, mieux que le banquier, pourrait profiter de l'inflation ? Débiteur des uns, créancier des autres, il tire toujours parti de la dépréciation monétaire. C'est ainsi qu'en 1980, année morose pour l'économie française, les banques purent afficher des bénéfices records. Il est donc évident que l'institution financière déploie son activité sur un terrain particulièrement favorable.

Mais à chasser dans une trop belle réserve, on risque la concurrence d'autres chasseurs attirés par l'abondance du gibier. Cette compétition ravageuse dans certains secteurs est totalement ignorée ici. Depuis 1942, la profession est fort bien verrouillée, protégée, corporatisée. Première règle, la plus simple : la création de nouveaux établissements bancaires ne peut se faire sans autorisations qui ne s'accordent pas. La concentration n'a cessé au cours des dernières années. Les banques françaises comptent parmi les plus grosses du monde et cet oligopole pachydermique ne se bat qu'à fleurets mouchetés. Certes, on se dispute le chaland à grand renfort d'agences, d'affiches et de slogans, mais il ne s'agit que d'une pseudo-concurrence. C'est le ministère des Finances qui impose à tous les principales règles du jeu : prix des services, taux des prêts, conditions du crédit, etc. Contrairement à ce qui se passe dans le commerce, cette compétition ne peut avoir pour résultat, ni de « casser les prix », ni de faire des morts. Encore plus confortable est la situation des établissements qui possèdent un véritable monopole : Crédit agricole, Crédit foncier, caisse d'épargne, etc.

C'est parce qu'elles sont ainsi soustraites partiellement ou complètement aux lois du marché que les banques peuvent se montrer généreuses avec leur personnel. La générosité n'étant jamais si grande que lorsque existe une véritable rente de situation. Il n'est donc pas étonnant qu'entre 1972 et 1978, les salaires aient augmenté de 112 % dans les institutions financières et de 84 % seulement dans le reste du secteur tertiaire[1]. Pas étonnant non plus que le coût du système bancaire français soit élevé pour la communauté comme l'ont montré les études préliminaires du VIIIe Plan. Fait significatif : les banques françaises ont des frais de fonctionnement deux fois plus lourds que les banques japonaises et gagnent davantage sur les opérations réalisées à l'étranger plutôt que sur celles faites en France[2].

1. La tendance s'est inversée depuis.
2. Selon une étude de J.-P. Patat dans *Economica*, le surcoût du système bancaire français par rapport au système américain représente 30 milliards de francs.

Ainsi faut-il disposer d'une citadelle pour livrer bataille. Si, d'aventure, des balayeurs tiennent une telle position, ils peuvent engager l'action avec quelque chance de succès.

Quand, par exemple, ils se trouvent 900 à assurer la propreté du métro parisien, ils commencent à représenter une force. Modeste, certes, mais à laquelle ils peuvent être tentés d'avoir recours lorsque les conditions de travail sont trop scandaleuses et que la révolte gronde. On a beau être Sénégalais, Algérien, Malien ou Marocain, savoir qu'on n'est qu'un immigré et qu'il n'y a pas de travail au pays, on ne peut éternellement accepter de travailler de 21 heures à 5 heures du matin pour 2350 F par mois (avril 1980). La R.A.T.P., soucieuse des deniers publics, avait fait sous-traiter ce sale boulot par une douzaine d'entreprises différentes. Prudence élémentaire : mieux vaut diviser le personnel pour l'affaiblir. Pourtant, le lundi 24 mars 1980, voilà que ces 900 immigrés réussissent à se mettre en grève. Ils exigent trois choses : gagner 2800 F par mois, avoir succès aux cantines et aux douches du personnel de la R.A.T.P., être assurés de garder leur emploi.

Pendant quinze jours, nul ne veut engager la discussion avec eux. Les entreprises ne peuvent payer plus, la R.A.T.P. s'en lave les mains. Les immigrés font la grève dans le vide. Heureusement, les Parisiens sont tout à la fois fort sales et fort délicats. Sales, ils jettent n'importe quoi n'importe où, dès qu'ils se trouvent dans un lieu public. Dans les couloirs du métro, par exemple. Il suffit alors que le nettoiement quotidien s'arrête pour que les vieux papiers, déchets et immondices s'accumulent. Le métro devient répugnant. Gens délicats, ces mêmes Parisiens supportent mal de voyager dans une telle saleté. La R.A.T.P., houspillée par la Mairie de Paris, s'efforce de faire nettoyer, mais les piquets de grève s'y opposent.

Au gouvernement, dans les entreprises, on mise sur la lassitude des grévistes. Ils devraient pourtant savoir que, dans leur branche, la grève ne paie pas. En 1977, ils ont déjà tenté le coup. Trente et un jours de grève pour rien, puisqu'ils se retrouvent, trois ans plus tard, dans la même situation. La leçon était claire.

Les « roulants » de la R.A.T.P. peuvent obtenir satisfaction en bloquant le métro, mais les balayeurs n'ont rien à espérer.

Pourtant, ceux-ci s'obstinent. Détail horrible, les touristes étrangers, à Paris pour le week-end pascal, vont se promener dans ce cloaque. La mort dans l'âme, on se résout à ouvrir le dossier.

Les faits sont simples. Dans le métro travaillent deux races d'hommes : les « ératépistes » et les autres. Les premiers sont français, les autres étrangers. C'est une sorte de racisme légal : la Régie ne doit employer que des nationaux. Mais elle n'est pas obligée de faire elle-même tout le travail.

Grâce au relais des entreprises privées, elle fait appel à des étrangers pour le nettoiement. Ceux-ci travaillent dans le métro, mais n'appartiennent pas à la R.A.T.P. Ils pénètrent dans les douches et les cantines du personnel statutaire... pour les nettoyer. Un robinet d'eau froide et la gamelle doivent suffire à leurs propres besoins. Ils ne disposent, bien entendu, d'aucun des avantages statutaires du « ératépiste ». Un simple exemple : on leur fournit des titres de transport leur permettant de se déplacer par le métro pour assurer leur service. En revanche, ils doivent payer leur ticket lorsqu'ils se rendent à leur travail.

Le salaire dépasse à peine le S.M.I.C., 13,42 F de l'heure au lieu du minimum légal de... 13,37 F. Pour les agents de la Régie, le minimum salarial est de 3 200 F par mois, soit près de 1 000 F de plus . Juste un petit calcul, au passage : si la R.A.T.P. payait les balayeurs à ce tarif, il lui en coûterait au minimum 20 millions lourds de plus par an. L'économie n'est pas mince.

Même cet emploi de misère est menacé. La R.A.T.P. veut réduire la charge du nettoiement dans les années à venir. Les entreprises qui verront baisser le montant de leurs contrats risquent de licencier. Pour beaucoup d'immigrés, ce sera l'expulsion. Sans doute pourrait-on étaler cette réduction afin qu'elle suive de la diminution naturelle des effectifs. Sans licenciements. C'est ce qu'on a fait pour des statutaires lorsqu'on a développé la productivité en supprimant les poinçonneurs, entre autres. Mais, s'agissant d'immigrés, on licencie. C'est plus simple.

De toute part, on s'accorde à reconnaître que leurs revendications sont assez raisonnables ; par malheur, totalement impossibles à satisfaire. Les entreprises sont hors d'état de supporter cette augmentation. Elles le disent et c'est rigoureusement vrai. Pour nettoyer le métro, la R.A.T.P. leur donne globalement 70 millions de francs par an, ce qui correspond, pour les salaires et charges sociales, à 68,4 millions de francs exactement. Le reste est réparti entre l'achat du matériel, les frais de fonctionnement des sociétés et le profit. Or les grévistes demandent 20 % d'augmentation. Faites le compte : cela représente 13,7 millions de francs. Si les entreprises acceptent, elles feront toutes faillite avant la fin de l'année.

La R.A.T.P. ne pourrait-elle, alors, revoir ces contrats ? Donner aux entreprises de quoi payer décemment leur personnel ? Le ministre des Transports Joël Le Theule expliqua que ce ne serait pas raisonnable : « N'oubliez pas que le billet payé par l'usager ne représente que 35 % du prix de revient du service rendu. La différence, qui cette année a atteint 2 800 millions, est supportée par le contribuable », rappelle-t-il à la tribune de l'Assemblée nationale. Et, répondant à un député communiste : « Il faudrait ou bien augmenter le coût des transports ou bien accroître les crédits accordés par l'État à la Régie. »

Les soutiers du métropolitain devront donc travailler toutes les nuits, dans la crasse, pour le S.M.I.C. Un véritable cas d'école. Nous voilà hors des conflits capitalistes sur le nouveau terrain des affrontements sociaux : les oppositions catégorielles. La R.A.T.P. n'est pas une société privée, elle n'est ni motivée par la recherche du profit ni soumise aux impératifs de la concurrence. Mais elle subit la double pression des Français, qui veulent payer le moins possible pour disposer du métro, et des « ératépistes », qui entendent être payés le plus possible pour le faire marcher. Dilemme tout à fait inconfortable.

Le personnel de la Régie est fortement organisé et peut paralyser la capitale ; arme redoutable. Les 36 500 agents — dont 12 000 « roulants » — que sur celui de l'aménagement intérieur. Outre qu'on y est locataire à vie, on trouve dans la « maison R.A.T.P. » tous les services nécessaires à la satisfaction des pensionnaires. Une véritable école de formation interne, ouverte tout au long de la carrière (4,8 % de la masse salariale), des services sociaux (voyages, vacances, cantine, etc.) convenables et puis des spécialités « maison » : l'aide familiale pour frais de garde des enfants, des systèmes spéciaux d'aide au logement, la gratuité complète des soins médicaux, les congés maladie payés un an à plein salaire, les 22 centres médicaux ouverts aux agents, les 18 assistantes sociales qui surveillent leurs problèmes, un régime de retraite, enfin, exceptionnellement favorable tant en ce qui concerne l'âge du départ que le niveau des pensions. Et ne parlons pas du titre de transport, gratuit pour les salariés, à mi-tarif pour la famille, ce qui est bien la moindre des choses.

Tout cela n'est pas donné ! Or, les Parisiens veulent débourser le moins possible. Le prix du ticket de métro est un indicateur du coût de la vie, c'est bien connu, et les raisons ne manquent pas de subventionner le métro. C'est le moyen de transport des personnes les moins aisées ; en outre, il est sage de favoriser les transports en commun. Bref, l'habitude a été prise de faire supporter une partie du budget de la Régie par le contribuable. Mais l'État, lui, n'est pas riche. Chaque année, au Parlement, lorsque vient en discussion le budget des transports, les conservateurs dénoncent le montant exorbitant des subventions accordées à la R.A.T.P. La gestion trop lourde des entreprises publiques est inévitablement mise en cause. Il est alors demandé à la Régie de faire des économies. On le voit : ni les usagers ni les contribuables ne veulent qu'on augmente la charge du métro. M. Fiterman a bien tenté de « faire payer les patrons », formule sans solution qui n'a pas été retenue.

La Régie se trouve obligée de rogner sur ses dépenses. Que faire ? Il n'est pas question d'obtenir des sacrifices de la part du personnel statutaire. Il se mettrait immédiatement en grève. C'est pourquoi l'on fait appel aux sociétés privées. Le profit que celles-ci vont prélever au passage, loin d'alourdir la facture, va l'alléger considérablement. De 20 à 30 millions environ. En effet, le nettoiement fait par des agents de la Régie reviendrait à 100 millions au moins, au lieu de 70. Ce sont les étrangers qui font les frais de l'affaire, de « vilains capitalistes » se chargeant de les exploiter. La Régie demeure un bon employeur, le personnel est satisfait, les usagers et les contribuables ne paient pas trop. Restent les nettoyeurs...

A la troisième semaine de grève, les syndicats C.G.T. et C.F.D.T. du personnel statutaire décident d'observer une journée d'arrêt par solidarité. Rien de bien méchant, les conducteurs autonomes ne s'y associent pas et, finalement, le métro roule à peu près normalement ce jour-là. Geste symbolique tout de même en faveur de ces collègues, qu'il faudra bien apprendre à voir de plus près puisqu'ils viennent enfin d'obtenir l'accès aux douches et aux cantines de la R.A.T.P. C'est une concession de la direction, non une offre du personnel. Il est évident que les nettoyeurs auraient depuis longtemps obtenu satisfaction sur ce point si les syndicats de la R.A.T.P., soutenus par tous les travailleurs statutaires, l'avaient exigé. Mais pourquoi demander aux « ératépistes » des vertus que ne pratiquent pas les autres Français ?

C'est naturellement sur la question de l'argent que les négociations sont les plus difficiles. Les entreprises ne peuvent pas payer, la Régie non plus et le gouvernement fait la sourde oreille un temps... C'est lui, pourtant, qui va débloquer la situation. Pour d'obscures raisons qui n'ont rien à voir avec les revendications des grévistes. Il se trouve simplement que la C.F.D.T. contrôle le mouvement, que la C.G.T. voudrait la doubler et que le pouvoir a besoin de favoriser la première. On décide donc de faire ce qu'il faut pour permettre à la C.F.D.T. de se targuer d'un succès. Le 30 avril, après trente-sept jours de grève, les nettoyeurs du métro obtiennent 2 537 F par mois et la promesse d'arriver à 2 800 F... en juillet 82. Restriction : les journées de grève seront retenues. Les grévistes ne se voient concéder qu'une avance, remboursable par prélèvement sur les salaires des prochains mois. Il leur faudra donc attendre plus de six mois pour toucher le nouveau salaire.

Ainsi, des balayeurs déterminés, dans une des meilleures positions qui soient, doivent livrer une bataille extrêmement dure pour un résultat extrêmement maigre. Quand j'affirmais que la grève ne paie pas pour les smicards, ce n'était pas une boutade : la grève est l'arme des forts et non des faibles.

Quant à expliquer l'injustice dont souffrent ces travailleurs par la méchanceté des patrons capitalistes, ce ne peut être qu'une énorme hypocrisie. Une imposture. Comme l'écrivait

Thierry Bréhier dans *le Monde*: « Notre société gaspilleuse et égoïste redoute de devoir payer à son juste prix le travail des immigrés sans statut et sans défense qu'elle utilise comme bonnes à tout faire. »

Encore convient-il de remarquer que la comparaison est beaucoup trop aimable. La situation des bonnes à tout faire, catastrophique au siècle passé, s'est radicalement transformée. Ici, la loi du marché a joué dans le bon sens et, dans les beaux quartiers, on sait que le service ne serait jamais assuré si les employées de maison n'étaient pas mieux traitées que les balayeurs dans le métro.

Mais, dira-t-on, les métiers de l'hygiène sont obligatoirement sacrifiés. Ils ne peuvent être pris que par des laissés-pour-compte sans la moindre qualification, et ils seront toujours très mal payés en dépit des servitudes nombreuses qu'ils supportent. Et pourtant c'est totalement faux.

Au moment même où se déroulait ce conflit, la ville de Paris était normalement nettoyée, les ordures étaient collectées, les rues balayées. Éboueur municipal ou balayeur du métro, les professions sont équivalentes. Pourtant, les conditions ne sont pas du tout les mêmes.

C'est que les éboueurs parisiens avaient compris, avec quelques années d'avance sur les balayeurs du métro, l'efficacité du moyen de pression dont ils disposaient. Ainsi que l'écrivent G. Adam et J. D. Reynaud : « L'entassement des ordures dans les rues de Paris est un message qu'il est impossible de ne pas entendre, que ce soit au Conseil de Paris, à la préfecture ou dans les directions des ministères. Les réclamations, même si elles aboutissent à une audience, peuvent ne pas passer la barrière. Le mécontentement du public, les photos dans les journaux, les dangers pour l'hygiène, vont contribuer à mettre en accusation les décideurs et à les presser d'agir. La grève est importante parce qu'elle cause une gêne grave ; mais c'est surtout parce qu'elle est extrêmement visible[1]. » Muni d'une telle arme, il

1. *Conflits du travail et changement social,* par G. Adams et J. D. Reynaud, P.U.F., 1976.

devient possible d'engager avec quelque chance de succès une action revendicative. Les premiers conflits éclatèrent en 68 puis 70 et 72, mais c'est la grande grève de 74 qui entraîna une véritable revalorisation du métier.

A la différence de la R.A.T.P., la Ville de Paris était l'employeur direct des ouvriers du nettoiement. Le racisme légal sévit toutefois dans les deux cas. De même qu'il faut être de nationalité française pour conduire le métro, il faut cette même nationalité, non pas pour ramasser des ordures, mais pour être agent titulaire de la Ville de Paris. Qu'à cela ne tienne. On utilisait massivement des étrangers (80 p. 100 à l'époque)... sans les titulariser. Les rares Français qui acceptaient encore de faire ce métier jouissaient du statut municipal, lequel comportait un certain nombre de garanties et d'avantages. Pour les autres, ils n'étaient guère mieux traités que les balayeurs du métro. Ils prenaient leur service tous les jours à 6 heures, parcouraient dix kilomètres de rues, se colletaient une tonne et demie d'ordures en vrac, travaillaient quarante-deux heures par semaine, le tout pour un salaire qui ne dépassait le S.M.I.C. que d'un tiers. N'insistons pas sur l'absence de facteurs non monétaires positifs, de règle dans de telles situations.

La grève, très dure, va permettre d'accorder à ces étrangers non titulaires toutes sortes d'avantages, jusque-là réservés aux statutaires : même couverture pour les accidents du travail et la Sécurité sociale, travail cinq jours de suite au lieu de six, octroi ou relèvement de primes, augmentation des salaires, amélioration des grilles professionnelles, etc.

La condition de tous les éboueurs s'en trouve notablement transformée. Le coût n'est pas mince pour les Parisiens, puisque le nettoiement absorbe près du quart des impôts locaux. Pourtant, la municipalité a tiré les leçons de la grève et revalorise progressivement le métier d'éboueur.

Sur le plan des salaires, tout d'abord. Compte tenu des primes et heures supplémentaires, l'éboueur débute à près de deux fois le S.M.I.C. Salaire qui augmente en cours de carrière et peut atteindre deux fois et demie le S.M.I.C. si l'éboueur finit chef d'équipe à cinquante-cinq ans, âge de la retraite pour le personnel statutaire. Rien d'excessif, eu égard à la pénibilité du métier, mais progrès considérable par rapport aux rémunérations habituelles du nettoyage. Qui plus est, les conditions de travail se sont améliorées. Équipement, douches, réfectoire, nouvelles réglementations. La technique a également évolué avec, entre autres progrès, la généralisation du sac-poubelle remplaçant les ordures en vrac, le perfectionnement des bennes de ramassage, les moyens mécaniques de balayage. Ainsi le métier d'éboueur, s'il reste extrêmement dur, a-t-il cessé d'être, à Paris, une profession réservée aux intouchables de notre société.

Du coup, on a vu les Français se réintéresser à ces emplois. Eux qui ne représentaient qu'environ un quart des 4 600 éboueurs parisiens, il y a une dizaine d'années, constituent aujourd'hui 54 p. 100 des effectifs et sont majoritaires sur la liste d'attente, laquelle ne compte pas moins de 1 600 postulants.

La montée du chômage n'est pas étrangère à cette évolution. Il ne fait guère de doute, malgré tout, que la revalorisation de la profession a énormément joué dans ce renversement de tendance. Des travailleurs français acceptent d'exercer des métiers pénibles si les inconvénients s'accompagnent de compensations. Mais, pour se faire rendre justice, il faut au moins tenir Paris. Dans la plupart des communes suburbaines de la région parisienne, où les moyens de pression et la capacité d'organisation sont moins efficaces, la condition de l'éboueur s'apparente toujours à celle du nettoyeur.

Comme toute fable, celle de la Banque et du Balayeur doit avoir valeur générale. Effectivement, ces deux exemples extrêmes sont représentatifs d'une réalité infiniment plus vaste. Les Écureuils ne sont pas les seuls avantagés ni les balayeurs, les seuls maltraités.

Nombreuses sont les entreprises qui traitent très convenablement leur personnel, les professions qui ont su ménager leurs intérêts. Que n'aurais-je pu écrire, par exemple, sur le personnel des assemblées parlementaires ou de l'Opéra de Paris ! A l'inverse, on rencontre bien des travailleurs aussi désavantagés que ceux du nettoiement, notamment dans les franges les plus désarmées de la classe ouvrière. Il faut donc dépasser ces cas d'espèces pour regarder d'un côté une France forte, organisée, capable d'améliorer ses conditions de travail, de l'autre une France faible, inorganisée, abandonnée à la surexploitation. Dans les deux cas, plusieurs millions de personnes sont concernées.

Rechercher les inégalités entre Français n'a rien d'original. C'est même un sport national et qui, comme tel, a ses règles. Elles sont relativement simples : on dénonce les « gros », on s'apitoie sur les « petits », on ne parle pas des « moyens », le tout jaugé à l'aune monétaire. Pareil discours est toujours bien reçu. Il suscite naturellement cette indignation valorisante qui donne à chacun le sentiment d'œuvrer pour la justice, de voler, sans risque aucun, au secours des pauvres.

Manifestement, nos Écureuils qui, tout compte fait, tournent autour de 10 000 F par mois, ne sont pas des « gros ». Il paraît donc bien mesquin de les chipoter pour quelques milliers de francs en plus ou en moins, quelques avantages, qu'ils ont pu arracher. Ils « se défendent bien », ce qui est une vertu et non un péché. Il existe des millions de Français qui savent se protéger et des millions d'autres qui ne le peuvent pas.

C'est cet énorme multiplicateur qui fait problème. Les « gros » ont tous les torts plus un : celui d'être peu nombreux. Les « 200 familles », les « 100 000 » plus riches contribuables de France, cela fait beaucoup d'argent individuellement mais relativement peu au total. On l'a bien vu lors de l'instauration de l'impôt sur les « grosses » fortunes. A l'étonnement général, on a découvert qu'une telle taxe ne rapporterait que de 3 à 4 milliards. Une misère !

Au contraire, les « moyens » n'ont qu'un seul tort : celui d'être nombreux. Les salariés des banques sont tout sauf de riches bourgeois, mais ils sont, à eux seuls, 400 000. C'est dire qu'il suffit de donner 200 F par mois à chacun — une augmentation de quelque 5 %, ça n'est pas lourd — pour atteindre le milliard de francs. Il en va de même pour tous les avantages : droits de retraite, sécurité de l'emploi, primes et promotions, tout devient énorme dès que les multiplicateurs se chiffrent en centaines de milliers et en millions.

C'est également vrai en sens inverse. Les déshérités étant fort nombreux, la moindre mesure prise en leur faveur met tout de suite en jeu des sommes considérables. La prudence observée par le gouvernement de la gauche, dans le relèvement du S.M.I.C. est bien révélatrice à cet égard. On ne peut vêtir, nous l'avons compris, ceux qui sont nus avec la seule tonte des gros moutons. Force est donc de s'intéresser à cette fameuse France moyenne que l'on veut toujours placer « hors inégalités ».

Remarquons encore que le système générateur de ces inégalités ne peut se réduire à la dialectique capitalistes-travailleurs. C'est bien dommage, car ce schéma, recoupant celui des « gros » et des « petits », arrange tout le monde.

On a vite fait de réconcilier la France sur le thème des méchants patrons qui prélèvent pour leur compte personnel un profit excessif sur le dos de leurs malheureux salariés. Or ces avantages arrachés par le secteur bancaire non capitaliste ne viennent pas en déduction de la rémunération du capital. Ils sont payés par les usagers : épargnants, emprunteurs, etc. C'est-à-dire par des Français appartenant à la « classe moyenne », voire aux couches populaires. Quant aux économies réalisées sur le dos des balayeurs, elles ne profitent pas seulement à des patrons capitalistes. Le contribuable parisien exige avant tout l'allègement de sa feuille d'impôts et peu lui importe qu'on y parvienne en sous-payant le nettoiement de sa ville et du métro.

A l'intérieur même des entreprises publiques ou capitalistes, les travailleurs statutaires ne veulent pas non plus savoir que l'utilisation d'une main-d'œuvre extérieure surexploitée conforte leurs positions. Ne jetons pas la pierre aux ératépistes indifférents au triste sort des balayeurs : tous les Français se conduisent de même et les leaders syndicaux s'en plaignent amèrement en privé. Au reste, quel parti a jamais dénoncé cet invraisemblable racisme qui réserve aux seuls Français les bons emplois statutaires dans le secteur public et para-public ? Tout le monde s'en accommode fort bien. A nos enfants les bonnes places, aux faibles les terrains vagues et les fossés !

Le schéma traditionnel des luttes sociales existe et il n'est pas question de l'occulter. Mais il serait parfaitement hypocrite d'oublier la facilité avec laquelle les solidarités se brisent lorsque les plus forts peuvent se regrouper en corporations.

Deux France s'opposent, qui ne sont pas, comme on le dit souvent, celle du secteur public et celle du secteur privé. On trouve dans le giron de l'État des catégories défavorisées et dans le monde capitaliste des oasis bien protégées. Les notaires, que l'on sache, ne sont pas des fonctionnaires, ni les aides-soignantes des hôpitaux, des privilégiées. La réalité et les distinctions à établir sont plus complexes.

Il est clair que le partage des droits et avantages est lié à des phénomènes de corporation qui dépendent moins des luttes sociales, au sens classique, que des positions occupées dans le jeu économique : en position de faiblesse, les travailleurs ne voient pas l'intérêt de s'unir pour se battre ; en position de force, l'union se fait tout naturellement. C'est l'occasion qui crée la corporation plus que l'inverse.

Or, lorsque les pouvoirs publics favorisent l'épanouissement des particularismes et qu'ils en viennent à s'appuyer systématiquement sur les plus forts et, partant, les plus favorisés, ils créent un second secteur d'inégalités, qui se combine avec celui qu'engendre inévitablement le capitalisme libéral.

Telle est la situation aujourd'hui en France. Consciemment ou non, l'État a toujours cédé à la banque, dont il a besoin et résisté aux balayeurs, dont il n'avait que faire. Grâce à cette perversion de l'intervention étatique, les inégalités occultes peuvent se développer jusqu'à créer un deuxième clivage qui, s'ajoutant à celui qui distingue la France des riches et celle des pauvres, oppose la France des organisés à celle des inorganisés : les forts contre les faibles.

III

LE PARTAGE DU TRAVAIL

Ils ont du temps plein leurs besaces, nos dirigeants, et du meilleur : du temps payé. Cinq heures par semaine, une semaine par an, cinq années dans la vie, la distribution a commencé. Dans l'euphorie. Le temps ce n'est pas de l'argent, c'est de l'avantage. Que les uns ont acquis, que les autres vont acquérir à leur tour. Peut-être, un jour, tous les Français enfin rétablis dans leurs droits naturels travailleront-ils trente-cinq heures par semaine, trente-cinq semaines par an, trente-cinq ans dans leur vie. Et, ce jour-là, croyez-le bien, il n'y aura plus un seul chômeur au doux pays de France. Chère médecine des Docteurs Tant Mieux !

Pour l'instant, il y a surtout des Français en quête d'avantages supplémentaires. Thème symbolique de l'état de grâce, la politique du temps libre a provoqué un contentement aussi général que prévisible. L'idée était si belle qu'on en fit un ministère. D'autant que le cadeau, égalitairement distribué à tous et permettant de donner des emplois aux chômeurs, pouvait se recevoir en toute bonne conscience. Les Français, sans aucune réticence, étaient tout disposés à faire don qui d'une heure, qui d'une semaine, qui d'une année, pour venir en aide aux deux millions de sans-travail. Quelques oiseaux de mauvais augure avaient bien laissé entendre qu'un repos supplémentaire ne pouvait aller sans contreparties, qu'on ne saurait travailler moins et gagner autant : ces sombres pronostics furent peu entendus. Depuis quand faut-il payer pour recouvrer ses droits naturels ?

Au début de 1982, lorsqu'il fallut attaquer le vif du sujet, l'enthousiasme des premiers temps fit place à la chamaille. Décidément, ces bonnes choses avaient un prix et qu'il fallait régler. C'est alors que toutes les corporations se mobilisèrent pour enlever l'affaire sans bourse délier. Chacune mit en œuvre ses moyens de pression pour arracher un maximum d'avantages contre un minimum de sacrifices. Le grand marchandage du temps libre a commencé et n'est pas près de s'arrêter. Gageons qu'à l'arrivée, les plus forts se retrouveront les mieux pourvus, ayant obtenu le plus possible. Maintenant qu'il va devenir un droit, chacun se battra de même pour obtenir de ne pas payer ce temps gagné en diminution de salaires ou en contraintes supplémentaires. Pour s'en convaincre, il n'est que de se reporter à la situation précédente qui ne devait rien au hasard, encore moins à la justice, mais correspondait très exactement aux rapports de force dans la société française.

Or, la position des différents groupes sociaux n'a guère été modifiée. C'est pourquoi, les mêmes causes produisant les mêmes effets, on risque, au terme du changement en cours, de découvrir un nouveau système d'inégalités, à peine moins injuste que la répartition précédente.

Le mineur bénéficie d'un statut particulier, prévoyant la retraite à cinquante ans après vingt années de service « au fond ». Quoi de plus mérité ? Ce métier, pénible, dangereux, insalubre mérite une telle contrepartie, et celle-ci est beaucoup mieux adaptée qu'une rémunération élevée. En effet, les hommes vieillissent vite dans la mine. A soixante-cinq ans, la retraite serait trop tard venue. Il importe que le repos soit pris avant que le travail n'ait définitivement usé les poumons. Bref, la retraite à cinquante ans est la juste et insuffisante compensation de très dures servitudes.

Ce genre d'exemple satisfait notre goût de la justice, il donne le sentiment que notre société récompense la peine et l'effort. Hélas ! cette démonstration ne vaut rien. Il est faux que la retraite précoce fasse contrepoids à la pénibilité du travail au fond de la mine. Présenter les choses de la sorte n'est qu'une tartufferie destinée à masquer les privilèges. Pour s'en convaincre, il suffit de se reporter au morceau de bravoure qu'Alain Peyrefitte a consacré aux « glaisiers » dans son *Mal français.*

Sur une trentaine de kilomètres, à l'est du bassin parisien, on extrait de gisements souterrains la glaise nécessaire à la fabrication de céramiques et matériaux réfractaires. Le travail est épouvantable : « Les glaisiers descendent au fond d'un puits, à quelques dizaines de mètres sous terre, par une benne rudimentaire qui sert aussi à remonter les wagonnets d'argile. Pour rejoindre leurs postes de travail, ils marchent courbés, dans des galeries boisées de plusieurs kilomètres, en enjambant les étais, les fondrières, les flaques d'eau. Le trajet est si long que le travail continu s'impose. Arrivé à son poste, le mineur s'y installe pous ses huit heures, sans autre arrêt qu'un casse-croûte. Souvent on fait les "trois-huit ". Un marteau-bêche d'une vingtaine de kilos qu'on doit tenir à bout de bras arrache les mottes de glaise.

« Dans l'air humide, les torses nus ruissellent de sueur. Les glaisiers abattent l'argile, la chargent sur les "berlines ", boisent les galeries dans le bruit assourdissant des marteaux pneumatiques, répercuté par les boyaux souterrains [...].

« Les accidents ne sont pas rares : déraillement d'un convoi de wagonnets pleins de glaise, qui s'emballent dans une galerie en pente et percutent des mineurs ; asphyxie par échappement de méthane ; coups de grisou, brusque affaissement des boisages. De temps à autre, une poche d'eau crève et déferle en cataractes dans les galeries. »

Dès cinquante ans, la plupart des glaisiers sont perclus de rhumatismes et atteints de silicose. Peyrefitte apporte une précision qui ne trompe pas : « Depuis le début des années 60, aucun des mineurs de charbon reconvertis dans une mine de glaise, après fermeture de leur houillère, n'a tenu plus de quelques semaines, tellement ils trouvent les conditions de travail plus pénibles. »

Ainsi, en cette seconde moitié du XXe siècle, des mineurs français travaillent encore dans les conditions des héros de *Germinal,* alors que, partout ailleurs, les techniques modernes ont diminué la peine des hommes au fond des mines.

A la Libération, les mineurs ont donc obtenu un statut qui leur assure, notamment, la retraite à cinquante ans. C'était vrai pour les mineurs de charbon, de fer. Pas pour les glaisiers. Ils étaient des ouvriers comme les autres qui partaient en retraite à soixante-cinq ans. La raison officielle de cette anomalie était purement administrative. La notion juridique de « mine » est limitée à des matériaux comme le charbon, le fer, le gaz, certains métaux. La glaise fait partie des matériaux que l'on exploite dans des « carrières ». Ainsi la mine de glaise est une carrière tandis que les mines de charbon à ciel ouvert de Provence sont, comme vous l'avez compris, des mines et non des carrières. Les glaisiers étaient donc des ouvriers. Pas des mineurs.

En revanche, tous les employés des Charbonnages de France, les plantons, les secrétaires, les chefs de service confortablement installés au siège social à Paris, profitent du statut de la mine et partent en retraite à cinquante-cinq ans. Tout comme le personnel administratif de la S.N.E.A.P., promu mineur de réserve du fait que la société exploite le gaz de Lacq et que les pétroliers ont le statut de la mine.

On est tenté de voir dans ces anomalies les aberrations d'une administration kafkaïenne. Il n'en est rien. Tout cela est dans la pure logique de notre société.

On retrouve de semblables étrangetés dans les transports. Le cheminot qui conduit sa locomotive d'un bout à l'autre de la France, dimanches et fêtes inclus, a une vie difficile. Passer plusieurs nuits par semaine dans un dortoir plutôt que dans son foyer mérite compensation. Il se retire donc à cinquante ans. Du coup, tout le personnel sédentaire s'est vu offrir la retraite à cinquante-cinq ans. Situation identique à la R.A.T.P., où pourtant les « roulants » n'ont pas les mêmes servitudes, et même extension de cet avantage à l'ensemble des « ératépistes ».

Dans les compagnies aériennes et maritimes, on a pareillement appliqué la retraite à cinquante ou cinquante-cinq ans pour les navigants. Rien que de très normal. Pourquoi faut-il que le personnel au sol ou les pêcheurs de moules jouissent également d'une retraite précoce ? La solidarité joue toujours dans le même sens au sein des corporations.

Selon le principe cumulatif, ces disparités ont tendance à se renforcer lorsqu'on leur ajoute l'ensemble des facteurs salariaux et non salariaux. A ce jeu, les aviateurs sont fort bien placés.

Outre la retraite précoce, ils jouissent d'une déduction fiscale de 20 % et, surtout de salaires exceptionnellement élevés. Ainsi, en 1982, un copilote gagne entre 255 000 F et 475 000 F par an, un commandant de bord entre 425 000 F et 825 000 F ; quant au steward, il commence à 92 500 F et peut finir dans l'encadrement à 315 000 F. En son temps, M. Barre avait pris soin de stipuler que le ralentissement général des hautes rémunérations ne s'appliquerait pas à celles du personnel navigant qui, de ce fait, purent conserver leur altitude.

Dans un précédent ouvrage, je me suis permis de comparer la situation des pilotes et celle des routiers. Depuis lors, lorsque je prends l'avion, il m'arrive d'être interpellé, oh ! fort courtoisement, par le commandant. Manifestement la comparaison avec le camionneur ne passe pas. Elle n'a pourtant rien de désobligeant. Je ne conteste pas la différence de qualification et les inégalités qui peuvent légitimement en résulter. Je constate simplement que des servitudes, par certains aspects comparables, se trouvent différemment compensées. L'aviateur jouit d'un salaire de P.-D.G., d'une retraite précoce, d'avantages divers, alors que le routier n'a rien de tout cela.

On aura beau mettre dans la balance le décalage horaire, la responsabilité des passagers, les détournements d'avions et l'âge du capitaine, il n'en reste pas moins que le principe des cumuls et non des compensations joue dans les deux sens. Cumul des avantages d'un côté, des inconvénients de l'autre.

Si la comparaison avec le chauffeur de camion choque le commandant de bord, le parallèle avec un capitaine de navire devait paraître plus convenable. Dans les deux cas, les qualifications sont assez comparables, les responsabilités aussi et les servitudes du même ordre, quoique très différentes. Le marin qui navigue quatre-vingt-dix jours a beau jouir de dix-sept jours de congés par mois, il n'en a pas moins une vie familiale aussi perturbée que celle d'un aviateur. Or, les salaires des capitaines naviguent entre 20 000 et 30 000 F par mois. Soit moitié moins que ceux des commandants de bord. Est-ce normal ?

Si l'on compare le routier au cheminot, le rapport n'est pas plus équilibré. Certes, les salaires ne sont pas très élevés à la

S.N.C.F. et l'homme du rail ne doit pas gagner plus que celui de la route. Mais, si les rémunérations sont comparables, les horaires sont tout différents, les gains du routier correspondant à un nombre invraisemblable d'heures de travail. Les timides tentatives pour imposer un horaire de roulage maximum n'ont jamais été respectées. Une circulaire ministérielle, du 9 mars 1976, fixe bien à neuf heures par jour et quarante-huit heures par semaine le temps maximum de conduite. Les vérifications, faites à partir des disques de contrôle, montrent cependant que la majorité des chauffeurs dépassent ces limites. Selon les estimations officielles, 60 p. 100 des routiers roulent encore plus de soixante heures par semaine. Certains atteignent une centaine d'heures !

Que la rémunération d'un tel travail dépasse celle du cheminot, c'est assez naturel. Toutefois, si l'on compte les gains horaires, c'est alors le rail qui l'emporte. La seule vraie supériorité du camionneur est son indépendance. Au lieu de suivre un plan de marche à la seconde près, il choisit sa route, son allure, ses arrêts. Mais cet avantage ne fait que le précipiter dans l'auto-exploitation. Souvent propriétaire de son camion, ou payé au transport, le conducteur roule toujours plus vite, toujours plus loin, toujours plus longtemps pour rentabiliser son voyage.

Rien de tel pour le cheminot, dont les horaires sont soigneusement définis et respectés, les conditions de travail vérifiées par de puissantes organisations syndicales, et qui profite du « paternalisme » de la S.N.C.F. Billets de transport gratuits, mais également œuvres sociales, prêts au logement, coopératives d'achat, centres de vacances, etc. ; un ensemble de F.N.M. fort appréciables, que le routier, lui, ne trouve pas dans son entreprise.

On pourrait être tenté d'expliquer tous ces exemples en termes de « bavures ». Il y aurait eu d'un côté le principe de compensation, qui correspondait bien aux retraites précoces des marins, mineurs, aviateurs ou cheminots et, de l'autre, une mauvaise application qui en étendait ou en restreignait le bénéfice de façon anormale. Situation somme toute banale, que l'on rencontre un peu partout, notamment en matière fiscale. Une telle interprétation est malheureusement erronée. Les cas où l'on pouvait invoquer, même abusivement, le principe de compensation restaient exceptionnels et ne servaient qu'à masquer tous les autres, beaucoup plus nombreux : ceux où nulle servitude ne pouvait être invoquée en contrepartie de la retraite précoce, ceux où les pires contraintes ne permettaient pas de l'obtenir. Avant d'élargir le champ d'observation, il faut d'abord rappeler brièvement le système, si compliqué, de la retraite en France.

Contrairement à ce qu'on pense, les salariés ont depuis longtemps la possibilité de partir en retraite avant soixante-cinq ans, mais « à quel taux » ? C'est toute la question. Selon l'ancienne législation, le régime général de la Sécurité sociale, applicable à tous les salariés du commerce et de l'industrie, prévoyait qu'à condition d'avoir cotisé pendant trente-sept ans et demi, les sexagénaires toucheraient 25 % du salaire moyen des dix dernières années et encore... plafonné à 5 700 F (en 1981).

Ainsi, le candidat au repos précoce ne recevait guère que 1 500 F par mois et cela dans le meilleur des cas, quand il se trouvait parmi ce tiers de salariés gagnant plus que les fatidiques 5 700 F mensuels. A cette pension du régime général s'ajoutent nécessairement une ou plusieurs retraites complémentaires. Celles-ci pouvaient également être liquidées dès soixante ans. Mais leur montant dépendait d'un certain nombre de points qui s'accumulent au fil des années. Celui qui partait à soixante ans avait moins de points, donc moins d'argent. Dans ces conditions, la retraite à soixante ans était un droit théorique. Il fallait, dans le régime général, atteindre soixante-cinq ans pour que la Sécurité sociale verse 50 % du salaire à quoi s'ajoutaient les retraites complémentaires représentant environ 20 %. On arrivait donc au régime « soixante-cinq ans, 70 % », sous lequel vivent 5 des 11,5 millions de retraités. Pourtant il est loin, très loin, de représenter l'ensemble du système puisqu'on ne compte pas moins de 120 régimes de base et 600 régimes complémentaires.

Cette prolIfération, qui traduit la diversité des situations, cache des inégalités considérables. Les unes tiennent à l'âge, d'autres à l'argent. Ces dernières sont les moins connues car elles appartiennent à la Haute Privilégiature. Il s'agit de pensions constituées par empilement d'un grand nombre de régimes particuliers et qui permettent de gagner à la retraite... plus qu'en activité. Certains cadres supérieurs de très haut niveau, 60 000 environ, joignent au régime général une retraite complémentaire, que renforce la retraite des cadres, à laquelle s'ajoute un quatrième régime qui fait monter le total à 105 ou 110 % du salaire ! Les intéressés ne manqueront pas de faire remarquer qu'ils cotisent spécialement pour cette retraite supplémentaire. C'est toute l'ambiguïté du système. Ces régimes sont paritaires, le salarié cotisant pour environ 1/3 et l'entreprise pour 2/3. Ils correspondent donc à un complément de rémunération et pas seulement à une épargne. Dans ce cas précis, ce sont les dirigeants qui se font à eux-mêmes ce cadeau, aux frais de l'entreprise, moyennant une faible mise de leur part. Pour des contribuables arrivant dans des tranches élevées d'imposition, c'est la façon la plus commode de mettre de côté l'argent des vieux jours.

En dehors de ces situations exceptionnelles, les retraités qui ne suivent pas le régime général ont des situations extrêmement diverses. Les prélèvements ne sont pas les mêmes, les règles de calcul non plus, le montant des versements varie. Les uns peuvent continuer à travailler et augmenter la retraite qu'ils toucheront, d'autres doivent partir. Certains peuvent cumuler la retraite avec un travail, à d'autres le cumul est interdit.

La France a réussi à créer à propos des retraites le plus bel embrouillamini qui se puisse concevoir en sorte que, lorsque le gouvernement Mauroy annonça qu'il allait très rapidement légiférer sur la retraite à soixante ans pour tous, les fonctionnaires un peu au fait de la question s'arrachèrent les cheveux. Ils savaient qu'il faudrait d'abord « faire l'état des lieux » et ensuite tenir compte des milliers de cas particuliers : on ne pourrait aisément appliquer un principe unique à un dossier aussi touffu. Autant vaudrait tailler des jardins à la française dans la forêt amazonienne.

Pour chaque individu, il faut considérer dix paramètres simultanément, tels que le taux de cotisation, le nombre d'annuités ou le salaire de calcul : rien n'est tout à fait comparable. J'adopterai donc la formulation simplificatrice de « la retraite à X ans », tout en précisant qu'il s'agit d'une simplification abusive, mais nécessaire.

Qui prenait sa retraite, à quel âge et pourquoi, avant la promulgation des nouvelles ordonnances ? La réponse est fournie par une étude de l'I.N.E.D. réalisée en 1977 sur deux échantillons, l'un de 1 404 actifs, l'autre de 953 retraités. Pour des raisons de commodité, mais, plus encore de discrétion, les chercheurs s'en sont tenus aux grandes catégories : « fonctionnaires », « salariés du secteur nationalisé », « salairés du secteur public », etc. C'est dommage car l'observation de groupes plus réduits, jouissant de statuts particuliers, eût été beaucoup plus révélatrice.

Premier point, le départ précoce en retraite est bien ressenti comme un avantage. Un quart des salariés du secteur privé qui, à l'époque, travaillaient jusqu'à soixante-cinq ans, aurait voulu s'arrêter à cinquante-cinq ans et 80 p. 100 à soixante ans. Toutefois, les attitudes diffèrent selon les catégories. 28 p. 100 seulement des ouvriers ont envie de rester en activité jusqu'à soixante-cinq ans et 4 p. 100 au-delà de cette limite. Prévisible : l'O.S. trouve plus d'attrait au repos qu'à son travail. Pour les artisans et petits commerçants, c'est le désir de rester au travail jusqu'à soixante-cinq ans qui est majoritaire. Preuve que l'indépendance retient davantage les hommes. Viennent enfin les professions libérales et cadres supérieurs. Eux ne veulent pas décrocher. 40 p. 100 souhaitent poursuivre jusqu'à soixante-cinq ans et 19 p. 100 voudraient aller au-delà.

La leçon est claire. Une retraite précoce est bien venue après une vie de sale boulot, mais elle ne répond pas à un besoin pressant lorsque le métier est intéressant ou que les conditions de travail sont satisfaisantes.

Deuxième point : la retraite précoce ne compense pas un travail pénible. En 1977, 60 p. 100 des salariés du secteur public et nationalisé partaient avant soixante ans. Un tiers était en retraite dès cinquante-cinq ans, un autre tiers avant soixante ans. Dans le secteur privé, au contraire, l'âge moyen du départ était de 63,4 ans. Encore cette situation était-elle le fait d'une évolution rapide au cours des années précédentes, le gouvernement ayant estimé qu'il valait mieux avoir des retraités que des chômeurs.

On peut considérer qu'en 1945 et 1975 l'âge du départ en retraite pour les salariés du privé était proche de soixante-cinq ans, tandis qu'il était inférieur à soixante ans dans le secteur public et nationalisé. Globalement et sans entrer dans le détail, on travaillait donc cinq ans de plus dans les entreprises privées que dans les entreprises nationalisées ou l'Administration.

Qui oserait soutenir que cet avantage compensait des servitudes exceptionnelles ? La réponse est évidente. La catégorie professionnelle astreinte aux tâches les plus pénibles, celle des ouvriers spécialisés, est, en proportion, dix fois plus importante dans le secteur privé que dans le secteur public et parapublic. Les travailleurs de l'État sont, en majorité, des employés, des cadres, des enseignants. Certains supportent des contraintes particulières : militaires, roulants, navigants, mineurs, etc. Ils bénéficient alors de statuts privilégiés avec des retraites entre quarante-cinq et cinquante-cinq ans. Ceux qui ne partaient qu'à soixante ans étaient professeurs, employés de banque ou de la Sécurité sociale, agents d'E.D.F., fonctionnaires de l'Administration ou agents de police et travaillaient dans des conditions incomparablement plus agréables que celles des ouvriers en usine ou sur les chantiers.

Ainsi, cette population de sexagénaires retraités avait-elle pour dénominateur commun une vie professionnelle assez paisible et beaucoup plus heureuse que celle des travailleurs manuels, par exemple. Ce que confirment sans discussion les statistiques de longévité. Les catégories socio-professionnelles qui ont l'espérance de vie la plus courte étaient aussi celles qui travaillaient le plus longtemps.

L'instituteur, le Mathusalem de la statistique, avec soixante-seize années à vivre[1], peut se retirer dès cinquante-cinq ans, ce qui lui laisse vingt et un ans pour cultiver son jardin. Il en va de même pour les cadres de la fonction publique qui vont jusqu'à soixante-quatorze ans et feront retraite pendant quatorze ans. Les employés de l'État, partant à soixante ans et vivant soixante-douze ans, couleront encore de longues années paisibles. Mais le manœuvre dont l'espérance de vie à trente-cinq ans

1. Il s'agit d'une espérance de vie à trente-cinq ans et non à la naissance.

ne dépasse pas trente-trois ans ne se retirait qu'à soixante-cinq ans. Il ne profitait donc de sa retraite que trois ans ! Situation pratiquement identique pour les ouvriers qui n'avaient plus devant eux que cinq ou six ans de repos.

Ainsi le travailleur manuel, qui meurt le plus jeune après avoir cotisé le plus longtemps, était aussi celui qui se retirait le plus tard. Le « repos bien gagné » était pour les autres, ceux qui ne s'étaient pas, au sens propre, « tués au travail ». Comble d'absurdité, la retraite de ceux qui avaient supporté sans dommage leur vie professionnelle était financée par ceux qui s'étaient usés à la tâche. Car l'ouvrier n'avait même pas le temps de retrouver sous forme de pension ce qu'il avait versé en cotisations sa vie durant. Pour une mise de 100, il ne lui revenait que 68 dans sa vieillesse. La perte des uns faisant le profit des autres, le cadre supérieur — dont l'espérance de vie est quasiment égale à celle de l'instituteur — touchait sous forme de pension un revenu supérieur de 50 % à ses cotisations. L'ouvrier, par sa mort prématurée, subventionnait les retraites de ses directeurs ! Vous avez dit « compensation » ?

Bien des fonctionnaires, notamment des enseignants, justifient leur retraite à cinquante-cinq ou soixante ans par le sous-paiement subi tout au long de leur carrière. L'État aurait opéré une sorte de retenue implicite sur leurs traitements afin de payer leurs années supplémentaires de retraite. En elle-même, la justification est recevable. A condition, toutefois, de correspondre à la réalité et de ne pas servir à tous les usages. On ne peut invoquer le sous-paiement pour les vacances, la retraite à cinquante-cinq ans, la sécurité de l'emploi, etc.

En revanche, cet argument ne vaut pas pour les employés et ouvriers de l'État qui touchent des rémunérations tout à fait comparables à celles du privé.

Il vaut encore moins pour tous les salariés du secteur parapublic qui ont, traditionnellement, pris leur retraite avec cinq années d'avance sur les travailleurs du secteur privé, sans avoir jamais subi la moindre pénalisation salariale.

Impossible de prétendre que les retraites à cinquante-cinq ou soixante ans, généreusement octroyées aux travailleurs sédentaires d'Air France, des banques, de la R.A.T.P., de la S.N.C.F., compensaient un « mauvais » travail ou de faibles rémunérations. Il s'agissait de privilèges purs et simples.

L'exemple le plus classique, le plus institutionnel de ces fiefs de basse privilégiature, c'est E.G.F. Son statut du personnel en or massif, tout scintillant de F.N.M., ferait pâlir d'envie la plupart des salariés français.

E.G.F., c'est la « mère entreprise » au sens japonais, celle qui, dépassant le « paternalisme » atteint le « maternalisme ». L'emploi y est doublement garanti, par l'expansion de la production électrique d'une part, par des règles de recrutement très restrictives de l'autre. Comme les Écureuils, les électriciens sont embauchés à la base et entreprennent ensuite, par promotion interne, l'escalade des grilles hiérarchiques. La mobilité est pratiquement nulle. E.G.F. ne se quitte ni ne vous quitte et l'effort de formation professionnelle y atteint des records : 5,3 % de la masse salariale.

Sur le plan des salaires, E.G.F. est un bon patron. Pas le meilleur. La rémunération minimum est à 40 % au-dessus du S.M.I.C. Mais l'écrasement de la hiérarchie pénalise les cadres, mieux traités dans les banques, chez I.B.M., Elf-Aquitaine et autres réserves dorées de grosses têtes : l'électricien n'est pas un privilégié de la feuille de paye. Un avantagé, sans plus.

A cela s'ajoute un feu d'artifice de F.N.M. C'est à ce stade que l'électricien engrange ses bénéfices. Une rafale de primes tout d'abord : treizième mois, prime de mariage, prime de naissance ; un régime d'assurance maladie et d'allocations familiales exceptionnellement généreux ; l'électricité facturée à quart de prix et, enfin, le temps libre. L'électricien a droit depuis fort longtemps à sa cinquième semaine de congés ; quant à la retraite, elle sonne à cinquante-cinq ans dans le « service actif » et soixante ans pour le « service sédentaire » avec des pensions exceptionnellement avantageuses. Dans la pratique, E.G.F. accorde généreusement le départ dès cinquante-cinq ans. Enfin toute servitude particulière est compensée. Les agents qui se voient imposer des contraintes d'horaires jouissent d'une semaine de vacances supplémentaires.

Mais tout cela n'est rien encore. L'essentiel se résume en un chiffre : 1 %[1]. C'est le montant du budget alloué à la Caisse centrale des activités sociales : au comité d'entreprise. 1 %, c'est peu lorsqu'il s'agit de la masse salariale. C'est énorme lorsque, comme ici, il s'agit du chiffre d'affaires. Cela correspond alors à 7 % de la masse salariale. Un record. Pour 1982, ce pactole doit s'élever à 1,1 milliard de francs, c'est dire qu'il représente environ 10 000 F par agent. Bel exemple de « droits acquis », ce 1 %, raisonnable en 1946, a crû vertigineusement en raison de l'évolution technique et économique. Mais le principe reste intangible.

Forteresse cégétiste attaquée par le député Robert André-Vivien, le comité d'entreprise E.G.F. propose la plus étonnante gamme de services qui se puisse concevoir. Pour le tourisme et les vacances, il est sans équivalent, avec un réseau d'hôtels, de terrains de camping, de chalets, de villages de vacances, de voyages organisés, sans compter les crèches, les colonies de vacances, les maisons de repos ou de retraite, les instituts pour handicapés, les cures thermales, les installations sportives. Grâce soit rendue à la fée Électricité !

Tel est le processus d'accumulation par lequel se créent les nouvelles inégalités. Car cette générosité vis-à-vis d'une corporation puissante tranche avec la pingrerie dont font preuve les pouvoirs publics lorsqu'il s'agit d'octroyer un avantage à des individus inorganisés. En 1975, le législateur, plus attentif sans doute à la montée du chômage qu'à la condition ouvrière, décida qu'une retraite précoce contrebalancerait certaines servitudes du travail manuel. Mais il prit soin de définir des critères assez précis afin que le principe de compensation soit strictement respecté dans l'octroi d'une telle faveur. La loi du 30 décembre 1975 a donc prévu que les ouvrières pourraient prendre une retraite à soixante ans au taux de base, à la triple condition d'avoir eu trois enfants ou plus, d'avoir cotisé pendant trente ans au moins, d'avoir exercé un travail manuel ouvrier pendant cinq des quinze dernières années. Quant aux ouvriers, ils ne pouvaient se reposer la soixantaine venue que s'ils avaient derrière eux quarante et une années de vie professionnelle et

1. Il est à noter qu'en 1946 le législateur a créé deux privilèges symétriques : le 1 % pour les salariés et le 1 % pour l'indemnisation des actionnaires.

s'ils ont été astreints pendant au moins cinq des quinze dernières années à des travaux « en continu », « en semi-continu », « au four », « à la chaîne », « exposés aux intempéries ». Liste limitative. Le souci de ne donner cet avantage que lorsqu'il compense réellement des servitudes a limité le nombre des bénéficiaires : 17 200 ouvriers et ouvrières en cinq ans. Nul ne doutera que la retraite à cinquante-six ans et à 75 % accordée par leur statut spécial à tout le personnel de la Banque de France corresponde à une semblable rigueur dans le principe de la compensation et vienne en dédommagement d'un travail particulièrement pénible.

Le principe d'accumulation se retrouve partout. Qu'il s'agisse d'horaires ou de congés, ce sont les plus favorisés qui ont été récompensés. Au cours des trente dernières années, les plus longues semaines de travail ont été imposées à ceux qui sont astreints aux tâches les plus pénibles et qui ne se retirent qu'à soixante-cinq ans. A l'inverse, il suffisait presque d'avoir une vie professionnelle paisible et la perspective d'un repos à soixante ans, pour se voir offrir des horaires allégés. En 1963, la durée du travail hebdomadaire n'était que de quarante-trois heures dans les banques, les assurances et les administrations, alors qu'elle atteignait quarante-sept heures dans la mécanique, la sidérurgie, la construction automobile ou navale et même quarante-neuf heures et demie dans les travaux publics et le bâtiment. La réduction des horaires dans les années suivantes n'a permis que très progressivement de réduire l'écart. En 1977, on travaillait encore, à l'usine, une heure et demie de plus qu'au bureau.

Officiellement s'entend, car la discipline n'est pas la même à l'usine et au bureau. Pour un maigre salaire, le travailleur courant après la pointeuse s'apprête à une dure journée de labeur tandis que celui qui va au bureau, sans presser le pas ni regarder sa montre, ne sera sans doute pas épuisé par les « cadences infernales ».

Aujourd'hui, la semaine de trente-cinq heures est revendiquée dans certaines administrations... qui la pratiquent depuis fort longtemps. Il y a quelques années, un directeur de ministère prétendit instaurer les horaires variables dans ses services. Les employés y auraient été favorables, n'était l'obligation d'utiliser l'horloge pointeuse pour comptabiliser les horaires de chacun. Une proposition dans ce sens qui octroyait en prime la semaine de trente-neuf heures au lieu de quarante fut soumise au personnel qui refusa. Les fonctionnaires travaillaient d'ores et déjà beaucoup moins longtemps et avaient toutes possibilités de s'absenter lorsque cela leur était nécessaire.

La notion même d'horaires n'a absolument pas le même sens pour l'ouvrier d'usine et l'employé de bureau. Il règne, dans la fonction publique, de larges tolérances. La demi-journée ne se demande pas aussi facilement à un contremaître. Autant de commodités qui existent — dans la pratique, pas dans les statistiques — au profit des tâches les moins pénibles.

Je rappelle que les congés les plus courts ont accompagné le travail le plus dur, les horaires les plus longs et la retraite la plus tardive. Le principe de compensation va de soi dès lors qu'on l'applique correctement, c'est-à-dire à l'envers, sur le mode cumulatif et non répartitif. Qu'en 1979 la durée des congés ait été de vingt-huit jours ouvrables à la S.N.C.F., de vingt-sept à E.D.F. et de vingt et un et vingt-deux dans la construction automobile ou le textile est plus qu'une confirmation. Cette clef explicative permet de prévoir assez justement les avantages et inconvénients des uns et des autres.

Tels sont les faits, suffisamment éloquents pour qu'on tente d'en rechercher les causes.

Lorsque, en 1969, Jacques Chaban-Delmas, Premier ministre, lança avec Jacques Delors sa fameuse politique contractuelle, l'un des premiers « contrats de progrès » fut passé avec E.D.F. pour planifier l'évolution des salaires dans les deux années à venir. Le jour même de la signature, le Premier ministre devait rencontrer les « patrons » à un forum organisé par le magazine *l'Expansion.* Il se trouva retenu à l'hôtel Matignon et se fit attendre un bon moment. En guise d'excuses, il expliqua que, grâce à l'accord qui venait d'être conclu et qui était cause de cette arrivée tardive, il pouvait annoncer qu'il n'y aurait pas de grève de l'électricité pendant deux ans.

Ainsi était reconnu spontanément le vrai caractère des négociations sociales en France : obtenir la paix et non la justice. Si les électriciens n'avaient pas eu la main sur le disjoncteur, s'ils n'avaient pas été en mesure de troubler gravement la vie du pays, des hommes comme Chaban-Delmas ou Delors se seraient occupés, en priorité, de catégories plus défavorisées. Mais le réalisme commande de calmer les plus forts avant de voler au secours des plus faibles.

En 1971, lorsqu'il fallut renouveler ce contrat, les partenaires établirent le plus naturellement du monde un avenant garantissant pour les prochaines années une croissance minimale du pouvoir d'achat avec en outre un « glissement catégoriel garanti » ou, pour parler français, la promotion assurée pour tous. Quelle que soit la conjoncture économique, que la France soit en croissance, en stagnation ou en récession, les rémunérations des électriciens devraient augmenter. En francs constants. Au cas où l'expansion ne pourrait permettre de payer cette augmentation, où les Français verraient stagner leur pouvoir d'achat, on alourdirait les factures d'électricité ou les feuilles d'impôts, afin d'assurer au seul personnel d'E.D.F. une progression de ses revenus. En fait, les signataires vivaient encore dans l'illusion heureuse que la croissance ne s'arrêterait jamais, et ils pensaient faire profiter les électriciens de l'expansion et non de la solidarité. C'est pourquoi cette clause fut abolie en 1976 avec la mise en place du plan Barre. Mais sa signature montre bien la volonté des pouvoirs publics de neutraliser, à n'importe quel prix, une corporation qui pouvait être menaçante.

Signe des temps nouveaux, pour arracher des avantages, il ne suffit plus d'arguer d'inconvénients particuliers, ni même de services exceptionnels. La société ignore également la justice et la gratitude, elle ne connaît que la force. C'est la possibilité de changer l'utilité en nuisibilité qui vaudra récompense. Le groupe qui assume une fonction stratégique n'en tire profit que si son organisation lui permet à tout moment de retourner l'organe contre l'organisme.

Il est vrai que l'électricité est un fluide vital dans tout État moderne, mais cela ne suffit pas à rendre les électriciens tout-puissants et, donc, fort avantagés. Si l'approvisionnement électrique est assuré par des petites entreprises en compétition les unes avec les autres, si le personnel électricien se trouve disséminé dans des sociétés purement capitalistes, si, enfin, les grèves sont ponctuelles et ne dérangent jamais qu'un secteur très limité de la cité, alors la corporation n'obtiendra rien de bien consistant. Il n'en est pas ainsi en France et cela explique que les F.N.M. aient pu si bien suivre le courant.

La concentration de la production électrique en une seule entreprise nationale a transformé une fonction indispensable en une arme redoutable. Le statut donné à E.D.F. par le ministre communiste Marcel Paul en 1945 a grandement facilité la prise en main des postes de commande. Il instaura des structures de concertation, presque de cogestion, à tous les niveaux dans l'entreprise. La puissance syndicale se développa tout naturellement dans une organisation favorable. A E.D.F., le taux de syndicalisation atteint 85 p. 100, un record pour la France : on comprend aisément l'empressement de MM. Chaban-Delmas et Delors à satisfaire les revendications des électriciens.

La situation des glaisiers était tout juste inverse. La production d'argile n'est pas essentielle à la vie du pays. Son interruption momentanée ne perturbe que faiblement l'économie. Il est significatif que le statut du mineur ait été associé à l'extraction des matières premières « stratégiques » en tête desquelles figure le charbon qui, en 1945 encore, était la principale source d'énergie. L'argile n'apparaît pas dans cette liste et l'État n'a pas à faire de cadeaux pour obtenir ce qui n'est pas indispensable à son approvisionnement.

Les fonctionnaires, qui restaient sourds aux objurgations de M. Peyrefitte, appliquaient parfaitement une doctrine d'État dont ils n'avaient peut-être pas compris la logique. En reconnaissant que la pénibilité exceptionnelle d'un métier justifiait une compensation, ils auraient créé un précédent dangereux. Des millions d'ouvriers auraient pu s'en prévaloir et, prétextant un labeur non moins dur, revendiquer les mêmes avantages. A l'époque, il paraissait également impossible d'étendre la retraite précoce aux travailleurs manuels qui la méritaient et de la reprendre aux salariés administratifs qui n'y avaient nul droit. Il était donc sage de s'en tenir à l'ordre social établi et de ne considérer pour la répartition des avantages que la menace potentielle. Dès lors que la France n'était pas assez riche pour récompenser à la fois la vertu et la force, et pas assez juste pour préférer l'une à l'autre, il valait mieux ne pas soulever une vague de revendications aussi légitimes qu'impossibles à satisfaire : logique cruelle, raisonnable pour une société qui n'a pas le courage de la justice.

Il est rare que, dans le secteur primaire, un groupe réussisse à s'assurer de tels moyens de pression. La France, hélas ! ne vit pas sur ses matières premières. Le cas des mineurs de charbon n'est qu'une survivance historique puisqu'un arrêt, même prolongé, de l'extraction ne nuirait que faiblement à la bonne marche du pays. Il en va de même pour les paysans : s'ils ont pu, à certaines époques, avoir la capacité d'affamer la France urbaine, ils ne provoquent plus aujourd'hui de troubles réels en interrompant leurs livraisons. Ce qui pourra les conduire à des manifestations de masse ou même des violences afin de retrouver le pouvoir de contrainte qu'ils n'ont plus.

Les industries de transformation sont plus gênées que gênantes lorsqu'elles se mettent en grève. Seul l'effet social de masse pour des « monstres » comme Renault ou les nouveaux groupes nationalisés peut faire d'un simple arrêt de travail, une crise sociale majeure affectant la collectivité. Pour la plupart des entreprises industrielles, la faculté de nuire reste très limitée.

C'est dans le secteur tertiaire que l'on va rencontrer de telles situations : elles correspondent au fonctionnement de l'appareil étatique ou de la société moderne. De tout temps, les États ont craint la colère des légions mal payées qui retournent leurs armes contre la cité. L'habitude a donc été prise de se concilier les serviteurs indispensables en leur octroyant différentes faveurs.

En ce qui concerne les retraites, le premier régime fut mis sur pied, par Colbert, pour les anciens marins. Un choix révélateur, quand on connaît les ambitions que nourrissait le ministre pour la marine royale. Ce genre de gratification fut progressivement étendu à d'autres personnels d'importance cruciale. Les vieux jours des militaires furent pris en charge dès l'Ancien Régime et, aujourd'hui encore, le service armé permet de se retirer, sans limite d'âge, après quinze ans d'activité. En 1853, ce sont les fonctionnaires qui se voient offrir un statut spécial et une retraite au bout. Un effort semblable est fait pour le policier, surveillant de l'ordre, et pour l'instituteur, éducateur du peuple qui, tous deux, peuvent partir dès cinquante-cinq ans. On en est encore à récompenser l'utilité, craignant moins une révolte qu'un manque de zèle ou de loyauté. L'objectif est, à cette époque, d'intégrer des gens nécessaires plutôt que neutraliser des gens menaçants.

Au XIXe siècle, la France se donne des structures industrielles. Dans la civilisation de la machine à vapeur, de nouveaux secteurs stratégiques apparaissent, principalement le charbon et le chemin de fer. La France accorde une pension à ses mineurs dès 1884 et en 1909 à ses cheminots. On instaure bien l'année suivante une retraite ouvrière et paysanne avec l'assurance vieillesse obligatoire pour les salariés. Mais il ne s'agit là que de simple justice sociale : l'État ne prend pas lui-même les choses en main et ces mesures ne sont que d'application très limitée. En pratique, les vieux travailleurs ne commenceront à être pris en charge qu'à partir de 1930 et le système ne deviendra réellement efficace qu'en 1945.

L'histoire de la retraite révèle de façon transparente les motivations qui l'inspirèrent. La pension récompense les groupes qui, de par leurs fonctions, tiennent l'État. Le même principe a prévalu jusqu'à notre époque. Or la société s'est beaucoup transformée. Elle est devenue un système dynamique possédant une unité de type organique, au sein duquel a lieu une incessante et complexe circulation. En permanence les marchandises, les hommes, les informations, l'énergie, l'argent sont transportés, transférés, transmis, communiqués. Qu'en tel ou tel point, une cellule de production s'arrête n'est pas grave pour le fonctionnement de l'ensemble ; en revanche, que l'un ou l'autre de ces réseaux soit interrompu et les conséquences seront désastreuses.

Il suffit de placer sur la France contemporaine cette grille explicative pour repérer les situations favorables. Premier secteur, le plus évident : les transports. Aviateurs, marins, cheminots sont à même de bloquer les hommes et les marchandises :

ils ont donc la possibilité de se reposer plus tôt que d'autres. Il en va de même pour les « ératépistes » qui paralysent la capitale aussitôt qu'ils le veulent. La seule condition pour obtenir des avantages concernant la retraite, c'est de pouvoir frapper le système de transport.

Il n'est cependant pas nécessaire de conduire soi-même un véhicule. Les dockers, par exemple, ont eu la retraite à soixante ans. En soi, leur métier tient à la fois de celui du déménageur et de celui du conducteur d'engin sur un chantier. Mais le blocage des ports a de tout autres conséquences que la grève sur un chantier ou dans une entreprise de déménagement. Les dockers ont donc mérité la retraite à soixante ans dont ne bénéficient pas ceux qui trimbalent les pianos ou les sacs de ciment.

Autre exemple célèbre : les aiguilleurs du ciel. Chacun connaît les perturbations que peut provoquer leur mauvaise humeur. Leur grève de 1979 a coûté 55 millions à Air Inter et 200 à Air France. La capacité de nuire des 2 380 officiers contrôleurs de la circulation aérienne est si grande qu'en 1964 les pouvoirs publics négocièrent leur renonciation au droit de grève contre une série d'avantages. Bénéficiant du statut de la fonction publique, ils travaillaient trente-six heures en théorie, avaient onze semaines de congés annuels et partaient en retraite à cinquante-six ans, souvent, même, dès cinquante ans. Quant à leurs salaires, qui ne pouvaient être trop substantiellement augmentés en raison de leur lien avec ceux de la fonction publique, ils furent complétés par une prime dépassant d'un tiers le traitement de base. Un contrôleur, dont le niveau d'études est environ celui du bac, peut ainsi gagner plus de 10 000 F par mois au bout d'une dizaine d'années d'ancienneté. Ce qui n'a pas empêché la corporation de multiplier par la suite les mouvements de grève. Le travail n'est certainement pas de tout repos, mais gageons que ses servitudes n'auraient jamais été si bien reconnues et compensées en l'absence d'un tel moyen de pression sur la société.

Comment se fait-il que les routiers, pour leur part, ne se soient pas mieux débrouillés ? L'interruption de tout transport routier peut pourtant paralyser la France. Mais la profession a été incapable de s'organiser pour transformer en arme le service qu'elle rend.

Seule l'union permet de mobiliser la force, comme on le voit dans le cas de l'air ou du rail, dont se sont emparées de grandes entreprises qui contrôlent tout le trafic national. L'appartenance au secteur public y a facilité la création de puissantes organisations syndicales, qui peuvent donc aisément provoquer des infarctus dans le corps social.

Rien de tel pour nos 170 000 routiers. Chez eux, ce n'est même pas la P.M.E. qui domine, c'est l'artisanat. 86 p. 100 des entreprises ont moins de 10 salariés et près d'une sur deux n'exploite qu'un camion. La profession est atomisée. Ce système particulier de sous-traitance, celui du « tractionnaire », a précipité l'évolution. En outre, l'union reste très faible : le chauffeur est volontiers individualiste et craint que son appartenance à un syndicat ne lui impose le respect des réglementations : à l'inverse de ce qui se passe aux États-Unis, avec le tout-puissant syndicat des *teamsters*, la profession n'a pas su s'organiser pour faire jouer son outil de pression. Elle ne manifeste sa combativité que par des actions impopulaires et désordonnées de « bouchons routiers ». Impossible, dans ces conditions, d'obtenir une convention collective assurant la retraite à cinquante-cinq ans. On roule, jusqu'à soixante-cinq ans et on attendra que tout le monde se repose à soixante ans pour abandonner le volant plus tôt.

La même démonstration vaut pour les glaisiers. Les mineurs de fer ou de charbon, outre qu'ils produisent une matière première stratégique, sont regroupés dans des bassins miniers qui représentent d'énormes concentrations ouvrières. Cette localisation géographique a facilité la constitution de très grosses entreprises et de très puissants syndicats, le tout ayant finalement abouti à la création des Charbonnages de France. Le monde minier est unifié au moins par bassins sinon sur le plan national. Dès lors, tout conflit dans ce secteur prend une dimension nationale et déclenche des troubles sociaux, quand il n'entraîne pas l'asphyxie énergétique.

Au contraire, les glaisiers ne sont que 700, répartis en une dizaine d'entreprises. Ce sont les P.M.E. de la mine. Ils subissaient le double handicap d'être dispersés et de ne contrôler aucun produit de première nécessité. L'insuccès des démarches de M. Peyrefitte pour leur obtenir le statut de mineur s'explique dès lors fort bien.

Imaginons un instant que tous les camionneurs soient regroupés au sein d'une Régie nationale du transport routier et qu'à l'inverse, le transport aérien soit éclaté en une multitude de petites compagnies ne possédant chacune qu'un ou deux avions et se livrant une concurrence acharnée. Il est probable que le routier aurait raflé tous les avantages dont bénéficie aujourd'hui l'aviateur et que la condition de ce dernier serait bien moins favorable.

Ce raisonnement peut aisément s'appliquer à l'Éducation nationale. Si l'enseignement, au lieu d'être regroupé au sein d'un service public devenu la plus grosse entreprise de France, était partagé en des milliers d'écoles privées, les professeurs, peut-être mieux payés, ne se seraient retirés qu'à soixante-cinq ans comme tous les autres salariés. Mais le fait de pouvoir contrôler toute l'éducation du pays donne à un corps enseignant regroupé un pouvoir de contrainte dont, par exemple, on ne trouve pas l'équivalent aux États-Unis. Et les 300 000 instituteurs, groupe le plus nombreux et le mieux organisé, ont obtenu la retraite dès cinquante-cinq ans.

Le contrepoids naturel de ces forces de pression sur la collectivité, c'est la concurrence. Il est impossible de détourner ainsi son outil de travail si d'autres risquent de l'utiliser pour vous remplacer. C'est vrai pour les salariés comme pour l'entreprise. Or, ceux dont l'outil de travail peut devenir une arme sont généralement sortis du marché concurrentiel et peuvent obtenir toujours plus.

Prenons l'exemple des dockers. Au XIXe siècle, il s'agissait d'une population misérable de portefaix, taillables et corvéables à merci, que les patrons embauchaient et débauchaient au rythme de l'activité du port. C'était un sous-prolétariat, faisant un métier très dur, sans aucune qualification et en situation de précarité totale. Cette main-d'œuvre a été organisée par la C.G.T. et constituée en une puissante corporation, tandis que le métier perdait en pénibilité et gagnait en qualification. Le docker moderne est un technicien conducteur d'engins et non plus un débardeur. La preuve en est que des femmes exercent désormais cette profession.

En Grande-Bretagne, les dockers qui ont réussi de même à se corporatiser ont poussé très loin leurs exigences. En France, ils sont restés plus prudents. Certes, le syndicat impose des équipes pléthoriques pour occuper plus de monde que nécessaire, mais, dans l'ensemble, il est attentif à l'alourdissement des charges portuaires, alors que les syndicats britanniques s'en soucient fort peu. La raison est évidente : l'Angleterre est une île. C'est dire que les navires doivent obligatoirement passer par les ports anglais pour ravitailler le pays. En France, au contraire, les armateurs sont tentés de détourner le trafic vers des ports étrangers comme Anvers, Gênes ou Rotterdam. Il existe donc un risque permanent de voir une augmentation des salaires et des F.N.M. se traduire par une diminution du travail. Les dockers le savent et, en corporation vigilante, limitent leurs revendications.

Il en va de même chez Renault, qui a fait de grands efforts sur le plan social, quitte parfois à sacrifier la rémunération du capital public, mais ne peut franchir la limite fatidique de la compétitivité. Si, demain, les importations de voitures japonaises cessaient d'être contingentées à 3 p. 100 et si elles réussissaient une percée sur le marché national, la direction de la Régie devrait réduire encore les avantages qu'elle accorde à son personnel. Si, à l'inverse, les frontières étaient définitivement fermées aux voitures étrangères, il serait possible d'améliorer la condition des ouvriers de l'automobile en France.

On comprend donc que des secteurs aussi peu concurrentiels que banques, Sécurité sociale, assurances, notariat, E.D.F., S.N.C.F., R.A.T.P;, etc., aient pu concéder un certain nombre de droits — dont la retraite précoce. D'autant qu'une partie de ces avantages est supportée par la solidarité nationale et non par l'entreprise.

Cette démonstration heurte l'angélisme syndicalo-ouvriériste, toujours de rigueur en France. Les salariés, qui l'ignore ?, ont des revendications « légitimes », s'expriment de manière « responsable » face au « refus de négociation patronal » lorsque « la patience des travailleurs est à bout », mais toujours « dans l'intérêt du public » injustement lésé par ces actions « dont la direction porte l'entière responsabilité »... Absurde langage de bois servant à masquer les véritables rapports sociaux.

Patron, indépendant ou salarié, tout Français utilise les moyens de pression dont il dispose pour obtenir toujours plus. Ceux qui exercent les moins fortes contraintes sur le corps social ne sont pas les plus doux encore moins les mieux nantis, ce sont tout simplement les moins bien armés. Il n'est de catégorie qui ne menacerait la collectivité pour améliorer son sort si elle en avait la possibilité. D'autant qu'à ne pas le faire, on favorise les moins scrupuleux. C'est la foire d'empoigne, mieux vaut le savoir. Ce qui n'implique pas que tous les avantages obtenus soient illégitimes mais, simplement, qu'ils ne furent pas distribués dans un souci de justice.

Partage du travail et distribution du temps libre, telle est donc la nouvelle politique du gouvernement. Elle ne fait qu'accélérer la tendance qui se dessinait depuis plusieurs années avec la réduction constante des horaires, l'extension de la cinquième semaine de congés, les départs en pré-retraite et le système de la garantie de ressources. Politique ambiguë dans la mesure où elle combine sans jamais les distinguer deux principes : d'une part le cadeau du temps libre fait aux travailleurs dans la logique des « droits naturels » à reconquérir et, d'autre part, la solidarité avec les chômeurs qui conduit à mieux répartir le travail disponible. La différence entre les deux est évidente. S'agissant d'un cadeau, il ne peut être question de le faire payer, s'agissant d'un effort de solidarité, il ne peut être question de le donner gratuitement. Les conséquences ne sont pas du tout les mêmes selon que l'on adopte l'une ou l'autre optique, et la question ne se pose pas dans les mêmes termes pour les différents dossiers.

Les nouveaux retraités ne pouvant vivre sans pension, la retraite à soixante ans ne saurait être que du temps payé. Pour financer cette mesure, il faudra, d'une façon ou d'une autre, accroître les prélèvements sur la production, au niveau des entreprises, des travailleurs ou des contribuables. Globalement, la génération au travail doit consentir un effort pour donner du repos à celle d'avant et des emplois à celle d'après. Quel sera le coût à supporter ?

Pas très élevé en un premier temps, l'avancement des départs au cours des dernières années nous ayant presque conduits à pensionner les sexagénaires. En outre, la nouvelle législation pourrait permettre de faire des économies, puisque des travailleurs qui auraient bénéficié du régime de garantie de ressources à 80 % du salaire ne seraient plus que retraités à 70 %. Mais la France a devant elle un redoutable rendez-vous démographique qui va alourdir la facture. Les Français qui ont eu entre cinquante-neuf et soixante-deux ans au cours des cinq dernières années sont nés entre 1914 et 1919. Ce sont les enfants de la Première Guerre mondiale. Exceptionnellement peu nombreux. Or la natalité reprit vigoureusement au lendemain du conflit : les générations pleines vont succéder aux générations vides. La population active comprise entre soixante et soixante-quatre ans, qui comptait moins de 1,9 million d'individus au début de 1981, pourrait atteindre 2,9 au début de 1985. A lui seul, indépendamment de toute réforme, ce retournement aurait déjà entraîné un accroissement très sensible des charges de pensions. Les nouvelles mesures vont l'augmenter encore. De combien ?

Dans les administrations et dans les caisses de retraite, on se livre à des comptes d'apothicaire. Si la nouvelle législation a bien les effets attendus, le nombre des chômeurs diminuera, il y aura plus de cotisants et les caisses seront mieux remplies. Ce résultat, cependant, n'est nullement assuré. Selon des estimations fort incertaines, on est conduit à envisager des cotisations majorées de 25 à 30 % afin de combler un trou de quelque 20 milliards (de francs 82) en 1985, à moins que ce ne soit le double. Une charge bien lourde qui, surtout pour les cadres, pourrait s'accompagner d'une diminution des pensions. Sachons-le : il faudra bientôt payer plus tout au long de la vie active pour toucher moins dans la vieillesse, la chose est assurée.

Du coup, il ne peut plus être question de largesses. Le gouvernement doit viser l'économie pour ne pas accabler les futures générations, car la balance démographique ne cessera de se détériorer jusqu'à la fin du siècle.

Il ne sera donc pas possible, dans l'immédiat, de rendre justice aux ouvriers qui, bien souvent, commencent leur carrière avant vingt ans et arrivent à soixante ans avec plus de quarante années de cotisations. Les syndicats avaient demandé qu'ils puissent se retirer aussitôt qu'ils auraient totalisé trente-sept années et demie de cotisations, c'est-à-dire entre cinquante-cinq et soixante ans : juste compensation pour toute une vie de travail en usine, mais qui risquerait de coûter trop cher.

En revanche, les cols blancs ont une bonne chance de reprendre l'avantage sur les cols bleus. En effet, leurs employeurs, peu soumis aux pressions concurrentielles, pourront plus facilement mettre en œuvre des contrats de solidarité offrant les départs avant la soixantaine. Et voilà qu'on nous reparle d'une retraite à cinquante-sept ans pour les fonctionnaires ! Dans quelques années sans doute, on verra à nouveau ceux qui travaillent le moins dur se reposer le plus tôt... non plus grâce à un privilège mais grâce à la solidarité.

Reste à savoir si les grandes corporations qui avaient obtenu une retraite précoce s'accommoderont d'être ramenées au régime général. Certaines d'entre elles seront tentées de revendiquer — toujours pour aider les chômeurs — le droit de se retirer dès cinquante-cinq ans. Les enseignants, en particulier, pourraient refuser de voir amputer cet « avantage-temps » qui doit compenser leurs faibles rémunérations.

Tout serait plus simple et plus juste si l'on redistribuait les années de repos en fonction de la pénibilité du travail. On verrait alors des employés et fonctionnaires travailler au-delà de soixante ans et des ouvriers quitter le travail avant la soixantaine ; l'industrie embaucherait des jeunes et ceux qui acceptent d'aller en usine souffriraient moins du chômage. Mais, en France, la justice ne peut passer par la redistribution des F.N.M., c'est connu.

Pour la cinquième semaine de vacances, la question ne se pose même pas, elle ne peut être qu'un avantage et non le résultat d'un effort de solidarité. Ce repos doit évidemment être rémunéré, on allonge les congés payés et on ne met pas en chômage technique, c'est un salaire indirect, et nul ne peut plus penser que les patrons se trouveront par là encouragés à engager des chômeurs – bien au contraire. Pour les entreprises il s'agit d'une charge de plus, qui s'ajoute à celles de la retraite à soixante ans : quelles en seront les conséquences sur le marché du travail ? Rien de changé, évidemment, pour les trois quarts d'entre elles qui accordaient déjà cette semaine supplémentaire ; mais les autres ?

Il est sans doute des patrons qui, tout en réalisant des profits substantiels, n'ont pas voulu donner un jour de plus que le minimum légal : ceux-là supporteront l'épreuve sans douleur. Mais parmi ceux qui mégotent « les friandises » à leur personnel, certains sont de mauvais producteurs, plus encore que de mauvais employeurs. C'est parce qu'ils sont en limite de rentabilité qu'ils rongent sur les charges salariales. On rencontre beaucoup de telles entreprises dans les secteurs en difficulté, ceux dont les effectifs ne cessent de baisser. Ici tout alourdissement des charges salariales fait peser une menace directe sur l'emploi. Au mieux, il peut bloquer une éventuelle embauche, au pire il risque de précipiter des compressions d'effectifs. Ce repos, généreusement distribué à ceux qui n'en avaient pas le plus urgent besoin, risque de devenir un cadeau empoisonné dès lors qu'on veut l'étendre à ceux qui peuvent le plus légitimement y prétendre. Toute la contradiction est là.

Les inégalités de condition sociale entre salariés traduisent, pour une large part, les inégalités de situation économique entre entreprises. Lorsque le personnel a le pouvoir de menacer la société, c'est, le plus souvent, que l'employeur se trouve en position monopolistique ou, du moins, dominante, sur le marché. Il peut répercuter dans ses prix les avantages qu'il concède et la charge en est finalement supportée par l'ensemble de la population au titre du consommateur ou du contribuable. C'est ainsi que l'on arrive dans la distribution des Facteurs Non Monétaires à ces disparités choquantes, qui répondent à des impératifs politico-économiques et non à des exigences sociales.

Les industries de main-d'œuvre supporteront mal le double

alourdissement des charges résultant de la retraite à soixante ans et de la cinquième semaine de congés. Pourtant, la plus élémentaire justice voudrait que ces ouvriers, les plus démunis, ne soient pas encore laissés en arrière par la France. Comment faire pour obtenir que soient traitées également sur le plan social des situations liées à des conditions économiques qui, elles, ne sont pas égales ? La plus mauvaise façon est bien de décréter que toutes les entreprises devront se comporter de la même manière. Nulle ordonnance ne pourra donner à une petite entreprise de meubles l'aisance financière d'une banque ou l'indifférence économique de la Sécurité sociale. A vouloir aligner les uns sur les autres, on risque seulement de placer trop haut la barre et de faire chuter les plus faibles. D'une façon ou d'une autre, il faudra que l'intervention de la solidarité nationale permette de dissocier en partie le sort des salariés de celui des entreprises, le social de l'économique. C'est ce que fait le gouvernement en allégeant les charges sociales pour les industries de main-d'œuvre, notamment le textile. Mais on ne saurait aller très loin dans cette voie sans remettre en question, une fois de plus, les équilibres de la comptabilité sociale. Ce que les uns ne payent pas, il faut bien le faire payer par les autres. D'où l'augmentation des charges et prélèvements : on n'en sort pas[1].

Et on ne pourra pas s'en sortir aussi longtemps que la répartition des F.N.M. suivra ces lois de cumul. Le décalage est trop grand entre les avantages des uns et les inconvénients des autres. L'économie française ne saurait supporter l'alignement de tous sur les plus favorisés, ni en laissant les entreprises en assumer la charge ni en la transférant à la collectivité. Si la cinquième semaine avait été d'abord accordée à ceux qui travaillent le plus dur, il ne serait pas urgent de la faire obtenir au dernier quart de la population. Étant donné qu'on a fait l'inverse, il devient intolérable que tant d'ouvriers n'en jouissent pas encore. Lorsque la distribution suit la loi des plus forts, la justice qui vient en compensation ne peut qu'être inflationniste.

1. Un progrès considérable pourra être accompli par la réforme de la fiscalité qui accable aujourd'hui les industries de main-d'œuvre.

Reste le troisième grand dossier, le plus exemplaire : celui de la durée du travail. Cette fois, il fallait clairement choisir entre le cadeau aux travailleurs ou la solidarité avec les chômeurs. Deux conceptions radicalement antagonistes. Réduire la durée du travail, en maintenant le salaire, améliore indiscutablement la condition des salariés mais ne facilite en rien la lutte contre le chômage. Une fois de plus on alourdit les frais des entreprises et tout le monde sait que les moins compétitives ne peuvent supporter tout à la fois la retraite à soixante ans, la cinquième semaine et des réductions massives d'horaires. Cette accumulation revient à condamner des milliers de travailleurs qui, après avoir été traditionnellement les plus défavorisés, perdront leur emploi, tandis que les mieux pourvus seront encore mieux traités. C'est un cadeau aux forts qui ne créera pas un emploi pour les chômeurs et rejettera du marché du travail les plus faibles.

Certes, la réduction d'une heure intervenue en 1982, si elle n'est qu'un coup d'épée dans l'eau, dans la lutte contre le chômage, n'est aussi qu'un petit coup de bambou sur la tête des employeurs. Correspondant à 2 1/2 % de charges en plus, ce ne devrait pas être mortel. Le précédent, lui, risque de l'être. Comment expliquera-t-on, en 1983, à la veille d'élections municipales, que le salaire fut maintenu de la quarantième heure à la tente-neuvième, mais qu'il ne le sera pas de la trente-neuvième à la trente-huitième ? Et, lorsque le pli sera pris, qui pourra éviter que l'on n'arrive aux trente-cinq heures payées quarante ? Pure folie économique, condamnant des milliers d'entreprises, donc d'emplois. Ce jour-là, les cadeaux multipliés aux grandes corporations auront bien exclu de la société active des milliers de travailleurs. Une fois de plus, on aura cédé à la menace et sacrifié la solidarité à la paix.

Les dirigeants socialistes avaient pourtant bien senti l'importance de la partie. Dès qu'il fut question de partager le travail, on vit des salariés les mieux organisés, dans les banques, les industries prospères, demander immédiatement des réductions d'horaires sans réduction de salaire. Il fallait tout de suite réagir. Le Premier ministre, le ministre du Travail montèrent courageusement en première ligne pour rappeler le principe : « Qui dit partage du travail dit aussi partage des revenus. » Avec un courage encore plus remarquable, Edmond Maire apporta son soutien. On partait sur la bonne voie.

Il est vrai que, dans la conjoncture actuelle, on ne peut espérer créer, assez vite, assez d'emplois par le seul jeu de la croissance. Il faut, pour un temps au moins, miser sur ce pis-aller que peut être le partage du travail. A condition, bien sûr, de jouer le jeu sérieusement, de ne pas faire comme les Belges une réduction à salaires maintenus qui leur assure le taux de chômage le plus élevé d'Europe.

Cette stratégie ne pouvait avoir d'effets sur le marché du travail qu'à condition d'être audacieuse. Seule une réduction immédiate et obligatoire de cinq heures par semaine pouvait mettre les employeurs dans la nécessité d'embaucher. Sur cette base, une véritable campagne de solidarité nationale pour l'emploi pouvait être lancée. Les organisations syndicales n'auraient pu que la soutenir, les partis d'opposition que s'y rallier : tout le système des relations sociales en France pouvait basculer.

L'importance du « cadeau » accordé excluait la gratuité. Travailler une heure de moins par jour, avoir deux jours et demi de congés par semaine, cela change réellement la vie et justifie l'exigence d'une contrepartie. Dès lors que la réduction massive des horaires était clairement présentée comme un devoir de solidarité et non comme un avantage de plus, le principe général des trente-cinq heures payées trente-cinq heures et non quarante s'ensuivait nécessairement.

En un second temps se définissaient les modalités particulières d'application prévoyant l'absence de contrepartie pour les plus bas salaires et les contreparties non monétaires chaque fois qu'une nouvelle organisation du travail — généralement plus contraignante — permettait une meilleure utilisation de l'appareil productif et des gains de productivité.

Sur cette base, les pouvoirs publics s'engageaient à embaucher dans le secteur public et nationalisé un nombre de chômeurs proportionnel aux salariés assujettis à ces nouveaux horaires. Étant entendu que rien ne se ferait que dans le strict respect des principes énoncés ci-dessus. D'emblée le gouvernement pouvait annoncer l'embauche de dizaines de milliers de sans-emploi et lancer les campagnes de recrutement pour en désigner sans attendre les bénéficiaires.

Toute tentative des grandes corporations pour échapper au devoir de solidarité aurait bloqué les accords, laissant visiblement au chômage ceux qui se préparaient à partager leur travail. Il eût été difficile dans ces conditions aux travailleurs garantis d'exiger sans contrepartie ces loisirs supplémentaires.

Le gouvernement, précisément parce qu'il vient de la gauche, pouvait court-circuiter les égoïsmes corporatifs et faire accepter ces nouvelles règles du jeu social. Pour la première fois dans un débat majeur on aurait préféré les rapports de solidarité aux rapports de force. C'eût été la plus grande révolution sociale des cinquante dernières années. Sa valeur pédadogique eût été immense.

Pour réussir une opération aussi ambitieuse, il était nécessaire que le président de la République, lui-même, engage toute son autorité, qu'il tienne aux Français ce nouveau discours et qu'il dirige personnellement l'action. L'aventure était risquée, comme il est triste qu'elle n'ait pas tenté des socialistes !

Au lieu de cela, on s'est mis à ergoter sur la compensation de la trente-neuvième heure, on a laissé s'envenimer les petites pustules de l'égoïsme corporatif jusqu'à ce que le président intervienne pour rendre la sentence : « le maintien du pouvoir d'achat ». On ne sortait pas du rapport de force...

Désormais, les corporations avantagées, les entreprises et administrations dans lesquelles on est le mieux payé pour le moins dur travail, vont se mobiliser pour arriver aux trente-cinq heures sans rien supporter en contrepartie. Avec la bénédiction de MM. Mermaz et Chevènement, ardents défenseurs du temps libre payé. Le scénario de l'avenir n'est que trop évident. Dans les industries les plus faibles, cette charge nouvelle sera intolérable et la casse va s'accélérer, accroissant le chômage. Dans l'industrie plus compétitive, les ouvriers devront accepter de nouvelles contraintes pour sauver la productivité. Pour prix de ces trente-cinq heures, ceux qui font le plus dur travail auront des horaires décalés par rapport à la vie familiale. Dans le tertiaire : Administration, collectivités locales, banques, assurances,

Sécurité sociale, mutuelles, siège social des grandes entreprises et autres bureaux, les syndicats obtiendront le repos supplémentaire sans nulle contrepartie salariale ou autre.

Si le gouvernement ne se ressaisit pas vigoureusement pour modifier radicalement le cap, s'il n'a pas le courage de parler enfin le langage de la vérité aux mieux garantis des salariés français, alors la France dérivera vers un scénario belgo-britannique, dans lequel l'affaiblissement de l'économie se traduira par une amélioration de la vie pour ceux qui occupent une bonne place et la perte de leur emploi pour ceux qui en avaient une mauvaise. Pour un gouvernement socialiste, ce serait bien pire qu'un échec : un reniement[1].

Cette question des rémunérations va dominer le septennat. Tout le monde sait qu'en répartissant une même masse salariale entre un plus grand nombre de travailleurs, on peut, sans mettre en danger la compétitivité de l'économie, augmenter le nombre d'emplois, c'est-à-dire — véritablement et non artificiellement — partager le travail. Une telle solution, qui revient à faire supporter par tous un sacrifice financier pour éviter à quelques-uns l'épreuve du chômage, est conforme à la justice. Elle est applicable économiquement sous réserve qu'on assouplisse l'organisation du travail afin de permettre une meilleure utilisation des outils de production. On la voit se mettre en œuvre dans l'industrie américaine. Se peut-il que, dans la seule France socialiste, on n'ait d'autres préoccupations, en période de crise, que d'apporter des cadeaux supplémentaires à la France forte, quitte à faire l'impasse sur 2 millions d'exclus ?

Cela fait trente ans que la répartition du temps libre obéit à la loi du plus fort et suit le principe d'accumulation ; est-ce trop demander que le changement, ici, ne soit pas un vain mot, qu'il marque l'avènement de la loi des compensations et du service des plus faibles ?

1. Dans un très remarquable ouvrage paru aux éditions du Seuil, *le Pari français*, Michel Albert propose une forme très originale de solidarité dans le partage du travail, la prime aux volontaires du travail à temps réduit (P.V.T.R.), moins rigide que la réduction autoritaire des horaires.

IV

L'ARGENT D'ABORD

« Mais l'argent ! Vous ne pouvez nier l'existence de fortunes colossales, de salaires exorbitants, de revenus vertigineux côtoyant la plus extrême pauvreté. C'est la première injustice, la plus scandaleuse. »

Ainsi m'a-t-on très souvent apostrophé, au long de mon enquête. Honte à moi qui, traquant les billets réduits des cheminots, les forfaits des petits agriculteurs et les vacances des professeurs, détournais l'attention de l'essentiel : l'inégal partage de l'argent. Les corporations utilisent ces arguments terroristes pour concentrer l'ensemble de la revendication égalitaire sur l'opposition entre « riches » et « pauvres », « gros » et « petits » et, par là, dissuader les vilains curieux de jeter un œil dans leur jardin secret. Force est de reconnaître que la manœuvre a plutôt réussi jusqu'ici.

Ainsi la réduction — la disparition ? — des inégalités monétaires serait-elle le préalable à toute remise en cause des situations non monétaires. Je veux bien retenir cette hypothèse. Parlons donc de l'argent mais sérieusement, chiffres en main, et non plus électoralement, slogans à la bouche : nous verrons alors que le partage de l'argent est en cours de solution et qu'il est temps de passer au chapitre suivant.

Phrase scandaleuse, j'en suis bien conscient. Oser prétendre que ces inégalités diminuent, qu'elles vont se résorber ! Ces messieurs les candidats n'ont-ils pas dit le contraire lors de la campagne présidentielle ? C'est vrai et la majorité d'alors n'osa guère les contredire tant il paraît évident que les inégalités d'argent ne sauraient que s'accroître. C'est une sorte de dogme contre lequel il est bien difficile d'aller.

Une curieuse et significative symétrie pousse la gauche à postuler l'aggravation des inégalités — lorsqu'elle est dans l'opposition — et la droite à postuler celle de l'insécurité. Ce genre d'affirmation péremptoire justifie l'appel au changement social d'un côté, à la réaction conservatrice de l'autre. Ainsi chacun torture-t-il les faits jusqu'à ce qu'ils appellent leurs bourreaux au pouvoir.

« Inégalité », « insécurité », le parallèle me paraît extrêmement instructif. J'y vois le même type de manipulation de l'opinion et c'est pourquoi je m'attarderai un instant sur cette fameuse « montée de la violence », avant d'en venir à l'« accroissement des inégalités ». Car observer le décalage entre le discours et la réalité, dans un cas, peut aider à le découvrir dans le second.

Depuis une dizaine d'années se développe une campagne visant à persuader le public — qui ne demande que cela — que notre société est peu à peu envahie par la violence. La France deviendrait un véritable coupe-gorge. Le bon peuple, échauffé par cette « mousse-au-crime » que répercutent les médias, sentit monter un grand frisson d'angoisse et recourut aux docteurs qui connaissaient les recettes des temps heureux où l'on ne craignait pas pour sa vie. M. Alain Peyrefitte étudia longuement ce syndrome violent. Il préconisa un renforcement de la répression, remède que la majorité conservatrice de l'époque pouvait seule appliquer : C.Q.F.D.

Pour tout le monde, ou presque, l'accroissement constant de la violence était une évidence ; mais comment la combattre ? La majorité des Français voyait dans la guillotine le seul bistouri capable d'extirper le mal. Nous savons aujourd'hui ce qu'il en est. Faux diagnostic, fondé sur des apprences, fort dramatiques, mais peu significatives.

C'est à Jean-Claude Chesnais que nous devons la meilleure étude historique sur l'évolution de la violence. Sautons tout de suite aux conclusions : « En France, le nombre d'affaires de meurtres et d'assassinats jugées a diminué d'un bon tiers depuis un siècle et demi, pendant que la population augmentait des deux tiers : autrement dit, la fréquence de l'homicide volontaire est deux fois et demie moins forte aujourd'hui que vers 1830 [...]. La France est en train de devenir le pays occidental le moins violent : on y assassine désormais moins que dans ce pays qui fut, jusqu'à ces derniers temps, la figure de proue de la non-violence : l'Angleterre...[1] »

Saint Thomas que les faits seuls peuvent convaincre, retenez que le taux d'accusations de meurtres et assassinats a évolué de la façon suivante en France :

1825-1830	1,37
1901-1910	1,09
1831-1938	0,89
1951-1960	0,39
1961-1970	0,45
1971-1975	0,46

« Que messieurs les assassins commencent... » C'est fait.

La situation est-elle satisfaisante par rapport aux autres pays ? Là encore, les chiffres répondent :

TAUX DE MORTALITÉ PAR HOMICIDE
POUR 1000 000 HABITANTS

États-Unis	9,3	Yougoslavie	2,5	Suède-G.-B	1,1
Finlande	3	Hongrie	2,1	France	1
Canada	2,6	R.F.A.	1,2	Suisse	0,8

Eh oui ! Nous nous laissons prendre, une fois de plus au mythe de l'âge d'or et du passé béni. Le monde de nos ancêtres était tout sauf paisible, et jamais les Français ne furent aussi bien protégés dans leur personne. Ils ont l'impression du contraire et les médias n'y sont pas étrangers. Nos parents n'avaient connaissance que de la violence proche, celle de leur

1. *Histoire de la violence*, Jean-Claude Chesnais, Robert Laffont, 1981.

ville, voire du pays, alors que la télévision montre, dans chaque foyer, celle du monde entier. Cela fait, au total, beaucoup plus de crimes, de meurtres et d'agressions. Le téléspectateur, oubliant que l'écran, telle une loupe, crée un phénomène de focalisation, nourrit sa crainte d'images lointaines, plus que de la réalité quotidienne. Dans le sentiment collectif, la violence vue l'emporte sur la sécruité vécue.

Cette perception traduit cependant une certaine réalité, mais pas la même, comme l'indiquent les chiffres du ministère de l'Intérieur. S'il est exact que le nombre des homicides crapuleux est passé de 181 à 172 entre 1975 et 1979, on constate, en revanche, une augmentation constante des autres formes de criminalité et de délinquance. Il y eut 1 105 hold-up en 1975 et 1223 en 1979, les chiffres passant, pour les cambriolages de 104 000 à 133 000, pour les vols de voitures de 191 000 à 202 500, pour l'utilisation de la fausse monnaie de 1 935 à 9 410. C'est donc l'insécurité des biens et non celle des personnes qui se répand. Autant la seconde reste rare, autant la première est fréquente : 400 000 vols sans violence, 250 000 vols de deux roues, 212 000 chèques sans provision chaque année. Le Français vit au contact permanent de cette délinquance économique, tout en n'ayant que le spectacle de la grande criminalité. Entre les deux, l'amalgame est vite fait. La peur de se voir déposséder de sa voiture devient celle de perdre sa vie.

Le plus étonnant est que le public, fasciné par la grande criminalité, ne paraît pas s'émouvoir d'une nouvelle forme de violence terrifiante : la violence automobile. Près de 15 000 Français massacrés chaque année sur les routes. Chacun d'entre nous a cent fois plus de chances — si l'on peut dire — de mourir écrasé par un chauffard qu'assassiné par un criminel. Et l'on continue à rechigner à chaque limitation de vitesse... L'opinion considère comme intolérable une nuisance qui va décroissant et tend à devenir marginale, alors qu'elle reste indifférente à une autre, infiniment plus grave.

Toute une orchestration par les médias donne valeur générale à des exemples extrêmes et peu représentatifs. Ne nous étonnons donc pas que le corps social puisse davantage souffrir des maladies bénignes dont il guérit que des maladies graves qui vont en empirant. Pour peu que le conformisme ambiant et l'intérêt de certains informateurs profitent de cette désinformation, le décalage peut devenir complet entre la réalité sociale et sa perception.

Si l'on revient maintenant aux inégalités monétaires, il est exact que l'on rencontre aux extrêmes des exemples scandaleux, propres à susciter l'indignation. Ainsi, *l'Humanité* du 3 mars 1978 publiait-elle en première page la réponse du sénateur ancien ministre André Bettencourt à l'une de ses électrices. Celle-ci avait sollicité son intervention à l'occasion d'un retard dans le paiement de son loyer qui lui avait valu des tracas. Le sénateur sermonnait sentencieusement la locataire défaillante : « [...] il faudrait que vous envisagiez un aménagement de votre budget vous permettant de payer votre loyer dans les délais requis [...]. Peut-être pourriez-vous, lorsque arrive la pension de votre mari, mettre aussitôt de côté le montant dû à l'O.P.H.L.M., cela vous éviterait ce genre d'ennuis. » Or, faisait remarquer *l'Humanité*, la famille Lemaistre ne disposait guère que de 100 francs par jour pour faire vivre neuf personnes alors que les revenus quotidiens du sénateur et de son épouse atteignaient 75 000 francs ! L'information fait mouche à tout coup, aussi sûrement que le récit d'un crime horrible par la presse de droite.

Sans aller jusqu'à prendre le plus riche et le plus pauvre des Français, on peut encore se donner le vertige, simplement en observant les barreaux extrêmes de la hiérarchie des salaires dans certaines entreprises. On dépasse le rapport de 1 à 20 entre les plus bas salaires et les 10 plus élevés dans de nombreuses entreprises comme Roussel-Uclaf, l'Oréal, C.F.R., B.S.N., la S.N.I.A.S., la B.N.P., G 3 S. L'écart atteint même 40 chez Dassault, compte non tenu des revenus encaissés par l'illustre propriétaire.

Tant qu'à faire le grand écart, mieux vaut s'intéresser aux patrimoines qu'aux revenus, pour la raison évidente que tout le monde a un minimum de revenus mais pas forcément de patrimoine. Reprenons la comparaison Bettencourt-Lemaistre. M. et Mme Bettencourt passent pour avoir l'une des plus grosses fortunes de France : qu'est-ce que cela veut dire en pratique ?

Sachez que les quinze plus gros patrimoines dépassent le milliard de francs et que les trois cents suivants sont estimés à 200 millions en moyenne. Si l'on fait la comparaison avec les ressources des Lemaistre qui ne possèdent rien du tout, l'inégalité devient alors incommensurable. C'est tout et rien.

A s'en tenir aux extrêmes, on adopte cependant la même attitude que les partisans de l'ordre prétendant décrire l'insécurité française à travers les tristes exploits de Mesrine. Les arbres géants peuvent aussi cacher... l'absence de forêt. Mieux vaut adopter une approche plus rigoureuse, en partant des perceptions pour arriver à la réalité.

Bien que l'accroissement des inégalités soit un véritable postulat du discours public, les Français n'en sont pas tout à fait dupes. En leur for intérieur, ils admettent que la tendance est plutôt inverse. C'est ce que constate le Centre d'études des revenus et des coûts, le C.E.R.C., dans son deuxième rapport de 1979. Au terme d'une enquête d'opinion, il conclut que « le public a conscience d'un resserrement de l'éventail des rémunérations ». Mais un véritable tabou règne en ce domaine, qui explique le décalage entre l'intime conviction et les prises de position publiques : on pense une chose, on en dit une autre.

Les Français sont de plus en plus irrités par des inégalités qu'ils sentent de moins en moins fortes. Cette contradiction n'a rien de surprenant. On peut reprendre ici ce que dit là-dessus Chesnais, citant Tocqueville, à propos de la violence : « Plus un phénomène désagréable diminue, plus ce qu'il en reste est perçu ou vécu comme insupportable. Ainsi, toute diminution du niveau de violence s'accompagne d'une sensibilité accrue à la violence, donc du sentiment d'insécurité[1]. » Le phénomène paraît être absolument le même pour les inégalités, comme le constate Jean Fourastié : « [...] des situations de moins en moins différentes sont ressenties comme de plus en plus injustes. Un nouveau sens social s'exerce, qui perçoit comme inégalités et injustices les différences entre les individus[2]. »

1. *Histoire de la violence, op. cit.*
2. *Le Jardin du voisin,* Jean Fourasté et Béatrice Bazil, Pluriel, 1980.

Les raisons en sont multiples. D'une part, le rapprochement incite à la comparaison. Le manant ne faisait quasiment pas le rapport entre sa misère et l'opulence royale. Il s'agissait de deux mondes sans communication. En revanche, les journalistes d'une même rédaction ressentent les différences de salaire entre eux. La réduction des écarts incite à l'interrogation, donc à la contestation. La revendication égalitaire est, en quelque sorte, auto-accélérée : il faut le savoir.

Ce sentiment est encore exacerbé par le passage des années de vaches grasses aux années de vaches maigres. Réaction naturelle : lorsque les portions diminuent, chacun regarde dans l'assiette de son voisin. Enfin, le fait même de réduire les inégalités implique une contestation de leur légitimité.

Tout paraît donc indiquer, selon le schéma de Tocqueville, que la soif égalitariste est avivée et non apaisée par les progrès et l'égalité. Ce n'est pas la moindre difficulté à laquelle se heurte, inévitablement, toute redistribution de l'argent et c'est d'autant plus probable que l'irritation des Français se fonde sur une sous-évaluation considérable des inégalités.

A l'inverse de ce que nous avons vu pour la violence, l'opinion croit la France plus égalitaire qu'elle n'est. C'est ce qu'a constaté le C.E.R.C. dans une enquête fameuse de 1976, révélant que les plus pauvres imaginent mal les revenus des plus riches. En dépit de cette minimisation, les Français jugent ces écarts excessifs et en demandent la réduction. Le C.E.R.C. a donc pu reporter, sur un même graphique, l'échelle réelle des gains, l'échelle perçue par les Français et, enfin, l'échelle souhaitée. En un seul coup d'œil, on saisit l'énorme aspiration à plus d'égalité qui agite la conscience française.

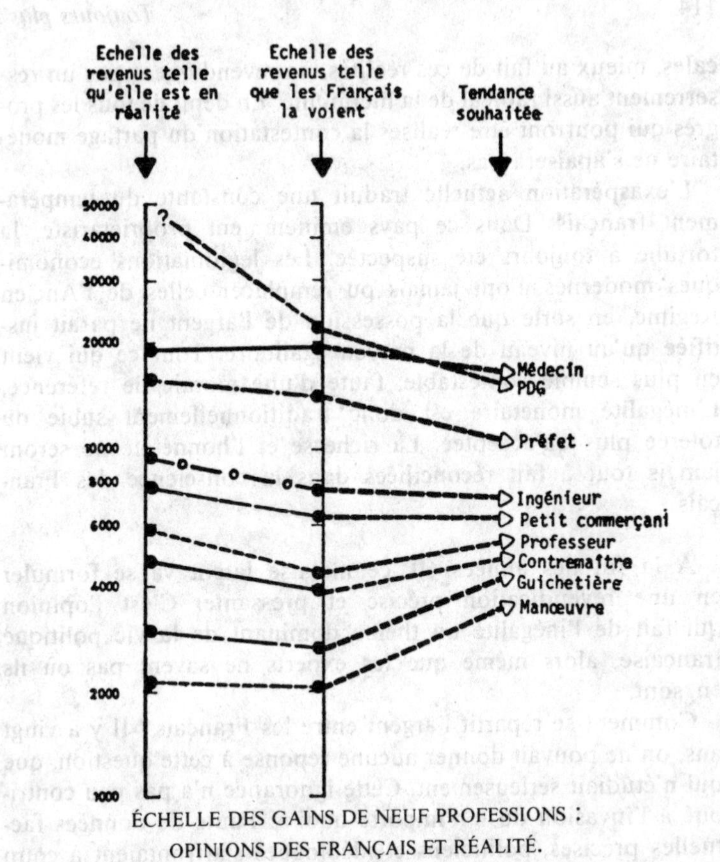

ÉCHELLE DES GAINS DE NEUF PROFESSIONS :
OPINIONS DES FRANÇAIS ET RÉALITÉ.

Si les Français ne sont certes pas égalitaristes, ils sont très « partageux ». Tous les sondages le prouvent : ils admettent certaines disparités dans la répartition de l'argent, à l'intérieur de limites fort strictes cependant. L'écart de rémunération entre le manœuvre et le P.-D.G. qui est en ce moment de 20 devrait, selon eux, être ramené de 1 à 4. Ce qui, compte tenu de la redistribution sociale et des ponctions fiscales, donnerait un éventail de revenus disponibles de 1 à 3 environ. La réalisation d'un tel objectif supposerait une révolution sociale mais les Français ne savent pas qu'aucune société au monde n'a poussé aussi loin l'égalitarisme. Il est d'ailleurs significatif que les centrales syndicales, mieux au fait de ces réalités, ne revendiquent pas un resserrement aussi radical de la hiérarchie. En dépit de tous les progrès qui pourront être réalisés la contestation du partage monétaire ne s'apaisera pas.

L'exaspération actuelle traduit une constante du tempérament français. Dans ce pays éminemment propriétariste, la fortune a toujours été suspectée. Les légitimations économiques modernes n'ont jamais pu remplacer celles de l'Ancien Régime, en sorte que la possession de l'argent ne paraît justifiée qu'au niveau de la moyen égalitaire. Tout ce qui vient en plus semble contestable, faute d'une morale de référence. L'inégalité monétaire est donc traditionnellement subie ou tolérée plus qu'acceptée. La richesse et l'honnêteté ne seront jamais tout à fait réconciliées dans la conscience des Français.

A la fin des années 60, ce malaise latent va se formuler en une revendication précise et pressante. C'est l'opinion qui fait de l'inégalité un thème dominant de la vie politique française, alors même que les experts ne savent pas où ils en sont.

Comment se répartit l'argent entre les Français ? Il y a vingt ans, on ne pouvait donner aucune réponse à cette question, que nul n'étudiait sérieusement. Cette ignorance n'a pas peu contribué à l'invasion du « n'importe quoi ». Faute de données factuelles précises, politiciens et idéologues s'affrontaient à coup de postulats indémontrés et irréfutables. On s'est querellé à propos de l'inégalité française bien avant de la connaître.

Curieusement, ce n'est pas en France mais depuis l'étranger que le débat fut lancé. En 1969, la Commission économique de l'O.N.U. publia un document à sensation sur l'inégalité dans 13 pays. Les experts utilisaient comme indicateur l'écart entre les revenus des 10 p. 100 les plus riches et des 10 p. 100 les plus pauvres de la population. On atteignait 1 à 36 pour l'Inde, 1 à 25 pour le Brésil et, stupeur ! 1 à 73 pour la France. La patrie de la « Liberté — ÉGALITÉ — Fraternité » était la plus inégalitaire des nations. L'opposition s'empara de ces chiffres... l'I.N.S.E.E. aussi. Les statisticiens français n'eurent aucune peine à démontrer que leurs collègues onusiens avaient comparé ce qui n'était pas comparable et que ces conclusions étaient « dénuées de tout fondement ».

Nos chercheurs pouvaient dénoncer une erreur grossière, mais ils étaient incapables d'établir une vérité certaine. Cet épisode eut tout de même le mérite de les inciter à étudier de plus près la réalité monétaire française. Les premières recherches sérieuses commencèrent.

Nouvelle « affaire » en 1976. Cette fois, c'est l'O.C.D.E. qui publie une comparaison internationale, établie par un économiste britannique, Malcolm Sawyer. 10 pays ont été étudiés selon 7 critères. Pour 4 d'entre eux, la France vient en tête des inégalités. Au total, elle se trouve classée après la Suède ou la Grande-Bretagne, ce qui n'est guère surprenant, mais également derrière le Canada, les États-Unis ou l'Italie. Deux fois plus inégale que l'Allemagne, trois fois plus que les Pays-Bas, voilà qui justifie les titres de la presse : « La France médaille d'or de l'inégalité », « La France bonne première au palmarès international de l'inégalité », entre autres exemples.

A nouveau l'I.N.S.E.E. refit les calculs, critiqua la méthode et remit la France à sa vraie place : moins inégalitaire que les États-Unis, le Canada ou l'Italie, à peu près au même niveau que l'Allemagne et plus inégalitaire que les pays à tradition social-démocrate comme la Suède, les Pays-Bas ou la Grande-Bretagne.

Du coup, l'étude des inégalités monétaires fut vraiment lancée en France. A l'automne 1977, le C.E.R.C. publiait un premier rapport sur les revenus des Français, l'I.N.S.E.E. commençait à suivre précisément l'évolution des salaires, le Conseil des impôts serrait de plus près les revenus non salariaux. En outre, la fortune des Français était mieux connue grâce aux travaux d'André Babeau ou de Robert Lattès : à la fin de la décennie, on possédait enfin un tableau fiable des inégalités monétaires et de leur évolution.

En principe, toute discussion devrait partir de cette base factuelle. En pratique, la connaissance de la réalité n'empêcha nullement l'inégalité croissante de rester l'un des plus beaux fleurons du discours politique. Quels sont donc ces faits dont nous avons désormais connaissance ?

Première tendance, mise en valeur par Jean Fourastié et Béatrice Bazil : la poussée historique de l'égalitarisme. La société du XIXe siècle était radicalement divisée entre riches et pauvres. « Au début du XIXe siècle, la moitié des travailleurs gagnaient un salaire de l'ordre de celui d'une femme de ménage [...] et 85 p. 100 étaient en dessous de la moyenne. Actuellement, il n'y en a pas plus de 10 p. 100 qui sont encore au niveau de la femme sans qualification et la proportion de ceux qui restent en dessous de la moyenne est tombée à 60 p. 100. Par ailleurs, les hommes payés au niveau des manœuvres de province, qui constituaient les trois quarts de la population active en 1800, n'en représentent plus qu'un dixième aujourd'hui[1]. »

On était donc en présence d'une société à deux étages nettement séparés, l'un regroupant tout en bas les deux tiers ou les trois quarts de la population, l'autre ne comptant qu'une petite minorité de nantis. Entre les deux, les échelons étaient peu garnis et les différences immenses. « Le rapport entre le salaire direct d'un conseiller d'État et le salaire total d'une femme de ménage qui était et 1 à 106 en 1801 n'est plus que de 1 à 7,6 en 1976. »

La courbe représentant la répartition des Français sur l'échelle des revenus est caractéristique : elle évoque une sorte d'amphore se terminant en pointe. Il est probable que le même graphique, il y a cent cinquante ans, aurait eu la forme d'un chandelier avec une base large et un long cou. Aujourd'hui, la majorité de la population se retrouve dans « le ventre de la courbe », autour du revenu moyen.

De cette évolution historique découlent deux conséquences. La première est qu'on ne peut certainement pas utiliser des modèles sociaux forgés d'après la France de 1850 pour étudier la France de 1981. La seconde est qu'il n'existe aucune tendance insurmontable, aucune fatalité du capitalisme poussant à la concentration de l'argent dans un nombre de mains toujours

1. *Le Jardin du voisin, op. cit.*

plus réduit. Le dogme de l'inégalité croissante ne résiste pas plus que celui de la paupérisation à l'analyse historique.

Cela posé, les Français ne vivent pas dans l'Histoire, mais dans l'actualité. Où en est-on aujourd'hui et dans quel sens va l'évolution ? Pour s'y retrouver, il faut apporter un minimum d'ordre dans ce débat et, tout d'abord, distinguer les flux et les stocks, les revenus et les patrimoines. Deux questions à traiter séparément.

Pour répondre à la première, on dispose de chiffres certains, mais pas forcément significatifs, sur les salaires ; d'indications plus floues, mais plus intéressantes, sur les revenus. Si la feuille de paye est un document fiable, son utilisation soulève deux difficultés.

Tout d'abord, les Français ne vivent pas intégralement sur leur salaire : c'est vrai même des 85 p. 100 d'entre eux qui sont salariés. D'une part, les rémunérations sont inégalement amputées par les prélèvements fiscaux. Or, l'inégalité porte sur l'argent dont les gens peuvent disposer et non sur l'argent qu'ils doivent restituer à l'État. D'autre part, les Français reçoivent sous forme de prestations sociales diverses plus du quart de leurs revenus. Ainsi, à l'échelle globale, sur un revenu national de 2 457 milliards en 1980, les salaires n'ont représenté que 972 milliards ; les impôts directs ont prélevé 164 milliards sur les revenus des ménages et les prestations sociales leur ont apporté 655 milliards. On le voit, le salaire ne dit pas tout, même dans le cas des salariés.

En outre, il n'est pas facile d'utiliser les salaires comme indicateurs d'inégalités : ou bien l'on se contente de répartir les salariés sur une grille de rémunération, et son interprétation paraît terriblement abstraite — style : « les 10 p. 100 les plus payés gagnent n fois ce que gagnent les 10 p. 100 les moins payés » — ; ou bien l'on s'efforce d'établir les écarts entre grandes catégories socioprofessionnelles, ce qui est plus concret mais beaucoup moins précis. En effet, ces catégories : cadres, ouvriers, employés..., sont très hétérogènes. L'écart entre le salaire de l'ouvrier le plus payé et celui du moins payé est plus grand qu'entre le salaire moyen des ouvriers et celui des cadres moyens. Les décalages entre catégories sont moins grands que les dispersions à l'intérieur des catégories. Il faut être prudent en utilisant ces abstractions que constituent le « salaire ouvrier » ou le « salaire des cadres ».

Une fois les prolégomènes admis, les résultats. Voici, selon les études de l'I.N.S.E.E., l'éventail des salaires mensuels en 1981 par grandes catégories socioprofessionnelles :

Cadres supérieurs (cadres administratifs et ingénieurs) ..	14230 F
Cadres moyens (cadres administratifs et techniciens) ...	7000 F
Contremaîtres	6725 F
Employés	4450 F
Ouvriers	4100 F
Ensemble	5250 F

C'est une première indication, peu instructive cependant. L'important, c'est la tendance. Reprenons le tableau et voyons l'évolution au cours des dernières décennies :

	1950	1955	1960	1965	1970	1975	1980
Cadres supérieurs	660	1400	2200	3230	4550	7410	11880
Cadres moyens	335	650	1090	1450	2200	3615	5920
Employés	235	355	550	790	1160	2090	3610
Ouvriers	190	310	480	690	1020	1885	3330
Ensemble	225	344	610	895	1340	2455	4160

Il s'est donc produit un renversement de tendance à partir de 1968. Au lendemain de la guerre, la hiérarchie des salaires s'est un peu écrasée. La France salariale est alors relativement égalitaire. Dans les quinze années qui suivent, l'expansion économique s'accompagne d'un éclatement de la grille. C'est la croissance inégalitaire. A partir de 1968, l'éventail se referme. Ainsi le rapport cadres supérieurs-ouvriers passe-t-il de 4,1 à 4,8 entre 1951 et 1967 pour revenir à 3,6 en 1980. On a pratiquement retrouvé la situation de 1950.

Ce retournement permet de comprendre le décalage entre la réalité et les paroles. A la fin des années 60, lorsque s'instaure le débat, on ne dispose encore que de données incertaines et retardant de quelques années, qui font apparaître un élargissement de la grille salariale. Supposant que la tendance se poursuit, on parle d'inégalités croissantes. L'habitude en est prise et elle résiste à la révélation de faits contraires.

Il ne faut pas chanter victoire puisque la situation est la même qu'il y a trente ans. Il reste beaucoup à faire car cet éventail paraît sensiblement plus ouvert que dans la plupart des pays industriels. Les chiffres les plus récents prouvent que l'évolution se poursuit bien dans ce sens et à un rythme relativement rapide. Entre octobre 76 et avril 80, les gains mensuels bruts des cadres dans le secteur privé ont augmenté deux fois plus lentement que ceux des ouvriers. Nul doute que le changement de majorité ne fera qu'accentuer le resserrement en cours. Les inégalités de salaires en France sont donc bien en voie de réduction et le problème se posera dans l'avenir l'avenir de savoir jusqu'où aller dans cette direction.

Des inégalités de salaires, passons à celles des revenus. Première difficulté ; comment apprécier les gains des non-salariés ? On pénètre ici dans un secteur mal connu car l'incertitude est là dès que disparaît la feuille de paye. La dissimulation devient la règle et l'on doit affecter les chiffres disponibles d'un coefficient correcteur assez arbitraire.

Cette sous-déclaration, qui selon le C.E.R.C. atteint 50 p. 100 des revenus déclarés, fausse toutes les statistiques et minimise les inégalités car les non-salariés apparaissent toujours plus pauvres qu'ils ne sont. Dans une étude portant sur 6 500 ménages non salariés en 1980, le C.E.R.C. a tenté d'établir un « indice d'évasion fiscale » dont il reconnaît lui-même qu'il est sous-évalué. Cet indice atteindrait pourtant 95 p. 100 pour les bijoutiers-joalliers, 64 p. 100 pour les détaillants de fruits et légumes, 106 p. 100 pour les chauffeurs de taxi, 76 p. 100 pour les teintureries-blanchisseries, sans parler des revenus agricoles que le système du forfait rend totalement insaisissables. Notons encore que, dans ces catégories de travailleurs indépendants ou non salariés, on rencontre une dispersion beaucoup plus forte que dans celles des salariés. La notion de revenu moyen perd de sa fiabilité.

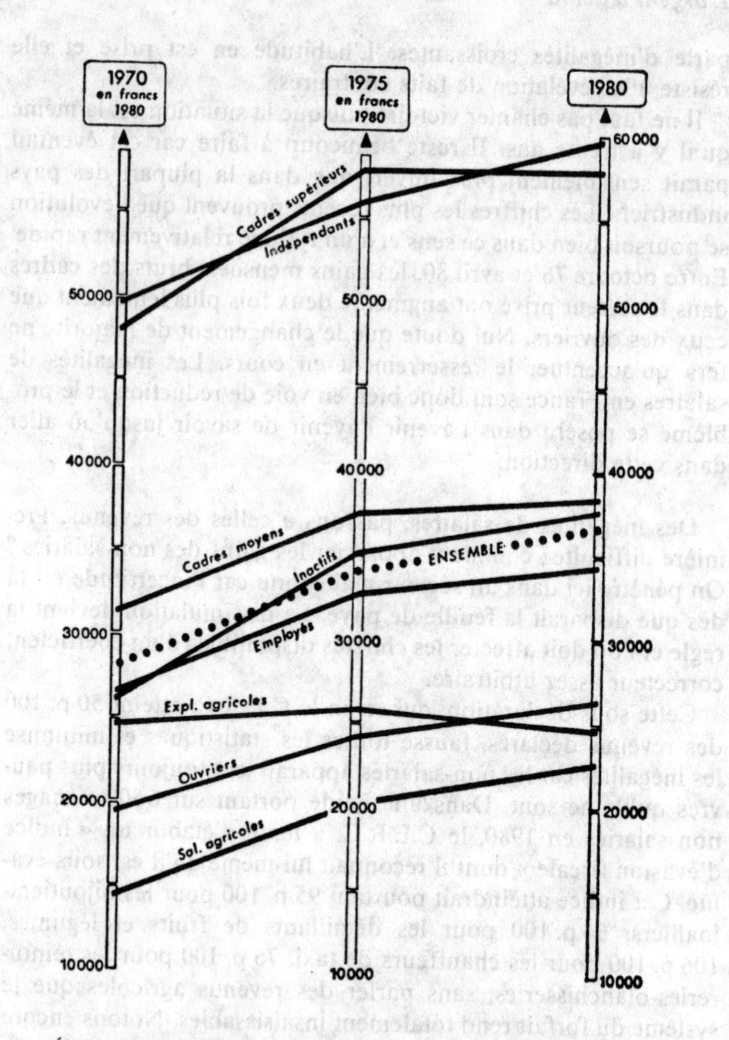

ÉVOLUTION DU POUVOIR D'ACHAT DU REVENU DISPONIBLE
PAR TÊTE POUR CHAQUE CATÉGORIE
SOCIOPROFESSIONNELLE EN FRANCS 1980

Passant du salaire aux revenus, l'éventail se resserre, sous l'effet égalisateur du prélèvement fiscal. Résultat significatif : Entre catégories socioprofessionnelles aussi l'inégalité décroît. C'est ce que montre le C.E.R.C. dans le tableau ci-contre, extrait de son troisième rapport. Remarquez que ce sont les cadres et non les travailleurs indépendants qui font les frais de cette égalisation.

Si, maintenant, l'on considère les Français en fonction de leurs seuls revenus et non plus au travers des C.S.P., on découvre, selon l'estimation de l'I.N.S.E.E., que le quart des ménages se partage la moitié des revenus, alors que le quart le plus défavorisé n'a droit qu'à 6 p. 100. Les 10 p. 100 les plus pauvres ne disposant que de 1 % des revenus, soit moins que les 0,5 p. 100 les plus riches. Ce ne sont que des ordres de grandeur, mais qui traduisent indiscutablement une forte inégalité. Il n'est pour s'en convaincre que de regarder les comparaisons internationales les plus sérieuses. Ainsi, en 1982, le Commission des communautés européennes a-t-elle publié une étude sur la pauvreté chez les Neuf. Le seuil choisi était la moitié du revenu moyen dans le pays considéré. On constate alors qu'il existe en France 14,8 p. 100 de pauvres, pourcentage fort élevé. Certes l'Italie est à 21,8 p. 100 et l'Irlande à 23,1 p. 100, mais tous les autres pays nettement en dessous. La Hollande bat tous les reccords : 4,8 p. 100, suivie par la Grande-Bretagne : 6,3 p. 100 et la Belgique et l'Allemagne : 6,6 p. 100. Qu'il existe, selon ce critère, 7 890 000 pauvres en France en 1982 montre mieux par un discours l'ampleur de la redistribution à effectuer.

Quant à la tendance générale, elle est soulignée par tous les experts : Commission emploi-revenu du VIIIe Plan, Jacques Méraud, Jean Fourastié et, plus récemment la Commission du bilan, qui reconnaissent que « quel que soit le stade auquel on l'appréhende, revenu primaire, revenu disponible, dépense des ménages, l'inégalité moyenne paraît s'être réduite depuis 1968, entre catégories socioprofessionnelles [...] » — Le rapport précise que « la tendance n'a pas été affectée par la crise ».

A ces inégalités de revenus s'ajoutent celles de patrimoine. On ne peut d'ailleurs dire systématiquement « s'ajoutent » car, s'il est vrai que, dans l'ensemble, les grosses fortunes accompagnent les hauts revenus, la liaison n'est pas automatique. Ainsi les cadres supérieurs, fort bien placés sur l'échelle des rémunérations, rétrogradent-ils le long de celles des patrimoines. Les dirigeants d'entreprise gagnent plus qu'ils ne possèdent. C'est l'inverse pour les paysans, qui possèdent plus qu'ils ne gagnent. Quant aux travailleurs indépendants, ils sont généralement les mieux placés dans le partage de la richesse.

Étrangement, les Français sont moins sensibles aux inégalités de fortune. Selon une enquête faite à l'E.N.A., le tiers d'entre eux pense qu'elles sont moins fortes que celles de revenus, alors qu'en réalité, elles sont beaucoup plus fortes. Sans doute, paraissent-elles plus consacrées, plus irrémédiables. C'est l'inégalité « en soi », la différence presque fatale, alors que les écarts de revenus ou de salaires semblent plus aisément corrigibles. En outre, la conscience française est déchirée sur ce point entre sa passion de la propriété et son aspiration à l'égalité. Elle préfère s'attaquer à l'ordre fluctuant du revenu plutôt qu'à l'ordre figé de la fortune. Ces inégalités-là, en France, sont moins critiquées que les autres c'est pour cela, sans doute, qu'elles se portent si bien.

Il est juste de remarquer que les règles de la comptabilité patrimoniale sont loin d'être claires. Quelques exemples. Faut-il tenir compte des droits de retraite ? Ils constituent une richesse potentielle et représentent à peu près le quart de la fortune totale des Français. Et comment estimer les biens mobiliers comme l'or, les bijoux, les œuvres d'art, le cheptel ? Ou les biens de consommation durables : voitures, chaînes Hi Fi, équipement électronique, etc. ? Certes, cela ne représente pas grand-chose par rapport à l'immobilier, mais l'appréciation de l'inégalité s'en trouve profondément affectée du fait que la prise en compte de ces biens permet de reconnaître un patrimoine aux plus pauvres alors que, dans le cas contraire, en excluant droits de retraite et biens mobiliers, on compte pour zéro ce que peuvent posséder de nombreux Français. Autre problème : celui des dettes. On ne possède pas ce qu'on n'a pas fini de payer, mais l'endettement est bien souvent un facteur d'enrichissement réservé aux riches. Il faut donc savoir qu'en matière de comptabilité patrimoniale, on ne peut compter qu'en ordres de grandeur sans prétendre à la précision.

Toutefois, les indications générales dont on dispose aujourd'hui sont suffisamment explicites pour permettre de dégager une structure générale de la fortune française. Sa première caractéristique, c'est la concentration et l'inégalité. Les 10 p. 100 des Français les plus riches possèdent entre 50 et 58 p. 100 de la fortune totale — tout dépend du mode de cacul. A l'inverse, les 50 p. 100 les moins riches n'ont à se partager que 5 p. 100. La concentration est deux fois plus forte qu'en matière de revenus où 25 p. 100 des Français les mieux lotis accaparent la moitié du total. Cette concentration ne cesse de s'accroître vers le haut puisque les 5 p. 100 les plus riches détiennent 30 p. 100 de la richesse nationale et les 1 p. 100 du sommet en possèdent encore 11 p. 100.

Peut-on dire, alors, que ces inégalités diminuent ? Hélas ! la réponse n'est pas aussi réconfortante. Une enquête du Centre de recherche économique sur l'épargne, en 1978, a montré que ces inégalités ont doublé en vingt-cinq ans. On est bien loin des évolutions lentes constatées à propos des revenus. A quoi attribuer une telle concentration ? Au fait que ces disparités ont naturellement tendance à s'amplifier, et ce, pour de multiples raisons. Les riches ont des capacités d'épargne supérieures, ils gèrent mieux leurs patrimoines, ils peuvent plus largement recourir à l'endettement — on ne prête qu'aux riches —, ils bénéficient de plus-values immobilières importantes, ils font de plus gros héritages et reçoivent, plus fréquemment, des donations. Il y a donc toutes les raisons pour que les grosses fortunes s'accroissent plus vite que les petites. Entre 1945 et 1975, les patrimoines des 1 p. 100 les plus fortunés gonflaient au rythme de 18,1 % l'an, alors que ceux des 10 p. 100 les plus modestes ne progressaient que de 6,6 % : c'est une autre version de la lutte du lièvre et de la tortue, dans laquelle le lièvre part avec quelques bonnes longueurs d'avance.

Mais cette tendance ne serait pas restée constante au cours des dernières décennies. De 1945 jusqu'au milieu des années 60, l'inégalité s'accroît fortement. Depuis, elle paraît stabilisée. La multiplication du nombre des propriétaires — la moitié des Français possèdent désormais leurs logements — et la baisse des valeurs mobilières auraient contrecarré la tendance naturelle de la fortune à la concentration. A la différence de ce qui s'est passé pour les revenus, on se trouve aujourd'hui dans une situation stable qui reste néamoins plus inégalitaire qu'au lendemain de la guerre.

Diminution des inégalités de revenus, stabilisation des inégalités de patrimoine, telle est donc la situation au moment où la gauche prend le pouvoir en France. Les intentions annoncées, les premières mesures prises indiquent clairement qu'une politique égalisatrice sera menée tout au long des cinq et, probablement, sept années à venir. Au terme de cette cure — et à supposer même que le pouvoir socialiste ne tienne qu'un septennat —, la France ressemblerait aux sociétés social-démocrates avec un éventail de revenus assez étroit. Les moyens pour y parvenir sont connus, le processus enclenché. La volonté de le poursuivre existe et, en ce sens, on peut considérer le problème comme potentiellement résolu... en ce qui concerne, du moins, les revenus.

La seule question pendante est la limite de l'égalitarisme. A quel moment décidera-t-on qu'on est passé des inégalités « excessives » aux inégalités « légitimes » ? La réponse est simple, jamais.. Viendra un moment, pourtant, où le traitement deviendra plus douloureux que le mal. Alors, on s'arrêtera. Comme sagement le constate Jacques Méraud : « Ce sont les faibles revenus qu'il faut accroître et non les revenus élevés qu'il faut abaisser. » L'égalité sans partage serait effectivement idéale. Sera-t-elle possible ?

C'est la croissance économique qui permet « d'habiller Pierre sans déshabiller Paul ». Mais peut-on encore miser sur elle ? Ce n'est guère vraisemblable, pour deux raisons. D'une part, tout donne à penser que le monde industrialisé ne connaîtra plus les taux d'expansion des « trente glorieuses ». En mettant les choses au mieux, on sera tout content de marcher à 2 ou 3 % l'an. Le surplus à redistribuer diminue d'autant. D'autre part, on ne peut avoir, tout à la fois, le cochon et l'argent du cochon. Si l'on affecte cet enrichissement au financement d'emplois dans les secteurs « improductifs » afin de lutter contre le chômage, il sera impossible, dans le même temps, de l'utiliser pour augmenter les bas revenus. On peut donner aux pauvres ou aux chômeurs, mais pas à tous avec le même argent.

Ne peut-on espérer faire payer le capital plutôt que le travail, les entreprises plutôt que les particuliers ? Là encore, il ne faut pas se faire d'illusions. Si l'on examine les comptes de la maison France en 1980, on s'aperçoit que, pour un revenu national de 2457 milliards, les revenus de la propriété, incluent les dividences des actions, les intérêts des obligations et les loyers, ne représentent que 129 milliards. A peine plus de 5 %. Accroître fortement le prélèvement découragerait l'épargne et l'investissement sans rapporter grand-chose. On reperdrait en croissance ce qu'on aurait gagné là.

Il faudra donc partager, et l'on sait déjà qu'on ne pourra pas progresser très avant en ne s'attaquant qu'aux « gros ». Le supplément de 25 % sur l'imposition des 108 000 plus gros contribuables, prévu au collectif de 1981, n'a rapporté que 3,5 milliards. Une misère. Et l'impôt sur les « grosses » fortunes s'annonce d'un aussi médiocre rapport. Quant aux entreprises françaises, on ne les voit guère supporter un prélèvement massif sur leurs profits, à l'heure où l'on prétend les réarmer face à la concurrence mondiale.

C'est donc bien sur la redistribution qu'il faudra miser. Le nombre de ceux qui touchera croîtra proportionnellement au nombre de ceux qui prétendront en profiter. Du coup, les protestations de la classe moyenne relaieront celles de la haute bourgeoisie. Elles seront beaucoup plus véhémentes. Les « gros » n'osent pas trop se plaindre au grand jour ; ils se défendent discrètement parce qu'ils savent leur cause impopulaire et au fond d'eux-mêmes, doutent souvent de sa légitimité. Il en va différemment des « petits gros » ou des « gros moyens ». Eux n'ont pas le sentiment d'être privilégiés et se sentent injustement dépouillés lorsqu'on prétend les mettre à contribution. Réaction naturelle ; c'est toujours à plus gros que soi qu'il faut s'en prendre, comme le constate Georges Vedel : « Lorsqu'on demande : à quelle hauteur faut-il faire l'amputation des hauts revenus pour en rapprocher les bas revenus ? la réponse est toujours la même : il faudrait prendre aux gens qui gagnent plus que celui qui est interrogé. » A mesure que l'on descend l'échelle, cette résistance au prélèvement s'exacerbe.

On se heurte à des tranches de population plus nombreuses et plus déterminées. Il faut alors procéder de façon détournée : blocage des salaires, non-compensation de l'inflation, déplafonnement, glissement des barêmes de l'impôt... Mais les intérressés sont d'autant plus sensibles à cette stagnation ou cette amputation du pouvoir d'achat qu'ils voient ceux du dessous se rapprocher d'eux ; mouvement relatif qui s'interprète soit comme une montée des uns, soit comme une descente des autres.

Or, une politique fortement égalitariste a vite fait de toucher une grande partie de la population, ainsi que le montre Jean Fourastié et Béatrice Bazil dans cet exemple, tout théorique mais fort significatif : « Si l'on cherchait à atteindre un objectif relativement ambitieux, par exemple un revenu minimum de 2270 F par mois et par unité de consommation égal au double du minimum vieillesse actuel, cela aurait supposé (en 1979), si l'on ne voulait pas user d'un taux confiscatoire de 100 %, ni même d'un taux draconien de 50 %, de surtaxer de 20 points, tous les revenus supérieurs à 2700 F... soit à peine supérieurs au seuil que l'on se serait fixé comme objectif. Pour 26 p. 100 de la population, dont le revenu s'accroîtrait, 59 p. 100 verraient le leur baisser et 15 p. 100 ne seraient pas touchés[1]. »

Nul ne songe, bien sûr, à réaliser aussi brutalement une égalité aussi complète. Mais cette fable illustre bien l'élargissement du cercle des payeurs à mesure que progresse la redistribution. La réduction des inégalités bute par conséquent sur des résistances politico-sociales insurmontables, bien avant d'avoir étanché la soif égalitaire. Seuls la croissance permet de réaliser un

1. *Le Jardin du voisin, op. cit.*

progrès social « en douceur » : hélas ! nous ne retrouverons jamais toutes les années de vaches grasses qui furent gaspillées.

Reste le deuxième volet, le plus délicat : les inégalités de fortune. Comment changer la répartition de la richesse nationale sans porter atteinte au droit sacré de propriété ?

Pays n'ayant pas d'impôt sur la fortune	*Pays ayant un impôt sur la fortune*
Allemagne	Australie
Autriche	Belgique
Danemark	Canada
Finlande	Espagne
Irlande	États-Unis
Luxembourg	Grande-Bretagne
Norvège	Italie
Pays-Bas	Japon
Suède	Portugal
Suisse	
France	

Jusqu'à présent, les gouvernements ont été fort prudents en la matière. Les différentes taxes frappant le capital à un titre ou à un autre représentent 4 % des recettes fiscales. C'est beaucoup moins qu'aux États-Unis (13,9 %), en Grande-Bretagne (12,1 %), au Japon (9,2 %) ou en Suisse (7 %), mais plus qu'en Allemagne ou en Italie. Cette modération explique pour une part les énormes inégalités de patrimoine. L'impôt, c'est le moins que l'on puisse dire, ne contrarie guère la tendance naturelle de la fortune à se concentrer. Ce premier tour d'horizon prouve cependant qu'il n'y a nulle incompatibilité entre l'imposition du capital et le capitalisme.

Il est différentes façons de frapper le patrimoine. Ne retenons ici, pour simplifier, que l'alternative principale : impôts sur la fortune et/ou impôts sur les mutations. Dans la pratique, tous les États prélèvent leur écot sur les donations et les successions. La seule question est donc de savoir s'il convient de doubler cette imposition d'une autre, sur la simple possession. Les solutions retenues sont très variables selon les pays.

Les États sociaux-démocrates se sont ralliés à cette imposition, ce qui paraît indiquer qu'elle va de pair avec une volonté de justice fiscale. Rappelons toutefois que des pays comme les États-Unis, la Grande-Bretagne et le Japon imposent fortement le capital sans recourir à cet impôt. En outre, la réalité est moins simple que ne le montre ce tableau. En 1979, l'O.C.D.E. a lancé une importante enquête internationale sur le sujet. Les conclusions furent très mitigées en ce qui concerne l'impôt sur la fortune. Celles des commissions spécialement créées en Australie, au Canada et au Japon furent carrément défavorables. La même chose s'était produite en France, lorsque le gouvernement Barre avait chargé MM. Blot, Méraud et Ventejol de réfléchir à l'imposition du capital. Les « sages » avaient déconseillé l'instauration de l'impôt sur la fortune. En Allemagne, ce sont les syndicats des inspecteurs fiscaux qui en demandent la suppression. Quelque chose pèche manifestement dans cette sorte de taxation.

On le comprend mieux en considérant tout d'abord le rendement. Dans les pays qui frappent le patrimoine, cette taxe rapporte moins de 1 % des recettes fiscales. Seule exception : la Suisse qui atteint 1,71 %. Pour un si maigre rapport, les difficultés administratives sont considérables : évaluation de l'assiette, calcul de l'imposition, déductions, contrôles... Un État membre de l'O.C.D.E. a répondu brutalement que, selon ses estimations, ce genre d'impôts coûterait plus qu'il ne rapporterait ! Ne pourrait-on, à tout le moins, prévoir des taux assez élevés pour obtenir des rendements suffisants ? Constatons, sans nous perdre dans la technique fiscale, que les pays sociaux-démocrates les plus « matraqueurs » (Suède, Autriche, Danemark, etc.) s'en tiennent à des taux très réduits et acceptent de très larges exonérations. A cela, il doit bien y avoir des raisons ! Ceux qui, en France, parlèrent de 8 % ignoraient délibérément la réalité fiscale.

Mais le plus grave défaut de cet impôt, c'est d'être probablement inutile. Il existe en effet, dans toute société, un impôt sur les transmissions de patrimoines qui remplit le même rôle, plus efficacement, plus intelligemment et à moindres frais. Dans les deux cas, l'assiette de l'imposition est pratiquement identique. C'est la fortune que l'on frappe, soit faiblement tous les ans, soit fortement de façon occasionnelle. Dès lors que l'on possède déjà tout le dispositif permettant d'atteindre donations et successions, il ne coûte pas plus cher d'augmenter les prélèvements. En revanche, l'instauration de l'impôt annuel est une opération compliquée et qui ne manquera pas de « créer des emplois », selon l'expression du jour, dans l'administration fiscale. Sans compter les tracas causés aux contribuables.

Sur le plan des principes mêmes, il paraît plus juste d'imposer celui qui reçoit que celui qui possède. D'autant que les grosses fortunes se constituent pour les deux tiers à partir d'héritages. C'est en prélevant plus d'impôts à ce stade que l'on peut lutter efficacement contre les énormes inégalités de patrimoine. Au contraire, on sait que l'imposition annuelle n'a qu'un très faible effet redistributif. En somme, tout semble montrer qu'il faut s'attaquer aux grosses successions pour réduire les grosses fortunes.

Pourtant, les Français préfèrent l'instauration d'un impôt sur la fortune à l'alourdissement de l'impôt sur les successions. Tous les sondages le prouvent. D'un côté, c'est la quasi-unanimité, de l'autre à peine la majorité. De toutes les mesures prises par le pouvoir socialiste, il n'en est pas de plus populaire.

Ce choix exprime toute une philosophie de l'argent sur laquelle nous reviendrons. Mais il manifeste aussi, et plus simplement, la volonté du contribuable de voir le fisc s'attaquer aux « gros » et à seuls. En effet, il a toujours été entendu que la taxation ne porterait que sur les plus « gros » patrimoines. Avec un plancher de 3 millions, l'immense majorité des Français se sent rassurée : voilà une mesure dont ils ne feront pas les frais.

Il n'en va pas de même de l'impôt successoral. Surtout en France — qu'on en juge : sur les parts d'héritage transmises en ligne directe, l'État prélève dans la plupart des pays des pourcentages croissants qui dépassent partout 50 % pour les plus grosses successions. On peut atteindre ainsi un taux de 77 % aux États-Unis, 75 % en Belgique, au Japon et en Grande-Bretagne, 70 % en Allemagne. Une seule « monstruosité fiscale » : la France, où l'impôt ne dépasse pas les 20 % dans les cas de transmission en ligne directe. Qu'il s'agisse de la succession de Picasso, de Marcel Dassault, des Gillet, des Seydoux ou de Mmes Bettencourt et Del Duca, les héritiers directs — enfants, parents et petits-enfants — recueilleront 80 % du magot. Sur un milliard, l'État français laisse filer 800 millions[1]. Aucun pays moderne ne procède de la sorte. Si on n'a pas le courage d'alourdir massivement l'impôt sur les grosses successions, alors il faut renoncer à toute redistribution monétaire.

On comprend que l'imposition actuelle ne gêne pas la constitution de gigantesques fortunes et que les Français ne croient pas à son rôle social. Mais le plus extravagant est l'évolution de cette fiscalité au cours des dernières années. MM. Blot, Méraud et Ventejol ont constaté dans leur rapport que « l'augmentation de pression fiscale a frappé plus fortement les petites et moyennes successions que les grosses malgré la création du taux de 20 %. L'accroissement le plus fort est enregistré pour les parts comprises entre 500 000 et un million de francs ». Incroyable mais exact. Comment s'étonner que, dans de telles conditions, 43 p. 100 des Français estiment que l'impôt sur l'héritage n'est pas un moyen efficace pour assurer davantage d'égalité, alors que 31 p. 100 seulement sont d'avis contraire (sondage I.F.O.P./*Jeune Notariat*, octobre 1981) ? Comment s'étonner que 70 p. 100 estiment que l'impôt sur la fortune réduit les inégalités plus efficacement que l'impôt successoral ? Le mauvais usage de l'impôt sur les successions a condamné la France à l'impôt sur la fortune. Une nécessité politique et non fiscale. On ne pouvait accroître les droits de succession avant d'avoir imposé les grosses fortunes. Comme le souligne Jacques Attali, cet impôt a d'abord une valeur « symbolique » et, à ce titre, il peut être justifié bien qu'il ne doive pas rapporter plus de 4,5 milliards au maximum dans les caisses de l'État[2].

Quoi qu'il en soit, la réduction des inégalités de fortune est désormais lancée. Ici encore, on peut faire confiance à la gauche

1. Seuls les collatéraux et non-parents peuvent payer des droits de 45 à 60 %.

2. Notons aussi que cet impôt pourra, par les recoupements qu'il permettra, aider à lutter contre la fraude fiscale.

pour mener à bien cette politique et ramener progressivement la France dans le camp des pays « raisonnablement inégalitaires ».

Encore faudrait-il s'interroger sur la place de l'argent dans notre société et à notre époque, afin d'évaluer correctement les résultats d'une redistribution monétaire. De ce point de vue, la crise brouille les cartes. Pas en faveur de l'argent. En période d'expansion, tout le monde voit ses revenus augmenter, au pire stagner, mais certainement pas diminuer. L'argent est acquis non seulement en tant que capital, mais également comme flux. Chacun vit dans l'assurance de gagner dans l'avenir au moins autant que dans le présent. Les plus forts se font garantir la croissance et non le seul maintien de leur pouvoir d'achat. Dans une telle situation, l'argent représente en soi une certaine garantie. Quels que soient son origine ou son statut.

En période de crise, au contraire, il ne suffit plus d'être riche, il faut être protégé. Le salaire, si élevé soit-il, peut disparaître à la suite d'une mise au chômage ; les profits, quel que soit leur niveau, peuvent s'évanouir dans une faillite : toute situation monétaire est ainsi affectée d'une sorte de « coefficient correcteur » de sécurité ou d'insécurité. C'est de cette façon que l'argent d'un cadre se trouve dévalué par rapport à celui d'un fonctionnaire et que, de même, le profit d'un patron vaut moins que celui d'un notaire. Un franc n'est plus un franc.

Les banquiers ne manquent pas d'en tenir compte pour évaluer la « surface financière », d'un client. Ils ne se contentent plus d'un chiffre, d'une quantité. C'est la « qualité » qui les intéresse. S'agissant d'un inspecteur des Finances, de l'agent statutaire d'une entreprise publique, ils la trouvent excellente et suffisante à justifier les ouvertures de crédit. Mais, à revenus égaux, ils demanderont une hypothèque supplémentaire à ceux qui ne jouissent pas de telles garanties. C'est toute la valeur de l'argent qui se relativise. La signification des inégalités monétaires aussi.

La revendication d'une égalité « à l'arrivée » est fondamentalement de gauche : c'est dire qu'elle se marie à un fort préjugé « antifric ». Catholicisme et socialisme se conjuguent dans la mentalité française pour culpabiliser les détenteurs de l'argent, outil de l'injustice, de l'exploitation et de la domination. Le non-monétaire paraît donc plus moral que le monétaire, le comble de l'égalité étant assuré par la gratuité. Ainsi, le progrès social consiste-t-il autant à répartir l'argent qu'à réduire sa sphère d'influence.

Dans ces utopies égalitaires, l'égal partage de l'argent s'accompagnerait d'une réduction des échanges marchands, chacun trouvant dans l'organisation collective la satisfaction de nombreux besoins. En réalité, cette divine providence présente de nombreux dangers. Elle devient facilement un système de normalisation, d'uniformisation, d'oppression — tout en se combinant fort bien avec des combles d'inégalité réelle, au sein d'une apparente égalité comptable. C'est ce que réalisent, admirablement, les sociétés de type soviétique.

L'exemple pourra choquer, mais il n'est présenté ici qu'en tant que point extrême d'un système, tout comme certaines dictatures d'Amérique latine peuvent incarner un aboutissement du capitalisme sauvage. Il s'agit simplement de bien observer, à travers ses pires perversions, les dangers d'un type de société qui se pare de toutes les vertus aux yeux de nombreux Français.

Le document de base est *la Nomenklatura* de Michael Voslensky[1], auquel j'emprunterai l'essentiel de ma démonstration. A la différence de la situation française, dans laquelle toutes sortes de catégories sociales se disputent les privilèges (personnel des grandes entreprises, de l'État, agriculteurs, professions fermées, etc.), il n'existe en U.R.S.S. qu'un seul groupe susceptible de s'octroyer des avantages non salariaux. C'est la classe politique : la Nomenklatura. Elle n'est en concurrence avec aucun autre groupement et n'a pas à faire pression sur l'État, puisque l'État c'est elle. C'est dire qu'elle a pu s'emparer de tous les droits et avantages disponibles dans cette société. En France, au contraire, on ne prend pas les avantages : on les arrache et, dans la mêlée confuse des intérêts particuliers, chaque groupe n'en obtient qu'un nombre limité. Deux situations entièrement différentes, mais l'exemple monstrueux de l'U.R.S.S. va me permettre d'illustrer le fait que l'égalité monétaire se combine fort bien avec les pires inégalités.

1. Belfond, 1980.

Pour le montrer, Voslensky prend le cas d'un « cadre moyen » de la Nomenklatura : un chef de secteur au Comité central du P.C.U.S. Si l'on considère son salaire de base, on ne peut crier à l'injustice scandaleuse : 450 roubles par mois. Le travailleur soviétique moyen gagnant lui, 167 roubles, on se trouve dans un rapport de 1 à 3 environ. Mais Voslensky entreprend de détailler par le menu et de chiffrer tous les avantages attachés à la qualité de « nomenklaturiste ». L'addition monte alors vertigineusement.

Ce chef de secteur a un mois de vacances et non quinze jours comme le travailleur soviétique ordinaire. Il va passer son congé dans une « maison de cure » spéciale, où il sera pris en charge avec sa famille — ce qui ne l'empêche pas d'avoir droit à une « prime de cure » de 450 roubles, en sus d'un treizième mois. Les 450 roubles deviennent déjà 531.

Cet apparatchik est doté d'une « Kremlinova », sorte de carte lui donnant droit de se fournir en victuailles à la cantine du Kremlin. Il s'y procure les meilleures nourritures aux plus bas prix, privilège exorbitant dans un pays où les habitants ne trouvent même pas l'approvisionnement nécessaire pour dépenser leur maigre salaire. Selon Voslensky, ces bons d'alimentation correspondent à peu près à 200 roubles par mois. Voilà donc, notre modeste fonctionnaire à 750 roubles. Et ce n'est pas fini. Dans ce pays, où sévit une effroyable crise du logement, où l'on ne peut même pas assurer un minimum de 9 m² par occupant, il aura droit à un appartement spacieux dans les immeubles du Comité central, ainsi qu'à une maison de campagne : la fameuse datcha. Pour ses déplacements, toutes ses places seront réservées en première classe. Nul risque d'attente : on bloque systématiquement un certain contingent de sièges pour la Nomenklatura. Il en va de même dans les meilleurs hôtels. Au cours de ses voyagers à l'étranger, le nomenklaturiste va amasser des devises qu'il pourra ensuite dépenser en Union soviétique dans les magasins spéciaux qui refusent les roubles en paiement de leurs précieuses marchandises, ailleurs introuvables.

Passons sur les primes en espèce, les piges (plus ou moins bidon mais toujours grassement payées) dans la presse du parti, oublions le bakchich et, pour rester dans la pure légalité, rappelons qu'en U.R.S.S., du fait même de l'égalitarisme monétaire, le taux d'imposition du revenu est plafonné à ... 13 %. Dans ces conditions, même ne déclarant certains de ses avantages, notre homme n'est pas trop frappé par le fisc !

Tout groupe privilégié poursuit obstinément deux objectifs. Le premier c'est de se fermer, le second de se reproduire. Pour le contrôle, la Nomenklatura ne craint personne. C'est elle et elle seule qui coopte ses membres. Pas de problème. Reste la reproduction, plus délicate à assurer : le chapitre du communisme héréditaire manque dans les œuvres complètes de Karl Marx. Qu'à cela ne tienne, « les enfants de la Nomenklatura s'inscrivent de nos jours dans des écoles spéciales où l'enseignement est donné dans une langue étrangère (anglais, français ou allemand) ; les enfants de diplomates ou d'autres responsables importants en poste à l'étranger vont, eux, dans des internats spéciaux ».

Au moment du passage dans l'enseignement supérieur, les enfants des dignitaires n'ont pas à redouter non plus d'être mêlés à la foule des étudiants ordinaires. C'est même la raison d'être de l'École supérieure des relations internationales de Moscou. Voslensky cite encore toute une série d'établissements réservés et conclut : « Telle est la voie généralement suivie par les enfants de la Nomenklatura qui se préparent à occuper des postes de responsabilité à l'intérieur de celle-ci. »

Et, de fait, le népotisme triomphe : « [...] toute classe dominante en cours de consolidation vise à transmettre ses privilèges à ses enfants, c'est-à-dire à s'autoreproduire et à empêcher par tous les moyens l'afflux de nouveaux venus. C'est ce qui se produit actuellement pour la Nomenklatura soviétique... Les enfants de secrétaires du Parti ne deviennent des travailleurs que dans les romans pieux du " réalisme socialiste ". Dans le socialisme réel, ils entrent automatiquement dans l'appareil du Parti et dans le corps diplomatique. »

Voilà comment l'U.R.S.S. peut parader dans les instances internationales, en présentant un bilan comptable fort égalitaire et en flétrissant les inégalités scandaleuses du monde capitaliste. L'imposture n'est jamais dénoncée, tant le système des inégalités non monétaires est étranger aux mentalités occidentales — françaises, en particulier.

Précisons à nouveau qu'il n'est pas question de comparer le système des grands corps, les privilèges des charges et offices ou, à plus forte raison, certains statuts de personnel, en France, avec la Nomenklatura. Mais cet exemple prouve de façon irréfutable que toute étude de l'inégalité limitée au champ monétaire est une duperie : les exigences de la justice vont bien au-delà d'un meilleur partage de l'argent.

Elles vont, également, bien au-delà d'une répartition qui confond toute forme d'enrichissement. Se contenter d'égaliser les situations monétaires n'a pas de sens. Il faut traiter l'argent différemment selon le système dont il procède. Ne pas tolérer les privilèges qui naissent de la richesse, mais ne pas contester non plus les mérites qui peuvent la justifier. C'est l'autre redistribution, qualitative et non plus seulement quantitative.

V

LA CORPORATION DES RICHES

Il est des enchaînements inévitables. Partant du terme « inégalités », on passe à celui de partage, de partage à parts et de parts à gâteau. Au terme d'un tel glissement, la redistribution peut suivre cette loi très simple : « un peu plus », c'est juste, « un peu trop plus », c'est injuste. C'est affaire de degrés : les inégalités sont tolérées si elles ne sont pas trop fortes. On admet les « petits » et les « moyens ». Pas les « gros ».

Cette approche, très suffisante pour découper une galette, s'applique mal à une société. Dans celle-ci, la réalité est dynamique et non pas statique. C'est un flux que l'on répartit, pas un stock. Il ne s'agit pas de diviser la richesse mais de faire fonctionner un système qui assure, à la fois, la production et la distribution. La justice sociale se trouve nécessairement couplée à l'efficacité économique. Que l'une ou l'autre soit défaillante et les désillusions suivront les espérances. L'abondance mal partagée n'a plus de sens que la répartition de la pénurie.

Une loi purement quantitative serait donc tout à fait insuffisante. D'une part elle ne correspondrait à aucun optimum économique quant à la production des richesses, d'autre part elle ne pourrait proposer aucune légitimité quant aux règles du partage. Cet arbitrage simpliste risque d'apporter plus de frustrations que de satisfactions, soit qu'un appauvrissement général réduise toutes les parts, soit qu'une incessante contestation exacerbe les conflits.

Une politique de redistribution doit suivre au plus près les principes qui l'inspirent et répondre à une philosophie de l'argent. Mais rien n'est plus étranger aux Français. La droite ne pratique pas celle qu'elle prétend avoir, la gauche prétend pratiquer celle qu'elle n'a pas. Les particuliers mélangent, en une incohérence totale, une avidité confinant à l'avarice avec une culpabilité menant à l' « égauxcentrisme ». Chacun désire pour soi ce qu'il conteste à autrui et, ne trouvant nulle légitimité aux demandes des autres, se dispense de tout effort en ce qui le concerne. Aucun partage, fondé sur de tels malentendus, ne serait à même de faire progresser le sentiment de justice. Avant de déterminer combien on peut donner aux uns et aux autres, il faut savoir pourquoi procéder à un une telle redistribution est juste et utile.

Principe de base : si l'on admet des inégalités, c'est qu'elles ont une raison d'être, sinon c'est l'égalitarisme pur et simple que l'on doit rechercher. Il ne s'agit pas ici de questions de méthode ou de « morale ». Simplement d'une évidence. On ne fonde pas un ordre social sur l'arbitraire pur. Il faut que la morale, la raison ou, faute de mieux, la nécessité, fassent accepter ce que la force n'impose plus. La nouvelle répartition ne peut donc s'ancrer que dans des principes connus de tous, reconnus par le plus grand nombre et qui s'appliquent dans les faits avec rigueur et clarté. Quelle peut donc être cette philosophie de base qui justifierait le partage de l'argent ?

Les sociétés ont vu régner dans le passé bien des principes de légitimation : droit divin, tradition, valeurs religieuses, nobiliaires, militaires, raciales, etc. Dans tous ces systèmes pré-capitalistes, les valeurs économiques ou, plus généralement, utilitaires sont secondaires. Malgré sa richesse, le marchand passait toujours après le seigneur et l'évêque. L'ordre social qui en découlait était à la fois contraignant et conservateur. Entre les rangs, les naissances, les statuts, les traditions, les particularismes, les privilèges, les interdits, les corporations, il laissait peu de place à l'initiative individuelle. N'intégrant aucun mécanisme évolutif, il se reproduisait au fil des générations avec les mêmes structures et, bien souvent, les mêmes familles. La naissance était déjà un destin. Cette construction sociale était cimentée par l'autorité de la tradition. Le seigneur était le seigneur, le paysan, le paysan, et les différences ou inégalités s'imposaient avec la nécessité des choses qui participent de l'ordre éternel du monde. Cette immuabilité rendait le partage social évident et incontestable. Seule une révolution pouvait le remettre en cause.

L'ouragan bourgeois a balayé toutes ces structures d'Ancien Régime. La modernité a suivi, chassant à jamais les valeurs traditionnelles. De ce point de vue, les sociétés capitalistes ou socialistes naissent dans un espace nu, un « terrain à bâtir ». Trois valeurs peuvent fonder le nouveau monde : la méritocratie individuelle, la solidarité sociale, l'utilité collective. On admettra que peut être juste ce qui traduit un effort personnel, contribue au bien commun ou va dans le sens de la justice. Principes faciles à faire plébisciter : c'est donc à partir d'eux qu'il faut tenter d'élaborer un système cohérent. On les retrouve d'ailleurs dans les différentes formes d'États modernes, du capitalisme libéral aux sociétés socialistes, chacun les organisant différemment. Ainsi est-ce en fonction de cette trilogie : mérite, utilité, justice, qu'un partage inégalitaire de l'argent a pu être légitimé. Car il est clair que tous les membres d'une collectivité n'ont pas le même mérite, le même droit à la solidarité ni ne contribuent également au bien commun.

Sur de telles bases, l'inégalité cette d'être arbitraire. Mais cela implique que l'on passe du quantitatif au qualitatif. Certes, on pourra toujours fixer des limites extrêmes tel Georges Marchais déclarant : « Au-delà de 40 000 F je prends tout. » Mais quels critères retenir pour déterminer les disparités, au-dessous de ce plafond ? Pour établir un statut de l'argent, il faut, d'abord, considérer la cause de l'enrichissement et pas seulement le niveau de la richesse.

Historiquement, le capitalisme libéral s'est mis en place le premier. C'est un système qui possède une grande cohérence, morale autant qu'économique. Il réduit le champ social au marché, et les motivations individuelles au désir de faire fortune. Son ossature, sa justification, c'est la libre compétition. Les pères fondateurs démontrèrent que cet égoïsme fondamental n'était pas incompatible avec l'intérêt général car le marché, disaient-ils, agit comme une main invisible dirigeant les initiatives individuelles dans le sens du bien commun.

Les agents économiques sont les individus, non les groupes : principe essentiel. Ce n'est pas sans raison que la bourgeoisie révolutionnaire a voté la fameuse loi Le Chapelier pour abolir les corporations. L'espace économique devait être entièrement ouvert aux entreprises personnelles. A chacun de jouer sa partie.

Pour peu contraignantes que soient apparemment ces règles, elles sont appliquées sans pitié. Chacun se lance comme il l'entend, à ses risques et périls. S'il réussit, il s'enrichira toujours plus. S'il perd, il sera éliminé. Inéluctablement. Car il n'existe ni infirmerie pour soigner les éclopés ni mécènes pour les renfouer. *Vae victis.* La sélection naturelle joue à plein. Seuls les plus forts survivent.

La puissance publique regarde la bataille sans intervenir. Gendarme du marché, elle sanctionne les joueurs irréguliers, mais n'endosse pas le rôle d'un saint-bernard au service de canards boiteux : si le libéralisme connaît les deux principes de la méritocratie et de l'utilité, il ignore celui de la solidarité.

Tel est le capitalisme libéral dans sa pureté originelle. Contrairement aux apparences, il s'appuie sur les fondements éthiques très solides. L'individu est soumis à une épreuve terrible, la même pour tous. Entre la tentation de l'enrichissement et la crainte de la faillite, il ne connaît jamais de repos. Les inégalités qui naissent dans ce monde sous tension marquent le mérite et la valeur de chacun. La richesse étant un gain, les riches sont des « gagnants ». Leur argent a été lavé de ses péchés au feu purificateur du marché : il est la récompense des meilleurs — des élus, disaient les ancêtres puritains.

Concrètement, cela signifie que les différences entre les hommes seront désormais faites par le « fric » et qu'elles deviendront rapidement immenses. Seule la caution d'une éthique les rendra tolérables. Mais si le capitalisme ne peut faire l'économie d'une morale, il se révélera incapable de respecter la morale de son économie. Cette éthique ne peut avoir quelque apparence d'honnêteté qu'à deux conditions : que le jeu reste ouvert et que les concurrents soient à égalité de chances.

Premier point, la partie ne s'arrête jamais. Les vainqueurs doivent laisser leurs gains sur le tapis vert et subir en permanence l'assaut de nouveaux concurrents. Pas question de transformer un avantage momentané en privilège définitif. Deuxième point, tous les compétiteurs doivent démarrer non pas avec des « chances égales », ce qui ne veut rien dire, mais dans des conditions objectives équivalentes. Car si les inégalités à l'arrivée résultent de celles qui existaient au départ, il n'est plus possible de prétendre que c'est bien le « meilleur » qui a gagné.

Une société respectant ces principes se caractériserait par une extrême mobilité des hommes. Dans une même génération tout d'abord, on verrait les uns grimper et les autres descendre, et plus encore d'une génération à l'autre, où les noms des champions seraient tout à fait différents. Le fils de P.-D.G. se retrouverait ouvrier, la fille d'employée avocate, le technocrate retournerait vivre près de son père à la ferme, le médecin verrait son petit-fils se caser comme simple agent de police... Manifestement, ce n'est pas ainsi que fonctionne notre société. La raison en est évidente.

Si l'affrontement reste à peu près loyal à la première génération, il devient malhonnête dès la seconde. Théoriquement, il faudrait « remettre le compteur à zéro ». Imagine-t-on cela ? Le fils du riche et le fils du pauvre à égalité sur la ligne de départ ! La seule éducation familiale suffit à fausser le jeu. Lorsque s'y ajoute la transmission de la fortune, tout le système se trouve dénaturé parce que les gagnants sont connus d'avance. Dès lors, le camp des vainqueurs, au lieu de se renouveler constamment comme chez les champions de sport, se transforme en classe héréditaire enrichissant sa fortune de privilèges. La bourgeoisie d'argent, de savoir ou de pouvoir tout en maintenant un discours libéral destiné à justifier les inégalités dont elle profite, forme une corporation des riches, devient une classe : notion étrangère à l'individualisme libéral.

On voit, alors, la société se dédoubler. D'un côté, la bourgeoisie dominante et héréditaire assure à ses enfants les meilleures places. De l'autre, les couches populaires ont vocation naturelle à jouer le rôle des perdants. Heureusement, le développement économique augmente peu à peu le nombre des « bonnes places ». D'une génération à l'autre, la reproduction des possédants en libère un petit contingent. Il sera réservé à la méritocratie populaire. Les plus doués, les plus méritants ou les plus chanceux des enfants d'ouvriers, de paysans ou d'employés pourront grimper par cet étroit sentier. Leur réussite servira d'alibi et prouvera que le système continue d'être ouvert et qu'il donne toujours sa chance à chacun : tout repose sur l'hypocrite confusion entre l'ascenseur qui élève les enfants de la bourgeoisie et l'escalier de service que doivent emprunter les fils du peuple. Pour ces derniers, les chances d'atteindre le sommet sont du même ordre que celles de décrocher le gros lot à la Loterie nationale.

Précisément, la loterie ne subsiste qu'en maintenant tous les parieurs sur un pied d'égalité. Si certains, toujours les mêmes, connaissaient à l'avance les numéros gagnants, ils joueraient à coup sûr et, ne cessant de remettre en jeu des gains croissants, finiraient par plumer tous les Français : la partie s'arrêterait et la loterie fermerait boutique. Tel serait le sort de l'économie libérale si l'argent n'était plus ce furet qui passe de main en main, mais le privilège exclusif d'une minorité fermée.

Marx, en posant les fameuses contradictions du capitalisme, constatait qu'on ne peut prolonger longtemps une partie, dès lors que ce sont toujours les mêmes qui gagnent. Des phénomènes cumulatifs — enrichissement des uns, appauvrissement des autres — vont créer des déséquilibres intolérables : crise, blocage, révolution. D'une façon ou autre, il faut que ça craque.

Le capitalisme a échappé à ce destin en laissant s'organiser une corporation des perdants qui s'oppose à celle des gagnants. Le nombre face à l'argent, le travail face au capital, les syndicats face au patronat : on établit un nouveau partage des gains tel que l'on passe de la loi du tout ou rien à celle du « beaucoup » et « un peu ». Ou bien le camp des gagnants se renouvelle sans arrêt, grâce à une véritable égalité des chances, ou bien il accepte de ne garder pour lui qu'une partie des gains. Comme l'expansion économique accroît sans cesse le gâteau à partager, il devient possible, tout à la fois, de conserver aux possédants le privilège de l'argent et d'accorder aux innombrables perdants des « primes de consolation » de plus en plus élevées.

On est donc passé du mouvement brownien de la première génération à un système stabilisé ; de la jungle ouverte à la société de classes. Mais les principes de base n'ont pas changé. C'est toujours la libre concurrence entre les individus qui est censée distribuer la richesse, tous les hommes étant réputés égaux face au slogan unificateur, « enrichissez-vous ». Libre entreprise, efforts individuels, réussite personnelle, compétition entre les hommes, responsabilité de chacun, concurrence égale pour tous : le discours libéral ne peut pas intégrer une corporation bourgeoise assurant à ses membres les meilleures places et ne laissant au peuple que quelques numéros gagnants. C'est pourtant bien ce que révèlent les faits.

Il est deux façons de devenir riche. La première, c'est de recevoir l'argent, la seconde de le gagner. L'argent reçu ne peut se prévaloir de la légitimité méritocratique. Joue-t-il un rôle important dans les inégalités monétaires en France ? Partons du verdict indiscutable d'André Babeau, secrétaire général du Centre de recherche économique sur l'épargne : « Un calcul grossier montre qu'au cours des années récentes, plus de 50 p. 100 du patrimoine détenu par les ménages venait d'un héritage[1]. » Voilà qui retire déjà bien des justifications aux inégalités de fortune.

L'héritier, lui-même, se trouve déjà appartenir à la « corporation des riches ». En effet, le pourcentage des Français ayant touché une succession est d'un bon tiers parmi les industriels, gros commerçants et professions libérales, d'un quart parmi les cadres supérieurs, pourcentage double de celui qu'on observe pour les cadres moyens, ouvriers et employés. Dans ces catégories aisées, l'héritage n'est pas seulement plus fréquent, il est aussi plus important. En 1975, il dépassait 100 000 F dans 40 p. 100 des cas pour les uns et dans 20 p. 100 des cas seulement pour les autres. Le riche est donc, le plus souvent, un héritier déjà titulaire de hauts revenus lorsqu'il a bénéficié d'une succession. Généralement importante. La reproduction fonctionne bien.

1. *La Richesse des Français*, A. Babeau et D. Strauss-Kahn, P.U.F., 1977.

Ce n'est pas tout. A l'héritage, il convient d'ajouter les donations entre vifs, autres sources d'inégalités au cours des trente dernières années. Bien des patrimoines se sont constitués à partir de l'immobilier. Processus classique : le jeune ménage s'endette pour acheter un logement. L'inflation allège sa dette tout en augmentant la plus-value immobilière de son patrimoine. Dix ou vingt ans plus tard, il est propriétaire de biens immobiliers importants, qu'il revend généralement pour s'en acheter de plus coûteux grâce à un nouvel endettement. Bien des cadres sans fortune ont dû se priver et épargner pendant dix ou quinze ans pour réunir cette mise de fonds : le « ticket » à payer au jeu de l'endettement. Pour le « fils de famille », ce ticket sera bien souvent gratuit. On gagne alors une ou deux décennies dans l'accession à la propriété et l'on peut viser, d'emblée, un objectif plus ambitieux.

Parmi les « accédants à la propriété » on trouve, de fait, 20 p. 100 d'héritiers et 22 p. 100 de donataires. Près de la moitié de ceux qui ont pu acquérir un patrimoine immobilier au cours des dernières années, ont bénéficié, au départ, d'une aide familiale. Or, le logement entre pour 42 p. 100 dans le patrimoine des ménages en France. Conclusion d'André Babeau : « La transmission héréditaire (et, tout particulièrement, la donation) constituerait un moyen privilégié pour obtenir l'apport personnel requis par toute opération d'endettement[1]. » Musset faisait déjà dire à Fantasio : « Si je n'avais pas d'argent, je n'aurais pas de dettes. » Ainsi l'argent reçu joue-t-il un rôle primordial dans les inégalités de patrimoine. Impossible d'évoquer la méritocratie à ce propos.

Il en est de même pour les inégalités de revenus. Deux voies s'offrent ici à l'enrichissement : la méritocratie concurrentielle et la méritocratie institutionnelle. La première, celle de l'entrepreneur qui crée sa propre affaire, est la plus honnête. Peu importent ses diplômes, ses mérites mesurés et consacrés, c'est le marché qui décidera de sa valeur. L'autodidacte peut faire fortune et le polytechnicien se ruiner. Toutefois, il en va de l'entreprise comme du logement : une mise de fonds est presque toujours

1. *La Richesse des Français, op. cit.*

indispensable pour démarrer avec une bonne garantie de succès et l'aide familiale est fondamentale. En cas d'échec, la famille pourra « passer l'éponge », alors que des créanciers ordinaires obligeraient à rembourser sur de longues années. Il est bon d'être « fils de riche » si l'on veut s'enrichir en tant qu'entrepreneur, dans le marché libéral.

L'autre « filière méritocratique » est celle, normalisée, institutionnalisée, de l'éducation. C'est sur elle, en fait, que s'appuie tout l'édifice. Nul ne peut justifier l'héritage par le mérite : en conséquence, un système social reposant entièrement sur cette institution ne pourrait plus invoquer une légitimité méritocratique. Ce paravent, permettant de justifier les privilèges des riches au nom du mérite, ce sera donc le diplôme.

Dans leur immense majorité, ceux qui ont les plus gros revenus sont titulaires de diplômes prestigieux : sortis vainqueurs d'une compétition absolument « régulière ». On ne naît pas polytechnicien ou énarque, on n'hérite pas de l'agrégation de son père. C'est donc de la sélection par l'éducation que la société capitaliste va faire dépendre sa légitimité. Rejetant l'héritage dans l'ombre discrète des fortunes, elle met en avant son recrutement des élites à travers le filtre, neutre et impitoyable, de l'Éducation nationale. Il n'est que de regarder l'ardeur au travail, l'âpreté de la compétition dans les classes préparatoires aux grandes écoles pour se persuader que cette méritocratie n'est pas un vain mot.

Le rôle fondamental de l'enseignement dans notre société a été longuement analysé par Pierre Bourdieu et Jean-Claude Passeron : « Ainsi, le système scolaire, avec les idéologies et les effets qu'engendre son autonomie relative, est à la société bourgeoise en sa phase actuelle ce que d'autres formes de la légitimation de l'ordre social et de la transmission héréditaire des privilèges ont été à des formations sociales qui différaient tant par la forme spécifique des rapports et des antagonismes entre les classes que par la nature du privilège transmis : ne contribue-t-il pas à convaincre chaque sujet social de rester à la place qui lui incombe *par nature*, de s'y tenir et d'y tenir[1]... »

1. *La Reproduction, éléments pour une théorie du système d'enseignement*, P. Bourdieu et J.-C. Passeron, Éditions de Minuit, 1962.

Cette alliance d'un système méritocratique inattaquable avec la transmission héréditaire des places convoitées, c'est l'admirable combinaison des contraires qui permet à une société injuste de tenir sur elle-même un discours de justice. Car le système éducatif est au-dessus de tout soupçon. Il juge les candidats en toute impartialité et indépendance, sans subir les pressions des groupes dominants. Il permet, en outre, par l'extension de l'enseignement gratuit et obligatoire, le développement des bourses et autres facilités d'accès aux études supérieures — cités et restaurants universitaires — à tous les enfants de France, quelle que soit leur origine, de pousser aussi loin que possible leurs études : les exemples individuels de fils d'ouvriers devenus agrégés, médecins ou énarques ne manquent pas. Mais, au-delà de ces apparences irréprochables, de curieuses anomalies dans les palmarès dénoncent le vice caché de la compétition.

A moins de croire à une supériorité génétique de la bourgeoisie sur le peuple, force est d'admettre que les candidats aux différents niveaux et les gagnants au sommet devraient se recruter également dans toutes les couches de la société. Ce qui aurait pour résultat de provoquer un brassage constant des hommes, rendant impossible toute structuration en classes. Or on constate l'inverse et, cela, en dépit de la fameuse « démocratisation de l'enseignement » qui s'est produite au cours des dernières années — notamment, depuis l'époque où Bourdieu et Passeron faisaient leurs analyses.

Une impitoyable sélection, en fonction de l'origine sociale, commence dès le début de la scolarité. En 1979-1980, un enfant d'O.S. a dix fois plus de chances qu'un enfant de médecin de redoubler son cours préparatoire. Dès l'entrée en sixième, les écoliers dont les parents sont cadres supérieurs entrent à 98,6 p. 100 dans des classes normales. Pour ceux dont les parents sont ouvriers, le pourcentage tombe déjà à 74,8 p. 100 (chiffres de 1972). Et cela continue tout au long des études secondaires. Pour 100 enfants d'ouvriers entrant en sixième, on n'en retrouvera que 20 en première ou terminale. Dans la catégorie reine des cadres supérieurs et professions libérales, le pourcentage atteint 73 p. 100.

Nouvelles ségrégation dans l'enseignement supérieur. La haute bourgeoisie, qui ne compte que pour 8 p. 100 de la population en France, accapare le tiers des effectifs étudiants. Le monde ouvrier, c'est-à-dire plus du tiers des Français, occupe seulement 12,4 p. 100 des places dans la population estudiantine. Nous ne sommes encore qu'au bas de la gigantesque colonne de distillation fractionnée qu'est le système universitaire. Plus on s'élève et plus l'héritage culturel devient prépondérant.

Venons-en aux diplômes prestigieux qui sont une garantie absolue de carrière, de revenus, de statut, de considération, de pouvoir. Un exemple : sortir de l'E.N.A. dans les premiers rangs donne accès à l'Inspection des Finances, où le pourcentage d'élus issus des « catégories favorisées » atteint les deux tiers. Pour décrocher ce gros lot, il faut être né dans la bourgeoisie ou bien être un surdoué animé par une volonté de fer.

La leçon des faits est sans appel : il existe bien une dévolution héréditaire des diplômes qui a simplement le mérite de n'être pas automatique, mais probabiliste. Avec un père n'ayant fait aucune étude, vos chances au départ de décrocher un parchemin universitaire ne sont que de 2,4 p. 100 et vos « malchances » de vous retrouver sans rien s'élèvent à 42 p. 100. Avec un père diplômé, au contraire, vous jouez gagnant à 40,5 p. 100 et perdant à 13,4 p. 100 seulement. Chiffres qui prennent toute leur signification à une époque où le chômage frappe deux fois et demie plus fort dans la catégorie des sans-diplômes que dans celle des diplômés de l'enseignement supérieur. Le déterminisme social ne prédispose pas seulement au mauvais travail mais, également, au chômage.

A supposer qu'un enfant d'ouvrier, grâce à ses mérites exceptionnels, parvienne à décrocher un bon diplôme, il sera encore handicapé par rapport à son condisciple issu de la bourgeoisie. Car il disposera de peu d'appuis pour l'aider dans la chasse aux bonnes places. Accédant à la bourgeoisie, il pénètre dans un monde inconnu où nul ne lui tendra la main. Le fils d'ingénieur ou de médecin, outre qu'il maîtrise les « codes » de la « bonne société », pourra, lui, compter sur des relations familiales pour s'introduire dans les meilleures entreprises ou les meilleures filières. A diplôme égal, l'origine sociale intervient donc dans la réussite tout court. Et sans doute cette tendance s'accentuera-t-elle désormais.

Si l'on peut estimer que le nombre des diplômés issus des milieux populaires ira croissant, le nombre des places offertes risque, en revanche, de se restreindre considérablement. En effet, la période 1960-1980 a correspondu à un gonflement impressionnant de l'encadrement au sens le plus large. Ce fut vrai des entreprises privées qui, fortes de leur expansion, étoffaient leurs services centraux. Ce le fut plus encore du secteur public. La moitié des emplois de cadres créés dans les années 60 étaient des postes d'enseignants. Or, la crise conduit les entreprises à « dégraisser » leur encadrement, tandis que la conjoncture démographique a tari le recrutement dans l'Éducation nationale. C'est dire que, dans l'avenir, la possession d'un diplôme — à moins qu'il ne s'agisse de l'un des jokers : E.N.A., Polytechnique, H.E.C., etc. — ne suffira plus à assurer une situation à son détenteur. Sur le marché encombré des diplômés, beaucoup sont déjà contraints de se vendre au rabais.

Dans la foire d'empoigne qui attend les bons élèves au sortir de l'université, l'avantage sociologique va être déterminant. Avec un diplôme « bon » mais non « exceptionnel », on ne se fera plus ouvrir les meilleures portes. Il faudra avoir un parent, un ami, une relation dans la place qui fasse sauter le verrou. Raymond Boudon [1] avait déjà constaté que le fils d'ouvrier avait plus de chances que son père d'accéder à l'université, mais pas plus que lui de rejoindre une catégorie sociale supérieure. Cette tendance, selon toute probabilité, va se renforcer elle aussi.

De ce fait, on ne retrouve pas dans notre société la mobilité — marque d'une véritable méritocratie —, mais la stabilité — preuve de la dévolution héréditaire. Si vous naissez dans le monde envié des « cadres supérieurs et professions libérales, industriels et gros commerçants », vous avez 42,5 p. 100 de chances de vous y retrouver à l'âge adulte. Si vous n'êtes pas capable de suivre ce *cursus honorum*, vous échouerez parmi les cadres moyens dans 25 p. 100 des cas. Seuls les cancres des can-

1. *L'Inégalité des chances*, Raymond Boudon, Armand Colin, 1973.

cres finiront employés. C'est tout le contraire pour l'enfant d'ouvrier. On peut prophétiser devant son berceau qu'il a a 64 chances sur 100 de finir en usine comme son père et 4 sur 100 derrière un bureau directorial.

Pour reprendre le diagnostic de Yoland Bresson : « On peut parler, à juste titre, d'une hérédité des professions... Les cadres supérieurs et professions libérales apparaissent comme des catégories socioprofessionnelles fermées [...] L'ascension sociale, comme la rétrogradation, se fait étape par étape sans qu'aucun bond spectaculaire apparaisse. Il faut donc, toutes choses égales par ailleurs, plusieurs générations pour que l'ouvrier devienne cadre supérieur et réciproquement [...][1] »

Telles sont, en dernière analyse, les limites d'un système qui, pourtant, paraît être le plus authentiquement méritocratique de notre société. Ainsi l'ouverture de l'enseignement à tous ne serait-elle que le suprême alibi, comme l'affirment Bourdieu et Passeron : « Instrument privilégié de la sociodicée bourgeoise qui confère aux privilégiés le privilège suprême de ne pas apparaître comme des privilégiés, elle (l'École) parvient d'autant plus facilement à convaincre les déshérités qu'ils doivent leur destin scolaire et social à leur défaut de dons ou de mérite, qu'en matière de culture, la dépossession absolue exclut la conscience de la dépossession[2]. »

En dépit de ses bonnes intentions, l'enseignement également offert à tous maquille la dévolution héréditaire des situations, qui ne serait plus acceptée dans un système de répartition méritocratique.

Il ne s'agit pas là d'une particularité française. Raymond Boudon montre que l'on observe le même phénomène dans toutes les sociétés industrielles libérales et n'hésite pas à porter un pronostic pessimiste pour l'avenir. D'une part, estime-t-il, ces inégalités « ne semblent pas affectées de façon sensible par le développement des sociétés industrielles », d'autre part, elles se révèlent « les plus réfractaires au changement ». De fait, on voit mal comment pourrait être éliminé l'avantage socioculturel dont

1. *Le Capital-temps, pouvoir, répartition et inégalités,* Yoland Bresson, Calmann-Lévy, 1977.
2. *La Reproduction, op. cit.*

bénéficient les enfants de la bourgeoisie. Quels parents ne souhaitent-ils pas donner les meilleures chances à leurs enfants ? Et comment pourrait-on égaliser les héritages culturels sans faire éclater le cadre familial ? Remède pire que le mal.

Certains optimistes misent sur les nouvelles techniques, télématique, ordinateurs individuels, etc., pour permettre un accès plus équitable au savoir. Il n'est pas interdit d'espérer y parvenir, quoiqu'il serait imprudent de le tenir pour assuré. Mieux vaut considérer, pour le temps présent, que si les inégalités produites par l'héritage matériel peuvent être corrigées — c'est affaire de technique fiscale —, celles qui proviennent de l'héritage culturel ne pourront se réduire que très, très lentement. Concrètement, cela signifie que la méritocratie universitaire ne peut se voir reconnaître qu'une valeur relative.

Ces perversions des sociétés occidentales ressemblent étrangement à celles du communisme soviétique. Les inégalités existant entre les travailleurs et les responsables du Parti ont pu choquer les lecteurs de *la Nomenklatura*, mais ce n'est pas leur ampleur qui constitue la véritable contradiction avec les principes mêmes d'une société « socialiste ».

En tête de ceux-ci : la démocratie populaire. C'est le peuple qui détient la souveraineté et les gouvernants ne l'exercent que par délégation. Ce système n'a rien de confortable. Appliqué honnêtement, il fait vivre les dirigeants dans un état d'insécurité permanent. La chance peut tourner sur le « marché politique » tout autant que sur le « marché économique ». Les giscardiens l'ont appris à leurs dépens. Quant aux socialistes, ils goûtent déjà la glorieuse incertitude du sport électoral. La démocratie implique que les dirigeants remettent périodiquement leur pouvoir en jeu. Il ne peut s'y constituer aucune situation acquise. Le responsable politique vit dans la crainte des échéances électorales, tout comme le patron dans la hantise des échéances financières.

L'insécurité n'est pas mieux supportée par le dirigeant communiste que par le riche libéral. L'élite politique va donc se transformer en une corporation fermée, échappant au verdict électoral, une bourgeoisie politique et non économique. Nouvelle perversion : rien, dans le discours communiste, ne justifie l'instauration d'une élite fermée, sinon héréditaire. La réalité, ici comme là, s'installe à contre-théorie.

Dans les deux cas, la fermeture du système doit être soigneusement occultée. Tous les mécanismes par lesquels les puissants consolident leurs positions et se mettent à l'abri de la concurrence se dissimulent derrière les procédures méritocratiques. C'est le monde des concours, de la libre entreprise d'un côté, des cérémonies électorales et des votes au sein des instances du Parti, de l'autre. Le principe est toujours le même : donner l'illusion que l'élite, politique ou économique, naît de la base, par la sélection des meilleurs, alors qu'elle est choisie au sommet par le contrôle des nantis.

L'évolution parallèle des bourgeoisies capitalistes et communistes montre simplement que, dans une société moderne, l'élite est condamnée à l'hypocrisie pour concrétiser son idéal de stabilité et de reproduction. Les Français ne sont pas dupes de cette mystification. Sensibles à la réalité plus qu'aux discours, ils ne croient pas que la compétition individuelle mesure la valeur des hommes et encore moins qu'elle aille dans le sens de l'intérêt général. Leur cadre de référence, c'est le jeu à somme nulle et non le jeu à gains croissants. L'idée que la réussite de certains puisse entraîner la prospérité de tous et que l'enrichissement individuel soit créateur de richesse leur reste étrangère.

Au cours des dernières années, le thème « Les Français et l'argent » est devenu presque aussi fréquemment l'objet de sondages que « Les Français et le sexe ». A travers d'innombrables réponses, on voit s'esquisser une attitude assez constante que l'on pourrait résumer ainsi : « Les inégalités, oui, mais pas trop. »

Concernant la fortune, ils plébiscitent l'impôt sur le capital à condition que l'on fixe un plafond élevé. A 3 millions de francs, ils sont pratiquement unanimes. Peu leur importe, de toute évidence, la cause de l'enrichissement. Par contre, ils n'aiment pas que l'on touche aux gains non économiques. Lorsque la Sofres pour *les Informations*, pose cette question circonstanciée : « En matière d'héritage certains pensent qu'il faudrait modifier le régime actuel des droits de succession pour mieux corriger les inégalités. A ce propos, seriez-vous favorables ou opposés à ce que, comme cela existe déjà pour l'impôt sur le revenu, il y ait une plus forte progression des taux d'imposition en fonction du montant de l'héritage ? » (ouf !), les « sondés » ne sont que 50 p. 100 à répondre « oui ». Dieu sait que les auteurs de la question ont tout fait pour leur arracher leur accord. Mais les Français n'aiment pas qu'on écorne l'héritage. Ils font la même réponse si l'on propose d'imposer plus fortement les successions lorsque l'héritier est lui-même fortuné. Et l'on sait qu'ils se déclarèrent franchement hostiles à l'imposition des plus-values immobilières. L'enrichissement sans travail, ça se respecte.

En revanche, l'argent gagné n'a pas bonne presse. Il fait de vous un « parvenu », un « nouveau riche ». Rien de bien honorable, rien de comparable à la considération qui entoure le « fils de bonne famille ».

Cette suspicion éclate dans un sondage *Elle*-Sofres de 1974 (les mentalités n'ont sans doute guère évolué depuis) : « Si on parle devant vous d'une personne qui est partie avec trois fois rien en poche il y a trente ans et qui est aujourd'hui devenue très riche, est-ce que vous vous dites plutôt : " Elle a dû beaucoup travailler " ou : " Elle a dû ne pas toujours être très honnête " ? demandait-on. Sur l'ensemble de la population, la première opinion est tout juste majoritaire : 40 p. 100 contre 37 p. 100. Au contraire, dans l'électorat communiste, c'est l'inverse : 36 p. 100 admettent le travail, 46 p. 100 mettent en doute l'honnêteté et la proportion est à peine différente dans l'électorat socialiste : 35 p. 100 d'un côté, 43 p. 100 de l'autre.

Autrement dit, la majorité actuelle ne croit pas à la légitimité de l'enrichissement ni, d'une façon générale, à la méritocratie économique. Cette opinion — qui paralyse tout progrès économique en économie de marché — peut paraître archaïque, précapitaliste, voire pré-industrielle. Un tel jugement serait injuste. Les Français, notamment les moins riches d'entre eux, tirent très logiquement les leçons de la société dans laquelle ils vivent. Ils la prennent pour ce qu'elle est, indépendamment des discours que l'on tient sur elle.

Puisque, en France, les riches forment une corporation fermée et que la méritocratie populaire permet de grimper dans l'échelle sociale mais non pas de faire fortune, la réussite personnelle devient suspecte. La logique du capitalisme libéral est inversée : la réussite personnelle, de justifiante au départ, doit maintenant être justifiée. Pour l'héritier, au moins, tout est clair. Il n'a eu qu'à tendre les mains pour recevoir sa fortune, certainement pas à se les salir. C'est donc l'argent reçu et non plus l'argent gagné qui devient légitime.

Ajoutons encore qu'aux yeux de la France moyenne, l'héritage est d'application générale alors que la réussite individuelle semble tout à fait marginale. Pour le cadre, le contremaître, l'exploitant agricole ou le professeur, l'ascension sociale se fait par l'escalier, au fil des générations. Chacun se console de son médiocre sort en pensant que ses enfants pourront se retrouver une marche, rien qu'une, au-dessus de soi. Toucher à l'héritage serait ruiner cet espoir. En revanche, on pourrait bien interdire par décret tout enrichissement excessif en l'espace d'une vie, que cela ne provoquerait pas le moindre émoi. La probabilité d'amasser une vraie fortune tient du rêve et le tiercé et le Loto suffisent à faire rêver les Français.

Nous voilà aux antipodes du libéralisme intégriste. Les justifications morales d'une telle attitude sont assez oiseuses. On parle avec beaucoup d'émotion de « ces parents qui se sont battus toute leur vie pour laisser quelque chose à leurs enfants », mais plus rarement de ceux qui se sont battus toute leur vie sans rien pouvoir leur laisser. Bref, l'insuffisance des principes appelle tout naturellement la limitation de leur application. « Maintenons le système et les conséquences de l'héritage, mais tapons sur les gros, ceux qui deviennent trop riches ». Au-dessus de revenus de 40 000 F par mois, ou d'une fortune de 3 millions, la légitimité incertaine du système s'effondre : ceux-là sont « trop » plus riches que les autres.

Cette incertitude des principes, cependant, s'observe tout le long de l'échelle sociale. Les Français ne croient pas plus au concours méritocratique pour la répartition des petits avantages que pour celle de la grande fortune. Tous les jours, ils constatent que c'est l'appartenance sociale et non la valeur personnelle qui joue le rôle déterminant. Pour qui ne peut accéder à la grande corporation des riches, il ne reste qu'à s'insérer dans l'une des innombrables corporations de la France moyenne. C'est le domaine des « petites » inégalités.

Les choses deviennent alors si peu claires, pour les Français, qu'ils préfèrent ne plus en parler du tout. Ne plus les voir. Le tabou masque l'absence de principes. Ainsi les petites inégalités sont-elles purement et simplement censurées. Comme tout tabou social, celui-ci ne vaut que dans les discours public. En privé, les citadins se déchaînent contre les agriculteurs, les cadres dénoncent la sécurité d'emploi des fonctionnaires, les professeurs commentent fielleusement les gains des commerçants et chacun pense : « Pourquoi cet autre, qui devrait être à mon niveau, se trouve-t-il sensiblement au-dessus ? »

Car la petite inégalité n'est pas moins perçue que la grande. Bien au contraire. Il est difficile à l'ouvrier de comparer sa situation à celle du directeur. En revanche, chacun situe précisément les gens qui ont une qualification voisine de la sienne. D'employé à employé, d'ouvrier à ouvrier, de cadre à cadre, on se jauge. D'autant que la règle à appliquer ne fait de doute pour personne : c'est l'égalité. A travail égal, condition — et pas seulement salaire — égale. C'est net.

Or, le classement par catégories socioprofessionnelles sert à voiler les disparités. Il y aurait en France l'ouvrier, l'employé, le cadre, modèles standards tirés à des milliers d'exemplaires. Ceci est faux. Au seul niveau des salaires, les différences de 1 à 2 sont courantes, à emploi et qualification comparables. Le plus rayé étant aussi le plus avantagé, les écarts de condition passent rapidement du simple au triple. Si ces inégalités ne sont pas les plus scandaleuses sur le plan quantitatif, elles sont certainement les plus difficiles à justifier sur le plan qualitaitf. Quelle est l'aune du mérite permettant de payer la dactylo débutante d'une grande banque deux fois plus que celle d'une entreprise textile ?

La revendication égalitaire qui peut, tant bien que mal, se passer d'une assise philosophique lorsqu'elle ne distingue qu'entre « gros » et « petits », se perd dans les marécages de la mesquinerie et de la chicane en abordant la France moyenne. D'autant qu'à ce stade, la réduction des gains et des patrimoines donne une très grande importance aux facteurs monétaires. Ici l'inégalité s'apparente à la « différence », jamais au privilège et sa réduction est ressentie comme une injustice par ceux qui en font les frais. Plus on se bat pour le progrès social et plus on défend ses particularismes. La redistribution devient insupportable : tout le monde exigeant le « plus » et personne n'admettant le « moins ». C'est la crise de l'égalité, remarquablement analysée par Pierre Rosanvallon.

« S'il y a un doute essentiel qui traverse l'État providence, constate-t-il, c'est bien celui-ci : l'égalité est-elle une valeur qui a encore un avenir ? » Cette interrogation, il la situe précisément au niveau de la France moyenne : « Il devient de plus en plus perceptible pour tous que la redistribution ne joue pas seulement aux extrêmes (les plus riches et les plus pauvres) mais qu'elle a une portée beaucoup plus large, plus diffuse, qu'elle concerne l'ensemble du corps social : il y a réduction des " grandes " et des " petites " inégalités. C'est à ce niveau que s'opèrent certains blocages et que naît un certain sentiment d'injustice. Chacun est, en effet, amené à se comparer à ses proches, à son " groupe de référence ", disent les sociologues, et non plus seulement à ceux qui sont loin au-dessus ou au-dessous de lui. C'est dans ce contexte que le paradoxe égalitaire produit ses effets les plus forts et que la passion de l'égalité se mêle le plus inextricablement au désir de différence. C'est dans ces zones intermédiaires que s'éprouve le plus profondément la tension inhérente aux sociétés démocratiques. La réduction mécanique des " petites " inégalités de revenu est d'autant moins bien acceptée qu'elle s'inscrit dans un contexte social où elles sont recoupées par de nombreux autres facteurs producteurs de différences perçues comme légitimes ou illégitimes[1]... »

Eh oui ! opérant dans les « classes » intermédiaires, on ne peut plus recourir à un réajustement quantitatif. La notion d'excès n'y a pas cours. Il faudrait se donner une autre grille de référence qui situe clairement le juste et l'injuste. En l'absence de ces règles, unanimement connues sinon admises, « il n'y a pas concordance entre les critères de l'État et ceux de l'individu

1. *La Crise de l'État providence, op. cit.*

pour définir un même critère de juste prélèvement[1] ». Tout sacrifice suscite la même réaction indignée : « Ce n'est pas loyal ! Regardez les autres ils sont bien plus favorisés que nous et on ne leur demande rien. »

Ainsi, la méritocraite libérale ne fournit-elle aucun moyen sérieux de réduire les inégalités. On ne peut, à la fois, bafouer des principes et s'appuyer sur eux. Or, la politique sociale a peu de chance de trouver à gauche les bases morales qui lui font défaut à droite. Le socialisme, tout comme le libéralisme, se trouve en porte-à-faux.

La pensée socialiste est beaucoup plus claire dans sa critique de l'inégalité capitaliste que dans sa justification d'une inégalité socialiste. Les pères fondateurs du socialisme, de Babeuf à Fourier, étaient profondément égalitaristes. L'inégalité, supposant la propriété, était moralement condamnable. Si Marx et les siens rejttent l'égalitarisme, ils n'en font pas moins de l'égalité une des caractéristiques de leur utopie. Ils portent sur l'inégalité capitaliste une condamnation de principe et non de mesure. Elle est intolérable en raison du processus même qui l'engendre : le prélèvement par le capitaliste de la plus-value du travail. En revanche, ils admettent une inégalité « socialiste » dans la phase d'édification du communisme. C'est au terme de cette longue genèse que l'on basculera dans un monde nouveau où « avec la suppression des différentes classes s'évanouit d'elle-même toute inégalité sociale et politique résultant de ces différentes », selon Karl Marx.

En attendant, les communistes se méfient d'une réduction des inégalités entre salariés, suspectée de n'être qu'un moyen de faire oublier l'inégalité fondamentale entre travailleurs et patronat. Quant aux socialistes, non marxistes, leur sensibilité égalitaire englobe l'argent sous toutes ses formes dans une même répulsion « antifric ». S'il leur faut choisir, tout de même, entre les différents moyens d'enrichissement, ils préféreront généralement le mode improductif au mode productif.

L'idéologie socialiste s'est forgée à partir du processus de la

1. *Ibid.*

production industrielle. Patron, propriétaire de l'usine d'un côté, ouvriers misérables de l'autre, c'est le schéma le plus largement répandu à l'époque et que l'on retrouve dans la plupart des textes de base. C'est également le modèle des penseurs libéraux. Les notions de services, d'entreprises non capitalistes, sont apparues beaucoup plus tard. C'est donc sur le patron industriel et son profit que sera jeté l'anathème. De fait, au XIXe siècle, la finance et l'industrie étaient les deux voies presque exclusives de l'enrichissement. Il est significatif que, dans la littérature doctrinale, les « outils de production » reviennent comme un leitmotiv alors que les « outils de distribution » ne sont guère mentionnés.

Toute cette tradition inspire encore la pensée de gauche et la mentalité française. Les nationalisations portent sur des sociétés industrielles et des banques, mais non sur des services aussi essentiels que les pompes funèbres, le notariat, la distribution de l'eau, ou sur des entreprises de commerce dont l'utilité publique et la concentration sont évidentes. Quant à l'image publique du « patron », elle reste détestable malgré tous les efforts du C.N.P.F. pour imposer les notions d' « entrepreneur », d' « industriel », d' « employeur » ou de « dirigeant d'entreprise ». Espérons que la venue, à sa tête, d'Yvon Gattaz, authentique créateur d'entreprise, fera évoluer les choses : actuellement, le responsable industriel — capitaliste ou non — est suspect et son argent devient vite un « profit » illégitime.

Par contre, tous les agriculteurs, médecins, commerçants, notables, experts-comptables, officiers ministériels et vedettes peuvent faire fortune sans risquer une telle suspicion. On pardonne le parasitisme, les privilèges, les planques, les combines — tout, sauf la production industrielle. Qui a gagné son argent dans l'industrie a sucé le sang de la classe ouvrière, il n'y a pas à sortir de là. Arrivant au pouvoir, députés et ministres socialistes — le Premier en tête — manifestèrent cette prévention antipatronale. Bien rapidement, ils prirent une plus juste mesure de la réalité et se lancèrent dans une grande manœuvre de séduction vis-à-vis des chefs d'entreprise.

La première réaction, si elle n'est pas forcément la bonne, est souvent la plus révélatrice. C'est envers le patronat industriel que la famille socialiste, et à plus forte raison communiste, est le plus méfiante. Une longue tradition fait de l'entreprise le lieu même de l'exploitation, alors qu'ailleurs des formes plus diffuses, mais tout aussi efficaces, en sont généralement moins perçues ou moins fortement ressenties.

Dans la conscience populaire, le patron est l'incarnation même du riche : celui qui s'enrichit du travail des autres. Fait significatif, c'est la fonction, plus encore que la propriété, qui finit par communiquer cette tare. Les syndicats se servent pratiquement du même langage pour parler de l'entrepreneur capitaliste classique et de la direction d'une société nationalisée. Outre la culpabilité entachant le mécanisme de la plus-value sur le travail, le patron a le tort d'être le riche par excellence, le plus voyant. Le « gros ». Sans doute existe-t-il des « gros » dans de nombreuses corporations, mais ils appartiennent à des catégories plus disparates. Agriculteurs, commerçants ne sont pas tous fortunés, en sorte que les plus aisés peuvent se fondre dans la foule de ceux qui le sont moins. Le patron est postulé riche même s'il ne l'est pas.

Les champions de la privilégiature, eux, petits groupes aussi pourvus d'argent que de statut, sont discrets. Mais le propriétaire d'entreprise ne cesse de se rappeler au souvenir de ses concitoyens. Le patron, on l'a toujours sur le dos en personne au travail, en image sur le petit écran. C'est un partenaire social obligé. Omniprésent, Souvenons-nous de l'enquête du C.E.R.C. sur l'opinion des Français : le patron, à leurs yeux, devrait gagner moins que le médecin. Probablement parce que son argent est moins « pur ».

Cette attitude ne serait pas gênante si la société française décidait de supprimer purement et simplement la fonction patronale pour s'installer dans une économie entièrement planifiée et bureaucratisée.

Or, tout indique qu'en dépit de la faveur certaine dont jouissent les nationalisations — sanction ou protection contre les « gros » —, les Français souhaitent que l'entreprise privée conserve une place très importante dans l'économie. Dès lors, il devient indispensable de réconcilier le capitalisme et la morale. On ne peut, en même temps, miser sur un mécanisme de production et le condamner appuyer sur le frein et l'accélérateur.

Du point de vue de l'utilité sociale, il n'est pas aujourd'hui de fonction plus importante que la création d'entreprises. La France possède ingénieurs, techniciens, managers et, même, capitaux. Seuls les entrepreneurs font défaut. Preuve que la carrière n'est pas si tentante qu'il y paraît. Il faut un réel courage pour hasarder son avenir et son patrimoine dans la construction d'usines. Entre l'épidémie de faillites et les sombres prévisions économiques, les candidats patrons se font rares. Non pas, je le précise, les candidats aux postes de P.-D.G. — ceux-là sont légion — mais les vrais aventuriers du capitalisme, prêts à mettre en jeu leur petit sac de billes pour faire naître une entreprise.

Il existe dans nos laboratoires publics ou privés de nombreux ingénieurs et chercheurs qui maîtrisent les techniques de pointe ; combien osent, à l'image de leurs confrères américains, abandonner le confort d'une carrière salariale pour aller créer leur propre société ? J'en connais peu, quelques-uns cependant, et je ne retrouve pas dans leur histoire l'image grotesque du « patron » qui hante encore la mentalité française, notamment dans le monde bien protégé du salariat d'État. J'en prendrai un exemple, celui d'un ancien fonctionnaire, justement.

Lorsqu'il commence sa carrière avec son diplôme de Sup Elec', un doctorat aux États-Unis et une thèse d'État en France, Georges Bret a déjà travaillé comme chercheur à la C.S.F. et à l'université de Harvard, il se voit offrir trois emplois : l'université et ses modestes traitements, l'administration un peu plus généreuse et, enfin, une entreprise privée dans laquelle les rémunérations seraient beaucoup plus élevées. Il choisit la première proposition et entre dans la recherche universitaire. En 1971, alors qu'il est maître de conférences à l'université de Paris VII, il fait le grand saut. Renonçant à son salaire garanti de 40 000 F par an, il fonde Quantel, entreprise spécialisée dans les lasers de puissance.

Capital de départ : 220 000 F dont 40 000 F d'apport personnel, 60 000 F provenant d'amis, 120 000 prêtés par les banques. Il s'installe dans un petit local de la banlieue sud, à Vigneux, et construit quasiment seul son premier laser ; le prix de la vente permettra d'embaucher le premier collaborateur ainsi qu'une secrétaire à mi-temps. La rupture avec le milieu universitaire est totale. Ne préfère-t-il pas la « recherche du profit » à la recherche de la connaissance, ne va-t-il pas « faire de l'argent » avec le savoir acquis dans les laboratoires publics ? En un premier temps, il ne recevra donc aucune aide de ses anciens collègues.

Pourtant à la fin de 1971, Quantel a réalisé 1,2 million de chiffre d'affaires. D'emblée, Bret a compris que l'industrie des lasers ne peut être que mondiale puisque l'Europe ne représente que 25 p. 100 des ventes contre 50 p. 100 aux États-Unis. Il vise donc l'exportation en choisissant soigneusement ses créneaux : les lasers solides utilisés pour les recherches sur la fusion thermonucléaire et les lasers à colorants, outils indispensables de la nouvelle chimie. En cinq années, Quantel devient le fournisseur de clients aussi prestigieux que la N.A.S.A., I.B.M., Bell Telephone, etc. Pour le premier matériel, le « petit Français » a conquis près de la moitié du marché mondial et pour les lasers à colorants le quart.

Dans son développement, l'entreprise arrive à l'épreuve de vérité : l'aventure américaine. Impossible de rester enfermé dans l'Hexagone alors que tout se passe en Californie. En 1976, Georges Bret prend le risque de créer une filiale dans la fameuse Silicone Valley, en plein cœur de l'électronique américaine. Un pari qui fait reculer les plus grosses sociétés françaises. Avec les plus grandes difficultés, la petite sœur d'Amérique parvient à équilibrer ses comptes. Grâce à elle, la société a conquis sa dimension internationale.

Quantel a réalisé 52 millions de chiffre d'affaires en 1981, soit une progression constante de 40 % par an. La société emploie 125 personnes, tant en France qu'aux États-Unis, dispose de 10 millions de fonds prores et investit 1,2 million de francs par an. Les rémunérations vont de 4 000 F par mois pour le coursier à 27 500 F pour les ingénieurs les plus payés. En 1981, tout le monde a touché une prime de bénéfices égale à 7 500 F.

Patron de son entreprise, Georges Bret ne s'est pas salarié, il vit du profit. A ses risques et périls. En 1981, âgé de quarante-cinq ans, il a ainsi gagné 37 500 F par mois. S'il était resté à l'université et à supposer même qu'il soit devenu professeur, il ne toucherait même pas la moitié. En outre, il possède maintenant un capital, de l'ordre de 5 millions de francs. En une dizaine d'années, Georges Bret a créé 90 emplois dont beaucoup de haut niveau, réalisé à l'exportation un chiffre d'affaires de 150 millions de francs... et s'est enrichi. Si son entreprise continue à se développer, il se retrouvera, la soixantaine venue, à la tête d'une véritable fortune. Par comparaison ses anciens collègues de l'université seront des smicards. Mais il se peut aussi que les affaires tournent mal, qu'il doive vendre son entreprise sans même sauver les meubles et chercher à cinquante-cinq ans sans un emploi d'ingénieur. C'est un risque qu'il admet et qui n'a rien de théorique.

Cette glorieuse incertitude du patronat, René Loiseau l'a découverte à ses dépens en 1977. Après quarante-trois ans de réussite. Ingénieur chimiste de formation, le groupe « Électro-Câble » dans lequel il travail dépose son bilan en 1931. Trois ans plus tard, c'est le chômage. Il décide alors, en pleine crise, de fonder son entreprise : « Le Bronze industriel », spécialisée dans la métallurgie de certains alliages. Pendant quarante années, la société ne cesse de se développer car René Loiseau se maintient à la pointe du progrès dans son domaine. Il met au point de nouveaux alliages et devient le fournisseur obligé de l'aéronautique, de la marine, de l'automobile, de la construction mécanique. Son idée : toujours s'attaquer aux problèmes les plus difficiles que négligent les grosses compagnies.

Et ça marche. Au début des années 70, sa société emploie un millier de personnes et son groupe 1 400. Propriétaire de son entreprise, il est à la tête d'un capital d'au moins 50 millions de francs lourds. Oui mais... En 1974, octogénaire, mais ne voulant pas décrocher, il décide de s'attaquer à un nouveau marché complètement négligé par l'industrie française : celui des tubes pour la marine. Il lui faut lancer un gros programme d'investissement, compatible toutefois avec la prospérité de l'entreprise. Mauvais calcul. En 1975 la conjoncture se retourne. Le chiffre d'affaires chute de 200 millions de francs à 130 millions et le programme en cours se révèle beaucoup plus coûteux que prévu. Les pertes s'accumulent. La défaillance de clients et fournisseurs qui laissent de lourdes ardoises portent le coup de grâce. En 1977, il faut déposer le bilan avec un passif de 100 millions. René Loiseau doit céder ses actions pour le franc symbolique. C'est fini, en l'espace de trois années, il a tout perdu. Ruiné. L'entreprise abandonnée par les banques, l'Administration et les industriels français est rachetée par un groupe étranger et entreprend son redressement. Être un patron, un vrai patron, c'est cela aussi et on l'oublie trop souvent en ces temps de grande revendication salariale.

Va-t-on traiter sur le même pied l'argent de Georges Bret, de René Loiseau et celui d'un héritier, d'un notaire ou d'un spéculateur ? Tel est le risque. La meute de nos « partageux » ressemble bien souvent à ces troupeaux de chèvres pacifiques qui, faute de savoir distinguer le fruit à cueillir de la pousse à respecter, vous font le désert plus sûrement qu'une explosion atomique.

Des « enrichis » de ce type nous en avons besoin. Par dizaines de milliers. Nous pouvons nous passer de journalistes, de médecins, de professeurs, de fonctionnaires, de cadres et d'ingénieurs, pas de créateurs d'entreprise. Aussi longtemps que la France misera sur l'économie de marché, elle devra tout faire pour favoriser les candidats à la fortune capitaliste. Et tant mieux s'ils ramassent de gros dividendes. Il faut que l'audace paye. Qui ne voudrait que le professeur Land, inventeur de la photographie instantanée et président-fondateur de Polaroïd, ne soit Français ? et non Américain ?

A ce portrait de « patron méritant » pour anthologie du C.N.P.F., on ne manquera pas d'opposer avec raison tous ceux qui ne tirent leur profit que d'une surexploitation de leur personnel. Ils existent, et tendent même à se multiplier depuis quelques années.

Mais ce n'est certainement pas en culpabilisant et pénalisant toute forme de profit qu'on mettra fin à ces excès. Des réformes économiques et sociales, telles la réglementation du travail intérimaire, la limitation du recours aux travailleurs extérieurs, ou la lutte contre la spéculation immobilière, peuvent seules réduire les occasions qui font les larrons. Dès lors que le marché se trouve ainsi « moralisé », que la concurrence ouverte sélectionne les meilleurs, les inégalités qui peuvent naître de l'enrichissement patronal doivent être acceptées et même favorisées.

Le gouvernement, celui-là comme le précédent, est loin, très loin de promouvoir autant qu'il conviendrait la création d'entreprises. Aux entrepreneurs qui se lancent il faut ouvrir plus largement les possibilités du crédit, aux scientifiques qui pourraient se lancer, il faut faciliter le grand saut. C'est malheureusement aux États-Unis et non en France que des cabinets des consultants viennent inciter les chercheurs à créer une société.

Mais les plus grands efforts ne seront d'aucune utilité tant que subsistera l'archaïque préjugé antipatronal. Réhabiliter l'entrepreneur, le distinguer de l'exploitateur ou du spéculateur, c'est le préalable à toute nouvelle politique industrielle. Mais l'un ne va pas sans l'autre. On ne peut valoriser le bon grain qu'après l'avoir séparé de l'ivraie. Réformer intelligemment l'entreprise, c'est aussi permettre la reprise de la démographie industrielle.

Ce jeu de l'enrichissement, il faut l'ouvrir à tous ceux qui ont un peu d'argent sans avoir, pour autant, la capacité de se jeter à l'eau. Sous une forme ou sous une autre, des sortes de « bourses » devraient être créées, où des entrepreneurs viendraient proposer à des particuliers une association dans les sociétés que ceux-ci souhaitent monter. Et n'est-il pas juste que l'espoir de gain soit élevé pour celui qui risque son argent dans notre économie ? Enfin, un gouvernement socialiste devrait faire preuve d'imagination. La structure capitaliste personnalisée et autoritaire n'est pas la seule concevable. De nouveaux types d'entreprises plus associatives, plus participatives devraient être dotés d'un statut particulier. Celui qui opterait pour ces formules, en rupture avec le modèle traditionnel, se verrait offrir des avantages ou des garanties particulières.

Restent toutes les initiatives coopératives ou autogestionnaires. Au lieu de vouloir étendre jusqu'au corporatisme intégral les droits du personnel dans les grandes sociétés nationales, c'est par ce biais qu'il faut constituer le nouveau tissu social. L'entreprise collective, loin d'être incompatible avec l'économie de marché, y trouve naturellement son champ d'expansion.

Légitimer les inégalités qui naissent de l'argent gagné, c'est *a contrario* contester celles qui viennent de l'argent reçu. Entreprendre est une chose, succéder en est une autre. Toute différente. Nous voilà dans l'inégalité sans cause. La pierre d'achoppement de toute politique luttant contre l'inégalité française. Si le pouvoir ne peut remettre en question la dévolution successorale de la fortune, il vaut mieux qu'il s'abstienne de toute action en ce domaine. La France continuera à vivre et à mourir dans ses structures archaïques.

Rien n'est si consternant que de voir les milieux patronaux défendre l'héritage au nom de l'entreprise capitaliste. Comme si l'impôt successoral élevé avait tué le capitalisme aux États-Unis. Tout au contraire, c'est ce renouvellement au fil des générations qui évite la dégénérescence du système.

Pourtant, la bourgeoisie capitaliste française va répétant que faute de laisser les enfants et les héritiers conserver la propriété et la direction de l'entreprise, celle-ci sombrerait corps et biens pour le plus grand dommage du personnel. Argument cent fois répété pour s'opposer à tout alourdissement de l'impôt successoral. Rien n'est plus faux. En France, des milliers d'entreprises actuellement entre les mains de la deuxième, troisième ou énième génération dépérissent tout doucement faute d'avoir à leur tête des dirigeants ayant fait leurs preuves. Tantôt le descendant du fondateur veut commander lui-même sans en avoir la capacité, tantôt les clans familiaux se diputent les profits et paralysent la gestion. Sans doute existe-t-il des exemples contraires. Un fils d'entrepreneur peut se révéler un excellent gestionnaire. Mais il sera, en tout état de cause, mieux placé que d'autres pour valoriser ses dons. Qu'il s'agisse d'acquérir des diplômes qui lui permettront de devenir un grand manager ou de trouver les appuis nécessaires pour créer sa propre entreprise, l'héritier est et restera favorisé. Il n'y a guère de risque de voir méconnaître les talents dans cette catégorie. Et pour un entrepreneur il n'est de plus belle réussite que de voir ses enfants entreprendre au lieu d'attendre l'héritage.

En ce qui concerne l'entreprise même, propriété et gestion ont été dissociées depuis bien longtemps. Le principe, qui vaut pour les très grandes sociétés anonymes et fonctionne fort bien, peut s'étendre sous de nouvelles formes. Il est tout de même curieux qu'on ait admis aussi facilement l'appropriation des grandes entreprises par les dirigeants salariés — la technostructure — et qu'on s'en accommode aussi difficilement pour les P.M.E.

Restent tous ceux qui, bien sagement, choisissent de s'insérer dans des structures préexistantes : les salariés. Il paraît naturel que leurs espérances de gains soient aussi limitées que les risques qu'ils ont accepté de prendre. Un salaire de 100000 francs par mois est effectivement une anomalie. Pour gagner cela, il faut avoir soi-même créé quelque chose en prenant ses responsabilités. Lorsque le Parti communiste parle d'un plafond de 40000 francs pour les revenus, il a sans doute tort, mais cela semble tout à fait raisonnable pour les salaires.

A ce nouveau partage, la méritocratie et l'utilité trouveraient leur compte. En revanche, la solidarité serait oubliée. Or, cela va de soi, elle doit intervenir. Non plus pour contrôler le sommet, mais pour prêter main-forte à la base, aux plus défavorisés exclusivement et non aux grandes corporations de la classe moyenne. C'est à cette condition seulement qu'elle pourra être efficace. Hélas, on voit rarement l'État se mobiliser résolument au service des seuls délaissés. Plus souvent, il se croit obligé de partager ses faveurs entre les plus pauvres, les moins pauvres, les « pas très pauvres » et les « pas pauvres du tout », ce qui donne à son action un bien mauvais rendement sur le strict plan des inégalités ou de l'efficacité économique.

Ce rapide tour d'horizon permet d'entrevoir ce que pourrait être une philosophie de l'argent et quelles conséquences pourraient en résulter.

Premier principe : la richesse récompense le mérite, la solidarité compense l'injustice. Le « mérite » pris au sens économique. C'est bien clair. Ce n'est pas la vertu, encore moins la sainteté. Il signifie simplement l'affrontement ouvert, régulier et permanent du marché concurrentiel. Dans une société idéale de ce type —

qui est loin d'être le seul concevable —, celui qui fait fortune ou encaisse de gros revenus est parvenu seul à cette position. Il a accepté le risque le plus élevé, celui de tout perdre au cas où son talent ne serait pas à la mesure de son ambition. Il n'a pu atteindre le sommet qu'en surpassant les autres par ses dons particuliers, son courage, sa créativité, son habileté, ou quelque autre qualité, valorisée dans la compétition économique ; ce doit être un gagnant. A tout le moins, que la grèle s'applique avec rigueur et clarté dans ce domaine.

Outre l'héritage de la fortune : cette seule exigence remet en question l'enrichissement de ceux qui bénéficient de situations non concurrentielles. Toutes les formes d'exclusivité, de fermeture, de monopole, de sécurité, de droits acquis, de statuts, de prix garantis, de *numerus clausus*, etc., doivent exclure automatiquement l'espoir de gains très importants. Ces systèmes sont parfaitement admissibles à une condition essentielle : c'est qu'ils ne servent pas à gagner sans rien risquer.

Ceux qui vont, à l'inverse, bénéficier de la sollicitude étatique devraient se trouver très nettement en état d'inégalités négatives. On ne peut plaindre tout le monde et n'importe qui : rien ne paraît plus évident sur le plan des principes.

Pourtant, à nouveau, il faudrait bouleverser l'ordre établi pour qu'il en aille ainsi. En effet, la misère, pour être reconnue, doit d'abord être connue. Simple truisme, mais d'importance. Les Français ne peuvent tout savoir sur tout. Ils découvrent tel ou tel aspect de la vie sociale au hasard de l'actualité, des conflits, des crises, des débats, des contestations. C'est alors que l'information crée une image. Aussi longtemps qu'une situation, si douloureuse soit-elle, n'a pu émerger au niveau de la représentation sociale, elle n'existe pas pour l'opinion. Elle n'a donc aucune chance d'être corrigée. Or, il est fort difficile de bondir ainsi sur la scène de l'actualité. Seule une force sociale organisée peut y parvenir, et cette réussite est presque toujours payante. Ceux qui parviennent à attirer l'attention sur leur sort sont presque assurés d'obtenir non pas la satisfaction totale de leurs revendications, mais une certaine amélioration.

A ce jeu, les plus faibles, les plus misérables, les plus déshérités auront toutes les peines du monde à se placer sous les sunlights. Relégués à l'arrière-plan, ils seront aussi les derniers servis. On peut poser en règle générale, souffrant certes des exceptions, que ceux que l'on entend souvent crier ont probablement déjà reçu. La véritable inégalité, tout au bas de l'échelle, celle qui devrait mobiliser la solidarité nationale, est généralement silencieuse faute de pouvoir se faire entendre. Et par conséquent, oubliée.

Les corporations, non pas privilégiées, mais avantagées, ce qui n'est pas pareil, s'y entendent à merveille pour se donner les apparences du martyre. Leurs discours inspirent toujours la compassion, en sorte qu'il est très difficile à l'État de répondre : « Veuillez m'excuser, mais je dois m'occuper de plus malheureux que vous. » La France moyenne s'arrange, généralement, soit pour faire écran devant la France pauvre et recueillir à sa place les fruits de la solidarité nationale, soit pour la mettre en avant afin d'obtenir pour elle ce qui, normalement, devrait être réservé aux plus défavorisés.

Quant aux inégalités propres à la classe moyenne, que j'appellerai intermédiaires, elles devraient désormais s'apprécier en fonction des Facteurs Non Monétaires qui les accompagnent. Le principe est simple : un avantage vient en compensation d'un inconvénient. Il existe, d'une part, une hiérarchie monétaire correspondant essentiellement au niveau de qualification et, de l'autre, un système de F.N.M. qui est la contrepartie positive d'un élément négatif.

Tout cela paraît assez simple en théorie et pourrait permettre en pratique de savoir qui a quoi et pourquoi. Il s'agit là d'un point oméga qui n'est pas fait pour être atteint, mais pour être visé. Ne tombons pas dans l'angélisme, les conflits sociaux sont naturels, nécessaires et inévitables. Le monde moderne me semble être installé pour longtemps encore dans l'insatisfaction, et sans doute le doit-il à son caractère évolutif. Le contentement ne peut être approché que dans une société stable puissamment appuyée sur la tradition : or c'est un état que nous ne retrouverons pas dans un avenir proche.

Nous continuerons donc à vivre dans les affrontements d'intérêts particuliers. C'est d'autant plus vrai que l'on doit passer d'une situation fondamentablement injuste à une autre qui apporterait plus de justice. La transition ne peut se faire sans que de très nombreux Français, parmi les plus puissants sur le plan individuel ou collectif, perdent dans l'opération. Si le partage s'établit sur des bases purement quantitatives et que l'inégalité est injuste parce qu'excessive, la frontière entre l'admissible et l'inadmissible ne cesse de se déplacer et les progrès réalisés ne font qu'aviver les frustrations. La chasse au « gros » est sans fin, car on est toujours le « gros » de quelqu'un.

Si la gauche entreprend la grande redistribution monétaire, elle doit, redisons-le, se donner au plus tôt une charte de l'argent. On ne peut engager les gens à s'enrichir dans l'entreprise capitaliste tout en répétant que l'on veut rompre avec la logique capitaliste et la recherche du profit. On ne peut, surtout, miser sur le capitalisme libéral pour assurer la prospérité économique et confondre dans une même réprobation confiscatoire l'argent gagné et l'argent reçu. Aussi longtemps que l'on traitera sur le même pied la fortune de M. Gattaz, créateur de son entreprise, et de Mme Bettencourt, héritière de son père, le réquisitoire contre l'inégalité n'aura simplement aucun sens.

Au lieu d'accepter le capitalisme français avec toutes ses tares et de le sanctionner de ce chef, il faut lui imposer sa propre logique. Il est normal d'empêcher certaines formes d'exploitation ou de spéculation, d'envoyer en prison les riches qui fraudent le fisc, de ne pas accepter les combines par lesquelles on peut prospérer sur le dos d'une entreprise déficitaire. En contrepartie de cette sévère moralisation, il faut favoriser au maximum l'enrichissement privé, en proclamer hautement la légitimité et non le menacer d'un partage égalitaire.

« Enrichissez-vous par le travail et par l'épargne ! » Le slogan, scandaleux lorsqu'il s'applique au problème social, est fort judicieux sur le plan économique. La méthode a fait ses preuves en tant que ferment de la prospérité. Il est donc aussi absurde de se passer d'un mécanisme si efficace que d'y voir la panacée qui apportera la justice aux hommes. Utilisons-le pour ce à quoi il peut servir. Pas plus et pas moins.

Toute la difficulté vient de la tendance naturelle et irrépressible de ce système à l'autoperversion. Seule l'Amérique des immigrants dut ressembler un temps à une véritable société libérale dans laquelle tous les hommes, débarqués avec leur seul balluchon, affrontaient le Nouveau Monde à armes égales. Il faut donc mettre en place les mécanismes correcteurs qui interdiront à la méritocratie individuelle de continuer à se transformer en dévolution héréditaire.

C'est peu de dire que les Français « ont un problème » avec l'argent, ils sont complètement « coincés » de ce côté-là. Leur condamnation du riche, parée de toutes sortes de justifications morales, n'a d'égale que leur envie secrète d'être à sa place. Logique, tout cela. S'il n'y a aucun moyen honnête de s'enrichir, la seule justification de l'enrichissement serait que j'en profite moi-même. Et si je ne suis pas riche, personne ne doit l'être à ma place. Réactions compréhensibles, mais qui ne peuvent servir de base à une politique.

Il serait grand temps que la gauche, seule en état de le faire, entreprenne l'éducation monétaire des Français. Rude apprentissage pour les possédants frappés dans certains privilèges illégitimes, salutaire instruction pour le reste de la population reconnaissant l'utilité sociale de l'enrichissement. Combien de lois, de réformes et de conflits, combien d'années, de décennies ou de siècles faudra-t-il pour que le capitaliste — c'est-à-dire l'entrepreneur et lui seul — ne se sente plus obligé de cacher sa fortune comme les « gourgandines » d'antan leurs aventures ?

Si l'on ne parvient pas à réussir cette petite révolution culturelle, alors faudra-t-il sans doute renoncer au mode capitaliste de développement et goûter aux fruits amers d'une planification intégrale de l'économie. Car il s'agit bien ici de culture. Que constatons-nous aujourd'hui ? Le gouvernement socialiste, revenu de ses premières erreurs, multiplie les gestes afin de faire renaître la confiance chez les capitalistes. Mais cette politique, même si elle est poursuivie jusqu'à devenir fort coûteuse, risque d'être inefficace. A la limite, elle finit par provoquer le résultat inverse de celui qu'elle a recherché. L'excès des invitations et des incitations peut susciter la méfiance. « Faut-il que l'affaire soit risquée pour que l'on propose tant de primes et de rabais », se dit l'entrepreneur ainsi courtisé. Du coup, dédaignant ceux qui tentent de l'appâter et ne lésinent pas sur l'asticot, il lorgne vers quelque Suisse qui, pourtant, ne lève pas le petit doigt pour l'aguicher.

Le riche, en effet, ou le candidat à la richesse veut des assurances socioculturelles et non politico-économiques. Il sait que les premières sont des données permanentes et les secondes, des accidents purement conjoncturels : « Aujourd'hui le gouvernement accorde des primes, demain un autre gouvernement viendra rafler les bénéfices, pense-t-il. Souvent politique varie, bien fou qui lui confie ses sous. » Au contraire, le consensus social paraît relativement stable. Dans des pays comme les États-Unis ou la Suisse, qui ont intégré la morale du libéralisme, les brusques renversements de tendance ne paraissent guère à craindre et les possédants n'ont pas besoin d'être séduits pour sortir l'argent des banques ou renoncer à la protection du salariat : pour jouer, en un mot, le jeu du capitalisme libéral.

Les socialistes en sont conscients qui, dans leur dialogue avec le patronat, parlent sans cesse de définir une « règle du jeu ». Il faut pousser plus avant, en proposant une charte définitive de l'enrichissement, charte qui ne produira ses effets qu'à la condition d'avoir recueilli une approbation profonde.

C'est cette primauté du culturel qui donne au discours une importance supérieure à l'action. Rien ne sert d'exhorter les patrons à « jouer le jeu » si, dans le même temps, les « égaux-centriques », moins autorisés mais peut-être plus représentatifs, annoncent la mort du capitalisme, si la politique de l'argent ne traduit pas, dans les faits, la volonté de légitimer le profit dans le secteur capitaliste de l'économie.

Il va de soi qu'une charte de l'argent coûterait fort cher aux possédants. Elle imposerait un capitalisme pur et dur sans sécurité, sans privilèges, sans transmission héréditaire, sans domination des hommes par l'argent, sans complaisance du législateur et du juge. Par rapport à la situation actuelle, ce serait beaucoup de terrain perdu, mais également bien du terrain gagné si l'enrichissement, reconnu dans sa légitimité, cessait d'inspirer une méfiance aussi lourde de menaces.

Troquer des privilèges contre la sécurité, c'est la grande négociation à réussir. Il est faux que la corporation des riches sabote systématiquement tout gouvernement qui entreprend des réformes sociales. Les capitalistes américains se sont bien accommodés d'un impôt successoral écrasant, de la prison pour fraude fiscale, des lois antitrust, de la hargne des associations de consommateurs... Gageons que l'on pourrait développer bien davantage le progrès social sans provoquer leur désertion. Dans beaucoup de pays sociaux-démocrates, les possédants ont pris leur parti, en maugréant mais sans sabotage, d'une très forte réduction des inégalités. On ne voit pas pourquoi il en irait différemment en France. Le patron d'une P.M.E. — qu'il avait lui-même créée — me disait récemment : « Que la bataille soit dure, les adversaires coriaces et l'arbitre impitoyable, d'accord, mais qu'en cas de succès on ait le droit au tour d'honneur et non au guet-apens pour vous confisquer le gros lot. »

Tout est là. Les nations qui sifflent leurs champions n'en ont bientôt plus. Les Français, qui n'admettent pas la fortune des entrepreneurs, pourraient bientôt ne plus avoir d'entreprises pour les employer.

Qu'il y ait un conflit permanent entre riches et pauvres, c'est inévitable et fondamentalement sain. Dans tous les pays à consensus, on voit les salariés se battre pour améliorer en leur faveur le partage capital-travail. Encore faut-il savoir si l'on fixe comme but ultime de cette compétition la disparition du système ou, simplement, son aménagement.

Les Français semblent pourtant attachés au capitalisme dans les faits et non dans les mots. Tous les sondages prouvent qu'une majorité d'entre eux souhaite conserver une large place à l'entreprise capitaliste et à son corollaire : l'enrichissement du patron. Voilà bien le pire cas de figure. D'un côté, on conserve le secteur privé auquel tout le monde est attaché, de l'autre, on le paralyse en lui refusant une véritable reconnaissance. Cette contradiction, étouffée dans l'époque précédente, s'est exacerbée depuis le 10 mai.

Le temps est venu pour les Français d'« apprendre l'argent ». De regarder un peu plus loin que dans l'assiette de leur voisin, dont les portions, c'est bien connu, sont toujours plus grosses qu'elles ne devraient l'être, et de comprendre que la richesse à partager n'est pas un gâteau, objet inanimé, mais une plante, qui doit croître et se reproduire.

VI

CROISIÈRE EN HAUTE PRIVILÉGIATURE

Au temps de sa gloire, en 1977, le boxeur Cassius Clay était l'homme le mieux rétribué des États-Unis avec 50 millions de francs par an. Était-il un privilégié ? Il suffit de s'imaginer entre quatre cordes face à un colosse qui vous bombarde de coups pour donner sans hésitation la bonne réponse. Indiscutablement, le champion de boxe ne vole pas son argent : il le gagne à la force de ses poings. Pour atteindre les sommets, il subit l'assaut de tous les pugilistes de la planète, accepte de souffrir, risque sa santé. Pour une royauté éphémère de quelques années qu'il paiera peut-être le reste de sa vie. Non, les millionnaires de la boxe ne sont pas des privilégiés : la preuve en est que les vocations se font de plus en plus rares. En dépit des gains énormes que certains peuvent y réaliser, ce jeu absurde et cruel n'a vraiment rien d'une privilégiature.

Le chanteur, hier pauvre et ignoré, qui, le temps d'un « tube », se retrouve fortuné et célèbre, n'est pas plus favorisé. Chaque année, en France et dans le monde, on lance des milliers de nouvelles chansons, des centaines de jeunes artistes. N'importe qui peut tenter sa chance. Les vainqueurs ne sont pas toujours les meilleurs, mais ils l'ont emporté dans une compétition ouverte, impitoyable. De plus, leur triomphe est aussi précaire qu'un titre de champion du monde de boxe. Combien d'idoles des années 60 ne sont-elles pas devenues des épaves aujourd'hui ? Même les plus grands doivent travailler, créer, se renouveler, pour tenir face aux générations montantes. Allons !

Qu'ils se payent des Rolls blanches et des villas de rêve, qu'ils entretiennent des cours parasitaires et fréquentent les boîtes à la mode, les Johnny aux disques d'or ne seront pas pour autant des privilégiés. Pas davantage, et pour des raisons identiques, les vedettes de cinéma, les peintres de renom, les auteurs à succès, les idoles du bel canto, les pilotes de Formule 1. L'importance des gains ne fait rien à l'affaire. Seule compte la façon de gagner l'argent.

A exclure, également, les capitaines d'industrie aux réussites éclatantes dans la mesure où ils peuvent se réclamer d'une légitimité véritable. Dès lors qu'ils ont créé leur entreprise sur le marché libéral, ils subissent la pression de la concurrence et doivent être les meilleurs ou sombrer. Ils ne sauraient donc nous intéresser. Réussir n'est pas un privilège.

Au jeu de l'enrichissement, ils ont vaincu. Ne revenons pas sur les exigences très sévères de l'éthique libérale. Une fois celles-ci admises et respectées, l'argent n'a pas de frontières. L'entrepreneur capitaliste, si fortuné soit-il, n'est pas un privilégié. Il peut le devenir à d'autres titres, notamment s'il est membre de la corporation des possédants, mais non en tant que chef d'entreprise.

Ainsi la France riche n'est-elle pas la Haute Privilégiature, mais on ne saurait faire partie de celle-ci si l'on est riche. Le ticket d'entrée ne coûte pas moins de 25 000 F par mois. Encoconnés dans des statuts moelleux, les agents de l'État dont la feuille de paye affiche moins de 10 000 F n'appartiennent certainement pas à cette haute aristocratie. Ils ne sont que des avantagés et non des privilégiés. Faute de revenus suffisants.

C'est la combinaison de la richesse et du statut qui caractérise la Haute Privilégiature. Ici on empoche des gros lots, comparables à ceux qu'offre la jungle libérale, sans avoir, toutefois, à supporter les contraintes et compétitions, les risques et servitudes du marché. Profil type du « privilégiaturiste » : il gagne 40 000F ar mois, exerce une profession agréable, jouit d'une sécurité totale et ne subit aucune contrainte particulière. Ils ne sont pas nombreux, en France, ceux qui peuvent se targuer de telles sinécures. Quelques milliers, seulement, forment la Haute

Privilégiature. Un cercle très fermé. Comme dit M. de La Palice : tout le monde ne peut pas être très avantagé.

A l'agrément de la richesse, pas forcément de la fortune, ces gens heureux ajoutent donc le confort d'un statut. C'est ce qui les distingue radicalement des « enrichis » chers à Guizot. Ces derniers ont dû bâtir de leurs mains la situation qu'ils occupent, alors que nos modernes chanoines trouvèrent, toute prête à les accueillir, l'abbaye dont ils se sont vu attribuer les revenus. La présidence de Publicis naquit après la création de l'entreprise par Marcel Bleustein-Blanchet, alors que la Trésorerie-paierie générale de la Seine n'a pas attendu son actuel titulaire pour exister : places enviées qui ne sont pas des navires toujours menacés par la tempête, mais des palais construits pour résister aux siècles.

En elles-mêmes, les inégalités d'avantages ne sont pas nécessairement sources d'injustice et leur importance ne suffit pas à les rendre illégitimes. Le vrai privilège ne peut s'apprécier que d'après l'ensemble d'un contexe : argent et avantages d'un côté, compétition, insécurité, pénibilité de l'autre. A ce compte, la jouissance d'un statut exceptionnellement favorable, pas plus que celle de gains très élevés, ne fera de vous un grand privilégié.

Le professeur de faculté titulaire de sa chaire est gratifié de nombreux avantages, encore que son traitement ne le hisse pas jusque dans la Haute Privilégiature. Cependant, la carrière universitaire, par l'enseignement ou la recherche, propose plus encore. Ici on atteint la fameuse « échelle-lettre » crevant le plafond des 20 000 F par mois, on n'est plus astreint à des tâches d'enseignement classique ; seule obligation : prononcer treize fois par an une conférence magistrale de deux heures, sur un sujet de recherche de son choix. Tel est le statut, le plus enviable de tous, des professeurs au Collège de France, noble institution qui remonte à François Ier et assure à ses membres une tranquillité absolue, une liberté totale et la plus haute considération.

Cette sorte de temple du savoir, l'État l'ouvre à de grands « prêtres » pensionnés, afin de leur permettre de s'adonner à la réflexion dans des conditions idéales. Rien n'interdit aux « collégiens » d'utiliser leurs talents et leur renom pour se livrer à d'autres activités (enseignement, consultation, journalisme, écriture), sources d'autres revenus. Voilà donc la situation de rêve qui permet de vivre dans l'aisance, de travailler dans la liberté. Il va de soi que la chaire du Collège est acquise une fois pour toutes.

Pourtant, ces hauts dignitaires de l'intelligentsia n'ont pas leur place dans la Haute Privilégiature. Car les chaires sont rares : 52 en tout et pour tout et les candidats sont aussi nombreux qu'éminents. L'entrée au Collège est la plus méritocratique qui soit. Pour être à même de postuler, il faut faire partie de l'élite du monde universitaire. Bien qu'aucun diplôme ne soit exigé, Normal Sup' et l'agrégation sont la règle à moins d'un mérite tout à fait éclatant. Mais il ne viendrait à l'idée d'aucun agrégé de frapper à la porte du Collège avec son diplôme pour tout argument. Autant se présenter au concours olympique de saut en hauteur avec un bond de 1,60 m pour seule performance. Non, le Collège de France se gagne en vingt ans de carrière au minimum, grâce à des travaux largement, sinon unanimement, reconnus, en France comme à l'étranger. La cooptation, seule règle d'admission, ne laisse guère de place aux influences politiques ou autres. Certes, les coteries s'agitent, les intrigues se nouent avant chaque élection et les résultats sont souvent contestés. Longtemps encore, les partisans d'Alain Touraine discuteront le choix de Pierre Bourdieu à la chaire de sociologie... L'un ou l'autre, qu'importe, le fait est que le « Sacré Collège » ne recrute que parmi les meilleurs, négligeant les médiocres et même les bons. La liste des professeurs est éloquente : de Bergson à François Jacob en passant par Jacques Monod, Claude Lévi-Strauss, Raymond Aron, Roland Barthes, Michel Foucault, sans parler des scientifiques purs moins connus du public. La fine fleur de l'intelligence française est, ainsi, soigneusement protégée dans cette serre somptueuse.

Que notre société réserve à ses plus grands esprits ce cadre de travail exceptionnel n'a rien d'exorbitant. La collectivité ne peut qu'en tirer le plus grand profit. Des cerveaux de cette qualité doivent être libérés de toute préoccupation matérielle, ne se soucier ni de carrière, ni d'avancement ni de problèmes pédagogiques ou administratifs, afin de pouvoir se consacrer tout entiers à la recherche. Tout changerait évidemment si l'on distribuait 5000 postes de ce type. Mais, aussi longtemps que le Collège restera ce club très fermé, que l'accès en sera à ce point élitiste, il ne pourra passer pour un lieu de privilégiature.

N'est-il pas en vain de chercher la Haute Privilégiature dans la fonction publique où, comme l'on sait, les rémunérations restent modestes ? Il est vrai que les avantages accordés par l'État à ses serviteurs sont considérables, notamment en matière de garanties statutaires, et qu'ils valorisent les traitements. Mais, même en abaissant le plancher à 25000 F par mois, va-t-on trouver d'aussi bonnes places dans l'Administration ? Apparemment pas. Selon les statistiques publiées au début de 1982 par le ministère de la Fonction publique, un ministre ne gagne que 25500 F par mois et un secrétaire d'État, 23000 F. Le premier président de la Cour de cassation est à 21300 F et le vice-président du Conseil d'État à 22200 F. Les plus hauts fonctionnaires : directeurs, inspecteurs généraux, moins de 3000 personnes au total, touchent entre 18 000 et 21300 F par mois. Rien d'excessif lorsqu'on songe à l'importance de ces fonctions et à la qualité de ces fonctionnaires ou personnages politiques. Rien, vraiment, qui autorise à parler de privilégiature.

La réalité est sensiblement différente. Le ministère ne ment pas en présentant ainsi le plafond des rémunérations dans la fonction publique. Mais certains hauts fonctionnaires échappent à cet enfermement salarial par le biais des primes, indemnités ou remises, et les secrets de ces privilégiatures administratives sont mieux protégés que ceux de la Défense nationale. Leur révélation pourrait ternir l'image officielle du grand commis qui sacrifie son intérêt personnel au bien public. Et sans doute les fonctionnaires sont-ils désintéressés. Pas au point, tout de même, de gagner au service de l'État deux ou trois fois moins que dans une entreprise. Passe encore pour les enseignants qui n'ont guère le choix. Si maltraités qu'ils soient, les professeurs de latin n'iront pas enfiler les pantoufles dorées de l'industrie électronique. Il n'en va pas de même des polytechniciens, énarques et autres ingénieurs de haut vol, membres des grands corps, également sollicités par deux vocations : technocrates ou managers.

Les traitements administratifs sont notoirement insuffisants pour retenir des cadres de très haut niveau. Il a donc fallu trouver des « trucs » pour améliorer cet ordinaire trop frugal. En fait, l'innovation n'a généralement pas été nécessaire, les legs de l'histoire doive former une caste austère, dévouée au bien public et dédaigneuse des richesses matérielles, est assez récente. Sous l'Ancien Régime, le système des fermages et des épices permettait de faire fortune dans les finances publiques ou à la tête des grandes charges de l'État. Au vu et au su de tous.

La mise en place du nouveau mode de rémunération s'est faite « à la française », c'est-à-dire par l'application rigide de principes rationnels, dans le respect rigoureux des privilèges hérités de la tradition. Il en est résulté une construction binaire, avec une façade tirée au cordeau parfaitement monolithique et un côté cour, naturellement caché au public, où s'accumulent des constructions anciennes, modestes ou somptueuses, soigneusement entretenues par leurs occupants.

Bizarrement, cette sauvegarde de l'héritage a permis d'adapter le nouveau système de rémunération au monde moderne. Car le principe de frugalité fut imposé dans le secteur public alors même que prospérait le secteur privé. Il risquait de créer de tels écarts entre les deux mondes que l'un se serait vidé au détriment de l'autre par un système classique de vases communicants. Les personnels des grands corps se seraient faits managers, abandonnant la technocratie aux sous-produits de la distillation universitaire. Par le biais de ces privilégiatures « à l'ancienne », on peut, tout à la fois, préserver la nouvelle image du fonctionnaire désintéressé et retenir dans le giron de l'État des hommes de très haute qualification. C'est la contradiction entre principes et réalité qui impose le secret.

Tous les fonctionnaires participent à ce système de double rémunération. Pour l'immense majorité d'entre eux, les primes, fort modestes, ne sont en rien des privilèges, pas même des avantages, tout au plus des compensations. Toutefois, la confusion et le secret entretenus sur cet arrière-plan rendent l'ensemble de l'Administration solidaire. Chacun redoute qu'une remise en question ne s'étende de proche en proche jusqu'au bas de la hiérarchie. Ce ne sont donc pas les syndicats de la fonction publique, défenseurs des « petits » plutôt que des « gros », qui vont « cafter ». Ils contestent « de l'intérieur » la répartition de ces gratifications occultes. Vis-à-vis du public, ils observent un silence prudent.

Il existe une continuité d'attitude, à cet égard, depuis la petite prime mensuelle de 20 F jusqu'aux plus hautes charges à 100 000 F par mois. A quel moment passe-t-on de la compensation légitime au privilège manifeste ? C'est affaire d'appréciation. Ainsi le vice-président du Conseil d'État qui, par le jeu des primes, passe d'un traitement de base de 25 500 F à une rémunération réelle qui varie entre 34 000 et 39 000 F par mois est-il certainement un privilégié. Mais c'est loin d'être le cas de tous les hauts fonctionnaires ainsi « primés ». Ces survivances ne sont pas forcément des privilèges exorbitants. Elles sont, en revanche, très révélatrices des inerties sociales.

Ainsi, les ingénieurs des Travaux publics prenaient-ils eux-mêmes en charge, il y a un siècle, l'édification des ouvrages destinés à équiper les communes. Ils en dressaient les plans, surveillaient la réalisation, étaient de véritables concepteurs-maîtres d'œuvre. Très légitimement, ils touchaient un pourcentage sur le montant des travaux qu'ils effectuaient en supplément. Désormais, ils se contentent de superviser l'ensemble et sont davantage des décideurs-contrôleurs que des bâtisseurs proprement dits. Mais le principe du pourcentage, absurde et anti-économique, a été maintenu pour « actualiser » discrètement leurs rémunérations. Il en est de même pour les ingénieurs du Génie rural et des Eaux et Forêts, qui augmentent de la sorte, dans des proportions variables et cachées, des traitements officiels manifestement trop bas pour satisfaire des polytechniciens.

Tout pourrait être fort simple si les salaires de base étaient relevés pour s'harmoniser avec le marché du travail. Faute d'adopter cette solution, trop franche pour être française, on entretient le mystère et la suspicion. Les corps d'ingénieurs techniques gardent jalousement le secret de leurs primes. Ils en viennent à intéresser financièrement de hauts fonctionnaires de l'administration centrale, qui n'appartiennent pas à leur famille mais pourraient les gêner si l'envie les prenait d'aller regarder de trop près leurs comptes : un directeur de cabinet ayant voulu, certain jour, obtenir l'état exact des primes perçues par le service des Mines, se vit offrir, « pour les dépenses du cabinet », une part dans leur distribution bien qu'il n'appartînt pas à ce corps. Devenus « mineurs honoris causa », les membres du cabinet ont été moins tentés de porter ces informations à la connaissance de leur ministre.

Voici encore une belle institution que notre corps des Mines. Née de la botte de Polytechnique qui vaut bien la cuisse de Jupiter, formant une confrérie des plus soudées, étendant son empire des plus hautes sphères de l'État à la présidence des grandes sociétés capitalistes, c'est la corporation la plus puissante de France. Dans le secteur privé ou para-public, les ingénieurs des Mines reçoivent les salaires les plus élevés, alors que, dans l'Administration, ils se trouvent deux ou trois fois moins payés que leurs collègues de promotion. Situation insoutenable. Il fallait faire quelque chose pour les mineurs. A nouveau, il a suffi que perdure, au-delà des raisons qui lui donnèrent naissance, un système de rémunération hérité du XIXe siècle.

Ainsi équipent-ils toute voiture réputée circuler d'une plaque « minéralogique ». Curieuse appellation : on voit mal le rapport entre les Mines et la circulation. Ce lien, purement artificiel, est entretenu par le corps de Mines. A son avantage.

A l'origine, ces ingénieurs avaient vocation à surveiller la production de charbon, puis l'utilisation du charbon, c'est-à-dire les machines à vapeur. Il leur appartenait de contrôler ces installations pour s'assurer de leur sécurité. Ce service nouveau, et obligatoire, rendu par l'État était directement rémunéré par les intéressés. Puis les mineurs se virent confier le contrôle de tout le secteur de l'énergie et, par extension, toutes les machines et moteurs à explosion : l'inspection générale et la vérification de conformité des équipements aux règles de sécurité sont toujours rémunérées par une sorte de redevance que payent les industriels. De Renault à Air Liquide en passant par tous les consommateurs, des millions de Français versent sans le savoir leur obole à la caisse des Mines.

Quant aux ingénieurs du corps, ils sont affectés à des missions autrement importantes que l'inspection des moteurs, ce service n'absorbant plus qu'une minorité d'entre eux. Les autres se retrouvent dans les directions centrales des ministères et n'ont plus jamais l'occasion de s'enduire les mains de cambouis ou de se noircir le visage à la poussière de charbon. Mais l'argent ainsi collecté sera réparti entre tous les « mineurs », selon des règles plus secrètes que les derniers rites initiatiques de la Maçonnerie.

Par ce système, les directeurs qui ajoutent à un traitement proche des sommets de la rémunération statutaire des primes fort substantielles, outre les avantages de fonction cités pour mémoire, abordent la privilégiature. Combien sont-ils à ce niveau et que gagnent-ils ? Disons seulement qu'en dehors d'André Giraud, lui-même membre éminent du corps des Mines, il est bien peu de ministres à le savoir ou l'avoir su.

Toutefois, les primes, si intéressants soit-elles, ne constituent pas, sans doute, le plus gros avantage des mineurs. Ils apprécient plus encore l'éventail extraordinairement riche et diversifié de places qui est, en quelque sorte, leur chasse gardée. Tout le secteur énergie-pétrole leur est ouvert — pour ne pas dire réservé — et la nomination d'Albin Chalandon, inspecteur des Finances, à la tête d'Elf-Aquitaine, fief traditionnel des « mineurs », ne fut sans doute pas étrangère aux relations difficiles que cette société a entretenues avec l'Administration au cours des dernières années. Pouvoir sauter de son poste administratif à un fauteuil directorial dans l'industrie, pour revenir « dans son corps d'origine » si l'aventure n'est pas concluante, n'est pas la moindre commodité offerte aux membres des grands corps de l'État : inspecteurs des Finances et ingénieurs des Mines venant en tête. Avec des cartes de visite aussi prestigieuses, on se trouve ici en lisière de privilégiature, tantôt au-dessus, tantôt au-dessous. Ce privilège, cependant, ne s'obtient qu'au terme du plus difficile concours méritocratique. Il n'est pas donné à tout le monde d'entrer dans ces grandes écoles, moins encore d'en sortir parmi les premiers.

Traditionnellement, l'État avait les plus grandes difficultés à faire rentrer l'argent dans ses caisses. Pour améliorer la collecte, il avait l'habitude d'intéresser les collecteurs. Le système atteignit son apogée avec les fermiers généraux qui payaient au trésor royal le montant des impôts et se chargeaint directement de les percevoir. L'habitude a été gardée de verser à différents comptables de l'État un intéressement sur le montant des sommes qu'ils manipulent. Survivance mal justifiée, qui aboutit à créer des privilégiatures dans l'Administration et ne subsiste qu'à l'abri du plus féroce mutisme.

S'il n'est rien de plus glorieux qu'une chaire au Collège de France, il n'est rien de plus « juteux » qu'une place de trésorier-payeur général. La rétribution moyenne est de l'ordre de 500 000 à 600 000 F par an, avec des sommets atteignant plus d'un million lourd pour les meilleurs trésoreries, notamment la recette des Finances de Paris ou la trésorerie de Nouméa. S'additionnent à ces traitements des logements de fonction souvent somptueux et l'ensemble des avantages qui entourent ce genre de postes. Que font-ils donc, ces discrets T.-P.G., pour être deux ou trois fois plus payés que des ministres ou le président de la République ?

Ils sont les héritiers directs de nos anciens fermiers généraux. C'est dire qu'ils tiennent les cordons de la bourse de la maison France. Côté recettes, ils supervisent les percepteurs chargés de faire entrer l'argent des impôts directs et collectent directement les fruits de droits divers, taxes et amendes ; côté dépenses, ils effectuent les paiements ordonnancés par les autorités administratives. Ils sont, à raison d'un par département, les super-caissiers-comptables de l'État.

A ces fonctions, classiques dans l'administration, ils en joignent d'autres, qui les apparentent à des banquiers plus qu'à des fonctionnaires. Ils servent de relais bancaire au Trésor public pour un certain nombre d'opérations : émission d'emprunts, vente de bons du Trésor, avances de trésorerie, paiement de coupons, etc. Enfin, comme des banquiers ordinaires, ils gèrent les dépôts sur comptes de particuliers ; ils en ont ainsi 400 000 en charge qui ne sont pas exactement ceux de très petits épargnants.

Leur système de rémunération est particulièrement discret, avec un traitement de base du même ordre que celui d'un préfet, que viennent renforcer des « remises », correspondant à un pourcentage des opérations financières traitées.

Il n'existe donc pas de « grille de rémunération » comparable à celles qui président au traitement des fonctionnaires. Les gains sont variables d'une année sur l'autre et, surtout, d'un département à l'autre. Si les variations dans le temps ne sont pas très importantes, les variations dans l'espace, elles, sont considérables. Il est des départements « pauvres » et d'autres « riches ». Ce club, quoique ne comptant qu'une centaine de membres, est très hétérogène. Les mieux payés gagnent trois ou quatre fois plus que les plus déshérités. Certains T.-P.G. sont à la limite inférieure de la Haute Privilégiature, alors que les plus vernis en atteingent le plafond. A la question : « Combien gagnent les T.-P.G. ? », on ne manque jamais de répondre : « C'est variable », « ça dépend », « on ne peut pas dire... certains gagnent beaucoup moins qu'on ne dit... » On a toujours besoin, à ce niveau, d'un plus maigre que soi. Il reste tout de même que les plus « petits » T.-P.G. sont mieux payés que les plus « gros » fonctionnaires « classiques ». La « remise » s'ajoute à un traitement qui atteint pratiquement le sommet de l'échelle-lettre, pointe extrême des rémunérations dans la fonction publique.

Il est malaisé de justifier ces traitements de faveur par la difficulté ou la pénibilité du métier. La trésorerie est une maison qui « tourne toute seule » et peut être dirigée par n'importe quel haut fonctionnaire. La compétence et l'habileté du T.-P.G. ne jouent que dans la gestion de son « secteur privé », intéressante pour lui plus que pour l'État. Ainsi, le mérite éclatant qui pourrait justifier de tels privilèges n'apparaît pas dans la fonction même.

Heureusement pour eux, les T.-P.G. peuvent invoquer la « responsabilité personnelle ». De même que leur ancêtre fermier général, ils doivent répondre de leur gestion sur leurs deniers. La formule sonne bien : elle fait du T.-P.G. l'homme qui assume tous les aléas de la finance pour en préserver l'État, celui dont la fortune est garante de l'intégrité. La réalité est beaucoup plus prosaïque. Les trésoriers cotisent à une caisse d'assurance mutuelle qui couvre leurs erreurs ou leurs fautes.

Cette disposition, qui semble les rapprocher du chef d'entreprise, les en éloigne au contraire, la garantie mutuelle contre les fautes de gestion étant encore assez rare dans le capitalisme. De fait, la ruine et la faillite ne sont pas fréquentes dans la profession. La « responsabilité » du T.-P.G. ne lui fera point passer des nuits blanches.

L'énumération de telles prospérités fait inévitablement se demander : comment devient-on T.-P.G. ? La réponse est simple : par décret pris en Conseil des ministres. Il n'y a pas de concours, pas de cursus obligatoire : c'est à la tête du client. Ces postes sont réservés à de hauts fonctionnaires du Trésor, des Finances ou de la préfectorale en fin de carrière. Il faut avoir cinquante-sept ans au moins pour se voir ainsi doté, mais on peut en profiter jusqu'à soixante-cinq ans et, dans l'ensemble, les T.-P.G. ne se battent pas pour obtenir des retraites anticipées. Sinécures dorées pour hauts fonctionnaires... Le minimum des cinquante-sept ans montre assez que le dynamisme exigé dans la profession reste limité. La charge de T.-P.G. est un cadeau de quelques millions de francs lourds que l'État fait à certains de ses commis blanchis sous le harnais.

Il n'y a malheureusement qu'un défaut à ce système. C'est qu'il frôle l'illégalité. Il la dépasse même chaque fois que le T.-P.G. perçoit sous forme de rémunérations accessoires l'équivalent de son traitement. Car un décret de 1955 lui interdit formellement d'aller au-delà du doublement. Or, toutes les informations disponibles prouvent que les rémunérations des T.-P.G. naviguent bien au-dessus des 40 000 à 50 000 F par mois autorisés par la loi. Il existe heureusement « les indemnités pour risques corporels et les indemnités représentatives dans la légalité — en apparence du moins —, il suffit que lesdites indemnités atteignent des pourcentages importants, jusqu'à 50 % de certaines remises. S'agissant de remboursement de frais réels et non de rémunération, elles cessent du coup d'être imposables. Joli tour de passe-passe — difficilement admissible, tout de même.

Qu'à cela ne tienne : « Ce n'est pas pécher que pécher en silence. » La Haute Privilégiature financière a édifié, pour se protéger, le plus formidable rempart qui se puisse imaginer. Pourtant les petits curieux ne manquent pas. Mais l'administration des Finances a su mener pendant trente ans une guérilla exemplaire pour écarter les indiscrets et préserver le mystère.

Dès le dévut des années 50, la Cour des comptes, comme elle

en a le devoir, s'intéresse au problème. Les contrôleurs, après avoir un peu fouiné dans les comptes des trésoreries, estiment qu'il y a un abus réel et proposent que les fameuses indemnités soient limités à 10% à ou 15%. Conflit avec l'Administration centrale, qui l'emporte finalement. En 1953, le président de la Cour des comptes décide que l'inspection des trésoriers devra être faite d'après les documents fournis, sans vérification sur place de l'authenticité des faits présentés : les T.-P.G., dès lors, échappent pratiquement au contrôle de la Cour des comptes.

Pendant plus de vingt ans, le système fonctionnera à merveille : dans un silence absolu. La France oublie ses riches et, notamment, ses T.-P.G. Mais, à partir de 1975, la situation se retourne. Les Français ne parlent plus qu'argent, se repaissent des indiscrétions sur les revenus et les fortunes des uns et des autres. De préférence des « gros ». Les T.-P.G. ne tardent pas à se faire épingler par la presse. Les journalistes lâchent des chiffres effrayants, s'agissant de fonctionnaires. Et jamais démentis. Du coup, les syndicats s'agitent. En 1976, ils demandent au ministre Jean-Pierre Fourcade que les rémunérations accessoires fassent également l'objet de négociations salariales. Oui, répond le ministre, mais seulement jusqu'au niveau du directeur adjoint... Le sommet reste inviolable.

A leur tour, les parlementaires s'interrogent. En 1976, la commission des Lois de l'Assemblée réclame un rapport sur les hautes rémunérations accessoires. L'amendement est miraculeusement repoussé en séance. Mais les parlementaires sont pugnaces, d'autant qu'une majorité libérale n'est pas tellement favorable aux sinécures administratives. Revenant à la charge en 1979 pour connaître le montant de ces très hautes rémunérations, ils obtiennent pour toute réponse : « Indemnité de préposé de la Caisse des dépôts : de 13 670 à 23 990 F selon la catégorie du poste plus remises et commissions variables. » Avec cela, messieurs les députés, si vous n'êtes pas satisfaits... Les ministres ont promis de s'expliquer devant les commissions et ne sont jamais venus, faute d'avoir pu eux-mêmes obtenir les informations.

Admirable stratégie du secret protecteur ! D'une part, la comptabilité des trésoriers est, au dire de la Cour des comptes, si compliquée qu'elle « rend très difficile, voire impossible, une vue d'ensemble de la question ». D'autre part, un subtil intéressement associe tous les fonctionnaires du Trésor au système, mais les uns ne touchent que deux ou trois mois d'indemnités tandis que le T.-P.G. lui, s'octroie vingt mois et plus. Enfin, tous les décomptes des T.-P.G. sont classés « confidentiels » et ne sont jamais publiés. Mais Dieu qu'il en faut, des efforts, pour défendre une privilégiature !

De semblables raisons jouent pour les conservateurs des hypothèques. Voilà une fonction à priori respectable, qui ne semble ni particulièrement difficile à assumer ni spécialement différente des tâches administratives ordinaires. Très schématiquement, il s'agit de procéder aux formalités légales qui assurent la publicité des transactions immobilières, de conserver la trace des hypothèques qui peuvent grever des biens immobiliers et de percevoir, pour le compte de l'État ou des collectivités publiques, les différents droits accompagnant ces opérations : c'est un peu l'équivalent, pour les biens immobiliers, de ce que peut être le service de l'état civil pour les personnes. C'est là, en somme, de l'administration au sens le plus classique.

Pourtant, la conservation des hypothèques n'est pas du tout un service ordinaire. Elle fonctionne dans chaque chef-lieu d'arrondissement judiciaire comme une sorte de service annexe et autonome de l'administration des Finances. A sa tête, un « conservateur » prélève une « commission légale » sur les taxes immobilières qu'il va percevoir. Selon des règles assez tordues pour être malaisément interprétables de l'extérieur, cette somme sera répartie entre les frais de fonctionnement et la rémunération du conservateur.

Combien gagnent-ils pour faire ce travail que l'on devine harassant, supposant le goût de l'entreprise et le sens de la décision ? La réponse est la même que dans le cas des T.-P.G. : on ne peut pas le dire avec précision, puisque les gains sont fonction des recettes et diffèrent d'un département à l'autre. Toutefois, nos conservateurs ne naviguent pas sur un marché tempétueux et aléatoire. Le nombre d'actes et le montant des transactions ne varie que lentement dans un même arrondissement. Il est donc possible de répartir les conservations d'hypothèques en six catégories, selon leur rapport. On en trouve ainsi 20 de première catégorie — très bonnes affaires —, 50 de deuxième..., 353 au total, les dernières catégories n'étant plus dignes de figurer dans la Haute Privilégiature.

Les gains ne sont, bien entendu, pas rendus publics. On sait qu'en 1975 les chiffres déclarés pour le calcul des droits à retraite tournaient entre 200 000 et 250 000 F par an pour la première catégorie. Cette base, pourtant, est sous-évaluée. On peut estimer qu'aujourd'hui les meilleures places de conservateurs rapportent entre 40 000 et 50 000 F par mois. Elles constituent donc un échelon inférieur de la privilégiature par rapport aux Trésoreries-paieries générales, mais sont encore un moyen de crever allégrement les plafonds des rémunérations dans la fonction publique.

Cette bizarrerie dans le fonctionnement de l'Administration n'a d'autre raison d'être que de réserver des postes à très hauts revenus pour des fonctionnaires : ce que l'on appelle discrètement des « emplois de débouchés ». C'est la carotte, d'autant plus nécessaire que bien des entreprises privées cherchent à s'attacher les services d'agents de l'Administration ayant une solide expérience du contrôle fiscal. Qui, mieux qu'une ancien contrôleur, peut tenir votre comptabilité à l'abri de l'inquisition fiscale ? La preuve en est que l'attribution des conservations fait l'objet de règles très strictes, bien que non écrites. Seuls les directeurs peuvent prétendre à la première ou à la deuxième catégorie et l'on descend ainsi dans la hiérarchie en sorte que tout cadre du fisc à l'approche de cinquante-cinq ans puisse rêver de sa sinécure. « Les cadres supérieurs ne pensent plus qu'à ça », reconnaissent en privé les fonctionnaires plus jeunes.

Beaucoup d'administrations se sont ainsi ménagé des oasis de privilégiature permettant de dépasser le plafond des rémunérations statutaires. C'est le cas des douanes, par exemple. On parle souvent à demi-mot de la « part de saisie » qui permettrait aux douaniers d'empocher des sommes considérables en pourcentage sur le montant des saisies. Il s'agit d'une pure légende, entretenue par l'atmosphère de mystère qui entoure ce genre de sujet. La « part de saisie » existe bien, sans être du tout ce que l'on dit. A chaque prise, une part va au personnel. Mais les hauts fonctionnaires sont exclus de cette répartition, qui ne concerne que les douaniers opérant sur le terrain. Il s'agit, en outre, de primes fort modestes puisqu'elles ne peuvent dépasser 2 000 F par an. Rien d'un grand privilège, on en conviendra.

N'allez pas pour autant pleurer sur les hauts fonctionnaires qui consacrent leur carrière à défendre nos frontières. Ils se sont aménagé leur privilégiature, plus discrète et plus confortable.

Vous trouverez rarement à la direction centrale des douanes des fonctionnaires proches de la soixantaine. Ils ont été mutés comme receveurs principaux des douanes dans une région de France. Surprenante, cette gérontophobie !

Les quarante receveurs principaux qui sont à la tête des régions douanières voient augmenter leur traitement d'un pourcentage des sommes collectées pour l'État au titre des différentes taxes douanières. C'est un peu le même système que pour les T.-P.G. A une nuance près : les receveurs n'ont aucun moyen de contourner l'interdiction du doublement. On peut donc considérer qu'ils ne peuvent gagner que le double de leurs traitements de fonctionnaires, soit près de 50 000 F par mois.

Ces postes de receveurs étant, on s'en doute, fort appréciés, il n'est pas question d'y faire carrière, bloquant ainsi une privilégiature pendant de longues années. On nomme à ces postes des directeurs qui sont à trois ou quatre ans de la retraite. Ils recevront un pécule supplémentaire d'un million lourd avant de partir se reposer. Un cadeau discret mais recherché.

Les P.T.T. ont également créé un système d'intéressement sur les opérations monétaires non budgétisées : placement d'emprunts, caisse d'épargne, chèques postaux, etc. Dans les bureaux de postes et centres de chèques postaux, on perçoit donc des remises distribuées à raison de 50 % pour le personnel et 50 % pour le receveur. Si ce peut être fructueux quand on dirige la grande poste du Louvre à Paris, cela ne représente pas encore une Haute Privilégiature. Semble-t-il. Car, ici comme partout, on reste très discret. Sur ce chapitre, de même que sur les distributions d'anodines enveloppes contenant les émissions de timbres « du premier jour ». D'une façon générale, cette administration très confortable préfère multiplier les avantages en nature savamment hiérarchisés (ah ! les voitures et bons d'essence des P.T.T.), plutôt que d'édifier de véritables privilégiatures. Quant aux ingénieurs des télécommunications, ils ont leurs « emplois de débouchés » tout trouvés dans l'industrie, à laquelle ils passent commande tout au long de leur carrière.

Les directeurs du ministère de l'Économie ou du Budget, eux, touchent des primes et des enveloppes dont les parlementaires, en dépit de demandes réitérées, n'ont jamais pu se faire communiquer le montant. Si elles sont beaucoup plus substantielles que celles du fonctionnaire de base, elles ne permettent cependant pas d'atteindre les sommets de la Haute Privilégiature administrative. Ces grands financiers quitteront l'Administration centrale pour finir leur carrière dans les « emplois de débouchés », s'ils n'ont pas réussi à passer dans le système bancaire.

Les privilégiatures administratives s'expliquent donc par leur origine ancienne et leur nécessité contemporaine. D'où l'ambiguïté avec laquelle on les traite, qui traduit bien la gêne de la société française vis-à-vis de l'argent. Dès lors que technocrates et managers se recrutent dans le même vivier, que l'Administration et les entreprises vivent en osmose, il est indipensable de maintenir des « espérances » à peu près équivalentes dans les deux secteurs.

Mais les justifications théoriques de l'économie libérale conviennent mal à la fonction publique. Le directeur de ministère peut-il s'enrichir au même titre que le patron d'entreprise ? Oui, si l'on se réfère à la formation de l'un et de l'autre. Non, si l'on considère le mode d'enrichissement et si l'on compare les statuts des secteurs public et privé. Est-il sûr, pourtant, qu'il existe encore de telles différences entre les premiers et les seconds ? Probablement pas, nous allons le voir. L'État se trouve donc obligé de laisser subsister ces privilégiatures, sans pouvoir les défendre en termes de réussite économique. D'où le silence un peu confus qu'il préfère garder sur cette question.

Ce n'est pas tout : ces retraites dorées de l'Administration n'ont rien de scandaleux par rapport aux salaires que se versent les dirigeants des grandes entreprises. Un exemple classique, celui de Jean-Pierre Fourcade. Inspecteur des Finances, il suit une brillante carrière de technocrate politique dans les cabinets ministériels puis va pantoufler comme directeur général du Crédit industriel et commercial. Ce passage du public au privé accroît considérablement ses revenus. Lorsqu'en 1974 Valéry Giscard d'Estaing lui propose le ministère des Finances, il gagne 600 000 F par an. Ministre, il n'en retrouvera pas la moitié. Sans doute la fonction ministérielle s'accompagne-t-elle d'un certain nombre d'avantages : logement somptueux, indemnités de représentation, voiture avec chauffeur, personnel à disposition, service de salle à manger, régime fiscal particulier et le tout à l'avenant. Mais la haute direction d'une banque est également bien pourvue d'avantages qui, pour n'être pas aussi complets, n'en sont pas moins substantiels. Les jetons de présence à certains conseils d'administration peuvent valoir des indemnités ministérielles, et l'on ne mange pas mal non plus dans les salles à manger des banquiers ou, en notes de frais, dans les plus célèbres restaurants. C'est ainsi que la situation matérielle d'un ministre ne vaut que la moitié ou le tiers de celle d'un dirigeant de banque, pour ne pas parler du P.-D.G.

S'agissant d'une rémunération ministérielle, le décalage n'est pas trop grave puisqu'elle ne représente pas la première gratification recherchée. On devient ministre pour satisfaire son goût du pouvoir et non sa soif de l'argent. Le haut fonctionnaire, lui, ne poursuit pas de tels objectifs et ne connaît pas de telles satisfactions. Il entend donc être rémunéré en proportion de sa « valeur marchande » sur le marché, oh ! combien compétitif, des « grosses têtes ». C'est pourquoi les salaires des entreprises entraînent à leur suite ceux de la haute administration : ils ont atteint, dans les dernières décennies, des altitudes strastosphériques.

Nous ne parlons pas ici des patrons, au sens capitaliste classique, qui se payent sur les bénéfices d'une entreprise dont ils possèdent le capital, et pas davantage des actionnaires dont les gains dépendent des dividendes, mais de managers et de cadres de direction salariés. Leurs rémunérations, contrairement au cachet de la vedette ou au profit du capitalisme, sont protégées par le statut salarial. Source de revenus régulière, liée à la fonction et, pour l'essentiel, indépendante de la conjoncture ou des résultats, le goût des Français pour le salariat montre que c'est là une façon assez agréable de gagner sa vie.

Malheureusement, toute médaille a sons revers. Les salariés ordinaires payent doublement cette régularité de revenus. A qualification égale, leurs gains sont généralement inférieurs à ceux des travailleurs indépendants, et, liés à l'emploi, disparaissent avec lui. Le privilège consiste à avoir une médaille en or... sans revers. A cumuler les fortes rémunérations et la faible insécurité, on atteint la Haute Privilégiature du monde salarié.

Son seuil monétaire, au plus bas dans la fonction publique, doit s'élever à mesure qu'on en sort, en raison de l'insécurité croissante. Mais les gains augmentent bien plus vite que le risque. A 40 000 ou 50 000 F par mois — selon les servitudes et les incertitudes —, on pénètre dans le club.

Sont-ils donc nombreux, les salariés qui atteignent de telles rémunérations ? Selon les estimations du C.E.R.C. pour 1982, ils doivent être 10 000 à gagner plus de 50 000 F par mois, dont 2 000 passent la barre des 100 000 F.

Comment gagne-t-on de telles sommes ? Les premières indications d'une étude en cours au C.E.R.C. permettent de s'en faire une idée. Les chercheurs ont pris un échantillon de 6 000 entreprises, petites et grandes, et ont observé soit les 10, soit les 5 plus hauts salaires pour chacune d'entre elles. C'est-à-dire, au total, un échantillon respectable de 37 000 salariés, qui n'appartiennent pas tous, tant s'en faut, à la privilégiature. L'étude porte sur les chiffres de 1977 inférieurs d'au moins un tiers à ceux de 1982.

On a donc trouvé dans l'échantillon 84 salariés à plus de 1 million de francs par an. Ils se répartissent de la façon suivante :

38 P.-D.G.
19 directeurs
11 cadres supérieurs parmi lesquels, notamment, des pilotes
15 cadres moyens

Dans la tranche de 600 000 F à 1 million, il y a 320 personnes dont les deux tiers de P.-D.G., 17 p. 100 de directeurs,

6 p. 100 de cadres supérieurs et encore 10 p. 100 de cadres moyens.

Il ne s'agit pas d'un statistique nationale rigoureuse, seulement d'un vaste sondage qui reflète sans doute correctement la France des très hauts salaires. La première surprise est de voir figurer à de tels niveaux des « cadres moyens ». Ce sont principalement des vendeurs ou des cadres de services commerciaux touchant un pourcentage sur les ventes ou le chiffre d'affaires.

Lorsqu'en 1975 le C.E.R.C. entreprit sa première étude sur les salaires, les statisticiens furent gênés par « un cas », qui refusait de s'intégrer dans les grilles préfabriquées : c'était un représentant de commerce qui, à l'époque, gagnait largement plus de 100 000 F par mois en vendant de la peinture. Dans la statistique en cours, le plus haut salaire identifié atteint la somme vertigineuse de 7 millions de francs lourds pour l'année. Il s'agit d'un directeur de portefeuille dans une société d'assurance. Pour ces mêmes types d'emplois, ce ne sont pas les seuls exemples de salaires atteignant plusieurs millions lourds par an. Manifestement les heureux bénéficiares doivent, d'une façon ou d'une autre, percevoir un pourcentage sur un chiffre d'affaires qu'ils ont contribué à accroître. On connaît ainsi, dans un certain nombre d'entreprises, des cadres commerciaux qui ont accepté de travailler sans aucun « fixe » et qui, après s'être évertués pendant des années, ont fini par se faire de fort belles situations. On en retrouve d'identiques dans la publicité. A l'agence Havas, les plus hautes rémunérations vont à des « commerciaux » travaillant à la commission et le P.-D.G. se glisse difficilement dans le peloton des 10 salariés les mieux payés, qui gagnaient, en moyenne, 40 000 F par mois en 1980.

Reconnaissons que ces situations sont intermédiaires entre le pur salariat et le travail indépendant : les intéressés ne manquent d'ailleurs pas de faire valoir qu'ils ne touchent que ce qu'ils ont gagné et non une somme convenue d'avance. Cette incertitude peut justifier des rémunérations supérieures dans les cas heureux où le marché se révèle « porteur », ou bien le vendeur particulièrement habile. De là à atteindre ces sommes astronomiques sans jouer son propre argent dans l'entreprise... Car le salarié au pourcentage ne risque, au pire, que de ne rien gagner, non de tout perdre. Il est cependant fâcheux que de telles possibilités s'offrent principalement dans le commerce et les services, plus rarement dans la production.

Parmi les champions de la feuille de paye, on trouve également les pilotes d'avion. Exemple typique : la société des avions Marcel Dassault, qui bat tous les records pour les 10 plus hauts salaires avec 162 500 F en moyenne, par mois, en 1980 — je l'écris en toutes lettres : seize millions deux cent cinquante mille centimes ! Certes, leurs détenteurs sont les meilleurs pilotes d'essai de France, tous polytechniciens, ingénieurs de Sup'Aéro, qui risquent leur vie aux commandes des prototypes : cas particuliers, expliquant des rémunérations exceptionnelles. Après tout, le salaire de Platini doit être du même ordre... Mais les commandants de bord des compagnies aériennes, qui sont loin d'avoir la même qualification et ne prennent aucun risque particulier, font également la pige aux P.-D.G. Lorsque Pierre Giraudet se vit offrir la présidence d'Air France, il découvrit qu'on lui proposait le cent-soixante-treizième salaire de la compagnie ! Et précisons qu'il s'agit de « vrais » salaires, ce sont les pilotes des compagnies étrangères qui acceptent une diminution de leurs rémunérations lorsque les affaires vont mal.

Nonobstant ces exceptions fort significatives, la privilégiature salariée est d'abord peuplée par les dirigeants d'entreprise et, notament, des plus importantes. C'est ce que montrent les bilans sociaux. Le législateur n'a pas poussé l'indécence jusqu'à exiger la publication détaillée des plus généreuses feuilles de paye, il ne demande que le montant global des 10 plus hautes rémunérations. Connaître la solde moyenne de l'état-major ne donne pas celle du capitaine, mais fournit déjà une bonne indication.

En feuilletant les bilans sociaux de 1980 — chiffres à augmenter d'environ 15 % pour les traduire en francs 82 —, on s'aperçoit que le « club des Dix » recevait mensuellement 87 500 F en moyenne à Paribas, 76 600 F à Suez, 69 600 F chez Roussel-Uclaf, 66 500 F à la B.F.C.E., 60 000 F chez I.B.M., 58 300 F chez Matra, 57 700 F chez B.S.N., 51 760 F à la Shell, etc. Ainsi, dans la plupart des grandes entreprises, les dix salariés les plus payés gagnent au moins 50000 F par mois. Ne rappelons que pour la forme les « accompagnements » de tels traitements : frais de représentation, voiture plus chauffeur, caisses de retraite spéciale et ainsi de suite. Le P.-D.G., lui, se doit donc de gagner beaucoup plus.

Secret des secrets, que le prix de ces managers en chef. Jusqu'à une époque récente, aucun regard n'avait pu percer les brumes entourant ces sommets, alors que les compagnies américaines se font une gloire de verser des rémunérations vertigineuses à leurs managers. Mais la nationalisation des grands groupes industriels fit brusquement jaillir la question à la une des journaux. L'État allait nommer toute une brochette de P.-D.G. : combien les paierait-il ? Interrogation sur l'avenir qui renvoyait au passé : quels étaient les salaires présidentiels avant nationalisation ?

Les journaux se mirent alors à publier des bribes d'informations. Ambroise Roux, patron de la C.G.E., se vit enfin reconnaître son titre de P.-D.G. le mieux payé de France, avec des gains divers dépassant 10 millions lourds par an. On apprit que Pierre Moussa, P.-D.G. de Paribas, tournait autour de 4 millions par an. Quant à Jean-Maxime Lévèque, patron du C.C.F. et croisé du capitalisme, il n'hésita pas à afficher son salaire mensuel de 150000 F, ce qui, compte tenu des mois supplémentaires, indemnités et autres, devait le porter aux alentours de 2 millions et demi par an.

Ainsi se dessinait une fourchette de 1 à 2 millions pour les P.-D.G. des grandes entreprises privées, avec bien des exceptions en haut et en bas. De telles rémunérations peuvent apparaître sur les déclarations de revenus, non sur une feuille de paye car elles représentent le total de plusieurs contributions. Le P.-D.G. d'un empire industriel, outre son salaire à la tête de la holding financière, pourra occuper des fonctions rémunérées dans les filiales ou se faire payer comme administrateur de nombreuses sociétés : une séance de conseil d'administration peut se rétribuer fort cher. Il est d'ailleurs significatif que les grands groupes ne publient généralement que le bilan social des différentes sociétés, en sorte que les gains des plus hauts dirigeants peuvent n'apparaître à aucun titre dans la présentation de la comptabilité sociale. Enfin, les managers particulièrement avisés et sûrs de leur gestion font ajouter à leurs traitements de base un intéressement aux résultats de l'entreprise, ce qui leur permet d'atteindre des records en fait de revenus.

Encore une fois, il ne s'agit que d'ordres de grandeur, seule chose intéressante en définitive. Peu importe qu'un tel se soit arrangé pour monter la mise jusqu'à des sommets himalayens tandis que tel autre en est resté plus modestement à l'altitude du mont Blanc. Les cas individuels ne signifient rien, c'est le phénomène social qui compte.

Telles sont les hautes rémunérations dans le secteur capitaliste ou « ex-capitaliste ». Mais suffit-il de s'en tenir à cette appréciation monétaire et quantitative pour juger « excessives » ces situations ? Il est vrai qu'on ne les obtient pas sans avoir fait preuve de qualités éminentes. Pour autant que la comparaison ait un sens, il est aussi difficile de devenir P.-D.G. d'un grand groupe industriel que professeur au Collège de France. De hautes rémunérations n'ont rien de choquant en soi, sinon que ces gains astronomiques sont, pour l'essentiel, des salaires : lorsque Manufrance courait à la catastrophe, ses dirigeants successifs continuaient à percevoir des sommes princières. Lorsque les sociétés connaissent des difficultés, on ampute la feuille de paye des ouvriers mis au chômage technique, pas celles de la direction. Les actionnaires peuvent certes tout bonnement « virer » les P.-D.G. Cela arrive aux mauvais d'entre eux et même aux bons. Tout récemment encore Daniel Lebard, P.-D.G. de Révillon, se vit privé de son fauteuil à l'occasion d'un changement dans la répartition du capital, alors que les résultats du groupe étaient excellents. Perdre une telle position du jour au lendemain et, bien souvent, sans la moindre indemnité, c'est un sort cruel. Peut-on dire, pour autant, qu'il s'agit de postes à hauts risques ? Ce n'est vrai qu'en partie.

Tout d'abord, la sanction d'une mauvaise gestion ne concerne guère que le P.-D.G., et très peu les cadres de direction qui l'entourent. Ceux-ci forment la technostructure que l'on ne saurait remercier en bloc sans compromettre la continuité de l'entreprise. Entrer dans le tout petit groupe des cadres dirigeants accroît considérablement la sécurité de l'emploi. Tout au plus changera-t-on d'affectation, passant d'un poste stratégique à un poste honorifique. Mais il est bien rare qu'on élimine purement et simplement un directeur général, un directeur financier ou le président d'une grande filiale. Bien que ces changements puissent entraîner une certaine diminution des rémunérations, on reste dans le club des plus de 50 000 F par mois.

Nous ne sommes donc plus du tout dans le capitalisme classique, avec des patrons-propriétaires se payant sur les profits de l'entreprise. Selon le schéma désormais classique de Galbraith, ces grandes sociétés échappent au capital trop dispersé et sont maintenant entre les mains de la technostructure, qui fonde son pouvoir sur la compétence, se choisit par cooptation et n'a de comptes à rendre qu'en cas de résultats véritablement catastrophiques. Maîtres de l'entreprise, ces dirigeants se fixent à eux-mêmes le montant de leur propre rémunération. Ces fonctionnaires de l'industrie se servent, venant à s'octroyer des sommes qui correspondent à de véritables profits sans avoir à engager leur fortune personnelle dans l'entreprise qu'ils gèrent et sans faire dépendre en totalité leurs revenus de leur gestion. C'est le privilège suprême : on cumule la sécurité du salarié et les gains du capitaliste.

Toute une mythologie du manager miracle sert à justifier ces salaires inouïs. Longuement traqués par des « chasseurs de têtes », ces « surhommes » seraient seuls à même de remplir ces fonctions et les rétributions exorbitantes ne feraient qu'attester une valeur non moins inestimable. Cela coûte si peu à la compagnie et peut tant lui rapporter ! Que sont 10 millions, pour une C.G.E. qui réalise 56 milliards de chiffre d'affaires ! Un bon manager n'est jamais trop payé, tout le monde sait ça. Exceptionnels, pourtant, sont ceux qui acceptent de n'être rémunérés qu'au pourcentage sur leurs résultats. La preuve, à priori, par la feuille de paye est tout de même plus confortable que la preuve, à postériori, par le dividende.

Cette sorte de fonctionnarisation s'étend bien au-delà des grandes entreprises. Dans les P.M.E., le patron-propriétaire se fait le plus souvent salarier par sa société. Lui et parfois les siens. Avec un peu d'habileté, certains réussissent à vivre sur leur entreprise, en frais de fonctionnement. Car il est possible de prospérer à la tête d'une société qui ne fait pas de bénéfices. Nombre d'entrepreneurs individuels, travailleurs indépendants et petits patrons le vérifient chaque jour.

Au-delà du système capitaliste, on trouve des rémunérations supérieures à 50 000 F dans le secteur mutuel et coopératif. C'est particulièrement vrai dans le cas de la bureaucratie agricole. A la tête de certaines grosses coopératives, les dirigeants perçoivent des rémunérations de grands P.-D.G., totalement ignorées des agriculteurs-coopérateurs.

Ainsi le capitalisme a-t-il dégénéré, en se réfugiant dans le salariat pour devenir ce qu'il ne pouvait être dans un cadre libéral : une privilégiature. Entre ceux qui détiennent le pouvoir au nom de l'héritage et ceux qui l'exercent au nom de la compétence, nul ne veut plus être un aventurier de l'industrie acceptant le risque dans l'espoir du profit. Désormais, on fait carrière dans le patronat comme dans l'Administration selon des itinéraires balisés et, s'il faut risquer son argent, on choisit le commerce, l'entremise ou la spéculation plutôt que la production.

Ces managers sont donc cousins des technocrates et frères des dirigeants d'entreprises nationalisées. Les salaires ont eu tendance à s'aligner d'un secteur à l'autre. Vers le haut, bien sûr !

L'osmose a été particulièrement sensible dans les branches d'activité qui se partageaient entre le public et le privé. Certes, on n'y a pas égalé les records du secteur capitaliste, mais on a bien souvent atteint des niveaux de rémunération que le public juge incompatibles avec le service de la nation sinon de l'État. Les institutions financières, avec la complicité de la Direction du Trésor, ont fait monter les enchères particulièrement haut. La moyenne des 10 salaires les plus élevés atteignait, en 1980, 53 000 F par mois dans les grandes banques publiques : Crédit lyonnais, Société générale et B.N.P. Pour des établissements qui offrent, sauf au P.-D.G., tant de garanties, c'est plutôt coquet.

Les salaires des P.-D.G. ont naturellement suivi, dans l'ombre protectrice du secret. La progression fut particulièrement impressionnante dans les années 1965-1975, bien que variable selon les secteurs. Les prix des fauteuils présidentiels n'accélèrent que modérément dans les sociétés de transport : R.A.T.P., S.N.C.F., Air France, etc. En 1982 ils valent entre 40000 et 50000 F par mois, ce qui n'est pas cher payé pour des meubles aussi prestigieux. Les tarifs sont plus élevés dans l'audio-visuel ou la publicité, encore que, ici comme dans l'aviation, le gros lot ne revienne pas nécessairement au P.-D.G. Mais le record de l'inflation présidentielle fut atteint dans le secteur bancaire où certains traitements annuels se mirent à naviguer entre 1 et 2 millions par an.

Là encore, cependant, l'inégalité fit des ravages. Alors que les présidences s'envolaient à la Société générale, à la B.N.P., au Crédit lyonnais ou au Crédit foncier, elles ne décollaient guère au Crédit agricole, à la Banque de France ou dans les caisses d'épargne. Ainsi le patron de la plus grande banque du monde, le Crédit agricole, ne touchant qu'un maigre 500000 F par an, gagnait-il moins que les sous-gouverneurs du Crédit foncier. Vexant, non ? Pour les gouvernants, il fallait négocier les situations individuelles dans le plus grand secret, afin que les perdants ne sachent pas qu'ils étaient quatre fois moins rémunérés que les gagnants, ce qui, même dans un club présidentiel, peut éveiller l'ardeur revendicative.

Patron libéral n'appréciant que modérément les largesses consenties aux patrons fonctionnaires, René Monory entreprit de niveler un peu les sommets. A l'occasion des changements de titulaires, on rogna de 100000 à 150000 F sur les salaires annuels les plus élevés. La présidence du Crédit lyonnais fut ainsi ramenée à 1 million annuellement. Pour le traitement de base du moins. La Société générale ou la Banque du commerce extérieur, ayant conservé leurs patrons, étaient plus généreuses mais, à la fin du précédent septennat, on s'orientait vers une fourchette allant de 700000 à 1 million pour les présidences des grandes sociétés publiques.

Jamais à l'aise lorsqu'il s'agit de parler argent, la gauche a abordé ce problème avec une gêne évidente. Jacques Delors, voulant étendre à d'autres son propre désintéressement, parlait de plafonner ces rémunérations au niveau des plus hauts traitements de la Fonction publique, soit environ 35000 F par mois. Une misère ! D'autant que l'entrée dans le secteur public de grandes entreprises capitalistes devait singulièrement compliquer le problème. Un exemple : Saint-Gobain-Pont-à-Mousson. Le président du groupe, Roger Fauroux, gagne 1,6 million par an. Les 10 plus hauts salariés, P.-D.G. des grandes filiales, atteignent le million par an et les 10 administrateurs les mieux rétribués reçoivent 750000 F. De même à la C.G.E., derrière l'inaccessible Ambroise Roux, le numéro deux, Georges Pébereau, est payé aux alentours de 2 millions par an. Or, le gouvernement socialiste a conservé des managers aussi compétents que MM. Fauroux et Pébereau.

Face à ce délicat problème, on décida tout d'abord de maintenir la loi du silence. Bien que le Parti communiste ait réclamé à cor et à cri que toute la lumière soit faite sur les hautes rémunérations, Charles Fiterman, lui-même, refuse de publier les gains des présidents dans les sociétés nationales de transport.

Pour mieux laisser dans l'ombre les réalités, on met en lumière les principes nouveaux. Désormais, la fourchette ira de 400000 à 800000 F. Mais il y a loin de la règle générale à l'application particulière. Va-t-on réduire de moitié les salaires des P.-D.G. maintenus à leur poste ? Du coup les malheureux ne pourraient même pas payer leurs impôts de 82 et se retrouveraient moins bien lotis que leurs proches collaborateurs. Et si l'on étend la réduction aux cadres de direction, on devra la répercuter sur les cadres supérieurs. Réaction en chaîne, classique dans toute réduction des inégalités.

D'une façon ou d'une autre, il faudra trouver des accommodements et ils ne pourront se faire que dans la discrétion. Le gouvernement sait que, la curiosité du moment passée, les journalistes et l'opinion se polariseront sur d'autres sujets. La loi du secret, c'est-à-dire la marque de la gêne, continuera donc à régner sur les plus hautes rémunérations, dans le secteur public comme dans le secteur privé : en ce domaine, c'est tout ou rien, qu'il faut dire, une information unique, personnalisée, s'apparentant à la dénonciation. Pourquoi afficher le salaire de l'un alors que ceux des autres sont dissimulés ? Ce serait désigner à la vindicte publique un homme heureux qui, pour être bien pourvu, ne fait jamais que profiter du système. La Haute Privilégiature salariale a donc encore de beaux jours devant elle. Ne faisant que traduire dans les chiffres le remplacement de la propriété par la compétence à la tête du système capitaliste, elle s'appuie sur une évolution qui ne peut que s'accentuer. Sur un sens de l'histoire, en quelque sorte.

En vertu des critères retenus pour définir la Haute Privilégiature, les travailleurs indépendants ne devraient pas y figurer. Ils sont « à leur compte » et gagnent leur argent sur le marché concurrentiel. Sans doute peut-on trouver excessives les fortunes qui se créent dans certains secteurs du commerce. Du moins ne s'agit-il pas d'un privilège au sens strict. Les boutiques qui ferment, cela existe, et tout un chacun peut s'établir marchand pour gagner des cent et des mille. Oublions les rentes de situations dont jouissent certains gros intermédiaires et admettons qu'en principe les gains sont justifiés par la morale libérale dans toutes les professions indépendantes et ouvertes.

Mais voilà bien le problème : la règle de l'ouverture — la libre concurrence — subit beaucoup d'entorses. Certaines, nous aurons tout loisir d'y revenir, n'apportent point la fortune ; d'autres, au contraire, ont permis la création de splendides privilégiatures, dont le notariat est le prototype.

Ah ! nos chers notaires, grands prêtres de la sainte propriété. Comme nous aimons le mystère dont ils entourent nos petites affaires, et comme il serait inconvenant de mettre le nez dans leurs comptes ! Ils gagnent bien leur vie, nul n'en doute, mais la notabilité de la fonction réfrène les tentations de la curiosité. Le Français qui met le médecin au sommet de la hiérarchie des revenus ne peut faire moins pour le médecin de son patrimoine. Cependant, il ne peut pas, à la fois, demander aux notaires d'être transparents quand il s'agit de leurs affaires et opaques quand il est question de celles de leurs clients. Le secret est un tout et la corporation notariale s'entend à le faire respecter.

Longtemps, elle a pu empêcher la Direction générale des impôts de communiquer les statistiques fiscales la concernant. Un conflit a même éclaté lorsque le C.E.R.C. a rendu publiques certaines informations sur les revenus des notaires. En 1978, la moyenne mensuelle de la profession s'établissait à 30 160 F. Par comparaison, les chirurgiens n'étaient qu'à 22 000 F, les dentistes à 14 260 F, les médecins spécialistes à 14 370 F et les généralistes à 10900 F. Certes, il faut affecter ces chiffres d'un certain coefficient de sous-évaluation plus fort que pour les notaires. Toutefois, il est peut-être abusif de voir le C.E.R.C. poser en principe que, dans leur cas, les sommes déclarées sont présumées conformes aux bénéfices réels.

Il est vrai que leur mode de rémunération ne permet pas de grosses sous-évaluations. Les contrôleurs du fisc vous diront pourtant, en privé, qu'un grand office notarial, ainsi que toute entreprise, peut majorer ses frais de fonctionnement et minimiser artificiellement ses bénéfices. De 10 à 20 % seulement, sans doute, mais tout de même. Qu'importe, la corporation doit être au-dessus de tout soupçon.

Voilà donc une profession globalement payée 50000 F par mois en 82, à l'égal des dirigeants d'entreprises. Première indication trompeuse : la statistique vous a fait perdre pied dans un étang dont la profondeur moyenne ne dépasse pas cinquante centimètres. Pourquoi ?

Aujourd'hui, en France, 6686 notaires se répartissent 5134 offices car, de plus en plus, on voit plusieurs titulaires se partager une même étude. Or, les revenus sont fort variables de l'une à l'autre. Il existe des notaires de campagne qui gagnent moins de 10000 F par mois. Les opulents notaires parisiens doivent même subventionner leurs confrères de Lozère afin de maintenir le réseau sur toute la France, comme l'exige toute mission de service public. Ces notaires du désert français, s'ils ne gagnent que 4000 F par mois, ne traitent aussi que quelques dizaines d'actes par an : leur fonction ne les occupe donc qu'à quart de temps et leur laisse tout loisir de se livrer à d'autres activités. Cela n'empêche pourtant pas de mêler dans la statistique un certain nombre de « gagne-petit » qui, une fois de plus, dissimulent les gros.

Ces derniers se trouvent dans la France en croissance, dans les régions dynamiques qui ont connu un grand essor industriel et immobilier ces dernières années. On atteint, dans le Bassin parisien et dans les grandes agglomérations, des niveaux de rémunération tout à fait comparables à ceux de nos P.-D.G. C'est dire qu'on dépasse couramment les 100000 F par mois. Les meilleures études parisiennes rapportent 2 millions par an et l'on compte 150 notaires parmi les plus gros contribuables français.

Il existe donc au moins 3000 à 4000 notaires qui, au vu de leurs revenus, peuvent figurer dans la Haute Privilégiature. Mais, la richesse n'y suffit pas. Il faut encore le statut : celui du notariat n'est pas mal du tout. Il constitue un atout de taille, en limitant les règles de la concurrence, le nombre des concurrents et l'accès à la profession.

Premier point, le notaire n'est pas maître de ses tarifs. Il est payé selon des barèmes fixés par l'Administration et généralement proportionnels au montant des affaires traitées. Double avantage : en premier lieu, l'éventuelle concurrence entre études ne risque en aucun cas de casser les prix. Pour attirer les clients, les chers « maîtres » pourront se montrer plus empressés, offrir des fauteuils plus moelleux, mais non prendre moins cher. En second lieu, les rémunérations sont, pour une large part, indexées sur l'inflation immobilière. Seul l'effondrement des prix sur le marché de l'immobilier pourrait porter un coup sévère aux revenus de la profession.

Deuxième point, le nombre des concurrents potentiels est limité. C'est l'État qui contrôle la création d'offices notariaux. La corporation veille à ce qu'on ne multiplie pas les fameuses enseignes qui signalent les offices. Il existait, en France, 6323 offices en 1968, il n'y en a plus aujourd'hui que 5134 et nul ne saurait en ouvrir un de plus, à moins qu'une décision administrative n'ait été prise en ce sens. C'est dire qu'on en a fermé dans les régions à l'abandon plus qu'on n'en a créé dans les zones en expansion. Ici aussi, la concurrence est bien tenue.

Troisième point enfin, et non des moindres, les études disponibles ne sont pas l'enjeu d'un quelconque concours méritocratique mais soumises à l'antique système de la vénalité. Le notaire est propriétaire de son office et le revend au successeur que, pour la forme, il « propose » à l'Administration. Il peut tout aussi bien le laisser purement et simplement à son fils, sa fille ou son gendre. Ainsi les jeunes loups, quels que soient leurs mérites, ne sauraient-ils avoir sceau sur rue s'ils n'ont pu acheter une charge. Or, les prix varient entre 1 et 10 millions de francs, ce qui n'est pas à la portée de toutes les bourses des débutants.

Il y a donc bien un privilège de l'argent et/ou de la naissance qui favorise grandement l'accès au notariat.

Ce fort beau système de protection conforte la situation matérielle des intéressés. Si certains notaires, mal placés dans la France en déclin, ont vu fondre leurs revenus, la profession, dans son ensemble, maintient superbement ses positions. Actuellement, en raison du marasme immobilier, elle souffre un peu. Mais elle a pu traverser cette décennie de crise en préservant un pouvoir d'achat égal à trois fois celui des cadres supérieurs. Ce n'est pas mal eu égard au nombre, tout de même assez réduit, de notaires que l'on voit faire faillite.

Ces privilèges exorbitants furent dénoncés, il y a une vingtaine d'années déjà, par MM. Rueff et Armand dans leur fameux rapport. Il est vrai que les auteurs, après avoir constaté que « la profession de notaire n'est accessible qu'à une minorité de candidats fortunés » et que « les services rendus par les notaires alourdissent souvent à l'excès le prix des opérations économiques et sociales auxquelles le gouvernement attache une grande importance », s'empressaient d'ajouter que « le Comité n'a pas jugé possible de proposer la suppression du système traditionnel de la vénalité des charges ». Ouf ! Les notaires l'avaient échappé belle. Pourtant, les experts avaient fait de réjouissantes constatations : « Pour une opération type de construction de 160 " logécos ", le notaire qui est intervenu à l'occasion de l'acte de vente des appartements, du transfert de la prime aux acquéreurs et de la division du prêt du Crédit foncier a perçu en moyenne 1 300 F par logement. Sa rémunération a été supérieure à celle de l'architecte qui a œuvré pendant trois ans comme maître d'œuvre [...], elle représente le tiers des exonérations fiscales accordées par l'État [...]

« En l'espèce, le rôle du notaire a consisté :

« — à vérifier, sous sa responsabilité, l'origine de la propriété des appartements, mais cette vérification avait déjà été faite à l'occasion de l'acquisition du terrain et lors de l'obtention du prêt du Crédit foncier,

« — à inscrire 160 fois sur des formulaires préétablis des renseignements fournis par le maître d'œuvre. »

A la suite de ces remarques, on a réduit les honoraires proportionnels sur de telles opérations de série. Il faut bien faire quelques concessions aux envieux ! On a également, comme le demandaient MM. Rueff et Armand, vérifié d'un peu plus près les conditions d'accès à la profession. A cette époque, notaient les auteurs du rapport, les études de notaires constituaient « le refuge des " fils de famille " dépourvus de toute formation universitaire, au détriment de candidats intellectuellement mieux doués ». Depuis lors, le notariat est toujours le refuge des fils de famille..., à condition qu'ils soient tout de même suffisamment aptes à faire des études. Pour devenir notaire et pouvoir, par conséquent, se procurer une charge, il faut désormais avoir une maîtrise en droit, faire l'équivalent d'un doctorat de troisième cycle spécialisé, passer un concours et avoir effectué un stage de trois ans comme clerc dans une étude. Disons qu'un notaire a la formation d'un cadre supérieur classique, mais non pas l'équivalent des grands diplômes : agrégation, polytechnique, E.N.A., etc. En termes de pure méritocratie universitaire, ses diplômes « valent » environ 15 000 F par mois sur le marché, 20 000 tout au plus ; grâce au statut notarial ils vaudront deux ou trois fois plus, avec une sécurité de l'emploi très supérieure à celle d'un cadre d'entreprise. La différence n'est pas mince.

Une telle privilégiature ne se fabrique pas en un jour. La profession se targue d'un millénaire d'existence. Elle commence assez modestement, au niveau de l'écrivain public, et se structure à mesure que se codifie le droit. Bien vite, elle se corporatise selon le système de l'époque, sans parvenir, toutefois, à se protéger de l'extérieur. A la veille de la Révolution, il existe 13 000 notaires pour une France deux fois moins peuplée qu'aujourd'hui. Beaucoup vivent donc misérablement.

Ainsi que le disent candidement Jean Rioufol et Françoise Rico, historio-hagiographes de la profession[1] : « Seule la Compagnie des notaires de Paris avait su résister aux pressions du pouvoir, en évitant à maintes reprises la création d'offices nouveaux par le paiement au roi d'un véritable tribut. » L'élimination de la concurrence vaut bien quelques sacrifices. A l'aube de

1. *Le Notariat français,* Jean Rioufol et Françoise Rico, « Que sais-je ? », P.U.F., 1979.

la France bourgeoise, Napoléon codifie la profession gardienne de l'institution sociale suprême qu'est la propriété. Les choses ont peu varié depuis lors et l'on se doute qu'une telle permanence ne va pas sans de grands efforts, dans un pays qui a sensiblement évolué depuis l'époque napoléonienne.

Ce qui est ignoré est aisément accepté. Malheureusement, il est difficile au notaire de passer inaperçu. Il est toujours là auprès des gens ; chacun a le sien. Impossible de se faire oublier comme les agents de change ou les conservateurs des hypothèques. Il lui faut donc jouer à la fois de l'occultation et de la justification. L'occultation, c'est celle des revenus. Nous l'avons vu. La justification, elle, consiste en une série d'arguments typiques de la défense corporatiste.

Le premier, le plus sûr, c'est le service rendu aux particuliers. Le parallèle avec la médecine s'impose. Le Français est prêt à tout croire et tout sacrifier pour préserver son argent ou sa santé, et ceux qui l'assistent en ces matières peuvent facilement jouer de sa crédulité. Ainsi le persuaderont-ils que les privilèges dont ils jouissent n'ont d'autre but que de mieux assurer sa protection. C'est particulièrement vrai des notaires et de leurs clients. Petits ou gros, virtuels ou réels, les propriétaires redoutent également la curiosité de l'État et la cupidité des marchands. Ils se sentent donc aussi mal à l'aise avec le fonctionnaire qu'avec le commerçant. Il leur reste cet être hybride, dont l'activité est étroitement contrôlée par la puissance publique bien qu'il en demeure indépendant. C'est le confident-conseiller idéal ; le notaire. Ce personnage et son statut sont donc profondément insérés dans nos schémas culturels, ils répondent à un besoin ancestral. Les Français seraient bouleversés de devoir confier à des individus non surveillés leurs secrets d'argent et de famille.

Sur cette constatation indiscutable va se fonder toute la défense et illustration des privilèges. Car l'État pourrait fort bien contrôler l'exercice d'une profession sans lui octroyer un statut aussi favorable. Mais la rhétorique de la corporation notariale est particulièrement intéressante : on la retrouve, sous des formes diverses, dans tous les discours corporatistes. Plus on défend un intérêt particulier, plus on doit mettre en avant l'intérêt général.

Ainsi, dans le morceau d'anthologie qu'est *le Notariat français,* ouvrage qui ne fait que reprendre les propos tenus par les représentants de la profession, on apprend que « le statut n'a pas pour objet de protéger les notaires, mais bien au contraire d'apporter des garanties à leurs clients ».

Le *numerus clausus* est une « bonne chose » pour les clients et « une contrainte » pour les professionnels. « S'il n'existait pas de limitation, la concurrence se ferait en partie au détriment de la clientèle et entraînerait une hausse des coûts [...] » La libre concurrence fait augmenter les prix, tout le monde a appris cela en économie.

De même insiste-t-on lourdement sur les assurances collectives payées par les notaires, afin de garantir les clients contre les erreurs ou les fautes de l'un quelconque d'entre eux. Cette garantie est effectivement une bonne chose pour la clientèle et peut coûter cher aux notaires lorsque, comme dans l'affaire de la Garantie foncière, un collègue « indélicat » laisse un gouffre énorme à combler. Toutefois, cette charge ne justifie en rien les bénéfices extraordinairement élevés de certaines études, puisque ces revenus s'entendent déduction faite de ces mêmes charges d'assurance qui entrent dans les frais généraux. Le fait est que, tout en supportant cette obligation, on vit encore fort bien sur son office.

N'oublions surtout pas les frais d'amortissement supportés par les notaires qui ont dû emprunter pour acheter leur charge. Ces remboursements peuvent, en effet, être fort lourds pour les grosses études. Mais c'est oublier qu'ils ne sont qu'une capitalisation et non un amortissement. L'industriel qui paye pendant vingt ans sa machine a perdu son capital au bout de cette période, étant donné que la machine est bonne à jeter lorsqu'elle est amortie. Rien de tel dans le cas d'une étude. A part les chaises et les fauteuils un peu défraîchis, le capital, le « fonds de commerce », a conservé toute sa valeur. Il s'agit donc, tout au plus, d'une épargne forcée et non d'un prélèvement pur et simple. Le notaire retrouvera sa mise à la revente.

Pensez encore à la terrible responsabilité du notaire. N'est-il pas, depuis Napoléon, passible de la cour d'assises à la moindre faute ? C'est vrai et l'on retrouve de temps à autre des notaires face aux jurés. Le plus souvent, pour des fautes involontaires, des erreurs, des imprudences, et l'accusé s'en tire avec une amende, quand il n'est pas acquitté, tant les jurés d'assises sont peu faits pour sanctionner de telles peccadilles. Parfois le notaire s'est franchement livré à des manœuvres frauduleuses. S'il a voulu jouer au banquier marron, il finit effectivement en prison... de même que n'importe quel escroc. Il est donc assez ridicule de représenter le notaire comme un malheureux, risquant la paille humide au moindre faux pas. Il doit respecter les règles assez strictes de son métier, un point c'est tout.

Ainsi se développe toute une argumentation défensive ; une action aussi. La profession est solidement soudée autour de ses organes corporatifs et veille au grain. Il y a quelques années, l'Administration s'était mis en tête de normaliser les différents actes notariés, afin de les passer sur ordinateur. On voit le danger. Une fois informatisées, la rédaction et la conservation de l'acte seraient devenues si simples que l'Administration aurait pu s'en charger, dépouillant ainsi le notariat de l'une de ses attributions essentielles. Inutile de dire que ce projet souleva les plus vives protestations et n'eut pas de suite.

Le notariat assure un service public dans des conditions satisfaisantes. C'est un fait. Il permet aussi de vivre en P.-D.G., à la tête d'une entreprise qu'on a trouvée toute faite et qui navigue paisiblement sur les eaux lisses d'un étang à jamais préservé des tempêtes concurrentielles. Sans doute la navigation deviendrait-elle moins aisée ou d'un moindre rapport si l'on ne retenait du statut que les dispositions prises en faveur des clients, à l'exclusion de celles qui ne visent qu'à protéger les professionnels. Les notaires gagneraient moins, le public serait servi avec plus d'empressement et la profession pourrait « créer des emplois ». Pour un certain temps encore — pour un millénaire de plus qui sait ? —, le notariat restera une fort aimable privilégiature.

Il en est d'autres moins voyantes, mais non moins attrayantes, dans le même registre. Si les notaires soignent leur respectabilité pour protéger leurs privilèges, les syndics-liquidateurs et administrateurs judiciaires, eux, ne peuvent compter que sur la discrétion pour défendre une profession dont la réputation n'est pas « mauvaise » mais, carrément, haïssable.

Sans doute, dira-t-on, est-ce le métier qui veut ça. Les administrateurs sont les oiseaux de mauvais augure, annonciateurs de la faillite, les liquidateurs sont les exécuteurs de la solution finale : tout cela n'inspire pas la sympathie. Les reproches adressés à cette corporation vont pourtant bien au-delà du simple malaise suscité par son activité. Tout, ici, est contestable sinon condamnable. Ce jugement brutal est, en substance, celui de la Cour des comptes dans un rapport de 1979, assez peu remarqué, mais à la virulence rarement égalée.

Voici des entreprises à bout de souffle qui arrivent en cessation de paiement. Le tribunal de commerce prend le malade en main. S'il estime que le patient pourra recouvrer la santé, il le met en règlement judiciaire et nomme un administrateur. S'il le croit condamné, il prononce la mise en liquidation et en charge un syndic-liquidateur qu'il désigne. Administrateurs, liquidateurs, syndics — les professions sont confondues dans la pratique sauf à Paris — jouent un rôle essentiel dans une économie en crise, où se multiplie le nombre des entreprises moribondes.

Or, cette fonction est remplie de bien mauvaise façon par un petit groupe — 300 environ — qui a fait main basse sur la profession. C'est l'histoire exemplaire d'une corporation, créant de toute pièce une privilégiature, une histoire qui en dit long sur les risques de laisser bloquer toute concurrence.

La première caractéristique, un peu surprenante, de ce métier, est d'être fort peu réglementé. Le syndic n'est pas un officier ministériel mais un mandataire de justice, qui peut exercer dès lors qu'il se trouve inscrit sur une liste dressée annuellement par la Cour d'appel. Il ne possède même pas le monopole de sa fonction qui, dans un certain nombre de cas et pour un certain nombre d'actes, est exercée par des avocats, des huissiers ou des commissaires-priseurs. Aucun *numerus clausus* légal, bien sûr, et, qui plus est, aucune exigence méritocratique. Bien que le pilotage des entreprises en perdition requière la plus haute compétence, il n'est demandé aucun diplôme universitaire, absolument aucun — sauf, à Paris, une licence en droit — pour faire ce métier. La profession se charge de vérifier la qualification de ses membres.

Si j'ajoute que ces gens gagnent fort bien leur vie et d'autant mieux que la crise s'aggrave, on pourrait s'attendre à une ruée des candidats. A une inflation considérable des effectifs. Et l'on finirait par voir des liquidateurs faméliques errer dans les ruines de l'économie en se disputant les dépouilles des entreprises. Au lieu de cela, la compagnie prospère sans nulle crainte de la concurrence. Elle est la plus fermée qui soit. De 1968 à 1977, elle avait ramené le nombre de ses membres de 291 à 285. Depuis lors, au prix d'une énorme concession, elle a admis la création de 10 postes supplémentaires. Ainsi la fermeture du notariat n'est-elle qu'une plaisanterie à côté de celle de la profession des syndics.

Curieux, ce *numerus clausus* sans base légale ! Il tient à l'habileté des intéressés et à l'extrême médiocrité de certains juges de commerce. Tout est là. La cour d'appel n'inscrit les candidats que sur proposition du tribunal de commerce. Or, celui-ci est entièrement circonvenu par les syndics. Il est également incapable de surveiller leur compétence, de contrôler leur action, de faire jouer la concurrence. Les juges consulaires se contentent de reconduire d'une année sur l'autre la liste officielle. Sans y ajouter le moindre nom.

Dans le cas des notaires, le *numerus clausus* raisonnablement aménagé favorise la profession sans nuire au public. Pour les syndics, il est appliqué avec une telle rapacité que la fonction même ne peut plus être convenablement assurée. En dépit de la multiplication des faillites, le nombre des emplois n'a pas été augmenté. En sorte que les syndics, surtout dans les grandes villes, croulent littéralement sous le nombre des affaires. Il n'existait en 1979 que 4 syndics à Lyon et à Bordeaux, 3 à Toulouse et chacun avait 300 à 400 dossiers en instance ! A la limite, la corporation préfère laisser à d'autres le travail qu'elle ne peut faire plutôt que de s'élargir. Double résultat de cette pénurie délibérément entretenue : le travail mal fait, les rentes de situation.

La Cour des comptes a dénoncé les lenteurs incroyables des procédures. La vérification des créances, qui devrait être achevée dans les trois mois du jugement, prend plus d'une année. En Haute-Garonne et en Gironde, souligne le rapport, il a fallu attendre cinq et neuf ans. Le record étant détenu par une faillite dans le Rhône, où l'état des lieux n'est toujours pas dressé après dix-neuf années ! On imagine les conséquences d'une telle lenteur sur les différentes parties prenantes : salariés, débiteurs, etc. L'entreprise va à vau-l'eau en attendant que le syndic ait le temps de s'en occuper, l'actif se détériore, les créanciers se désespèrent, les misères et les faillites s'accumulent. L'Administration se trouve empêchée d'exercer son contrôle, le liquidateur se dispensant généralement de faire parvenir le rapport annuel sur l'état de la liquidation.

Bien souvent, les administrateurs judiciaires se révèlent incapables de gérer correctement l'entreprise et de lui donner ainsi une nouvelle chance. Comme le dit diplomatiquement le rapporteur : « Leur qualification n'est pas toujours suffisante. » Comment pourrait-il en être autrement ? Pour gérer des entreprises saines on exige les plus hauts diplômes doublés d'une impitoyable sélection et pour les entreprises malades on s'en remet à des gens qui n'ont donné aucune preuve sérieuse théorique ou pratique de leur compétence et qui, faute de temps, s'en déchargent souvent sur des collaborateurs encore moins qualifiés. Le tout sans risque et sans concurrence.

Qu'importent les drames qui peuvent résulter de cet état de fait, la corporation, elle, se porte bien. En effet, le syndic se paye sur le produit de la vente avant tout autre créancier. Même les salariés passent après lui. Or, ses honoraires sont fort élevés, grâce à un mode de paiement aberrant qui inclut un prélèvement sur les créances vérifiées et un pourcentage sur les sommes recouvrées. Ainsi peut-on se rémunérer sur la simple constatation de dettes dont on sait qu'elles ne pourront jamais être remboursées. Quelques exemples cités par la Cour des comptes illustrent les conséquences de ce système. Dans la Gironde, le passif d'une liquidation atteignait 462 523 F dont 119 330 F de dettes chirographaires, c'est-à-dire sans garanties et non prioritaires, alors que l'actif n'atteignait que 21 939 F. C'est ainsi que le syndic empocha plus de la moitié de cette somme : 11 303 F.

Ce taux de 50 % est courant et il est encore bien plus élevé lorsqu'il s'agit de petites faillites. Pour le département du Rhône, les examinateurs de la Cour des comptes ont découvert une liquidation ayant laissé 7463 F de recettes, sur lesquels le syndic s'était octroyé 6311 F d'honoraires plus 834 F de frais. Des pourcentages de 83 à 90 % de prélèvement pour honoraires ont été observés. Ce sont encore les naufrages des grands vaisseaux qui rapportent le plus. Dans le cas de Boussac-Saint-Frères, on parle d'honoraires variant entre 2,5 et 10 millions de francs que se partageront 3 syndics.

Les gains financiers de cette profession sont, au total, fort élevés. En 1978, pour les liquidateurs imposés en déclarations contrôlées, la moyenne atteignait 365 000 F par an ; en 1982, elle doit dépasser 40 000 F par mois. Mais toute la corporation ne vit pas sur le même pied. Certains vivotent en province, ne pouvant que ronger jusqu'à l'os des boutiques et des ateliers sans grande valeur marchande, tandis que d'autres prospèrent dans les grandes villes à la tête d'énormes cabinets. Effectivement, les 60 liquidateurs les mieux payés atteignaient déjà en 1978, 670 000 F d'honoraires et, tout en haut, les 5 plus gros d'entre eux gagnaient entre 1,2 et 2,2 millions de francs, rejoignant là les premiers P.-D.G. de France.

Plus encore : le *numerus clausus* a transformé les emplois en charges et permis, hors de tout statut légal, de créer une véritable vénalité, les juges consulaires, toujours aussi complaisants, ne nommant les liquidateurs que sur présentation des syndics. Ceux-ci vendent donc leurs emplois, qui ne sont pourtant ni des offices ministériels ni des fonds de commerce. « La convention de transfert ne donne généralement pas lieu à enregistrement et semble échapper le plus souvent à l'administration fiscale, qui ne peut percevoir le droit de mutation ni taxer la plus-value », constate la Cour des comptes. Elle ajoute que, dans les rares cas où les transactions ont été faites au grand jour, la valeur déclarée était le plus souvent inférieure au bénéfice annuel, n'en atteignant parfois que le cinquième ! Ainsi la confiscation d'une profession permet-elle d'échapper au fisc par les avantages patrimoniaux qu'on en retire.

Si la fermeture de la profession pouvait en assurer l'honorabilité ! Hélas ! Ayant nommé un syndic pour administrer une des plus grosses faillites de 1981, le nouveau gouvernement découvrit que l'heureux bénéficiaire de cette affaire était par ailleurs poursuivi en correctionnelle pour certaines malversations dans d'autres liquidations.

Car la corporation n'est pas irréprochable. Son organisation en association nationale, comportant une chambre de discipline, ne donne qu'une garantie de responsabilité fort contestable et les histoires les plus choquantes courent sur les pratiques de la compagnie. Un exemple : la conservation des fonds. La loi de 1967 stipule que tout l'argent recouvré doit être immédiatement versé à la Caisse des dépôts. « En réalité, note le rapport de la Cour des comptes, nombre de syndics conservent entre leurs mains des sommes très importantes qui dépassent, de façon permanente, 500 000 F dans l'Isère, la Gironde ou la Haute-Garonne, le million de francs dans le Rhône. En 1978, pour certaines études de ce département, les sommes retenues s'élevaient à 2 800 000 F et 4 350 000 F. Cette détention abusive de fonds est en principe sanctionnée [...] En fait, les syndics conservent le produit financier qui, pour certains d'entre eux, s'est élevé respectivement, en 1977, à 193 596 F, 300 389 F et 359 081 F. »

De son côté, le médiateur reçoit les plaintes de faillis qui dénoncent les conditions suspectes dans lesquelles furent vendus les biens de leur entreprise défunte. Certains actifs auraient été, dit-on, cédés pour des sommes dérisoires à des amis ou... des juges du tribunal de commerce. Allégations toujours difficiles à vérifier, il est vrai que le patron qui a déposé son bilan croit toujours l'entreprise plus saine qu'elle n'est et tend à en surévaluer l'actif. Une fois que la suspicion s'est installée, on ne peut plus démontrer l'innocence ni la culpabilité. Sans doute existe-t-il ici comme ailleurs une majorité de professionnels compétents et intègres. Gardons-nous du racisme, même anti-corporatiste ! Mais les conditions d'exercice du métier ne peuvent que laisser s'étendre les soupçons à tous surtout dans l'exercice d'un métier aussi difficile.

C'est pourquoi les pouvoirs publics, depuis un certain temps déjà, souhaitent réorganiser et moraliser la profession. En 1979, justement, Alain Peyrefitte, garde des Sceaux, avait élaboré un projet de loi réformant la profession. Il était prévu une dissociation entre les fonctions de liquidateur et d'administrateur, l'établissement de commissions nationales élargies pour contrôler l'accès à ces professions, des exigences de qualification renforcées, un examen plus rigoureux des procédures par les pouvoirs publics, une véritable responsabilité collective vis-à-vis des clients, et, enfin, un nouveau mode de rémunération qui abandonnerait le principe du pourcentage automatique.

La profession a réussi à bloquer le projet et pu conserver sa privilégiature. Mais non pour longtemps. Dès le mois d'août 1981, Pierre Mauroy a annoncé le dépôt d'un projet de loi réformant les procédures de faillites. D'une façon ou d'une autre, le changement se produira, mettant à mal certains privilèges par trop invraisemblables. A trop vouloir profiter d'une situation, on risque de la gâcher.

Cette histoire est exemplaire des excès auxquels peut conduire le monopole corporatiste d'une profession. Les syndics ne sont pas différents des autres Français : ils ont simplement exploité une situation particulièrement favorable. Il en irait de même dans le cas de n'importe quelle branche échappant, tout à la fois, à la concurrence et à un contrôle étroit des pouvoirs publics. En soi, il n'est pas grave que 300 syndics sur 54 000 000 de Français aient trouvé un bon fromage. Cela ne représente pas encore une bien lourde charge pour chaque citoyen. Mais les conséquences économiques de cette situation, qui dure depuis des décennies, sont désastreuses. Nos syndics nous coûteraient beaucoup moins cher s'ils étaient payés à ne rien faire, tandis que des hommes compétents prenaient en charge les entreprises malades.

Des milliers d'entre elles, vendues à l'encan pour une bouchée de pain, auraient pu revivre dans un autre système de gestion si l'on avait appliqué un traitement efficace. Il existe aujourd'hui, en France, des multitudes de salariés qui travaillent dans des entreprises en difficulté. Parmi ces emplois menacés, un certain nombre pourraient être sauvés. A ce stade, les administrateurs judiciaires joueront un rôle décisif. C'est là que se trouve le véritable enjeu de la réforme à venir dans ce domaine, et non dans la simple abolition des privilèges des syndics.

S'apparentant par certains côtés à la précédente, la profession des commissaires-priseurs a une bien meilleure image de marque : celle de l'objet d'art. Il s'agit là d'officiers ministériels étroitement tenus par un statut corporatif qui, tout à la fois, les protège et les contrôle. Cette noble compagnie de 283 affiliés est également bien verrouillée et ses membres sont propriétaires de leurs charges dans la plus pure tradition de l'Ancien Régime. Jouissant d'un monopole sur les ventes publiques de meubles, les commissaires se répartissent sagement le territoire national et sont beaucoup mieux organisés que les liquidateurs. En effet, la moitié des droits proportionnels alloués à la profession sur chaque vente va à une bourse commune dont le montant est distribué en toute équité entre tous les commissaires-priseurs de la compagnie régionale. Ainsi, même sans procéder personnellement à aucune vente, tout commissaire est-il assuré de toucher un minimum qui, en 1979, dépassait 200 000 F par an.

Les gains seront à nouveau extrêmement variables, la majorité de la profession n'atteignant pas de quoi payer son ticket d'entrée en Haute Privilégiature. Mais les meilleures situations rejoignent le « haut de gamme » en matière de revenus. Sondeons que le chiffre d'affaires des plus grosses charges parisiennes doit avoisiner les 200 millions, ce qui permet au titulaire de se bien placer parmi les très hauts contribuables. Cela pour une activité fort estimable mais sans grand risque et qui reste protégée des fortes pressions concurrentielles : c'est, encore une fois, une place qui suppose une certaine qualification, mais, surtout, pas mal d'argent pour démarrer dans cette carrière bien assurée.

Nombre de professions judiciaires permettent ainsi d'accéder à la privilégiature, à ces situations heureuses où l'on jouit des bénéfices d'un haut chef d'entreprise sans avoir à supporter comme lui les contraintes économiques, où l'on gagne autant qu'un grand P.-D.G. sans avoir subi des épreuves de sélection aussi rigoureuses. On pourrait citer les charges d'agent de change, d'avocat au Conseil d'État ou à la Cour de cassation, etc. Dans tous les cas, un *numerus clausus* rigoureux et la vénalité des charges permettent d'acheter, au prix d'un peu de compétence professionnelle, des positions monétaires extrêmement élevées sans le moindre risque.

Quand elles mettent en avant la « mission de service public » qu'elles assurent, c'est en fait l'enrichissement sans cause — lorsqu'il atteint de tels niveaux — que prétendent justifier de telles corporations. Comme si contrôle et concurrence étaient incompatibles, comme si très hautes rémunérations et qualité du service étaient indissociables, comme si l'intérêt du public était nécessairement le même que celui de la profession.

N'épiloguons pas, tous les Français voudraient ainsi gagner gros sans trop d'efforts. Quelques-uns y parviennent. Ils sont rares et ces survivances de l'ancien temps ou ces innovations des temps nouveaux choquent par le fait qu'elles portent la marque la plus visible de l'inégalité : l'argent. Les autres catégories de Français ne peuvent espérer décrocher pareils gros lots, ils s'efforcent, chacun dans son groupe, de grappiller quelque chose — un peu de sécurité, un petit avantage, une semaine de congé : quittant la corporation des riches et la Haute Privilégiature, plongeons dans la grande foire aux avantages.

VII

À L'OCCIDENTALE
ET À LA SOVIÉTIQUE

Le capitalisme libéral est une fantastique « machine à faire travailler les gens » qui, dans sa version pure et dure, allie la brutalité sur le plan social à l'efficacité sur le plan économique. Il soumet l'individu à un ensemble d'incitations et de contraintes qui ne laissent à celui-ci le choix qu'entre deux attitudes : ou bien s'évertuer pour manger — et, hypothétiquement, s'enrichir — ou bien se relâcher, au risque de sombrer. Les gardes-chiourme de cette « société de travail » sont les lois économiques dont on dit, depuis Adam Smith, qu'elles obtiennent un bien meilleur rendement que les maîtres négriers. Le système s'impose à tous, capitalistes comme salariés, les premiers ne faisant que transférer sur les seconds les efforts impliqués par ces lois, tout en retirant leur profit au passage.

Les contraintes sont liées à tout développeemnt industriel, mais cette façon de les répercuter est propre au capitalisme libéral. La distinction entre le travail, en tout état de cause indispensable pour atteindre un niveau donné de production, et son organisation, spécifique de chaque système sociopolique, est essentielle. L'ignorer mène à imputer le poids des faits aux vices des structures et à croire qu'un simple changement politique peut amener les difficultés économiques à disparaître.

A l'opposé des sociétés traditionnelles, le monde moderne se fonde sur l'idée de progrès, laquelle suppose une phase pénible de développement. La communauté doit prélever, sur une production insuffisante, les investissements nécessaires à la construction d'outils plus puissants et plus opérationnels. La chose, particulièrement dure à l'aube de l'industrialisation, reste désagréable à un stade plus avancé, tant il est vrai que l'enrichissement avive l'insatisfaction plus qu'il ne l'apaise.

A l'obligation d'une consommation limitée s'ajoute, de nos jours, celle du changement. S'il est aisé de s'adapter au confort, ce l'est moins de s'arranger de toutes les exigences des impératifs de la productivité.

Les économistes, « distingués » par nature, parlent de « mobilité », cette expression aseptisée cachant des millions de tragédies humaines. Nulle société ne saurait s'industrialiser sans faire basculer la majorité de sa population des champs à l'usine et des villages à la ville. Les problèmes et les douleurs de cet exode rural sont généralement ignorés en raison de leur atomisation et parce qu'en dehors des périodes de crise, on finit par oublier la somme de microdrames individuels qui accompagnent tout développement. Il s'agit pourtant d'un gigantesque déracinement. Depuis la guerre, il meurt en France une ferme tous les quarts d'heure ! On imagine la théâtralisation qu'en feraient les médias si ces événements se trouvaient rassemblés au lieu d'être dilués dans le temps et l'espace. Mais il en va des fermes qui disparaissent comme des automobilistes qui se tuent. Un par-ci, un par-là, on les compte. C'est tout. Le monde n'entend que le fracas des avions qui s'écrasent et des empires qui s'écroulent.

Ainsi l'industrialisation se fonde-t-elle sur une accumulation de travail, et la prospérité qu'elle peut apporter se paye d'épreuves et de souffrances. Inévitablement. Lorsque les nations riches se lassent de cet effort, elles ne tardent pas à en perdre les fruits : la Grande-Bretagne, malgré son pétrole, nous donne le premier exemple connu d'un pays en voie de sous-développement. Toute solution miracle promettant la croissance sans en supporter le coût, ou l'opulence sans en payer le prix, n'est qu'une chimère conduisant, dans le meilleur des cas, à la stagnation. Dans le pire, à un désastre. C'est en travaillant dur que les peuples s'enrichissent, il n'y a pas à sortir de là..., à moins d'entrer dans les déserts de l'Arabie, gorgés d'or noir.

Si aucun système sociopolitique ne peut obtenir un résultat

sans imposer des contraintes — encore que certains soient tout à fait capables de les imposer sans obtenir de résultat —, ils appliquent, en revanche, des méthodes fort différentes pour les répartir.

Le capitalisme libéral mise sur les automatismes régulateurs du marché et sur la soif d'enrichissement. Ceux qui veulent faire fortune emploient ceux qui ne veulent que gagner leur vie, les uns et les autres étant toutefois menacés par deux molosses impitoyables : l'insécurité et la concurrence. Le salarié subit cette pression sur le marché du travail, le non-salarié sur celui devient un revenu stable et garanti, la condition salariale s'uniformise à l'intérieur des professions et même des sociétés. Ainsi, par le contrat d'embauche, on ne se contente plus de vendre du travail-marchandise, on adhère à un statut collectif de salarié.

En donnant au travailleur des protections supplémentaires, cette évolution réduit la force coercitive qui s'exerce sur lui. Ressentant moins brutalement l'insécurité, ne va-t-il pas se rebeller contre les exigences du productivisme ? Mais l'incertitude *dans* l'emploi vient tout juste de céder la place à l'incertitude *pour* l'emploi. La main-d'œuvre s'est dédoublée entre la population qui fait le travail et celle qui le cherche. Les garanties dont jouit la première ne font qu'accroître par contraste la précarité que supporte toujours la seconde, en sorte que la crainte du licenciement, qui pèse également sur tous, devient aussi vertigineuse que la peur de chuter dans un précipice. Cette seule menace suffit à contraindre le monde salarié. Le chômage, rupture totale, arbitraire et imprévisible, fait courir ceux qui le redoutent autant que ceux qui le subissent.

Les non-salriés, qui vendent directement leurs productions sur le marché, n'ont pas à supporter l'insécurité de l'emploi, mais celle des revenus. Agriculteurs, artisans, commerçants, patrons, membres de professions libérales, voient leurs gains fluctuer au gré de la conjoncture et de leur rentabilité. Ceux qui ne gagnent plus assez pour surnager sont acculés à la faillite. Ainsi ni les salariés ni les non-salariés ne sont-ils garantis dans le pur système libéral. Le seul « droit acquis », c'est celui de tenter sa chance sur le marché. A ses risques et périls.

Ce climat d'insécurité est avivé par la concurrence ouverte. C'est la bataille permanente, tous contre tous, qui affecte autant le marché des biens que celui du travail. L'entreprise qui manque de dynamisme et le travailleur dont la productivité diminue sont supplantés par un compétiteur plus efficace. Il en résulte une tension qui condamne chacun à se maintenir au plus haut niveau de rentabilité.

La société se réduit alors à un système productif qui impose sa dictature à travers la précarité générale. Ses nécessités sont des ordres ; à chacun de « s'adapter ou périr ». Pour le plus grand nombre, le bâton du chômage ou de la faillite est bien plus gros que la carotte de l'enrichissement : les travailleurs, indépendants ou non, sont plus semblables aux contraintes qu'aux incitations et redoutent les mauvais coups plus qu'ils n'espèrent les bonnes fortunes.

Dans des circonstances favorables, ce productivisme forcené porte ses fruits. La richesse s'accroît et, plus ou moins inégalitairement, est distribuée entre tous. Le consommateur bénéficie de la peine du travailleur..., étant entendu que les deux personnages coexistent en chaque citoyen. Ainsi en arrive-t-on à ces « sociétés de consommation » dont les mérites n'ont jamais été discutés que par ceux qui en profitent. Elles engendrent l'*homo economicus*, être dédoublé qui perd sa vie à la gagner et s'acharne autant à produire ce qu'il consomme qu'à consommer ce qu'il produit. Contestable ou pas, le fait est que cette prospérité n'a pu exister que dans des économies de marché.

Introduisons ici une distinction fondamentale. Par « capitalisme libéral », on désigne des entrepreneurs privés produisant en libre concurrence, dans le cadre d'un marché échangiste, l'assimilation se fait spontanément entre deux notions différentes : d'un côté, le capitalisme, qui se réfère à la propriété privée des moyens de production ; de l'autre, le libéralisme, mode de régulation économique par les automatismes du marché. Or, ces deux institutions ne sont pas nécessairement liées. Il peut y avoir un capitalisme non libéral et un libéralisme non capitaliste.

La première situation se réalise chaque fois que des entreprises privées échappent plus ou moins complètement aux lois de la concurrence. Entre le monopole qui écrase le marché et le corporatisme qui se le partage, la France offre tous les exemples imaginables de telles situations : positions dominantes, ententes oligopolitiques, prix garantis, tarifs imposés, professions fermées, marchés partagés, cartels et ententes... On n'a que l'embarras du choix.

L'étude notariale est typiquement une société de service dont la nature capitaliste se combine fort bien avec un environnement peu libéral. Le notaire-propriétaire empoche les profits sans redouter l'assaut des jeunes loups. Il en va de même des sociétés privées gérant des services publics, telles la Société des pompes funèbres générales, la Compagnie générale des eaux ou la Lyonnaise des eaux, qui ne connaissent guère la glorieuse incertitude du commerce.

Le monde du travail peut, lui aussi, échapper au marché lorsqu'une organisation détient le monopole d'embauche et impose souverainement son choix aux employeurs. On connaît deux exemples célèbres : le syndicat du Livre dans la presse parisienne et le syndicat des Dockers. A cause de ce dernier, les armateurs ne peuvent faire travailler sur les quais que les titulaires d'une carte professionnelle délivrée par le bureau central de la Main-d'œuvre docker — c'est-à-dire, en faire, en fait, le syndicat unique C.G.T. Les patrons capitalistes, bien que restant en concurrence les uns par rapport aux autres, n'ont plus la possibilité de faire jouer la compétition entre les travailleurs.

A l'opposé, les agents d'une économie libérale peuvent ne pas être capitalistes. C'est le cas de la régie Renault qui affronte les autres constructeurs, français et étrangers, sur un pied de parfaite égalité et sur un marché ouvert. En dépit de la nationalisation, il lui faut toujours imposer ses voitures contre celles des autres marques. Les nouveaux groupes nationalisés devraient se trouver dans la même situation, mais c'est une autre histoire. Et puis il y a les Sociétés coopératives ouvrières de production, les S.C.O.P., dont on parle peu bien qu'elles vaillent le détour.

La plus renommée est celle de la verrerie d'Albi, qui naquit à l'issue d'une des grandes luttes ouvrières du XIXe siècle. Tout démarre dans une fabrique de bouteilles à Carmaux, entreprise capitaliste dans le style sauvage de l'époque. Le patron licencie deux délégués syndicaux : les ouvriers se mettent en grève. Les jours suivants, ils trouvent un avis placardé sur les portes fermées de l'usine : « Les ouvriers des verreries de Carmaux ayant quitté le travail sans motif, l'usine est fermée par ce fait. La société, dans leur intérêt, croit devoir les avertir qu'elle ne peut prévoir quand et dans quelles conditions la réouverture aura lieu... » Le 15 août 1895, les livrets de travail sont rendus aux ouvriers. Lock-out. La direction se réserve de réembaucher qui bon lui semblera. Le personnel refuse. C'est l'explosion. Le nouveau député de Carmaux, Jean Jaurès, s'est fait écharper dans les bagarres et a failli être tué. Les patrons tentent de faire redémarrer l'usine, sous la protection de la police, avec des travailleurs venus d'autres régions de France. Au dernier moment, par solidarité avec les verriers de Carmaux, les nouveaux embauchés refusent d'intervenir.

Le conflit s'éternise, la tension ne cesse de croître, les incidents se multiplient, les « meneurs » sont traînés en justice. L'affaire est devenue nationale : typographes, mineurs, cheminots soutiennent les verriers. Après des mois de lutte, devant l'impossibilité de trouver une issue négociée, une idée germe : pourquoi ne pas créer une nouvelle verrerie, organisée en coopérative ouvrière, face à la verrerie capitaliste ? Jaurès se fait le promoteur du projet et suscite à la Chambre un débat qui précipitera la chute du gouvernement.

Le principe adopté, reste à rassembler le capital. Jaurès mène une campagne dans toute la France pour recueillir des souscriptions. L'argent afflue par dons de quatre sous ou de cent mille francs. Il faut cependant renoncer à construire la nouvelle usine à Carmaux. Les verriers trouvent un terrain à Albi, distante de 15 km, et, à partir de 1896, entreprennent de bâtir la verrerie de leurs propres mains. Enfin, en octobre 96, plus d'un an après le début du conflit, Jaurès préside une immense fête populaire pour célébrer l'allumage du premier four.

Le capital de démarrage est insuffisant, on doit encore faire appel à la solidarité d'autres coopératives. Et c'est finalement le 31 décembre 1896 que la première bouteille est soufflée. En 1897, on en fabrique près de 3 500 000. Pourtant, la situation est loin d'être florissante, l'entreprise restant soumise à la concurrence très dure des autres fabricants. Dès la première année, pour éviter le naufrage, les ouvriers sont obligés de consentir une réduction de leur salaire de 50 %. Dans les quinze années suivantes, les coopérateurs accepteront un sous-paiement qui ne diminuera que très progressivement, lorsque la situation commerciale s'améliorera.

En dépit d'inévitables fautes de gestion et de la concurrence acharnée des autres fabricants qui, on s'en doute, ne font pas de cadeau à ce franc-tireur, la coopérative réussit à se développer. A la fin du siècle, elle tourne avec trois fours et les effectifs sont passés de 245 à 400 personnes. L'expansion se poursuit, permettant à la verrerie d'Albi de produire plus de 10 millions de bouteilles à la veille de la Grande Guerre et d'employer 700 ouvriers. Mais on y travaille dur, très dur.

Les ouvriers se relayent vingt-quatre heures sur vingt-quatre en brigades près des fours et, la nuit, « l'appeleur » circule dans la ville pour éveiller les travailleurs de la prochaine équipe. L'histoire continue, toujours aussi difficile : manque de capitaux pour renouveler les équipements, compressions de personnel entraînées par les gains de productivité, mévente et gonflements des stocks — jusqu'à 5 millions de bouteilles à certains moments —, chômage technique, crises de trésorerie. Pourtant, l'entreprise résiste à la tourmente de la grande crise et reprend son élan en 1945. A nouveau, il faut demander des sacrifices aux verriers et contracter des emprunts massifs à la Caisse centrale du crédit coopératif pour renouveler le matériel. Toujours aussi péniblement, aussi vaillamment, la coopérative se développe, se modernise. En 1975 démarre, dans la zone industrielle d'Albi-Saint-Juéry, une nouvelle usine ultra-moderne. Mais, au cours des quatre dernières années, les ouvriers ont dû accepter une réduction de 10 % de leurs salaires pour financer le plan d'investissement.

Aujourd'hui, la Verrerie ouvrière d'Albi est une entreprise saine, dynamique, compétitive. Son chiffre d'affaires est passé de 94,5 millions de francs en 1976 à 182 millions en 1980. Avec 270 millions de bouteilles fabriquées en 1980, elle est le quatrième producteur français, sa part de marché atteint 5 % et tend à s'accroître. C'est donc un succès économique. Après un siècle d'existence, la formule a prouvé, à travers les pires difficultés, et au prix de très dures privations, sa viabilité.

Sur le plan social, comment vivent donc ces travailleurs, sortis du capitalisme mais restés dans le libéralisme ? Ils sont chez eux, c'est vrai. Les plans de modernisation impliquant une réduction des salaires ont été adoptés en assemblée générale par le personnel et non imposés d'en haut par la direction. Une structure de gestion démocratique a donc remplacé la hiérarchie patronale. Dans cette oasis totalement contrôlée par la C.G.T., on ne peut cependant s'affranchir des contraintes de la production. En août 1981, les plus bas salaires bruts atteignaient 4235 F par mois, une rémunération comparable à celles que peuvent verser les concurrents privés comme Saint-Gobain ou B.S.N.

Ainsi, la disparition de la plus-value capitaliste ne permet pas d'accroître les salaires et pas davantage de réduire les inégalités. L'écart est ici de 3,9 entre les 10 plus hautes et les 10 plus basses rémunérations, alors, qu'à l'échelle nationale, il atteint 3,6 entre ouvriers et cadres supérieurs. Les coopérateurs ayant eu la sagesse de faire appel à un encadrement très qualifié, ils sont restés assez proches des normes de l'industrie capitaliste. La compétence est toujours onéreuse. A la S.C.O.P. et dans les entreprises concurrentes, les conditions de travail sont à peu près les mêmes. Les fours et les hommes doivent travailler en continu et il faut adopter des techniques très automatisées qui réduisent souvent le rôle de l'ouvrier au service de la machine. Or, les premiers coopérateurs étaient les descendants directs des compagnons verriers, maîtres d'un métier sinon d'un art. Cette haute qualification avait facilité l'organisation coopérative. Aujourd'hui, on tend à retrouver la hiérarchie classique de l'usine : encadrement, main-d'œuvre d'exécution.

Qui plus est, c'est chez le fabricant de bouteilles B.S.N. Emballage et non chez elle, à la V.O.A., que la C.G.T. signe en janvier 1982 l'accord prévoyant la cinquième équipe et la semaine de trente-trois heures trente-six minutes pour le travail posté. A l'époque, la S.C.O.P. ne prévoyait pas d'instaurer ce système avant 1983.

Enfin, la Verrerie ouvrière d'Albi, soumise aux fluctuations du marché, doit conserver une certaine souplesse dans la gestion du personnel. Comme bien des entreprises, elle recourt à des formes de travail précaire : contrats à durée déterminée, ouvriers intérimaires, etc.

Ainsi, quel que soit le propriétaire, il faut toujours assurer la meilleure production au moindre coût et cela ne laisse guère de choix, dès lors que les concurrents se pressent sur le marché. Il en irait différemment si les verriers jouissaient de protection ou de monopole pour desserrer l'étreinte libérale. Alors, même dans une entreprise capitaliste, ils pourraient relâcher leur effort et s'agrémenter la vie de quelques Facteurs Non Monétaires favorables.

Pour une petite ou moyenne entreprise la sortie du système capitaliste apporte un progrès sociopolitique bien plus que matériel. Avec leurs actions en poche, les coopérateurs élisent leurs dirigeants, décident de la gestion, de cette nouvelle organisation, encore soumise à l'économie de marché, ne le cède en rien à l'efficacité capitaliste. Mieux, il arrive que la substitution d'une formule coopérative à un patronat défaillant sauve l'outil de production et l'emploi.

Le capitalisme repose sur le postulat que, dans les P.M.E., le propriétaire est le meilleur gestionnaire possible. Les exemples du contraire ne manquent pas. Des créateurs, et, plus encore, des héritiers se révèlent parfois incapables de diriger la société qu'ils possèdent. C'est alors que ces organisations autogestionnaires apportent parfois une solution originale mais nullement garantie pour faire fonctionner des entreprises condamnées en pure logique capitaliste.

Premier exemple : Manuest, une moyenne entreprise des Vosges spécialisée dans le meuble de cuisine. Fondée en 1959, elle connaît pendant dix années une brillante expansion. Les Français équipent leurs cuisines, la demande est donc forte. Il suffit de produire pour vendre. On peut réussir même avec une mauvaise gestion. Mais, dès les années 70, commencent les difficultés. En juin 1974, Manuest dépose son bilan. Un curateur est nommé qui, trois mois plus tard, recommande la liquidation.

Les 620 salariés, presque tous syndiqués à la C.F.D.T., mettent leur nez dans les comptes et découvrent la cause du mal. Les propriétaires, au lieu de gérer l'affaire, ont « vécu sur la bête ». Manuest versait un énorme salaire à des dirigeants qui n'exerçaient aucune fonction réelle, payait des logements de fonction, des voitures de luxe, des notes de frais princières, des gardes-chasse, des primes aux responsables... tout en rapportant des profits considérables qui ne furent jamais réinvestis : la pire des gestions capitalistes.

Les rares patrons qui se présentent pour reprendre l'affaire ne s'engagent qu'à réembaucher 10 p. 100 du personnel. Après six mois de crise avec occupation de l'usine et production « sauvage », avec bien des hésitations, le noyau le plus dynamique du personnel se décide à tenter l'aventure en créant une S.C.O.P. En mars 1975 Manuest redémarre sous cette forme avec 114 personnes. Les « sociétaires » ont dû apporter à l'entreprise leurs indemnités de licenciement et subissent une retenue de 5 % sur les salaires. Si le travail n'est pas moins dur, si les gains ne sont pas plus élevés, la société est désormais bien gérée avec, à sa tête, non pas des propriétaires, mais des gens choisis pour leur compétence : un expert-comptable, ancien de l'E.S.C.P., et un ingénieur de l'École supérieure de chimie de Nancy. Fin 1975, Manuest redevient rentable. Le chiffre d'affaires augmente régulièrement, les effectifs aussi. En 1982, la S.C.O.P. fait des bénéfices, emploie plus de 300 personnes et continue à se développer.

Là encore, la sortie du capitalisme n'améliore guère l'ordinaire ; la production se fait toujours dans les mêmes conditions, et aux mêmes conditions. Sur le plan matériel du moins, car le climat social se trouve profondément transformé. La grille des salaires est publiée, la gestion est transparente et chacun est citoyen dans son entreprise. Les « Manuest », comme l'on dit là-bas, ne sont guère tentés d'abuser de ces droits : ils savent leur S.C.O.P. fragile et, surtout, qu'à Châtenois (2 500 habitants) il n'y a aucune autre possibilité d'emploi. Les contraintes extérieures et l'exigence de compétitivité pèsent si lourd que les ouvriers sont parfois découragés de participer aux assemblées générales. Ils interviennent dans l'organisation de leur travail, mais, pour la gestion, la marge de manœuvre leur paraît si étroite qu'ils s'en désintéressent un peu. Il n'empêche ; l'entreprise, sortie du système capitaliste mais maintenanue intégralement dans le marché libéral, a été régénérée.

Autre exemple de défaillance capitaliste : celle de la société Harmel, une petite filature de laine dans la région de Reims, qui occupait 277 personnes. La société a été fondée au XVIIIe siècle et l'usine de Warmeville remonte à 1840. Depuis, les Harmel se succèdent au fauteuil présidentiel par droit d'héritage. Le fondateur n'ayant pas transmis à ses descendants l'esprit d'entreprise, la gestion décline au fil des générations. En décembre 1977, un administrateur judiciaire remplace le dernier des Harmel. Deux ans plus tard, le tribunal de commerce prononce la cessation d'activité. Histoire banale d'un capitalisme vieillissant, dans un secteur languissant. Des milliers d'entreprises françaises souffrent et meurent du même mal.

Sur les 270 licenciés, 70 décident de relancer l'affaire en coopérative. Ils prennent le risque de mettre leurs indemnités de licenciement dans le berceau de la S.C.O.P. et le démarrage a lieu au printemps 80. Deux ans plus tard, l'usine fait travailler 123 personnes. La gestion est devenue plus dynamique, les coopérateurs fabriquent de la laine à tricoter, plus demandée, et visent également les marchés d'exportation. Le tout pour des salaires ouvriers qui ne sont guère supérieurs que de 10 à 15 % au S.M.I.C. — face à la concurrence, on ne peut faire de prodiges. La productivité s'est accrue considérablement et il n'est plus nécessaire de payer un contremaître pour vérifier que les ouvriers ne flemmardent pas. Un détail révélateur : le taux d'absentéisme est dix fois plus bas depuis le passage en coopérative.

Les exemples de ce type sont rares mais significatifs. Sur les 21 000 entreprises qui ont fait faillite en 1981, 58 seulement ont été reprises par leur personnel sous forme de S.C.O.P. C'est bien peu. L'absurde idéologie française ne veut pas de ce libéralisme non capitaliste. Le patronat n'y est évidemment pas favorable, mais les syndicats non plus, les cadres pas davantage et les communistes ne cachent pas leur hostilité. Quant aux socialistes, ils préfèrent disserter sur une autogestion théorique, plutôt que de développer cette autogestion bien concrète. Que, dans un tel climat, il puisse exister des coopératives ouvrières en France tient du miracle. Et malheureusement les exemples dont on a le plus parlé n'ont pas été les plus convaincants.

La mentalité française se révèle à travers cette gêne vis-à-vis du mouvement coopératif. Se disant anticapitaliste, elle est surtout antilibérale ; elle entretient l'illusion heureuse que l'efficacité peut se passer de la concurrence et que les contraintes de production sont imposées par le pouvoir de l'argent. L'expérience des S.C.O.P. dérange car elle montre les limites que les exigences économiques tracent au progrès social. Limites étroites et c'est pourquoi chacun rêve de rejeter la loi du marché après celle du capital.

Le plus bel exemple de libéralisme non capitaliste est encore le marché mondial. Les acteurs deviennent ici les États. Certains sont capitalistes, d'autres communistes. Il en va de même des grandes firmes multinationales dont les unes sont publiques et les autres privées. Or, les relations qui se nouent entre ces agents économiques si différents sont du plus pur style libéral. C'est la concurrence à tout va, d'autant plus féroce qu'il n'existe même pas un État gendarme pour assurer la régularité de la compétition. Dans cette jungle, les pays communistes sont de redoutables partenaires, sachant admirablement saisir les opportunités, faire jouer la concurrence et, au besoin, pratiquer la spéculation et le dumping comme tout un chacun. La nature communiste n'empêche nullement de jouer le jeu libéral. Elle n'en dispense pas non plus.

Capitalisme et libéralisme recouvrent donc deux réalités différentes, bien que généralement confondues sous la seule appellation « capitalisme », il importe cependant de bien les distinguer. Car si, effectivement, elles ne faisaient qu'une à l'origine de la révolution industrielle, elles tendent de plus en plus à se dédoubler et la confusion entre ces deux concepts interdit toute compréhension du monde actuel.

Par analogie avec la marine, on peut distinguer l'organisation de la vie à bord d'une part, la navigation de l'autre. Le navire peut appartenir à un armateur, au capitaine ou bien à l'équipage ; l'autorité peut avoir sa source dans la propriété ou dans le pouvoir politique, selon que le commandant est désigné par le propriétaire ou par le gouvernement. La vie à bord peut être réglée par une stricte discipline hiérarchique ou par une organisation plus communautaire. Enfin, les profits du voyage peuvent revenir aux seuls armateurs ou être partagés entre tout l'équipage. Les statuts des navires sont ainsi fort différents entre : le voilier du navigateur solitaire, le bateau des copains, le chalutier d'une société de pêche et le croiseur de la Marine nationale. Mais, dès lors que ces bâtiments ont décidé de se lancer sur l'océan, ils sont soumis aux vents et marées. Ne seront à l'abri que ceux qui auront préféré naviguer sur le lac de Genève.

Revenons à l'économie ; le capitalisme définit la nature interne des agents économiques : la source du pouvoir, l'exercice de l'autorité, le partage de l'argent, etc. c'est affaire de micro-économie. Le libéralisme, au contraire, caractérise le mode de relation entre ces agents économiques. Il implique l'arbitrage de leur libre concurrence par les automatismes du marché. Le libéralisme ressort de la macro-économie.

Reprenant la mer un instant, je dirai qu'aux temps anciens du « capitaine seul maître à bord », la condition du marin dépendait autant des méthodes de commandement que de l'état de la mer. Les mutins du *Bounty* souffrirent plus du capitaine Bligh que des tempêtes, et la viande avariée imposée aux matelots du *Potemkine* était plus dangereuse pour leur santé que les ouragans. Il en va toujours de même aujourd'hui à bord de certains navires battant pavillon de complaisance, où des équipages cosmopolites subissent une exploitation scandaleuse. En revanche, sur les navires de la Marine nationale ou des grandes compagnies maritimes, les conditions de vie ont été réglementées. Pour le marin, le danger a cessé de venir du capitaine. Mais ne vient plus, non plus, de la mer, dans la mesure où les bateaux modernes ne font plus guère naufrage et c'est ici qu'il nous faut arrêter le rapprochement.

En effet, les rapports capitalistes au sein de l'entreprise ont pu être largement dégagés de l'arbitraire patronal. Certes, tous les patrons ne sont pas les mêmes. Il n'en reste pas moins qu'un salarié entrant dans une entreprise française est assuré de toucher un salaire minimum, d'avoir un temps de travail limité, de pouvoir prendre des vacances, toutes choses encore bien insuffisantes mais qui tranchent avec le capitalisme décrit par Zola. J'ai dû arrêter ma comparaison au niveau du libéralisme, car les entreprises, à l'inverse des bateaux, ne sont pas devenues plus solides depuis un siècle. Elles sont toujours aussi fragiles face aux tempêtes du marché. Or, précisément, le gros temps souffle sur toute l'économie occidentale et le résultat brut est que plus de 21 000 entreprises françaises ont sombré en 1981.

Ces faillites sont le plus souvent provoquées par le libéralisme et non par le capitalisme. Ce sont la conjoncture et la concurrence qui prennent l'employeur à la gorge et vont le contraindre à licencier, voire à mettre la clé sous le paillasson.

Dans un conflit capitaliste type, portant sur les salaires et les conditions de travail, le patron s'efforce de céder le moins possible afin de se ménager un taux élevé de profits. En revanche, lorsqu'il prend la décision de licencier, c'est qu'il y est forcé. Se payant sur la plus-value dégagée par le travail de ses employés, il ne peut se satisfaire de voir leur nombre diminuer sauf à les remplacer par des machines. Ce sont les contraintes de l'extérieur qui, en s'imposant à l'intérieur, l'incitent à jeter par-dessus bord une partie de l'équipage.

Il existe encore bien des progrès à accomplir au sein même des entreprises — plus, d'ailleurs, dans l'exercice du pouvoir que dans le partage entre la rémunération du travail et celle du capital — mais le problème dominant est celui du chômage et, par conséquent, de la viabilité des entreprises sur le marché.

Il est plus facile pour un État de s'attaquer au capitalisme qu'au libéralisme. La preuve en est que le premier a évolué alors que le libre-échangisme est resté le même dans le monde. C'est pourquoi le gouvernement socialiste tente de déplacer le problème de la compétitivité française en postulant que des entreprises publiques seraient plus « performantes » que des entreprises privées. Le programme de nationalisation qui en est résulté a aisément bouleversé les données capitalistes. Reste à savoir s'il pourra de même surmonter les difficultés libérales, qui conduisent tant d'entreprises à réduire massivement leurs effectifs.

La situation des non-salariés est à peine différente. Ils sont attachés à la propriété et à leur indépendance, mais ils n'aiment pas plus que les salariés l'insécurité concurrentielle. Ils s'accommodent du marché dans une conjoncture favorable, lorsque les seuls naufrages sont imputables à des erreurs de navigation, mais le maudissent quand les éléments déchaînés menacent également bons et mauvais capitaines. C'est alors qu'ils mettent en œuvre toute une stratégie pour jouir du capitalisme sans pâtir du libéralisme.

Ainsi, tout travailleur, tout producteur, tout capitaliste, par temps de crise, considère-t-il la libre concurrence comme une malédiction à conjurer. Tel n'est pas le point de vue du consommateur qui, lui, ne saurait s'arranger des conditions de vie soviétiques. Car tout est là. Le niveau de vie occidental correspond à une intensité et une efficacité de travail qui ne s'obtient que dans ce système. Changer d'économie, c'est aussi changer de consommation. Passer de l'aisance à la pauvreté.

J'ai rencontré, en 1957, un couple de Hongrois qui avaient fui leur pays lors des événements sanglants de Budapest. Ils étaient viscéralement hostiles au régime communiste et s'émerveillaient de la richesse et de la liberté qu'ils découvraient en France. Pourtant, ils furent cruellement déçus d'avoir à chercher par eux-mêmes un travail — encore en trouvait-on à l'époque — alors que, dans leur esprit, il appartenait à la société de leur en procurer. Puis ils furent horrifiés par la discipline de l'usine, le strict respect des horaires, les cadences élevées, la tension permanente, la recherche incessante de la productivité et, toujours, la menace de « mettre à la porte » ceux qui ne suivent pas. A travers leurs récriminations incessantes, je devinais la nostalgie qu'ils avaient du « paradis des travailleurs » hongrois. Pour leur part, ils ne demandaient rien de bien extraordinaire : travailler à la hongroise et vivre à la française. C'est malheureusement impossible.

Lorsque MM. Séguy et Ceyrac polémiquaient, le premier montrait du doigt les files d'attente devant les bureaux d'embauche dans les pays capitalistes — il voulait, en réalité, dire « les pays libéraux » — et le second dénonçait les queues devant les magasins dans les pays communistes. L'opposition est significative. Elle est réelle et ne doit rien au hasard.

Oublions les aspects intolérables du totalitarisme politique, pour ne retenir que la logique de l'économie soviétique. Celle-ci ne refuse pas seulement la propriété privée des moyens de production, elle rejette également le marché libéral. C'est en cela qu'elle se distingue radicalement du modèle yougoslave, par exemple. La planification bureaucratique retire aux tentreprises l'autonomie et, du coup, le critère de jugement devient la conformité, au lieu de la compétitivité. Il ne s'agit pas de faire mieux que les autres, mais, simplement, d'atteindre les objectifs fixés par l'administration. Ce renoncement aux règles strictes de la rentabilité assure le plein emploi.

Une telle exigence satisfait la justice. Le chômage, en effet, représente une rupture totale de la solidarité économique. Il frappe sélectivement une petite frange de travailleurs et épargne tous les autres.

C'est pour cela, d'ailleurs, qu'il fait si mal et qu'on le craint à ce point. L'inflation, qui étend ses effets à l'ensemble de la population, est infiniment moins redoutée. Moins injuste aussi.

Mais, en rejetant le chantage à l'emploi, le communisme se prive du meilleur contremaître ; à cela s'ajoute le refus du marché qui fait disparaître le meilleur régulateur économique. Les mécanismes de remplacement sont loin d'avoir la même efficacité.

En pays communiste, l'absence de chômage est doublement payée. Par le dirigisme, d'une part, et la sous-consommation, de l'autre. Le premier règne en maître sur le marché du travail. Il se manifeste dès l'âge scolaire par un système rigoureux de sélection et d'orientation, qui tient davantage compte des besoins de la société que des désirs individuels. On le retrouve ensuite à l'entrée dans la vie active, où les demandeurs d'emplois ont certes l'assurance de se voir proposer des places, mais avec une faculté de refus limitée. Celui qui ne trouve pas à son goût les propositions qui lui sont faites risque de tomber sous le coup d'une quelconque loi contre les « parasites ».

Dans l'entreprise même, la nomination des responsables procède du sommet et non de la base. Il y a bien longtemps que les pays soviétiques se caractérisent par l'absence de soviets. La gestion par les conseils ouvriers ne survécut guère à la Révolution d'Octobre ! Lénine la remplaça par un pouvoir hiérarchique qui n'a pas bougé depuis.

La direction, qui ne peut jouer ni de la menace brutale du licenciement ni de l'espoir d'une promotion brillante, dispose en dernier recours de lois réprimant la paresse, l'ivrognerie, l'absentéisme ou le sabotage pour faire respecter un minimum de discipline, faute de pouvoir insuffler l'ardeur au travail. Au total, cet encadrement est beaucoup moins contraignant que celui de l'entreprise capitaliste. Quelques ambitieux se sentiront brimés de ne pouvoir prendre aucune initiative, mais la majorité apprécie sans doute cette absence de tension et d'insécurité. Une telle organisation doit correspondre assez bien aux aspirations d'une classe ouvrière qui, sur le strict plan du travail, ne connaît du libéralisme que les punitions et non les récompenses.

Ce principe du plein emploi a deux conséquences. Tout d'abord l'économie se voit assigner comme objectif de donner du travail et non de produire des biens au meilleur coût. Cela conduit à utiliser des effectifs pléthoriques, quitte à faire chuter la productivité. D'autre part, la fonctionnarisation des entreprises, la primauté des critères politiques sur les valeurs économiques ne permettent pas de remplacer la crainte du chômage par des incitations positives. Il en résulte une sous-productivité générale, que les responsables soviétiques dénoncent de congrès en congrès. A plusieurs reprises, des Occidentaux, qui avaient construit des usines clés en main dans les pays de l'Est, furent stupéfaits de découvrir qu'elles tournaient avec 50 p. 100 de personnel en trop et ce, pour une production très inférieure aux prévisions. Ce décalage traduisait le glissement des normes occidentales aux normes communistes. Si les travailleurs n'ont pas lieu de s'en plaindre, pour les consommateurs, c'est une autre affaire.

Car le relâchement de tous les ressorts économiques condamne à la sous-consommation. Pour l'imposer, les pouvoirs publics contrôlent tout à la fois le niveau des revenus et la quantité des biens offerts. Les salariés ne touchent que des rémunérations fort médiocres, qu'il n'est pas question d'améliorer par l'action revendicative : le droit de grève n'existe même pas. Ils ne sont pas assurés de pouvoir dépenser leur argent, car l'État ne met en vente que la marchandise disponible sur le plan national, sans permettre de combler par les importations les défaillances de la production intérieure. L'offre, dès lors chroniquement insuffisante, provoque des pénuries et, par conséquent, une réduction du pouvoir d'achat.

C'est à ce niveau que s'opère la régulation du système. Le double contrôle de la demande solvable et de l'offre effective permet de contrebalancer à tout moment les déséquilibres sans faire intervenir les contrepoids et soupapes de nos économies : inflation, chômage, etc.

C'est donc le consommateur soviétique qui fait les frais de ce travail relâché et de cette organisation rigide. Les Occidentaux eux-mêmes ont été longs à reconnaître cette évidence. Par une étrange erreur de jugement, il leur semblait, dans les années 50, que l'U.R.S.S. pourrait élever le niveau de vie de sa population, mais non rivaliser avec les pays capitalistes pour les grandes réalisations techniques. Ainsi les statistiques mirobolantes sur l'accroissement de la production semblaient-elles vraisemblables tandis qu'on expliquait la fabrication de bombes atomiques soviétiques par l'espionnage, et les premiers lancements de spoutniks par l'aide de savants allemands.

La réalité est tout juste contraire. La lourde organisation bureaucratique se débrouille fort bien des grands programmes militaires ou spatiaux mais bute sur la complexité du développement économique. Se refusant à reconnaître l'incurie du système, que ne peuvent plus masquer les mensonges officiels, les communistes en sont réduits à invoquer le retard de l'U.R.S.S. sur le reste de l'Europe en 1917, passant sous silence l'extraordinaire richesse minière et pétrolière de l'Union. Tout s'explique pourtant beaucoup mieux en termes de mécanismes économiques : on ne peut travailler moins bien et produire autant, c'est l'évidence.

La disparition du profit capitaliste représente bien peu de chose, même pour la consommation populaire, par rapport à la perte de productivité qui suit l'abandon des contraintes libérales. C'est la meute des concurrents qui impose les efforts et condamne à la réussite. Une armée de bureaucrates n'aura jamais la même efficacité. Quant au capitalisme, il n'assure aucun succès économique s'il s'affranchit du marché et de sa pression concurrentielle.

Ainsi, de l'économie libérale à l'économie bureaucratique, retrouve-t-on les mêmes réalités, traitées de manières distinctes. Les contraintes se sont déplacées du travailleur au consommateur et, très naturellement, le citoyen communiste voudrait avoir les avantages des Occidentaux tout comme le citoyen occidental aimerait profiter des avantages communistes. De fait, le kolkhozien tient, tout en conservant salaire et sécurité, à vendre ses produits sur le marché libre. Il met tant de cœur à cette seconde activité que les lopins individuels, qui ne représentent que 3 p. 100 des terres cultivées, fournissent 30 p. 100 de la production. Quant aux citadins, ils pratiquent également l'échappée hors de l'économie communiste grâce aux différentes formes de travail et de marché noir.

La seule façon de s'offrir les avantages du libéralisme sans ses inconvénients, c'est d'entretenir une forte croissance. Ce que réussirent les pays occidentaux entre 1945 et 1975. Tout au long de cette période, l'augmentation du pouvoir d'achat fut continue, l'inflation et le chômage contenus. Le système fonctionnait à plein régime, résorbant les contraintes dans son propre dynamisme. Les paysans chassés des campagnes trouvaient sans difficulté du travail en ville, les entreprises engageaient plus qu'elles ne dégageaient, les salaires augmentaient et les salariés, loin de craindre pour leur place, en cherchaient quelque autre plus attrayante. Sur le marché du travail, les demandeurs d'emploi étaient des voyageurs en transit plus que des naufragés. Les tensions existaient toujours, les Français, en particulier, travaillaient énormément, mais toutes les forces s'exerçaient dans le sens du mouvement, en un courant fort et régulier. Aujourd'hui, le système économique a perdu sa cohérence, le flux est devenu turbulent et chacun risque de se faire happer par un tourbillon. Le temps dur de l'insécurité est revenu, le risque est plus grand, l'espérance plus mince. L'économie libérale en crise, prise de soubresauts, retrouve sa brutalité.

Cette croissance forte correspondit à un concours de circonstances exceptionnel dont bénéficièrent les pays occidentaux : disposition d'énergie à bas prix, utilisation d'une main-d'œuvre étrangère sous-payée, domination du tiers monde, existence de nombreux marchés porteurs, dynamique de la reconstruction après les ravages de la guerre, etc. Il est à craindre que nous ne retrouvions jamais cet équilibre dans la fuite en avant. La croissance miracle, vainement appelée par les gouvernants, n'obéit pas aux décrets et le niveau de vie stagne, le nombre des chômeurs augmente, l'horizon se charge de menaces sur 360º. C'est en tenant compte de ce nouveau monde qu'il faut penser l'avenir.

A l'heure actuelle le chômage sévit dans les économies de marché à haut niveau de vie et le plein emploi ne se réalise durablement que dans les économies planifiées de sous-consommation. C'est un fait, dont on peut déduire qu'il existe un certain lien entre l'insécurité et la prospérité, la sécurité et la pénurie. Chaque pays souhaite dissocier les deux pôles de cet aimant maléfique, sans que nul y soit encore parvenu.

D'autant que le libre-échangisme est là pour imposer l'incertitude et la compétition que l'on peut être tenté de supprimer à l'échelon national. Dès lors que les frontières sont ouvertes, l'impératif concurrentiel limite toute garantie des travailleurs. Cette

« contrainte extérieure » impose la règle du jeu et va bien au-delà de la fameuse division internationale du travail.

Certes, il est plus logique de produire le blé en Beauce et le pétrole en Arabie. Mais nous n'en sommes plus là. Le commerce international porte désormais sur des marchandises qui peuvent être produites dans la plupart des pays échangistes. Lorsque la France vend des voitures en Allemagne et l'Allemagne en France, il ne s'agit plus d'une saine répartition des compétences, mais d'un élargissement de la concurrence.

De fait, les travailleurs français se voient sans cesse opposer le défi extérieur. « Voyez comme ils travaillent chez Toyota. » Et l'entreprise française doit se mettre à l'heure japonaise. Soustraire les gouvernements aux tentations antilibérales. Telle est la signification nouvelle du marché mondial. Dans tous les pays industriels se manifeste une formidable envie de relâchement dans le travail. Nos populations sont lasses de la fureur productiviste qui s'est emparée de l'Occident au XIXe siècle. Elles voudraient ralentir le rythme, éviter les traumatismes, jouir de la vie. Impossible aux gouvernants de résister à cette demande unanime d'aménité, de sérénité, de tranquillité. Impossible également de céder, dès lors que l'économie est ouverte sur le monde. Par le jeu du libre-échange, les nations se trouvent dépossédées de leur souveraineté, elles ne peuvent plus se soustraire au jeu impitoyable de la concurrence.

Dans un précédent livre[1], je m'interrogeais sur la nécessité de bouleverser toute l'industrie horlogère, à seule fin de remplacer des montres mécaniques fort satisfaisantes par des montres électroniques à l'exactitude rigoureuse, mais, peut-être, pas indispensable. Dans la réalité, la question ne s'est pas posée. Les Japonais se sont précipités et l'horlogerie française qui n'a pas pris le virage avec assez de rapidité risque d'être balayée. Les travailleurs auxquels l'épreuve de la reconversion fut évitée sont menacés par le drame du chômage et la France n'est plus libre de décider qu'elle conservera son horlogerie mécanique. Pas question de moduler le rythme du changement, il faut régler ses montres sur les plus dynamiques.

1. *Le Bonheur en plus*, Denoël, 1974.

Le capitalisme seul s'accommoderait fort bien d'un tel relâchement. Les patrons ne manquent pas, qui se contenteraient de vivre sur la vitesse acquise sans se lancer dans des efforts de modernisation ou de reconversion. Il ne leur déplairait pas que l'État stabilise le jeu et, tempérant l'ardeur de leurs collègues, mette un frein à la compétition. Mais le gouvernement n'a aucun pouvoir sur les industriels étrangers qui vont inonder la France de leurs produits. Alors, l'épée dans les reins, *volens nolens,* nos chefs d'entreprises relancent la partie et entraînent leurs salariés dans la course à la productivité.

Ce n'est donc pas en « décapitalisant » l'économie française que l'on pourra se soustraire à cett tension, travailler à sa main et ne plus craindre faillite et chômage. Seul l'abandon du libéralisme peut apporter ce résultat, ce qui implique tout à la fois une fermeture des frontières et une planification de la vie économique. On retombe alors dans l'autre système, accompagné de sa malédiction : la pauvreté.

Cette dissociation du marché et de la prospérité ne peut donc se réaliser à l'échelle de toute une économie. Les Français en sont parfaitement conscients. Comme aucun d'entre eux n'est disposé à sacrifier son niveau de vie, aucun ne veut renoncer globalement au libéralisme pour instaurer un système entièrement planifié. Les sondages prouvent que ni les ouvriers ni, même, les communistes n'entendent épouser, ne serait-ce que sur le plan économique, le mode de vie soviétique. La France doit rester dans une économie de marché, tout le monde est à peu près d'accord sur ce point : même les plus féroces contempteurs du capitalisme ne veulent pas la mort de l'économie libérale.

Mais ce qui n'est possible ni à l'échelle d'une nation ni à celle d'un individu peut se réaliser au niveau d'une corporation. Il devient alors tout à faire concevable de travailler dans « une usine soviétique » et de consommer dans un magasin occidental. D'ores et déjà, la pression concurrentielle ne se fait pas également sentir dans l'ensemble de la vie française. Certains secteurs y échappent en raison de leur nature même : on conçoit difficilement deux administrations en compétition. Dans d'autres cas, le défi extérieur est inexistant. La production électrique, par exemple, ne fait pas l'objet d'un véritable commerce international. Il en va de même pour la plupart des services publics ; on ne voit pas un train japonais proposer ses services sur Paris-Lyon en alternative au T.G.V. Même situation dans la majorité des activités de service. Ni médecins, ni avocats, ni boulangers n'ont à affronter leurs homologues étrangers.

Toutes ces professions, qui vivent dans le monde clos de l'Hexagone, font le siège des pouvoirs publics pour obtenir une réglementation réduisant la concurrence. Certaines y parviennent par le biais de l'entreprise monopolistique ou du corset corporatiste. C'est alors que la condition du travailleur est la plus heureuse : l'obligation de productivité s'atténue, le spectre du chômage s'éloigne. Le furieux combat de catch se transforme en une aimable partie de ping-pong.

Ce n'est pas pour autant que ces Français sont ramenés au niveau de vie soviétique. Certains, tels les enseignants, y perdent un peu de leurs revenus, d'autres, au contraire, profitent de la situation pour gagner davantage. Dans tous les cas, la corporation qui vit en symbiose avec une économie de marché sans y participer directement réussit la synthèse des contraires : elle s'offre la prospérité occidentale à prix réduit. Tel est, en définitive, « le bon usage du libéralisme » pour les corporations : le recommander pour les autres et l'éviter pour soi.

Cela ne peut s'obtenir par l'argent mais seulement par les Facteurs Non Monétaires. Même le fonctionnaire confiné dans un secteur non concurrentiel connaîtrait les contraintes libérales, s'il n'avait son statut. Le marché du travail resterait toujours menaçant, avec des milliers de candidats prêts à prendre sa place. Il lui faudrait donc s'échiner sans cesse pour conserver un emploi que d'autres convoitent. Grâce à sa garantie statutaire, il peut ignorer la foule qui se presse à la porte de la fonction publique. Il en va de même pour tous ceux qui jouissent de la sécurité d'emploi, ceux dont l'employeur bénéficie d'un monopole, ceux qui voient leurs prix garantis ou le nombre de leurs concurrents limités. Tous les droits acquis constituent également des protections contre l'insécurité libérale. Ils ne risquent pas, comme le revenu, de fluctuer au gré de la conjoncture. Tel est donc le rôle fondamental des F.N.M., servir de barrières antilibérales, constituer les remparts de corporations qui s'isolent ainsi d'une économie concurrentielle dont elles profitent.

Tous les travailleurs aimeraient avoir de semblables armures, mais tous n'y parviennent pas. La raison en est évidente. Étant pour la plupart salariés, ils n'obtiennent jamais que des satisfactions subordonnées au marché. Que leur employeur perde sa place et ils perdront leurs avantages. Dans l'industrie privée, il n'est pas de droit acquis qui résiste à la faillite du patron. Celui-ci doit, le plus souvent, affronter une double concurrence : française et étrangère. La première n'est pas trop grave, la seconde peut être mortelle. Or, s'il est difificile d'interdire complètement la première, il semble possible d'empêcher la seconde par le protectionnisme.

De toutes parts, on voit donc les producteurs, patrons et personnel confondus, demander à l'État de fixer des droits de douane et des contingents afin de desserrer l'étau du libre-échangisme. « Protégez-nous, protégez-nous », c'est l'imploration des temps de crise, la grande supplique antilibérale.

Être ou ne pas être exposé à la concurrence, disposer ou non d'une protection contre les tempêtes du marché, telle est désormais la grande source d'inégalité entre les Français. Elle concerne les travailleurs et non les consommateurs. La condition des uns est au moins aussi variable que celle des autres. De même qu'il existe des milliardaires et des misérables, il existe aussi deux sociétés du travail. L'une enfermée dans les citadelles protectrices, l'autre supportant le poids et la bataille en terrain découvert. Cette richesse et ce dénuement-là valent bien ceux que l'on constate dans le domaine monétaire.

Profiter d'un libéralisme qu'on ne supporte pas est le grand privilège de notre temps. En observant les stratégies des salariés et des non-salariés, nous retrouverons ce rêve obscur et obstiné, qui consiste à rechercher les conditions de vie d'un système et les conditions de travail d'un autre.

VIII

LA PROTECTION DE L'ÉTAT

« Et, du coron entier, monta bientôt le même cri de misère. Les hommes étaient rentrés, chaque ménage se lamentait devant le désastre de cette paie mauvaise. Des portes se rouvrirent, des femmes parurent, criant au-dehors, comme si leurs plaintes n'eussent pu tenir sous les plafonds des maisons closes. Une pluie fine tombait, mais elles ne la sentaient pas, elles s'appelaient sur les trottoirs, elles se montraient dans le creux de la main, l'argent touché.

« — Regardez ! ils lui ont donné ça, n'est-ce pas se foutre du monde ?

« — Moi, voyez ! je n'ai seulement pas de quoi payer le pain de la quinzaine.

« — Et moi donc ! comptez un peu, il me faudra encore vendre mes chemises.

« La Maheude était sortie comme les autres...

« — Dire, cria-t-elle, sans nommer les Honnebeau, que j'ai vu, ce matin, leur bonne passer en calèche !... Oui, la cuisinière dans la calèche à deux chevaux, allant à Marchiennes pour avoir du poisson, bien sûr !

« Une clameur monta, les violences recommencèrent. Cette bonne en tablier blanc, menée au marché de la ville voisine dans la voiture des maîtres, soulevait une indignation. Lorsque les ouvriers crevaient de faim, il leur fallait donc du poisson quand même ?...

« Le soir, à l'Avantage, la grève fut décidée. Rasseneur ne la combattait plus, et Souvarine l'acceptait comme un premier pas. D'un mot, Étienne résuma la situation : si elle voulait décidément la grève, la Compagnie aurait la grève. »

Germinal : la grande saga des luttes ouvrières. Face au patronat, les travailleurs recourent à l'arme suprême : la grève. Droit sacré, reconnu et protégé dans toutes les sociétés démocratiques, c'est elle qui arbitre les rapports de force entre capital et travail.

Un tel moyen de pression possède une efficacité extrêmement variable d'un secteur à l'autre, d'une époque à l'autre. Ces inégalités face à la grève se sont accrues considérablement au cours des dernières années, jusqu'à donner aux uns une arme redoutable : le droit de blocus, et, aux autres, un outil dérisoire : le droit d'autodestruction.

Joignant l'exactitude de la description romanesque à l'intelligence des rapports sociaux, Émile Zola propose dans *Germinal* une parfaite « étude de cas » pour la grève classique en système capitaliste.

Le cadre en est l'entreprise privée que divise la lutte des classes. Le patronat est propriétaire des moyens de production, la main-d'œuvre n'est qu'une masse prolétarienne uniforme. Le statut moderne de l'emploi, avec le salaire fixe, les garanties et conventions collectives, n'existe pas encore. Le marché du travail fait fluctuer les rémunérations au rythme de la conjoncture. D'ailleurs, les mineurs déclenchent le conflit pour s'opposer à une baisse des rémunérations, non pour revendiquer une augmentation. Car la Compagnie minière durcit sa gestion afin que le capital ne fasse pas les frais de la stagnation. La lutte s'engage donc pour modifier au profit du travail la répartition des charges et bénéfices. Elle reste interne à l'entreprise. Il s'agit de faire pression sur le patron, et sur lui seul, afin de lui imposer ce nouveau partage. La grève, dans ce cas, est l'arme appropriée, car la direction a les moyens de satisfaire les revendications. Le tout est d'exercer une pression suffisante pour la contraindre à céder.

Voici, à l'opposé, deux conflits d'aujourd'hui qui traduisent bien, me semble-t-il, l'extrême dispersion des situations sociales.

Le premier s'est déroulé en 1978 à Bort, petite ville corrézienne de 5 611 habitants. Son cadre, c'est la France en perte de vitesse. Sur le plan de la région, tout d'abord. Ici, pas d'électronique ou de techniques de pointe. La Corrèze est restée à l'écart du renouveau industriel des années 60. On s'en est tenu aux activités traditionnelles, héritées du siècle précédent. Résultat : les entreprises licencient et, bien souvent, meurent. Les habitants doivent quitter le pays. L'industrie est celle du cuir — de la tannerie, plus précisément. Bien qu'elle pratique les plus bas salaires de France, elle a réduit ses effectifs de moitié en l'espace de dix ans. La glissade continue.

L'entreprise est centenaire et décline inéluctablement depuis une dizaine d'années. En 1970, elle a dû fusionner avec les tanneries du Puy et d'Annonay au sein du groupe des Tanneries françaises réunies. Le petit-fils du fondateur reste directeur mais n'est plus propriétaire. En 1974, première crise, l'usine d'Annonay ferme : 1 000 licenciements. Mise en règlement judiciaire et redémarrage des tanneries du Puy et de Bort grâce à des subventions publiques. En novembre 1977, les difficultés recommencent : c'est le dépôt de bilan. Cette fois, les 287 travailleurs de Bort sont menacés. Au début de 1978, un plan de restructuration est proposé, qui implique 170 licenciements à Bort. Le personnel est largement syndiqué autour de la C.G.T. Mais que faire ? La grève ? L'intersyndicale sait bien qu'elle ne peut apporter de solution. Le directeur est tout autant dépassé par les événements. Fin avril, on décide de bloquer l'usine, puis dans les premiers jours de mai les 115 non-licenciés cessent le travail par solidarité. Le mouvement ne durera que huit jours. Il faut trouver d'autres formes de lutte.

Dès le début de 1978, les syndicats ont compris que le secours ne pouvait venir que de l'extérieur. Ils vont donc multiplier les actions hors de l'usine pour sensibiliser, tout à la fois, la population et les pouvoirs publics. D'un côté, ils distribuent des tracts, placardent des affiches, manifestent dans la ville, organisent une journée « portes ouvertes », font des « journées ville morte » à Bort. Des actions comparables sont organisées au Puy. D'un autre côté, ils interpellent les pouvoirs publics à tous les niveaux. Ils saisissent le conseil municipal, le conseil régional, vont voir le préfet, « montent » à Paris au ministère de l'Industrie, font poser des questions orales au gouvernement par des parlementaires. Toute cette activité, loin d'être dirigée contre la direction, reçoit son approbation plus ou moins avouée.

Cette lutte extérieure permet de toucher les gens « haut placés » : François Mitterrand vient personnellement à Bort, Jacques Chirac — le député du cru — tient une table ronde et Jacques Barrot, ministre du Commerce et de l'Artisanat, aussi. Au printemps, la combativité faiblit et les salariés se résignent à l'adoption d'un plan qui prévoit 30 réintégrations, 130 tanneurs étant définitivement licenciés.

Un groupe de sociologues, analysant l'événement, parlent d'un « non-conflit ». « Dès le début du conflit, expliquent-ils, les syndicats étaient tout à fait conscients que le jeu ne pouvait déboucher que sur l'extérieur et tant la direction que les syndicats avaient intérêt à porter le débat sur la place publique. Dans ce contexte de faillite, une confrontation syndicats-Folberth (le directeur des T.F.R.) ne pouvait mener nulle part. »

A l'opposé de ces tanneries corréziennes, voici Électricité de France. On y fait grève, nul ne l'ignore, et pas pour la sauvegarde de l'emploi, on s'en doute. Il y a quelques années, un ministre « à poigne » proclamait bien haut qu'il fallait instaurer un devoir de service minimum à E.D.F. On peut être ministre et ne pas tout savoir : cette obligation existe depuis longtemps et de nouveaux décrets viennent périodiquement en préciser les modalités d'application. En tout état de cause, les hôpitaux, certaines usines et toutes sortes d'usagers prioritaires, dont la liste est dûment établie par l'autorité de tutelle, doivent être alimentés. Au total, la production ne doit pas baisser de plus de 50 p. 100. Comment appliquer, en pratique, ces dispositions ?

Une première solution serait de requérir autoritairement le personnel nécessaire au service minimum. Elle serait fort mal supportée par les organisations syndicales. Une cogestion direction-syndicat s'est donc mise en place. L'avis de grève est déposé cinq jours à l'avance. La veille, la direction et le comité de grève établissent le plan de délestage. On détermine le niveau de production (50, 60 ou 80 p. 100), les centrales qui seront, en conséquence, arrêtées et les usagers qui se verront privés d'électricité.

Par cette procédure, la grève est en quelque sorte institutionnalisée, procédure normale dans le fonctionnement du service public.

La cessation du travail entraîne généralement pour le gréviste la suppression de son salaire. Qu'en sera-t-il ici ? Il faut distinguer selon les secteurs. Pour la production, où tout le monde doit être au travail, ne serait-ce qu'afin de surveiller les installations mises en veilleuse, le salaire est versé mais on effectue une retenue, proportionnelle à la diminution de la production : 30 p. 100 de courant en moins, 30 p. 100 de salaire en moins. Dans d'autres secteurs, le personnel gréviste qui ne travaille pas n'est pas payé. La concertation de la direction et du comité de grève pour assurer le service minimum réduit l'impact de ce genre d'opération sur la vie du pays, et permet au personnel d'être moins pénalisé par son action. Il en va de même dans d'autres établissements publics, notamment à la télévision.

En dépit de cette limite légale, les électriciens disposent d'un moyen de pression énorme : une grève à 50 p. 100 provoque les plus graves perturbations. Ils peuvent donc être tentés d'en abuser, mais, depuis novembre 1969, ils savent jusqu'où il leur est possible d'aller trop loin. A cette époque, par temps froid, il faut le préciser, une grève avait été décidée qui, en principe, devait rester dans les limites du service minimum. Or, les syndicats furent débordés par des éléments plus durs, qui entendaient utiliser à fond l'arme du blocus électrique. Il y eut des coupures sauvages sur le réseau qui affectèrent, outre le public, des usagers prioritaires : S.N.C.F., R.A.T.P., usines, etc. En l'espace de quelques heures, éclata une véritable révolte contre les grévistes. Particulièrement en province. Des agences d'E.D.F. furent saccagées, on vit des boulangers briser les vitrines et déverser dans les bureaux leur pâte gâchée, des électriciens furent insultés, molestés. A onze heures, la C.G.T. décidait de suspendre le mouvement. Désormais, toute action de ce type doit compter avec d'éventuelles réactions du public.

Cela dit, l'électricien est véritablement le maître de son entreprise et dispose de tous les moyens possibles et imaginables pour s'opposer à la direction. A côté de ces grandes grèves nationales, d'emploi limité en raison de leurs répercussions, on peut toujours recourir à des « actions revendicatives » qui n'entrent pas dans le cadre du service minimum. Concrètement, cela signifie que certains agents, localement ou catégoriellement, vont travailler dans des conditions telles qu'ils gênent la vie de l'entreprise mais non celle des usagers. Exemples classiques : on ne transmet pas les relevés d'activité indispensables à la direction, on perturbe le fonctionnement d'une centrale, on coupe l'information à l'intérieur de l'entreprise. L'électricien qui participe à de telles actions subira une légère retenue sur son salaire, aussi longtemps du moins qu'il restera en deçà de certaines limites que les « durs » sont parfois tentés de franchir.

C'est ce qui arriva en 1979 à la centrale de Chairé. L'électricité n'étant pas stockable, il faut constamment ajuster la production à la demande. Les centrales thermiques se pilotent donc en régime variable. On les éteint aux heures creuses, on monte à la puissance maximale aux heures de pointe. Ce jour, donc, à la centrale de Chairé, l'ordre vint de stopper la production momentanément excédentaire. Un groupe d'électriciens « gauchisants » décida, à titre d'action revendicative, de maintenir la centrale pleins feux, brûlant ainsi le fuel en pure perte. Le même type d'action fut mené à la centrale d'Albi. La direction décida d'infliger aux 28 agents un blâme avec inscription au dossier, sanction qui n'a aucune répercussion sur le salaire et n'interrompt pas la carrière du blâmé. Les syndicats ne manquèrent pas de se pourvoir devant la commission d'appel. Le 16 mars 1979, jour où celle-ci se réunissait pour juger les flambeurs de pétrole, les électriciens déclenchèrent une grève nationale avec coupures de courant pour obtenir, notamment, la levée des sanctions !

Situation parfaitement exceptionnelle et provoquée par des groupes minoritaires. En pratique, la C.G.T. tient bien son monde et déploie une stratégie de dissuasion très élaborée dans le maniement de cette arme absolue qu'est la privation d'électricité. Il est significatif, mais bien peu le remarquèrent, que le courant n'ait pas manqué lors des grandes grèves de 68 alors qu'E.D.F., comme le reste de la France, avait pourtant cessé le travail. La C.G.T. sait parfaitement ce qu'elle veut et n'ignore pas que, si elle ne manifestait pas ce « sens des responsabilités », si elle menaçait de plonger la France dans un chaos comparable à celui que provoqua la « grande panne », le droit de grève ne pourrait être maintenu. Lorsqu'on tient une telle position stratégique, le problème n'est plus de mobiliser sa force mais de la réfréner. Comme nous l'avons vu, les électriciens ont beaucoup gagné au jeu du « retiens-moi sinon je fais un malheur » : avec des corporations aussi puissantes, le prix de la paix sociale est fort élevé.

Entre la grève de *Germinal*, celle de Bort et celle d'E.D.F., quelles différences ! Les mineurs se battaient à l'intérieur de l'entreprise, pour les salaires et contre les patrons ; les tanneurs se battent à l'extérieur de l'entreprise, pour l'emploi et avec le patron ; l'électricien, enfin, agit à l'intérieur de son entreprise, en coordination avec sa direction, et fait pression sur le pays pour faire aboutir des revendications salariales — les autres étant pratiquement acquises une fois pour toutes, grâce au « statut ». Le lieu, les objets, les acteurs, les moyens, tout change de l'un à l'autre. Utiliser la même dénomination de « grève » pour couvrir des réalités aussi dissemblables est donc une tromperie. Les différences tiennent bien plus à la situation de l'entreprise et au contexte économique qu'à « la combativité des travailleurs ». Les tanneurs corréziens ne sont pas moins décidés et syndiqués que les électriciens, mais ils ne se trouvent pas sur le même champ de bataille et ne livrent pas le même combat.

L'évolution économique affecte différemment ces trois sortes de grèves, comme l'indiquent les statistiques tenues par le ministère du Travail. Le nombre des journées de travail perdues pour fait de grève tend à diminuer dans le secteur capitaliste depuis le début de la crise. On en comptait 3,7 millions en 1972, 1,8 en 1977, 1,2 en 1978, 2 en 1979 — on sortait alors du premier choc pétrolier et la reprise paraissait s'amorcer — 950 000 en 1980 — deuxième choc pétrolier — et seulement 420 000 pour le premier trimestre 1981. La « propension à la grève » suit donc à peu près la conjoncture économique : quand les affaires vont mal, les arrêts de travail sont moins fréquents. Les différentes sortes de conflits ne sont cependant pas également touchées.

Les revendications salariales, qui étaient à l'origine des trois quarts des conflits en 1977, n'en représentent plus que les deux tiers dans les années suivantes et tout juste la moitié au premier semestre 82. Dans le même temps, les conflits portant sur l'emploi sont passés de 12,5 p. 100 en 1977 à 34 p. 100 au premier semestre 1981. C'est ce que constate Hubert Landier dans son ouvrage *Demain, quels syndicats ?* : « Les mouvements de grève portant sur les salaires sont le plus souvent assez brefs ; ceux qui portent sur les problèmes d'emploi peuvent, au contraire, être assez longs [...]. Or, on assiste à partir du mois d'août 1974, à une augmentation très significative de la durée moyenne des conflits, qui passe d'un jour et demi à une moyenne d'environ quatre jours en 1975-1976 [...]. A la fin du mois de janvier 1976, 90 p. 100 des occupations des lieux de travail résultaient ainsi de problèmes d'emploi, 10 p. 100 seulement étaient la conséquence de conflits salariaux ou relatifs aux conditions de travail [...]. Le nombre des conflits ayant pour origine des problèmes d'emploi semble donc croître de façon inversement proportionnelle au nombre des conflits salariaux. Moins ceux-ci sont nombreux, plus augmente la proportion des conflits relatifs à l'emploi[1]. »

Les travailleurs ne croient plus guère à la possibilité d'améliorer les salaires par des conflits internes à l'entreprise capitaliste. La grève classique, qui a marqué toute notre histoire industrielle, la grève de *Germinal* régresse, laissant deux sortes d'actions se développer. Dans le secteur public, où les questions d'emploi ne se posent pas, on fait grève pour améliorer les conditions de travail, pour acquérir de nouveaux avantages ; dans le secteur privé, on fait grève pour défendre l'emploi : s'opposer aux licenciements, sinon à la fermeture de l'établissement. Cette évolution creuse de nouvelles inégalités entre salariés. Des inégalités « transversales », pour reprendre l'expression fort juste d'Henri Mendras, et non plus verticales. Ces dernières portent sur les écarts inter-catégoriels (entre cadres supérieurs, patrons, techniciens, employés, ouvriers, etc.), alors que les premières jouent à l'intérieur même des catégories. D'un sec-

1. *Demain, quels syndicats ?*, Hubert Landier, Pluriel, 1981.

teur à l'autre, n'étant pas placés sur un pied d'égalité pour faire aboutir leurs revendications, tous les salariés n'atteignent par le même niveau quant aux résultats.

Admettons, en hypothèse simplificatrice, que la condition des salariés dépende du rapport de force qu'ils entretiennent avec leurs employeurs. Dans cette partie de bras de fer, le capitaliste n'est pas nécessairement gagnant. Face à des syndicats puissamment organisés, il devra céder et la condition des salariés s'améliorera. Jusqu'où ? C'est toute la question.

La première ligne de résistance est purement capitaliste : c'est celle du patron-propriétaire, qui veut préserver son pouvoir et ses profits. La grève pourra l'obliger à reculer jusqu'à une deuxième ligne de résistance, infranchissable celle-là, qui n'est plus adossée au capitalisme, mais au libéralisme. C'est celle qui marque la compétitivité de l'entreprise. Toute concession qui fait dépasser cette limite se retourne fatalement contre le personnel puisqu'elle risque de conduire aux licenciements, voire au dépôt de bilan. Lorsque la direction est acculée à cette seconde barrière, elle ne peut plus rien céder. La pression revendicative, si forte soit-elle, sera toujours inférieure à la résistance qu'on lui opposera. Le personnel ne peut donc espérer gagner plus que l'écart séparant la limite capitaliste de la limite libérale. Si l'espace est important, le patron peut être amené à reculer ; si l'espace est réduit, ou même inexistant, il ne lâchera pas un pouce de terrain.

Pour la direction, la force économique va se transformer en faiblesse sociale et inversement. Les syndicats le constatent tous les jours très empiriquement. Si la compétitivité est assurée, les carnets de commande bien garnis et les profits substantiels, il est clair que « les patrons peuvent payer ». En outre, l'arrêt de la production se traduira par un manque à gagner important : « la grève fera mal ». Le conflit peut s'engager.

De leur côté, les patrons n'ignorent pas que leur faiblesse économique est leur seule force dans la négociation sociale. C'est pourquoi ils connaissent tous ce fameux numéro : « Mes bons amis, je ne demanderais qu'à vous donner satisfaction mais la situation de l'entreprise ne le permet pas. » Les délégués syndicaux, pour leur part, savent ce qu'ils doivent penser de ces appels à la raison, lancés sur le mode pathétique, bras au ciel et poches retournées. « La direction pleure misère dès qu'on demande une augmentation. C'est bien connu. »

Pourtant, la limite imposée par le marché concurrentiel existe bel et bien et les deux parties en sont conscientes, en dépit des coups de bluff et des chantages propres à toute négociation.

La condition des salariés repose donc sur leur force : organisation syndicale, efficacité de la grève, et sur l'exploitation de la faiblesse patronale, c'est-à-dire sur le poids plus ou moins lourd des contraintes libérales. Ce deuxième paramètre est le plus important. A quoi bon faire craquer les défenses capitalistes si l'on bute aussitôt sur l'infranchissable mur libéral ?

Entre 1974 et 1982, la plupart des entreprises françaises sont progressivement passées de la prospérité à l'austérité, de la force à la faiblesse. L'industrie se bat désormais dos au mur, face à la concurrence étrangère ; affaiblissement général qui a considérablement renforcé la position des patrons par rapport à leurs personnels. Les revendications salariales qui, hier, impliquaient obligatoirement un accroissement du pouvoir d'achat, ne portent généralement plus que sur la garantie du niveau de vie. Demain, cette exigence à son tour risque d'être considérée comme « un objectif très ambitieux », selon les termes de Raymond Barre. Il est significatif, de ce point de vue, que les hausses du S.M.I.C. de juin 81 aient été très peu répercutées dans la hiérarchie. En d'autres temps, les syndicats auraient obtenu que la majorité des salariés bénéficient peu ou prou de cette augmentation. En 1981, la non-répercussion s'est faite dans le secteur privé sans soulever de conflits sociaux. Tout se passe désormais comme si les patrons des secteurs concurrentiels étaient totalement crédibles dans leur éternel *non possumus.*

Malheureusement, la fragilité économique des entreprises n'empêche pas seulement d'augmenter les salaires elle conduit, bien souvent, à réduire les effectifs. Trop heureux lorsque ces premières mesures ne préludent pas à un dépôt de bilan pur et simple : le marché impose sa loi à une direction, peut-être maladroite ou incompétente, mais, en tout état de cause, contrainte.

Les Français en sont d'ailleurs conscients. Dans un sondage

I.F.R.E.S. — *le Quotidien* de septembre 1981, 55 p. 100 d'entre eux pensent que c'est le gouvernement qui joue le rôle déterminant dans la bataille pour l'emploi et 15 p. 100 seulement en attribuent les responsabilités principales aux patrons de l'industrie privée.

De fait, que peut apporter la grève face à une menace de licenciement ? Peu de chose assurément. Ce n'est pas elle qui rendra les débouchés perdus, qui contiendra les concurrents, qui rendra sa compétitivité à l'entreprise. A ce stade, les solutions internes sont généralement dépassées. Or, la cessation du travail ne concerne que la vie de la société. Naturellement, le personnel menacé dans son emploi va se mettre en grève, bien qu'il sache que cette action n'aura pas grand résultat.

Seule une intervention extérieure pourrait éviter le pire. Il faudrait que les pouvoirs publics accordent une aide à l'entreprise en difficulté ou, même, qu'ils limitent la concurrence, notamment celle des produits étrangers ce qui serait bon pour les intéressés, mais mauvais pour le pays. La stratégie de la grève est donc en porte à faux. Elle est dirigée contre le patron alors que le salut ne saurait venir que des pouvoirs publics. Eux seuls peuvent desserrer les contraintes libérales qui étranglent employeurs et employés. C'est la raison pour laquelle il faut mener l'action hors de l'entreprise et même de la cité.

Tous les travailleurs confrontés à ce genre de situation en arrivent à la conclusion que la grève a perdu son efficacité. Stratégie antipatronale, elle se trouve disqualifiée dans la plupart des cas : tantôt son objet n'est plus de saison, tantôt l'adversaire n'est plus le bon. On n'a jamais apaisé la tempête en séquestrant le capitaine.

C'est alors que le personnel s'efforce d'interpeller la société selon le schéma de Bort-les-Orgues. Avec quels moyens ? Les méthodes classiques (manifestations, banderoles, tracts, affiches) risquent d'être insuffisantes face à des pouvoirs publics qui croulent sous les dossiers d'entreprises en difficulté. Un pas de plus : on tente de mobiliser la télévision. Or elle ne peut évoquer tous les conflits en cours, notamment dans les P.M.E.

Ultime solution : exercer une nuisance pour vaincre l'indifférence générale. Mais la plupart des travailleurs, en particulier ceux qui luttent pour leur emploi, ne disposent pas d'un tel pouvoir. Ils vont se l'approprier en déclenchant des miniblocus. Exemple classique : le barrage d'une voie ferrée.

Ces opérations se multiplient à mesure que disparaissent les grèves classiques. Il y a peu encore, une barricade dressée devant une locomotive était un acte exceptionnel, presque insurrectionnel. Aujourd'hui ce n'est plus qu'un événement banal. En 1979, la S.N.C.F. a enregistré plus d'une action de ce type, par jour, sur l'ensemble de son réseau ! La presse n'en a généralement pas parlé : les quotidiens ne s'intéressent pas au quotidien.

Le blocus tend à se banaliser comme un fait de la vie courante. Les catégories frustrées du droit de grève y recourent de façon systématique. Dans le monde paysan, on arrête la circulation comme ailleurs le travail. L'assimilation est totale. Lors du grand conflit de la pêche en 1980, le gouvernement envoya la *Royale* pour qu'elle dégage les ports bloqués par les chalutiers. Cette intervention fut présentée comme une atteinte au droit de grève. La confusion de la grève des pêches et du blocus des ports était spontanée. Dans la nouvelle règle du jeu, chacun admet la recherche de la nuisance comme un développement naturel de l'action revendicative. De fait, c'est beaucoup plus payant.

Les professions des transports passent du refus de transporter à l'interdiction de circuler chaque fois qu'ils ne disposent pas d'un moyen de blocus suffisamment efficace. C'est ainsi, par exemple, que procèdent de plus en plus les chauffeurs de taxis ou les routiers. Sachant qu'il leur faudrait cesser le travail fort longtemps pour obtenir satisfaction, ils préfèrent provoquer des bouchons afin de créer le maximum de perturbation dans le minimum de temps.

Le cas de la R.A.T.P. est exemplaire. A l'origine, il existait deux professions bien distinctes, et deux sociétés indépendantes. D'un côté le transport souterrain de la Compagnie du métropolitain de Paris, de l'autre le transport de surface de la Société des transports de la région parisienne. La première, s'apparentant à la mine et au chemin de fer, était considérée comme plus noble, plus moderne, plus difficile. Plus bloquante aussi. Le personnel y jouissait donc d'un statut plus favorable que celui des conducteurs de surface, héritiers des cochers-postillons. A la Libération, les deux sociétés fusionnent au sein de la R.A.T.P. et l'on va s'efforcer d'unifier les conditions les uns et des autres. Volonté qui se heurte à une double évolution des conditions de travail d'une part, des moyens de pression de l'autre.

Le métro ne cesse de se moderniser, en sorte que sa conduite, de plus en plus automatisée, devient de moins en moins pénible. On arrive ainsi au R.E.R., qui circule surtout en surface et dans lequel le rôle du conducteur est réduit au minimum. L'autobus, au contraire, n'évolue guère. Il se conduit à peu près toujours de la même manière. Les embarras croissants de la circulation parisienne rendent le travail de plus en plus pénible et, en outre, les chauffeurs doivent désormais surveiller les titres de transport et jouer les caissiers. Entre le conducteur du R.E.R. qui laisse son train filer tout seul et le conducteur d'autobus qui se fraye difficilement un chemin dans Paris, la différence de pénibilité est saisissante. Mais elle n'a aucune conséquence sur la rémunération du travail.

Dans les années 50, le pouvoir bloquant du métro était relativement limité puisque, en cas de grève, les camions de l'armée transportaient les Parisiens. Tout a changé pendant la guerre d'Algérie. Les véhicules de l'armée étaient en opération et le transport militaire ne pouvait plus suppléer la défaillance du transport civil. Les arrêts de travail devinrent alors très efficaces. A l'inverse, la grève des autobus ne cause qu'un trouble limité si le métro continue à fonctionner. Or, les deux professions n'ont jamais pu faire l'union car les hommes du sous-sol entendent toujours être plus payés que ceux de la surface — en raison, disent-ils, des responsabilités particulières que représente le transport de centaines de personnes. Au jeu du chacun pour soi, ceux qui ont le pouvoir bloquant le plus fort ont évidemment gagné. L'écart de salaire entre les uns et les autres s'est accru, au profit de ceux dont les conditions de travail n'ont cessé de s'améliorer. En fin de carrière, le conducteur de métro gagnera 8 400 F par mois alors que le « machiniste-receveur », le conducteur d'autobus, sera payé de 1 100 à 1 200 F de moins.

Évolution prévisible : ces derniers ont voulu accroître le taux de nuisance qu'ils pouvaient infliger à la collectivité. En 1981, certains d'entre eux ne se sont pas contentés d'arrêter le travail, ils ont lancé leurs véhicules dans la circulation parisienne en roulant au pas. Cette « opération escargot » les remettant à égalité d'arme avec leurs « camarades » du sous-sol finira peut-être par les mettre à égalité de rémunération.

Toutes les grandes corporations veillent ainsi jalousement sur leur arsenal. Les enseignants savent que la simple interruption du service pédagogique ne perturbe que modérément la vie sociale. Ils veulent pousser l'action plus loin en empêchant l'accueil des enfants. Du coup, les mères de famille — ne soyons pas hypocrites en écrivant les « parents » — n'ont le choix qu'entre laisser leurs enfants sans surveillance ou renoncer à aller travailler. En 1981, le ministre Christian Beullac décida qu'en cas de grève, les directeurs devraient assurer l'accueil et la garde des élèves. Fureur des syndicats qui dénoncèrent cette « atteinte au droit de grève ». Le corps enseignant, ayant gagné les élections par socialistes interposés, fit lever cette mesure dès juin 1981. Instituteurs et professeurs peuvent à nouveau menacer, non pas de cesser leurs cours, ce qui est encore supportable, mais de laisser les enfants sur le trottoir.

A la télévision, les syndicats n'ont jamais admis l'instauration d'un service minimum. Ils veulent reconquérir le droit d'empêcher toute diffusion. Ici, également, la différence est claire, entre le mouvement revendicatif qui gêne la direction et le blocus qui agresse le public. Les téléspectateurs se satisfont fort bien des films qui sont de rigueur les soirs de grève. Quant à la société de programme, elle économise en salaires ce qu'elle perd en publicité. On peut donc continuer la guéguerre très longtemps. En revanche, une soirée devant l'écran vide provoque un choc national. Plutôt qu'utiliser de médiocres munitions, le personnel de la télévision veut donc disposer de l'arme de dissuasion absolue qu'est le blocus de l'image électronique.

Tous les travailleurs qui peuvent infliger un blocus à la collectivité par le simple arrêt de leur travail ont naturellement remporté de « grandes victoires sociales ». Au contraire, le personnel des entreprises privées de production est condamné à faire la guérilla avec des armes de fortune. L'inégalité est d'autant plus grande que ceux qui disposent des atouts les plus forts ont en face d'eux le patron le plus faible : l'État, alors que les autres se battent contre des patrons capitalistes soit coriaces, soit désemparés. Dans un cas comme dans l'autre, la bataille est plus dure et le succès bien moins assuré.

Cette situation conduit inévitablement à poser la question du droit de grève dans les services publics. Ne devrait-il pas être réglementé ? Sujet tabou mais incontournable de la vie sociale. Est-il normal qu'au nom du droit de grève, certaines corporations jouissent d'un tel outil de pression sur la société ?

Deux constatations, tout d'abord. D'une part la disposition du droit de blocus permet d'obtenir des avantages importants, mais non exorbitants en comparaison de ceux qu'on peut arracher avec le seul droit de grève. D'autre part, les syndicats sont bien loin d'user de ces moyens autant qu'ils le pourraient.

A cela, deux explications. Premièrement, il existe des entreprises très fortes sur le plan économique, donc très faibles sur le plan social, dans lesquelles la grève est une arme suffisante pour améliorer la condition des salariés. On peut donc trouver, dans des secteurs « non bloquants », des situations confortables par rapport auxquelles celles des grands secteurs publics n'ont rien d'extraordinaire. Deuxièmement, il n'est pas vrai que le corps social soit totalement sans réaction et sans défense face aux attaques dont il peut être l'objet.

Pour ces deux raisons, le problème n'est pas aussi dramatique qu'on veut bien le dire dans la presse conservatrice. Il existe pourtant et constitue une source d'inégalités totalement injustifiées. Le problème est moins de « réduire les inconvénients supportés par le public » que de favoriser une politique sociale véritable, c'est-à-dire donnant réellement la priorité aux plus défavorisés. Aussi longtemps que les pouvoirs publics seront soumis au chantage de certaines grandes corporations, ils feront passer les forts avant les faibles, c'est inévitable.

Alors, faut-il supprimer le droit de grève dans les services publics ? La sagesse serait peut-être de distinguer l'action revendicative dans l'entreprise, de la nuisance exercée sur le public. L'une est légitime, l'autre est discutable. Mais comment les dissocier lorsque toute interruption de l'activité conduit à la paralysie d'une grande fonction sociale ? Telle est la vraie question.

Pour y répondre, il faut faire preuve d'imagination dans le choix des « actions revendicatives ». Ne peuvent-elles prendre d'autres formes que l'interruption du service public ? Lorsque la télévision ne passe plus les spots publicitaires, lorsque des agents d'E.D.F. ou de la R.A.T.P. ne perçoivent plus l'argent, etc., la pression est exercée sur la seule direction. Pas sur les usagers. La réflexion sur ce point a été courageusement commencée par la C.F.D.T., elle devrait être poursuivie.

Dans l'actuelle législation du travail, de telles actions sont bien souvent interdites alors que le blocus total est autorisé. Sans doute faudrait-il procéder en sens inverse. Reconnaître de nouvelles formes d'actions revendicatives, afin d'éviter le recours aux plus brutales d'entre elles. On imagine mal des partis conservateurs obtenant semblables concessions des syndicats. Mais si un gouvernement de gauche met en application dans les faits une indiscutable politique de justice sociale, s'il peut, par son action, prétendre réellement parler au nom des plus faibles, ne peut-il alors engager un nouveau dialogue avec les plus forts et sortir de cette guerre sociale ? Car la crise s'aggravant, la recherche de nouvelles armes risque de se développer jusqu'à l'absurde. Avec l'extension d'un secteur public de plus en plus puissant, qu'elle menace ne faudra-t-il pas brandir demain pour se faire entendre d'un État sans cesse assailli par ses propres corporations ? Cette surenchère nous fera progressivement passer de la guerre froide aux conflits localisés, dans une logique d'affrontement qui, en dernière analyse, ne peut que faire éternellement renaître les injustices que l'on veut corriger. La présence de la gauche au pouvoir n'est-elle pas l'occasion de tenter cet « aggiornamento » des rapports sociaux ? Rien n'est plus risqué, c'est vrai. En un premier temps, il faudra le faire sans en parler, faciliter l'apparition de nouvelles formes d'action sans interdire les anciennes, en attendant qu'un jour on puisse simplement dire ce qui est, c'est-à-dire modifier radicalement l'actuel mécanisme des conflits sociaux dans les secteurs para-étatiques.

Aujourd'hui, face à la tempête qui secoue l'économie libérale, c'est donc l'État qui paraît le suprême protecteur. Jamais il n'a eu meilleure cote, comme le montre un sondage S.O.F.R.E.S.-*l'Expansion* d'octobre 1981. On y voit les Français demander à la puissance tutélaire de diriger la politique économique, contrôler les prix, arbitrer les salaires, intervenir encore et davantage dans le commerce, le téléphone, la construction et jusqu'au cœur de l'entreprise. Il n'y a guère que la religion qui paraisse devoir échapper à la providence étatique. Pour combien de temps encore ?

Les questions relatives à l'emploi sont particulièrement révélatrices. 84 p. 100 des Français pensent qu'il appartient à l'État de s'en occuper, ce qui n'est guère surprenant mais, d'après les réponses, cette intervention ne concerne pas seulement la politique générale : 63 p. 100 demandent que l'État surveille les licenciements et 54 p. 100 souhaitent même que ce contrôle s'étende à l'embauche.

Il ne s'agit pas d'une réaction anticapitaliste ou antipatronale. La même semaine paraissait un sondage I.F.O.P.-*le Nouvel Économiste,* portant sur 907 salariés du secteur privé. Les deux tiers estimaient que les dirigeants de leurs entreprises sont à la hauteur de leur tâche mais 40 p. 100 souhaitaient travailler dans une société nationalisée, contre 39 p. 100 dans une société privée.

On devine aisément les sentiments que traduisent ces réponses. L'entreprise capitaliste est à peu près acceptée et les salariés désirent seulement des aménagements. Une petite majorité d'entre eux se prononce pour une participation accrue des travailleurs et des syndicats à la gestion. Mais ils redoutent qu'elle ne soit soumise aux contraintes libérales et sont conscients de ce qu'elle ne peut leur échapper. 6 p. 100 seulement souhaitent que les syndicats aient un droit de veto sur les licenciements. Ils savent que la solution n'est pas là. Les Français ont compris que c'est de l'État et non de l'entrepreneur capitaliste que peut venir la protection contre le mal suprême : le chômage.

Considérant ainsi les rapports de force au centre desquels se trouvent les différentes catégories de salariés, on s'explique fort bien leurs conditions respectives. Entre celles qui ont un employeur faible, des moyens de pression forts et celles dont la situation est tout juste inverse, entre l'employé de banque et le balayeur, s'échelonne l'extrême diversité du monde salarié.

Le meilleur sort devrait être celui des agents de l'État, groupés en puissantes corporations face au plus faible de tous les patrons : celui qui, quoi qu'il arrive, ne fera pas faillite. Toutefois, cette grande armée de cinq millions d'hommes et de femmes est très disparate. Car la puissance publique a si loin reculé les bornes de son empire, si largement étendu le champ de son intervention, qu'elle remplit des fonctions très variées, occupe des positions fort dissemblables et, conséquence prévisible, ne loge pas tout son personnel à la même enseigne. Distinguons le maître de l'Administration et le tuteur des sociétés nationales monopolistiques.

C'est dans son personnage traditionnel que l'État patron est le plus faible vis-à-vis de ses serviteurs. La fonction publique ne vend pas ses services, n'a pas à équilibrer son compte d'exploitation et cette indifférence économique élimine les limites habituelles de l'action revendicative. L'Administration peut toujours payer et les fonctionnaires sont bien organisés pour occuper l'espace ainsi libéré.

Il leur suffit de se croiser les bras pour paralyser des organes essentiels du grand corps étatique. Les mieux placés pourraient même bloquer l'exercice de la puissance publique. Mais l'excès en tout devient une faiblesse. Militaires et policiers se voient retirer le droit de grève. L'Allemagne fédérale étend l'interdiction à toute l'Administration. La France, elle, n'y recourt qu'exceptionnellement.

Bien souvent, d'ailleurs, les fonctionnaires récupèrent leur moyen de pression par le biais d'une grève du zèle. C'est le cas des douaniers ou des aiguilleurs du ciel. Sans cesser le travail, ils parviennent à créer les plus grands embarras.

Dans un rapport de force aussi défavorable, l'État ne pourrait que céder s'il ne recevait pas l'aide précieuse des Français. Ceux-ci vont devenir les véritables arbitres. En tant qu'usagers, ils finiraient par se retourner contre les grévistes — ce que l'on vit avec la grève d'E.D.F. — s'ils estimaient être injustement brimés. En outre, le contribuable admettrait mal qu'on augmente inconsidérément ses impôts pour surpayer les fonctionnaires. Il faut trouver un état d'équilibre entre les pressions revendicatives et électorales. C'est ici qu'interviennent les Facteurs Non Monétaires.

Vivant dans la permanence, la prévisibilité et la continuité, l'Administration va partager ces avantages avec son personnel. Le statut du fonctionnaire lui apporte donc la sécurité de l'emploi, la régularité de l'avancement, les possibilités de promotion, les garanties disciplinaires et un certain nombre d'avantages non monétaires : durées et conditions de travail moins contraignantes, régimes de retraite et de protection sociale plus favorables, etc. L'État cultive la différence et crée pour ses 2,5 millions d'agents une société dans la société, dont les règles sont à ce point différentes qu'elles rendent difficile toute comparaison entre l'Administration et l'industrie.

Cette organisation rigide, qui paralyserait une entreprise, favorise au contraire le fonctionnement des services publics. Elle ne permet pas seulement à l'État de calmer les revendications sans irriter le contribuable, mais joue également un rôle positif dans la gestion administrative. A la différence de l'industrie cherchant le dynamisme, la créativité, la mobilité, l'efficacité, l'esprit de décision, l'Administration a besoin de qualités très spécifiques : compétence, dévouement, loyauté, impartialité, probité... On ne suscite pas des comportements aussi dissemblables avec les mêmes méthodes. Autant la combinaison de l'insécurité et de l'enrichissement peut faire courir les jeunes loups du capitalisme, autant elle conviendrait mal aux « bons et loyaux serviteurs » de l'État. C'est ici le superpaternalisme, la tutellarisation qui favorise la bonne marche des services publics.

Cette organisation porte encore la marque de son inspirateur direct : Napoléon. Elle est calquée sur une hiérarchie de type militaire : avec un organigramme simple, clair, monolithique, le fameux « statut modèle 1946 corrigé 1959 ».

Telle est du moins l'apparence. La réalité est tout autre, pour des raisons évidentes. Ce personnel remplit les fonctions les plus diverses, possède les qualifications les plus variées. On y trouve tout, du juge à l'ouvrier des arsenaux, de l'infirmière au trésorier-payeur général, du facteur au professeur de faculté, du chercheur au gardien de musée, du planton au ministre. On ne peut soumettre une population aussi hétéroclite à un seul et même règlement. Ainsi le statut général éclate-t-il en un millier de statuts distincts, couvrant les uns quelques centaines de milliers de personnes, les autres quelques-unes seulement. Sous une apparente uniformité, cette diversité foisonnante sera source de différences, d'inégalités, de conflits. Elle rend impossible toute appréciation globale, et incertaine toute comparaison.

Tous les agents de l'État partagent cependant cette situation particulière où le statut compte autant que l'argent, où les « droits acquis » ont la même importance que le pouvoir d'achat. Tous, également, se trouvent prisonniers de cette cage confortable sinon dorée. En dehors de très hauts fonctionnaires qui, la quarantaine venue, vont « pantoufler » dans l'industrie, les fonctionnaires deviennent rapidement prisonniers du secteur public. Matériellement autant que moralement, ils sont tenus par cet employeur, qui est le seul capable d'offrir ces avantages, dont on se passe difficilement après y avoir goûté.

Venons-en à l'argent. Combien sont-ils payés les fonctionnaires ? Délicat sujet que l'on n'aborde pas sans réticences. L'État patron n'aime pas que l'on mette le nez dans ses comptes et ses salariés ne goûtent pas davantage ce genre de curiosité. Pour protéger le mystère des salaires, l'Administration utilise le plus habile des subterfuges : la publicité. Comme pour le statut, tout est connu, public, réglementaire. Rien à cacher donc, on vit à comptes ouverts. En réalité, les traitements effectivement perçus par les uns et les autres varient à l'infini, selon des critères qu'on serait bien en peine de chercher dans la réglementation générale.

Celle-ci constitue une des plus belles cathédrales de la comptabilité publique. Les fonctionnaires se trouvent répartis en quatre catégories : A, B, C, D, qui se subdivisent en grades puis en échelons. Une grille unique attribue à ces différentes situations un certain nombre de points d'où découle un traitement donné.

Les plus bas échelons correspondent à 194 points, les plus élevés à 810. Ainsi la rémunération des fonctionnaires est-elle parfaitement connue en théorie. En pratique, cette grille n'est qu'un paravent. Elle donne des indications générales sans révéler les cas particuliers qui créent les véritables inégalités internes à la fonction publique, comme nous l'avons vu en étudiant la Haute Privilégiature administrative.

Tout d'abord, ce cadre général n'inclut pas la totalité du personnel employé par l'État. 500 000 hors-statuts se pressent en permanence dans le vestibule du sanctuaire, dotés de situations extrêmement variables. A l'opposé, 13 000 très hauts fonctionnaires vivent en dehors de cette grille dans le saint des saints, « l'échelle-lettre », qui leur permet de grimper jusqu'à 1 558 points. Enfin, les perspectives de carrière diffèrent considérablement d'un corps à l'autre. C'est ainsi que le professeur certifié ne peut espérer gagner plus de 9 700 F en fin de carrière, alors que l'inspecteur des P.T.T., possédant un niveau de formation assez comparable, touche à ses débuts un traitement inférieur, mais a une chance sur trois de finir inspecteur principal avec 2 000 F par mois de plus que le professeur. La grande famille de la fonction publique se subdivise donc en une multitude de corps possédant ses avantages propres et s'observant, se jalousant, ne cessant de réclamer la parité avec quelque autre, mieux traité.

Cela n'est rien encore. Le chef-d'œuvre de la diversité dans l'uniformité est atteint avec les primes. Ce sont elles qui font le sel de l'Administration, qui vous permettent d'avoir toujours un bouton de guêtre de plus ou de moins que votre collègue. Grâce à elles, les fonctionnaires sont tout à la fois semblables et dissemblables. La grande astuce étant de rendre voyantes les ressemblances et discrètes les dissemblances. La prime, on n'en parle pas. Il en existe des centaines, que nul n'a jamais pu répertorier. N'en demandez pas le catalogue. Il n'existe pas. Les unes sont d'application générale : indemnité de résidence, supplément familial ; ce sont des compléments de traitement. Les autres ne s'appliquent qu'à des catégories précises, parfois à des centaines de milliers de personnes, parfois à quelques-unes seulement. Impossible de les décrire : les unes sont insignifiantes, les autres fort substantielles, les unes forfaitaires, les autres proportionnelles, les unes prévues au budget, les autres plus secrètes alimentées par les « fonds communs » de certains ministères. Elles portent les noms les plus divers, sans que ces dénominations correspondent toujours à une réalité. On trouve ainsi des primes de rendement, de travail de nuit, d'examens, de fin d'année, de salissure, de chaussures, des indemnités d'inspection, de tournée, sans compter les primes folkloriques et les très mystérieuses « enveloppes » que touchent les hauts gradés dans certains ministères.

Une chose est sûre : l'ensemble du système est conçu de telle sorte que nul ne puisse s'y retrouver. Comme le constate prudemment le C.E.R.C. : « La souplesse apportée par le système indemnitaire est le corollaire de l'extrême rigidité de la grille de la fonction publique. » Une superbe construction cartésienne, doublée par un système général d'accommodement ; un pur produit du génie français.

Au total, semble-t-il, ces primes ne dépassent pas 10 % de la masse salariale. Elles ne représentent guère que quelques % pour la plupart des fonctionnaires, mais peuvent atteindre jusqu'à 40 % du traitement en haut de la hiérarchie. Leur effet est donc d'élargir sensiblement l'éventail des rémunérations.

Ainsi la question de départ reste-t-elle entière : combien gagnent-ils ? Jusqu'à l'année dernière, on ne pouvait donner d'autres chiffres que ceux de la fameuse grille. Dans son troisième rapport, le C.E.R.C. a enfin fourni des informations assez précises, qui prennent en compte les fameuses « primes ».

On peut en tirer quelques enseignements généraux, peu significatifs en eux-mêmes : l'État paye au minimum 25 % au-dessus du S.M.I.C. et la hiérarchie des salaires est plus resserrée dans le public que dans le privé. Mais est-il vrai, comme le disent les serviteurs de l'État, que leurs gages sont misérables ?

Il est toujours difficile de faire des comparaisons globales. Que le salaire moyen de la fonction publique soit de 4 900 F (en 1980) et celui du secteur privé de 4 160 F, que, cette même année, la moitié des agents de l'État aient gagné plus de 4 330 F alors que le chiffre correspondant n'ait été que de 3 310 de l'autre côté, voilà qui semblerait indiquer que le fonctionnaire, contrairement à ce qu'il prétend, est favorisé sur le plan monétaire. Cette appréciation est évidemment erronée, parce qu'elle compare ce qui n'est pas comparable.

La répartition des travailleurs entre les différentes catégories n'est pas du tout la même de part et d'autre. L'industrie privée regroupe les grosses divisions de la classe ouvrière (56,4 p. 100 de ses effectifs), souvent mal payées, alors que l'État n'emploie que 110 000 ouvriers (6,7 p. 100 de la fonction publique), hautement qualifiés. A l'inverse, on trouve, dans la fonction publique, 850 000 enseignants qui gonflent démesurément la catégorie des cadres moyens et supérieurs. Il est donc normal que le salarié du secteur public soit, en moyenne, plus payé que celui du secteur privé, cela n'empêche pas, à qualifications voisines, de cacher un sous-paiement.

Voici comment se présentent les situations respectives dans les secteurs public-privé en 1980, selon le C.E.R.C. :

SALAIRES MENSUELS NETS PUBLICS ET PRIVÉ PAR C.S.P.[1] EN 1980

	Fonction publique (en francs)	Secteur privé (en francs)
Cadres supérieurs	7 870	11 880
(dont non-enseignants)	8 600	
Cadres moyens	4 960	5 920
(dont non-enseignants)	5 210	
Contremaîtres	4 750	5 550
Employés	3 590	3 610
Ouvriers	3 800	3 330
Ensemble	4 900	4 160
Minimum garanti	2 684	2 128

Si le sous-paiement correspond à une réalité, en ce qui concerne les cadres de la fonction publique, il n'en est rien pour les ouvriers et employés. Comme ces derniers bénéficient en général d'avantages non monétaires très supérieurs à ceux

1. Catégorie socioprofessionnelle.

qu'accorde le privé, ce tiers des agents de l'État est indiscutablement favorisé. Mettons à part le corps enseignant, sur lequel nous reviendrons. Restent les autres cadres pour lesquels le sous-paiement existe, mais sensiblement réduit. C'est pour les cadres supérieurs qu'il est le plus fort, de l'ordre de 40 % mais il ne concerne guère que 5 p. 100 des effectifs. Les cadres moyens non enseignants ont des salaires inférieurs de 15 % environ à ceux qu'ils pourraient obtenir dans le privé. Remarquons que la situation heureuse des ouvriers et des employés n'est que partiellement supportée par le contribuable : elle correspond à la politique sociale de l'Administration, qui augmente ses bas salaires au détriment de ses rémunérations les plus élevées.

Le C.E.R.C. estime que l'évolution des rémunérations entre secteur public et secteur privé a été à peu près la même entre 1962 et 1967. En revanche, la fonction publique prend du retard entre 1968 et 1974 ; dans cet intervalle, les salaires augmentent de 94 % dans le privé, de 75 % seulement dans le public. Depuis lors, on a recommencé à naviguer de conserve et, pour la période la plus récente, il semble que le mouvement se soit inversé. Selon *les Tableaux de la solidarité*[1], le pouvoir d'achat des cadres de l'industrie a diminué de 3,4 % entre 1976 et 1980, alors que celui des hauts fonctionnaires restait pratiquement stationnaire. Au contraire, les ouvriers du privé, eux, ont rattrapé un peu de leur retard sur ceux de l'État. Comme les hauts salaires des cadres devraient se réduire dans l'avenir à cause des pressions fiscales et concurrentielles, l'écart aura sans doute tendance à diminuer.

Reste l'énorme corps enseignant, si différent du reste de la société que toute comparaison devient très hasardeuse. Autant mettre dans la même balance l'ouvrier français et l'ouvrier soviétique. Dans une enquête du *Monde de l'Éducation* de novembre 1981, intitulée « Pas défavorisés, mais... », Marc Coutty s'est efforcé de photographier cet insaisissable peuple enseignant.

Monde divers, inégalitaire et secret. Sur le plan financier tout d'abord. L'instituteur commence à 4 214 F par mois, finit à

1. *Les Tableaux de la solidarité*, Catherine Blum-Girardeau, 1981.

7 348, le professeur certifié va de 5 528 F à 10 181 et l'agrégé de 6 472 F à 12 741. Quant aux universitaires de haut vol, un millier d'entre eux atteignent le monde bienheureux des « hors échelle » qui peuvent dépasser 15 000 F. Cela sans compter toutes les sous-catégories et la ribambelle des primes : de conseil de classe, de jury d'examen, d'heures supplémentaires, de classes préparatoires. Et ce ne sont pas les leçons particulières et les collaborations et consultations que donnent parfois les professeurs de faculté qui améliorent beaucoup l'ordinaire.

Ne chipotons pas, l'enseignant subit un sous-paiement d'environ 50 % et gagne en fin de carrière l'équivalent du salaire moyen de sa catégorie dans le privé. Ainsi l'agrégé se retirait en octobre 1981 à 12 741 F alors que les cadres supérieurs gagnaient en moyenne 13 000 F. Le maximum des uns devient la moyenne des autres.

Pauvre d'argent, le professeur est riche de temps. Richesse difficile à évaluer, car on ne connaît pas la valeur du temps libre et on ne sait pas combien l'enseignant en possède. Il est malhonnête de s'en tenir aux horaires officiels : vingt-sept heures hebdomadaires pour l'instituteur, quinze pour le professeur agrégé, trois pour le professeur de faculté. Et impossible de postuler que tout le monde travaille quarante heures. Disons que ce ne sont pas des horaires contraignants. Les cent quinze jours de vacances par an, eux, sont bien du temps libre, tout comme les cinq années de repos pour les instituteurs qui se retirent à cinquante-cinq ans.

Certains enseignants rencontrés par Marc Coutty se sont bien efforcés d'invoquer le principe de compensation : « La tension nerveuse est telle pendant nos cours que nos vacances et nos horaires sont une nécessité plus qu'un privilège. » « Il me serait impossible de faire plus de vingt heures par semaine. » Ces gens n'ont manifestement jamais travaillé à la chaîne dans une usine. Plus raisonnables, la plupart des maîtres reconnaissent qu'ils jouissent d'un « salaire-temps » inégalement réparti entre eux, qui se réduira à mesure que l'on distribuera à tous le temps libre.

Un peu d'argent, beaucoup de temps, de sécurité aussi. Trop, même, et certains s'en plaignent. Il est bien agréable de ne pas risquer le licenciement mais bien triste de ne pouvoir espérer aucune promotion : les espoirs de carrière sont plus que limités. L'instituteur, au mieux, deviendra directeur d'école et gagnera 10 % de plus qu'au départ. Le professeur certifié n'a presque aucune chance de rejoindre le corps des agrégés et l'agrégé ne doit pas nourrir d'illusions sur ses possibilités d'atteindre la « classe exceptionnelle ». Le diplôme de départ vous met sur un rail qui vous conduit à la gare d'arrivée. Croisière sans surprises, bonnes ou mauvaises. Ne redouter aucune autorité, n'escompter nulle récompense, on aime ou on n'aime pas, c'est affaire de tempérament.

Il faudrait encore jeter dans la balance les servitudes de l'affectation, que l'opinion tend à oublier. Bien des Français en chômage trouveraient du travail s'ils acceptaient de se déplacer pour chercher l'emploi. L'enseignant, lui, doit aller à son poste et ne peut exiger de le trouver sur place. Source de frustration, car 80 p. 100 des enseignants se disputent 20 p. 100 des postes « géographiquement intéressants ».

Dernier point et non le moins intéressant : l'Éducation nationale a constitué une sorte de société économique autonome, dans laquelle on peut vivre à moins cher. Chez les jeunes ménages d'instituteurs, par exemple, on retrouve souvent le même type de mobilier. Rien d'étonnant à cela, puisque les achats ont été faits à la Coopérative de l'Éducation nationale, la C.A.M.I.F. Il existe ainsi sur la planète Éducation nationale toutes sortes de fées tutélaires aux noms barbares : M.G.E.N., M.R.I.F.E.N., C.A.S.D.E.N., M.A.I.F., etc., qui offrent à meilleur compte les services de santé, d'assurance, de banque, de loisirs, de retraite. Très habilement, les enseignants ont valorisé sur le plan économique la stabilité de leur condition. Constituant la plus sûre des clientèles, ils peuvent abaisser toutes les couvertures de risques sur leur propre marché.

En mettant tous ces F.N.M. positifs dans un panier, fait-on un privilégié de celui qui le porte ? La question ne devrait pas se poser. Du fonctionnariat — et plus encore de l'enseignement — à l'industrie, les conditions sont si diverses que la comparaison perd son sens. La prime de sécurité, cependant, s'est à ce point valorisée par ce temps de chômage que l'interrogation a jailli au cœur même de la vie sociale.

C'est l'affaire des cotisations aux A.S.S.E.D.I.C. qui a servi de détonateur. Le régime de l'indemnisation chômage mis sur pied en 1958 — c'est-à-dire en période de plein emploi — et géré par l'U.N.E.D.I.C., résultait d'un accord patronat-syndicats, interne au secteur privé. L'État patron qui assure la garantie d'emploi n'y était pas partie prenante et les fonctionnaires échappèrent à la cotisation qui était supportée à la concurrence de 75 % par les entreprises et de 25 % par les salariés.

A la fin des années 70, alors que le chômage frappait durement et durablement, la non-cotisation des fontionnaires sembla choquante. Les raisons initiales en étaient oubliées, ne demeurait que ce fait brutal : les agents de l'État profitaient de ce qu'ils étaient protégés contre le chômage pour ne pas contribuer à l'effort de solidarité. Raymond Barre — un professeur pourtant — envisagea de leur faire subir un prélèvement de 0,84 % de leurs salaires. François Mitterrand, qui comptait sur eux pour son élection, se prononça contre cette mesure « antisociale ». Or, au lendemain de la victoire socialiste, la situation financière difficile des A.S.S.E.D.I.C. fit resurgir la question. Le débat qui s'ensuivit fut exemplaire.

En un premier temps, *le Monde* prit parti en faveur de cette mesure : « Un appel à la solidarité des fonctionnaires qui, à l'exception des 400 000 vacataires et autres employés à statut précaire, ne connaissent pas l'angoisse du chômage est moralement justifié et devrait être accueilli favorablement par l'opinion publique. »

Quelques lettres de fonctionnaires écrites en réaction à cet éditorial furent publiées. Elles expriment parfaitement le sentiment des intéressés. L'un écrivait : « Il n'a jamais été question, que je sache, dans les périodes de prospérité que nous avons connues il n'y a pas tellement longtemps, alors que les fonctionnaires se trouvaient à l'écart de l'amélioration générale du niveau de vie en raison de la fixité de leur traitement, de pratiquer en leur faveur un prélèvement sur les bénéfices de ceux que la situation économique du moment favorisait. » Et l'autre ajoutait : « Je dis non, pourquoi ? Parce que pendant des années d'expansion, pendant la grande décennie 1960-1970, le fonctionnaire fut comme toujours, hier, aujourd'hui et demain, dénoncé comme un privilégié en raison de la sécurité de son emploi, mais sans jamais, et pour cause — à qualification égale —, que l'on envie son salaire... Je dis non. Ils ont joué, ils ont risqué [...], ils ont gagné hier et, aujourd'hui, il n'est pas question de les abandonner sans secours. Mais les fonctionnaires [...] ne doivent pas perdre deux fois, ne doivent pas perdre à tous les coups. »

Il est fort rare qu'une corporation soit ainsi mise sur la sellette. Fort rare aussi que l'on se mette à comparer le lot des uns et des autres. Le conflit opposait jusqu'à la caricature la France de la sécurité et celle de l'insécurité. L'une trouvant qu'elle avait moins profité de la prospérité, l'autre qu'elle y avait plus contribué.

Plutôt que de se livrer à des comptes d'apothicaire, il semble plus simple de s'en tenir aux arbitrages rendus, de fait, par les individus. Jusqu'en 1974, la France vivait pratiquement dans le plein emploi et les travailleurs pouvaient choisir entre secteur public et secteur privé. Ceux qui optèrent pour le fonctionnariat le firent en connaissance de cause et en considération de leurs intérêts. Si les propositions de l'État s'étaient révélées scandaleusement injustes, ils ne les auraient pas acceptées et il aurait fallu les valoriser pour trouver des candidats (c'est d'ailleurs ce qui a été fait dans un certain nombre de cas). On peut donc estimer que les situations offertes dans le public et le privé étaient à peu près équivalentes jusqu'à la crise. Seuls les enseignants n'avaient pas le choix, face à un employeur en position de quasi-monopole dans leur profession. Cessons donc de parler des « sacrifices consentis ».

La sécurité de l'emploi s'étant prodigieusement valorisée, les fonctionnaires sont considérés comme des privilégiés par 65 p. 100 des Français, selon un sondage de *l'Expansion* en 1981. Ce pourcentage prouve assez la faveur dont jouit désormais la fonction publique. Alors que dans les années 60, l'Administration ne disposait pas toujours du nombre nécessaire de candidats pour ses concours de recrutement, elle enregistre aujourd'hui couramment 100 postulants pour un poste. Les diplômés n'hésitent pas à passer des concours de bas niveau pour entrer coûte que coûte au service de l'État. On voit des licenciés accepter des traitements qui n'atteignent qu'une fois et demie le S.M.I.C., afin de bénéficier d'un statut.

Rien d'étonnant que, dans ces circonstances, les deux tiers des Français, interrogés pour le compte du *Quotidien de Paris* en 1981, aient jugé normal que, sans remettre en cause la sécurité dont bénéficient les fonctionnaires, on leur demande un geste de solidarité en faveur des chômeurs. Mais, comme l'expliqua Anicet Le Pors, ministre de la Fonction publique, les fonctionnaires qui ont « voté pour le changement » ne comprendraient pas... En d'autres temps, les gouvernements soignaient les agriculteurs qui « votaient bien ». Les majorités passent, le clientélisme reste.

Dans l'avenir, les électeurs seront moins disposés à admettre que l'État fasse preuve d'une telle générosité vis-à-vis de ses salariés. Manifestement, la non-cotisation à l'U.N.E.D.I.C. ne durera pas une année de plus. C'est maintenant sur leur poids politique que devront compter les fonctionnaires pour maintenir leurs avantages. La gauche ne peut se passer de leurs suffrages. Ainsi, la sanction électorale pourrait-elle ne pas dépendre des contribuables s'estimant injustement taxés, mais des agents de l'État insatisfaits. C'est un nouveau rapport de force, qui va déterminer la condition future des fonctionnaires.

L'État patron, qui commande directement la fonction publique, tutélarise les grands services publics industriels et commerciaux : E.D.F., S.N.C.F., R.A.T.P., télévision, auxquels on peut adjoindre les entreprises nationalisées en position oligopolistique, tels les banques, Air France, Air Inter, les Charbonnages, etc. Il ne s'agit plus ici d'activités spécifiques de la puissance publique. Les agents des sociétés sont des ingénieurs, des techniciens, des gestionnaires qui ont leurs homologues dans le secteur capitaliste. D'un monde à l'autre, la comparaison est aisée.

Tout naturellement, les travailleurs vont exiger l'alignement de leurs salaires sur ceux que versent les patrons du privé et, n'oubliant pas qu'ils sont dans le secteur public, ils demanderont également les compléments que l'État offre à ses fonctionnaires.

L'État tuteur n'est guère en meilleure position que l'État patron. Il s'efforce bien d'enserrer les sociétés nationales dans des contraintes économiques, mais le personnel n'ignore pas que son employeur ne risque pas de déposer son bilan et que les subventions publiques ne sont pas faites pour les P.M.E. Or, le blocus est bien plus redoutable ici que dans l'Administration. D'une part, il « passe » mieux dans l'opinion. Il paraît toujours choquant que des magistrats, des administrateurs ou des professeurs se mettent en grève. En revanche, le public comprend assez bien que des employés ou des techniciens, affectés à des activités industrielles, cessent le travail. D'autre part, la nuisance est plus immédiate, plus brutale. Lorsqu'un service de transport, d'énergie ou d'information s'interrompt, la paralysie intervient dans les minutes qui suivent.

Là encore, le conflit est arbitré par les Français. En tant qu'usagers, ils n'apprécient guère d'être ainsi pris en otages. Selon un sondage S.O.F.R.E.S.-*Figaro Magazine,* 58 p. 100 d'entre eux estiment que les syndicats provoquent trop de grèves dans les services publics. A noter qu'ils font la différence entre l'arrêt de travail et le blocus, car ils ne sont que 49 p. 100 à penser de même lorsqu'il s'agit d'entreprises ordinaires.

Dans une société nationale, lorsque les syndicats multiplient les grèves, ils risquent de retourner le public contre eux. Au temps de feu l'O.R.T.F., les téléspectateurs avaient fini par prendre en grippe ces « catégories de personnel » qui perturbaient leurs programmes. Le gouvernement Chirac en 1974 disposa de tout l'appui populaire souhaitable pour tronçonner l'office et diviser les turbulentes corporations. Dans les années 70, les gouvernements furent constamment tentés de jouer les Français contre les « privilégiés », jeu toujours dangereux. A l'inverse, les organisations syndicales s'efforcent de brandir la menace sans la mettre à exécution, et de présenter leurs revendications au nom du service public. Il faut surtout ne pas commettre l'erreur des aviateurs qui, en misant trop sur les avantages monétaires, se sont fait une mauvaise réputation de privilégiés. Le personnel de ces grandes entreprises nationales ne présente donc que des revendications salariales « raisonnables » mais qui, combinées à un bon lot de F.N.M., forment des situations très enviables.

Pas question ici de sous-paiement. Pas question non plus de privilège. En 1980, les employés d'E.D.F. gagnaient 4470 F, ceux du Crédit lyonnais 4450, ceux de la S.N.C.F. 4580. C'est fort convenable puisque, selon le C.E.R.C., la moyenne des salaires d'employés était en 1980 de 3610 F. Toutefois, on trouvait mieux dans l'industrie privée. Thomson, Saint-Gobain ou Péchiney étaient plus généreux dans certaines branches.

De bonnes rémunérations donc, mais complétées par des Facteurs Non Monétaires fortement positifs qui rapprochent souvent ces situations de celles que l'on rencontre dans la fonction publique. Reconnaissons, toutefois, que le travail est souvent plus contraignant dans les sociétés de type industriel que dans les bureaux de l'Administration.

Nombre de ces cadeaux sont des charges supplémentaires pour l'entreprise. Un exemple : la sécurité de l'emploi. Dans l'Administration, qui travaille à effectifs constants ou croissants, elle ne coûte pratiquement rien. On se contente de conserver les gens en place, au lieu de les remplacer par d'autres, éventuellement moins chers ou plus compétents. Il n'en va pas de même dans les secteurs liés à l'activité économique.

Le cas de la S.N.C.F. est typique. Entre les fermetures de lignes et les gains de productivité, le nombre des cheminots est passé de 500 000 au lendemain de la guerre à 255 000. Fantastique compression d'effectifs dont on imagine les conséquences sociales, dans une entreprise classique soumise au régime du droit commun. Il aurait fallu accélérer la « fonte naturelle des effectifs » au grand feu des licenciements. Or, le système de retraite entre cinquante et cinquante-cinq ans produit le même effet, tout en évitant les traumatismes sociaux, d'autant que les cheminots reçoivent des pensions assez généreuses. Il a donc été possible de réduire massivement le personnel en faisant des partants et non de licenciés. Fort heureuses pour les intéressés, ces solutions reviennent très cher. La S.N.C.F., ayant son propre régime de retraite, se retrouve dans une situation sans issue, avec 255 000 actifs et 413 000 pensionnés. Impossible d'assumer une telle charge. L'État a dû lui verser en 1981 8,5 milliards de francs afin de compenser le déficit de ce régime de retraite.

Autant d'épreuves évitées aux cheminots qui se répercutent, partiellement, sur le contribuable.

Le processus est le même pour la plupart des avantages et salaires indirects accompagnant le traitement de base. Il faut financer les œuvres sociales, les prêts bonifiés, les régimes de retraite, le temps libre, les primes, les facultés de promotion, les cycles de formation, les mutuelles, les compléments familiaux, etc. Toutes ces dépenses pèsent sur les charges de l'entreprise et seront, en définitive, supportées par les usagers et les contribuables. Quel peut en être le montant ?

On le retrouve dans le coût salarial global que calcule l'employeur en additionnant les salaires directs et indirects. En 1976, il s'établissait à 50 700 F en moyenne par an et par salarié dans l'industrie. Il était de 78 400 F dans les banques, 82 000 F à E.D.F. Même en tenant compte de la qualification supérieure du personnel dans ces entreprises, on voit que le droit de blocus paye. Non point de façon exorbitante, comme on le laisse parfois entendre, mais bien confortable toutefois.

Au vu d'un tel bilan, on serait tenté de sacrer l'État meilleur patron de France. Ce serait conclure hâtivement : parmi les entreprises privées, il en est qui peuvent prétendre au titre.

IX

GUIDE DU PATRONAT À L'USAGE DES SALARIÉS

Quittant le monde de l'Administration ou des grands services publics, pénétrons dans celui des entreprises de production. En principe, elles sont toutes soumises aux dures réalités de la concurrence sur le marché libéral. Ce n'est pas pour autant qu'elles offrent toutes les mêmes conditions à leurs salariés. Deux constatations frappent au premier coup d'œil, parce qu'elles vont à l'encontre des idées reçues. D'une part, la diversité patronale apparaît extraordinairement étendue, entre le meilleur et le pire. D'autre part, le statut de l'entreprise, publique ou privée, a moins de conséquences qu'on ne l'imagine, les salariés les mieux traités dans le secteur capitaliste se trouvant pratiquement au même niveau de salaire que ceux du secteur nationalisé.

La démonstration est particulièrement frappante si, comparant ce qui est comparable, on confronte les entreprises nationalisées dès 1945 et celles qui l'ont été en 1982 ou qui auraient pu l'être en vertu des critères retenus. Il s'agit dans tous les cas de très grands groupes et, le plus souvent, dans les secteurs dynamiques de l'industrie.

Sur ce point, la meilleure étude a été faite par Émile Favard dans *l'Expansion*, en 1978, puis en 1981. Elle oppose des groupes déjà nationalisés à d'autres, alors susceptibles de l'être. Un certain nombre d'entre eux sont, depuis, effectivement passés dans le secteur public, mais nous parlerons de ces entreprises comme des sociétés privées, indépendamment de leur statut en 1982.

L'intérêt des recherches de Favard est qu'elles dépassent le simple plan salarial pour considérer toute une batterie d'indicateurs sociaux, cernant ainsi de plus près la condition réelle des salariés. On constate tout d'abord que la frontière séparant le public du privé devient extrêmement floue. Qu'on en juge.

U.T.A. (privé) l'emporte sur Air France (public) pour l'emploi. Aluminium-Péchiney (privé) est bon premier — devant E.D.F. — pour les avantages sociaux. Dassault-Bréguet (privé), troisième dans cette catégorie, est second pour le temps et les conditions de travail, de même que pour santé et la sécurité. Dans ce domaine, la société d'assurances privée A.G.P. supplante la société publique A.G.F. Enfin, si Elf-Aquitaine (public) l'emporte au classement général, il est suivi de près par Aluminium-Péchiney. Et l'on retrouve, dans les huit premiers, trois groupes capitalistes aux côtés de cinq groupes nationalisés.

L'enquête, refaite en 1981, ne conclut guère autrement. Dans la banque, le privé paye mieux que le public ; il en va de même pour les techniques de pointe où Matra et Dassault sont plus généreux que l'Aérospatiale ; pour la métallurgie, les feuilles de paye de Renault sont moins riches que celles de Sacilor, Usinor ou Pont-à-Mousson. Quant aux avantages et salaires indirects, ils sont généralement plus substantiels dans le secteur public, sans qu'il existe de très fortes disparités.

Au total, les différences paraissent tenir à la gestion plus qu'au statut. Le privé préfère donner de l'argent plutôt que des avantages et entretient la compétition méritocratique avec de fortes inégalités salariales. Le public serait plus égalitaire et plus paternaliste.

Nous n'avons pas pris en compte la sécurité de l'emploi : n'est-ce pas la différence radicale, celle qui, en période de fort chômage, sépare deux mondes ? Rendons-nous cependant à l'évidence : la frontière public-privé ne sépare pas les travailleurs garantis des travailleurs menacés. La situation est beaucoup plus ambiguë.

Les sociétés nationales ne gardent pas systématiquement la totalité de leur personnel. Outre le cas spectaculaire de la S.N.C.F., on pourrait citer celui des Charbonnages de France dont les effectifs sont passés de 400 000 mineurs en 1954 à moins de 100 000 aujourd'hui. Grâce à l'aide publique, ces réductions ont pu s'effectuer sans renvois.

Toutefois, des sociétés nationales ont déjà été contraintes de procéder plus brutalement. En 1960, après l'échec de sa campagne américaine, Renault s'est délesté de 3 000 personnes. De même a-t-on licencié à C.D.F.-Chimie ou à l'Aérospatiale. La garantie de l'emploi n'a donc pas, dans ces entreprises, le caractère statutaire et absolu de la fonction publique.

Par ailleurs, cette sécurité au rabais se retrouve dans les grands groupes privés. Eux non plus, quoi qu'en disent les syndicats, ne « dégraissent » pas beaucoup. Certes, ils ont dû fortement diminuer leurs effectifs au cours des dix dernières années et, de ce point de vue, les socialistes peuvent s'estimer heureux de n'avoir pas nationalisé dès 1974. Tandis qu'ils se morfondaient au purgatoire, le capitalisme devait « faire le ménage » chez lui ; une corvée que nul ne revendique. Mais ces compressions de personnel n'ont généralement pas pris la forme subite et expéditive du licenciement.

Grâce à l'importance de ces groupes — généralement de l'ordre de 100 000 personnes — on a pu jouer de « la fonte naturelle des effectifs », des mises en retraite anticipées, des mutations, des primes d'incitation au départ, des aides à la reconversion, des changements d'affectation, etc., pour s'efforcer de régler au mieux le problème. Des services spéciaux, véritables filiales, ont été mis sur pied pour « éviter la casse » : ils facilitent la création d'entreprises, favorisent les déménagements et les reconversions. Si les syndicats sont fondés à qualifier ces mesures de « licenciements déguisés », en cette matière, le déguisement vaut tout de même mieux que la nudité. Chez S.G.P.M. on supprima 17 000 emplois mais les licenciements en France ne dépassèrent guère 10 p. 100 du total. Chez Rhône-Poulenc, 4 200 emplois ont été perdus pour la seule année 1980. La retraite a joué dans 55 p. 100 des cas, les reconversions et réembauches dans 27 p. 100. Pour alléger les effectifs dans le textile, la direction espère procéder à 800 mutations à l'intérieur du groupe. Péchiney, de son côté, en effectue 500 par an pour ne pas débaucher. Chez Thomson, où le passage de l'électromécanique à l'électronique a provoqué de gros problèmes d'emploi dans le secteur du téléphone, on offre des primes de départ égales à seize mois de salaire.

Certes, rien ne remplace la conservation pure et simple de son travail mais ces sommes amortissent sérieusement le choc du chômage. En définitive, les licenciements qui ont eu lieu sont restés modestes par rapport aux effectifs, et c'est pourquoi les grosses entreprises capitalistes supportent, sur ce point, la comparaison avec les sociétés nationales. En 1978, Émile Favard écrivait : « Contrairement à une idée généralement répandue, le secteur privé (sur la base de notre enquête du moins) ne congédie pas plus fréquemment ses salariés que le secteur nationalisé. » En 1981, la situation s'est dégradée et le jugement diffère sensiblement : « C'est vrai, les entreprises publiques garantissent plutôt mieux l'emploi que les autres. »

Avec la crise et la tension qui affectent le marché du travail, la différence s'est accentuée, mais elle tient plus au type d'activité — service public monopolistique ou production concurrentielle — qu'au statut de l'entreprise. Il en va de même pour les autres facteurs de comparaison.

Le secteur bancaire, par exemple, ignore la distinction public-privé quand il distribue les faveurs avec une égale générosité de part et d'autre de la frontière : les avantages dont les salariés jouissent ici tiennent à la position très privilégiée de la banque. Il en va de même dans l'aéronautique, la chimie, l'armement, l'électronique, secteurs en plein développement et qui traitent généralement bien leur personnel.

Le contexte est moins favorable dans la construction automobile. Pendant trente ans, Renault a constamment pris l'initiative du progrès social dans les entreprises industrielles. C'est la Régie qui a eu le premier comité d'entreprise, qui, la première, a accordé la troisième puis la quatrième semaine de congé, qui a instauré la retraite complémentaire, la mensualisation, etc., obligeant le reste de la grande industrie à s'aligner progressivement sur elle.

Mais le bilan de 1978 ne traduit pas une avance décisive du constructeur national. Le salaire minimum était alors de 2 518 F à la Régie, de 2133 F chez Peugeot. L'indemnisation « maladie intégrale » s'élevait à quarante-cinq jours de salaire dans les deux cas, l'indemnisation partielle étant plus longue chez Renault. Les dépenses de formation étaient à peine supérieures à la Régie mais le budget du comité d'entreprise y atteignait 2 % contre 1,20 % seulement chez Peugeot. Remarquons encore qu'on travaillait une heure de plus par semaine chez ce dernier. Unique avantage décisif pour les travailleurs de l'État : ils jouissaient d'une protection syndicale indiscutablement plus efficace, qui n'empêchait cependant pas une plus grande fréquence et une grande gravité des accidents du travail que chez les concurrents. On travaille dur, très dur, à la Régie et la discipline y a toujours été rigoureuse. Comme toute entreprise entièrement soumise à la concurrence, l'impératif de productivité a primé. Longtemps, Peugeot a dépassé Renault sur le plan économique. En 1980, la situation s'est inversée. De ce fait, la différence de salaires (17 % de plus à la Régie) a pu être maintenue, certains avantages accrus (le budget du comité d'entreprise atteint 2,26 %) et l'emploi préservé.

On se garde, pourtant, de chanter victoire à Billancourt ; 1981 fut une mauvaise année et tout retournement de la conjoncture pourrait remettre en cause cet acquis social. Ainsi ce bilan comparé montre-t-il que les contraintes libérales ont pareillement pesé sur les deux constructeurs et que les avantages particuliers des « Renault » tiennent surtout au comportement de l'État propriétaire, qui s'est souvent montré plus arrangeant qu'un capitaliste ordinaire quant au paiement des dividendes.

Quelle différence entre une société publique comme Renault et une entreprise comme Dassault ! Là, le « privé » l'emporte avec dix longueurs d'avance. Pour les salaires du personnel d'exécution — les ouvriers de Dassault étant, dans l'ensemble, plus qualifiés que ceux de Renault — Renault était en 1980 à 4469 F et Dassault à 6512 F. Le budget du comité d'entreprise de ce dernier représentait le double de celui du constructeur d'automobiles. Enfin, dès 1976, on travaillait deux heures de moins chaque semaine chez Dassault, où l'on avait, en outre, droit à vingt-cinq jours de congés annuels contre vingt à la Régie.

En 1981, dans les entreprises nationalisées ou à nationaliser, examinées par *l'Expansion*, les différences sectorielles l'emportent donc sur les différences statutaires. Pour ce lot de grandes entreprises comparables, le salaire moyen varie de l'ordre de 30 % entre la mécanique et l'aérospatiale alors que les différences de salaire public-privé, à l'intérieur d'une même branche, ne dépassent guère les 10 %. Comment expliquer ces faits ?

La réponse fournie par Émile Favard en conclusion de son enquête de 1976 tient en une formule : « Vive les monopoles, Monsieur ! » qu'il explicite de la façon suivante : « [...] dans un échantillon d'entreprises d'importance nationale, celles où l'on vit le mieux sont celles qui règnent seules sur le secteur d'activité. Qu'elles appartiennent d'ailleurs au public ou au privé [...], il ressort clairement que la réalité sociale vécue par les salariés dépend moins du statut de l'entreprise que de la situation de plus ou moins grande concurrence dans laquelle elle se trouve. Les cinq premiers de notre classement final ont en effet les mains libres dans tout ou partie de leur secteur (sans oublier toutefois que les frontières sont ouvertes, les monopoles absolus étant très rares) : le soufre et le gaz naturel (S.N.E.A.P.-Elf-Aquitaine), l'aluminium (Péchiney), l'électricité (E.D.F.), la construction d'avions militaires (Dassault-Bréguet) ou l'énergie atomique (le C.E.A.). L'affaiblissement du risque de sanction économique permet donc, semble-t-il, de pousser plus loin le progrès social. Par contre, dès lors qu'il existe une lutte commerciale ouverte, les travailleurs se trouvent en quelque sorte mis en concurrence avec les clients. »

Pour se protéger des plus dures contraintes libérales, l'étatisation n'est pas la seule solution. Il en est d'autres non moins efficaces. Se trouver dans un secteur faiblement concurrentiel comme la banque, dominer le marché par sa puissance économique et commerciale, vivre en contact étroit avec la puissance publique, travailler dans un secteur de haute rentabilité. Tout cela assure une position très solide permettant de résister aux coups durs et de préserver ses salariés.

Ces « nationalisables » ou « nationalisées » sont de solides forteresses, peu sensibles aux remous du libéralisme. Elles les ressentent — et le qualificatif de « monopole » est mal venu, s'agissant de groupes en concurrence avec l'étranger —, mais de par leurs tailles et leurs secteurs elles conservent une marge de manœuvre. Elles compensent les pertes d'une filiale par les gains d'une autre, ont un volant de stabilité grâce aux commandes publiques, disposent toujours d'un secteur à haute rentabilité qui leur sert de quille et garantit leur équilibre. C'est évident pour Dassault et Matra, solidement appuyés sur leurs productions d'armement, pour Thomson-C.S.F. dont les bénéfices du secteur militaire permettent de faire contrepoids aux pertes subies dans le domaine du téléphone ou le domaine médical ; pour la C.G.E., enfin, dont C.I.T.-Alcatel gagne très régulièrement de l'argent avec les contrats des P.T.T. Chacune de ces firmes jouit, en outre, d'une avance technique dans des secteurs à haute rentabilité ; Thomson et ses radars, Dassault et ses avions de chasse, S.G.P.M. et la fibre de verre, Matra et les missiles, entre autres cas. Ce qui met ces entreprises en position de force sur le marché concurrentiel.

Si nous avons jusqu'ici évoqué les malheurs dus au libéralisme, il faut maintenant parler du bonheur qu'il réserve aux plus forts. Lorsqu'une société domine le marché par sa puissance industrielle, sa suprématie technique et qu'elle se trouve dans un secteur à forte rentabilité, elle prospère d'autant plus aisément qu'elle détourne à son profit les lois du marché. Car la libre concurrence pousse à la concentration, voire au monopole. Pour peu que l'État ne contrarie pas cette tendance ou, ce qui est le cas en France, la favorise, le gagnant va progressivement s'affranchir des sévérités de la compétition. C'est le champion « toutes catégories »... dans un sport qui ne distingue pas les catégories. Ce triomphe profite de façon quasi automatique aux employés.

Marcel Dassault est l'archétype de ces industriels heureux. Son génie d'avionneur a fait prospérer son entreprise sur un marché hautement profitable : situation de faiblesse, vis-à-vis de son personnel, qui a fait de lui un des meilleurs employeurs de France. Ici le conflit sur le partage capital-travail vaut la peine d'être engagé, les grèves sont payantes. L'ensemble du personnel bénéficie donc de la position dominante conquise par la société.

Que le secteur public soit une privilégiature par rapport au secteur privé, c'est vrai en général et faux en particulier. L'industrie capitaliste offre d'aussi bonnes places que le service de la nation. Voyez, par exemple, les salariés d'I.B.M. Ils n'ont vraiment aucune raison d'envier ceux des sociétés nationalisées. Dans le classement 75-76 de *l'Expansion,* ils arrivaient bon premier devant Elf-Aquitaine, Dassault-Bréguet, E.D.F., Air-France, R.A.T.P. ou B.N.P. Aujourd'hui encore et en dépit de la crise, le géant des ordinateurs peut afficher sans crainte son bilan social.

Bon payeur, I.B.M. n'est en rien exceptionnel à cet égard. En 1980, les plus basses rémunérations se situaient à 4 100 F, environ 30 % de plus que le montant imposé par les conventions collectives de la branche. D'autres peuvent faire mieux encore. Ici, on verse un treizième mois et rien de plus : on n'aime pas les gratifications attribuées au personnel sous la forme de primes de bilan, de mariage, etc. Pour le logement, on ne dépasse guère le 1 % patronal, on veut bien donner quelques prêts complémentaires de dépannage, c'est tout. La retraite est bonne avec un 70 % réel, assuré à tous grâce à une retraite maison par capitalisation, qui s'ajoute aux retraites complémentaires. L'affaire devient plus intéressante au niveau des œuvres sociales, avec un budget du comité d'entreprise égal à 3,8 % de la masse salariale, proche du record détenu par Dassault.

Tout cela fait un bon patron. Mais I.B.M. n'est pas un bon patron. Elle est autre chose. Depuis que la société existe, elle n'a jamais licencié pour raisons économiques. Ni en Amérique, ni en France, ni ailleurs. Ici l'on pratique la sécurité de l'emploi à la japonaise. Longtemps, I.B.M.-France a augmenté rapidement ses effectifs, jusqu'à atteindre 21 802 personnes en 1978. Depuis s'est amorcée une légère décrue : 21 403 salariés en 1980. Ce tassement, cependant, s'est fait et ne saurait se faire qu'en respectant le sacro-saint principe du... non-licenciement. Car la sécurité de l'emploi à I.B.M. vaut presque celle de la fonction publique. En 1975, l'usine de Corbeil-Essonne s'étant trouvée employer 500 personnes de trop, la compagnie a réussi à les recycler toutes. Cela suppose, bien sûr, que les travailleurs acceptent une mobilité professionnelle et géographique. Mais, à qui supporte ces servitudes, on offre de nombreuses facilités. Les dépenses de formation excèdent 6 % de la masse salariale. On a vu l'entreprise reconvertir en dactylos des serveuses de la cafétéria !

Cet important effort de formation permet des promotions internes. Sur les 8 500 cadres de la société, 4 000 sont diplômés, et 4 500 sortis du rang. Les promotions atteignaient, dans les belles années, jusqu'à 30 p. 100 du personnel. Elles n'en touchent plus aujourd'hui que 12 p. 100. Chacun a donc son bâton de maréchal en entrant, mais nul ne fera le moindre pas à l'ancienneté. Le paternalisme I.B.M. est résolument méritocratique. Chaque mois, chaque année, chacun est jugé sur ses résultats.

Les syndicats n'apprécient guère un tel système et se méfient de ce management des hommes, dans lequel certains voient la forme la plus sophistiquée de l'exploitation. Ils ont tendance à préférer le statut corporatiste unificateur à une ultra-personnalisation pouvant ouvrir la porte à l' « arbitraire patronal ».

Nulle promotion n'est acquise « de droit » : ici tout se gagne et le jeu n'est ouvert qu'à seule fin de faire courir tout le monde. I.B.M. procure la sécurité de l'emploi, absolument pas celle de la réussite. A l'inverse, nul n'est à priori exclu de la compétition. Des formations systématiques de six mois à un an sont organisées pour assurer le passage du non-cadre au cadre, grâce auxquelles 400 personnes changent de catégorie chaque année. On peut évidemment préférer les « carrières ascenseur » assurées par les caisses d'épargne, mais ces possibilités de promotion, jointes à la sécurité, forment tout de même un assez confortable statut. De plus s'y ajoutent un certain nombre d'avantages « à la carte », tels, notamment, les horaires libres, le travail à temps partiel, la rente éducation.

Autre entreprise à conseiller, en dépit des conflits sociaux qui s'y déroulèrent au début de 1982 : Kodak, le géant de la photographie. Les salaires y sont plus élevés que chez I.B.M. Ils atteignent en 1980 5 924 F par mois pour les employés. Les 8 000 salariés permanents jouissent d'une sécurité de l'emploi totale. Les effectifs n'ont pratiquement pas varié au cours des trois dernières années. On n'a compté que 8 licenciements pour raisons économiques en 1980 et le chômage technique est inconnu.

L'attachement à l'entreprise est attesté par le nombre très faible des départs volontaires : 132 en 1980 et par l'ancienneté élevée du personnel : dix-huit ans en moyenne pour les employées. Quand on est chez Kodak, on y reste et pas seulement pour la paie. On retrouve ici l'environnement classique de ces bons salaires : une gamme de services sociaux très complète avec un budget du comité d'entreprise atteignant 4 % de la masse salariale, un effort de formation permanente dépassant 3 %, une couverture sociale améliorée, etc.

Le travail dans les laboratoires de développement comprend certaines servitudes : lumière atténuée ou chambre noire, manipulation de produits chimiques. Certains opérateurs sont occupés à des tâches répétitives ou se succèdent en équipes avec des horaires de nuit. Autant d'ombres qui peuvent légèrement ternir la photo. Elle n'en reste pas moins assez flatteuse et le deviendra, plus encore, lorsque nous la replacerons dans notre collection complète.

La puissance économique constitue le dénominateur commun de ces entreprises. C'est elle, manifestement, qui explique leur politique sociale. Plus l'employeur domine le marché, plus il écrase ses concurrents et mieux il traite son personnel. Il est facile de jouer les « patrons sociaux » à partir de positions aussi confortables que celles d'I.B.M. ou de Kodak. C'est déjà plus difficile pour des groupes diversifiés dont certaines branches luttent pour maintenir ou rétablir leur compétitivité.

Telles sont les bonnes adresses du patronat : services publics, entreprises nationales, grandes sociétés privées. Elles attirent et retiennent pareillement les salariés et ceux-ci, non contents de s'y loger à vie, s'efforcent d'en faire profiter leurs parents ou amis. Sujet à ne jamais aborder : le piston. Celui du sommet est bien connu. Ce sont les « relations » ou « hautes protections » qui favorisent l'entrée dans ces places fortes. S'y ajoute la pression, oh ! combien compréhensible, de tout le personnel pour faire engager un fils, un gendre, un cousin ou un ami. En pleine épidémie de chômage, chacun a un proche à caser. Pour peu que la qualification du protégé corresponde au poste disponible, on s'efforcera de le lui faire obtenir. Et chaque fois que la chose est possible, les directions répondent favorablement à ces interventions, faisant ainsi plaisir aux salariés sans qu'il en coûte rien à l'entreprise : en négociant un contrat de solidarité, I.B.M.-France a même, tout simplement, proposé d'engager, de préférence, les parents d'employés.

Pour connaître l'ampleur de ce phénomène, il faudrait procéder à des études approfondies sur le mode de recrutement de ces « bonnes maisons ». On pourrait, à tout le moins, mesurer la fréquence des liens de parenté dans le personnel. Inutile de dire que ce genre d'enquête ne sera jamais réalisé. Mais il ne fait aucun doute que l'actuelle crise de l'emploi va renforcer la pression des gens en place qui souhaitent réserver l'embauche aux candidats « recommandés » : avantage de plus pour ceux qui ont la chance d'avoir trouvé un bon employeur, c'est-à-dire les salariés les mieux pourvus. Mais c'est également un handicap supplémentaire pour ceux qui sont d'ores et déjà les moins favorisés.

La tendance irrépressible des plus forts à fermer le jeu doit logiquement conduire à transformer les meilleures entreprises en chasses gardées. La reproduction dans la bourgeoisie riche se doublera, de plus en plus, d'une reproduction dans la France moyenne, qui entraînera une exclusion toujours plus radicale de la population désorganisée. Le monde des avantages et garanties sera de mieux en mieux bouclé, la cassure de la société de plus en plus irrémédiable.

Le passage de ces sociétés dans le secteur public risque d'apporter deux solutions sans problèmes plus un problème sans solution. Politiquement le renforcement du contrôle étatique ne change pas grand-chose car on a curieusement choisi les groupes qui subissent déjà l'emprise du gouvernement par le biais des crédits ou des commandes. Économiquement la gestion ne sera pas beaucoup modifiée car l'on s'accorde à considérer qu'elle est bonne. Le maintien en place de nombreux dirigeants semble prouver que le pouvoir socialiste partage cette analyse. En effet, dans toutes ces grandes entreprises, le capitalisme a résolu son problème de succession par la substitution de la compétence au capital comme source du pouvoir. Reste l'aspect social. A ce niveau un problème a été créé qui n'est pas près d'être résolu : celui de savoir si cette sortie du capitalisme n'entraînera pas, *ipso facto,* une sortie du libéralisme.

Du président de la République au ministre de l'Industrie, nos responsables politiques se sont clairement expliqués sur ce point : les sociétés nationales doivent rester soumises aux lois du marché et aux règles de la concurrence. Le changement de pouvoir interne ne modifie en rien le comportement de l'entreprise par rapport à l'extérieur.

Concrètement, cela signifie que ces groupes pourront, et devront, modifier les relations sociales au sein des différentes sociétés. Mais aussi, qu'il leur faudra subir de plein fouet les contraintes extérieures, consentir tous les efforts d'adaptation pour maintenir leur compétitivité et verser à la nation-propriétaire le profit qu'on peut attendre d'un tel capital productif. Beau programme, auquel on ne peut que souscrire.

Les salariés l'entendent-ils de cette oreille ? Toutes les enquêtes, toutes les réactions, toutes les informations prouvent qu'à leurs yeux la nationalisation implique la garantie de l'emploi. C'est un malentendu lourd de menaces : on sait déjà que les entreprises nationales devront comprimer leurs effectifs dans un certain nombre de secteurs et qu'il ne sera pas toujours possible d'utiliser la « méthode douce ». Et les travailleurs, se croyant à l'abri de telles mesures, seront beaucoup moins sensibles aux propositions de départ qui leur seront faites.

Le pouvoir, ayant pris le risque de renforcer ces grandes corporations, aura besoin d'une autorité singulière pour imposer, si dures soient-elles, les contraintes de la compétitivité. Y parviendra-t-il ? C'est la question fondamentale. Le pouvoir affiche sa volonté de ne pas céder sur le principe de la concurrence ouverte, mais il sera bien plus difficile d'autoriser 500 licenciements regroupés à la C.G.E., que disséminés dans une centaine de P.M.E. Or si les groupes nationalisés conservent tout leur personnel, au risque de compromettre leur rentabilité, la justification économique des nationalisations sera remise en cause et, du coup, sa justification sociale aussi. Une fois de plus, on aura avantagé les salariés les mieux traités. Tel est le pari qu'il faut gagner : imposer les lois du marché.

Il en irait différemment si l'on avait clairement posé le principe de la solidarité au sein de ces entreprises : rien n'interdit de préserver la rentabilité sans procéder à des licenciements, si l'on accepte de voir diminuer les rémunérations. C'est le choix de la justice : les sacrifices financiers de tous, plutôt que le chômage de quelques-uns. Le maintien de l'emploi, plutôt que du revenu. Les grandes sociétés japonaises ne procèdent pas autrement pour conserver, quoi qu'il arrive, tout le monde au travail. Et les syndicats américains de l'automobile ont signé des accords qui sacrifient le pouvoir d'achat à l'emploi.

Le gouvernement ayant préféré s'en tenir aux règles classiques, on peut s'attendre que le personnel exige la garantie d'emploi sans contrepartie salariale. Voilà de belles batailles sociales en perspective.

Face à ces géants, confortés dans leur position dominante, comment ne pas repenser au personnel des coopératives ouvrières de production ? Reprenant en main et faisant vivre des entreprises condamnées, il s'efforce de résoudre un des problèmes majeurs du capitalisme : celui de l'héritage. En dépit de l'exemple contraire de Manuest, les créateurs d'entreprises sont généralement des gestionnaires compétents. Mais la réussite, elle, ne résiste pas à la dévolution héréditaire. Tôt ou tard, les successeurs incompétents mettent en danger la survie de l'entreprise. Le capitalisme ne propose aucun remède satisfaisant à cette dégénérescence de la gestion dans les P.M.E. familiales. On ne peut qu'attendre la faillite, liquider les biens et enregistrer les ex-travailleurs à l'A.N.P.E. Des centaines de milliers d'emplois sont ainsi menacés, à plus ou moins long terme.

La sortie du système capitaliste, par le biais de la S.C.O.P. ou d'une autre formule autogestionnaire, pourrait dans certains cas apporter une réponse, nous l'avons vu, et, par ce biais, résoudre un vrai problème économique tout en accomplissant un réel progrès social. Pourtant, le rapport d'orientation du Congrès national de la coopération ouvrière qui s'est tenu à Vichy en juin 1981 souligne justement que « apeurant la bourgeoisie dominante, rarement aidée, souvent combattue et persécutée, la coopérative ouvrière de production a connu une succession de trop brèves victoires et d'interminables éclipses ». On pouvait espérer que les S.C.O.P. sortiraient de l'ombre après le 11 mai, ce n'est pas encore le cas.

Les dirigeants socialistes ont mis un point d'honneur à attaquer le capitalisme là précisément où il avait résolu son problème du management, là où ne se posait aucun drame social. Parce que c'était plus facile et plus glorieux, l'État a pris sous sa coupe la meilleure part du système capitaliste. Le résultat peut être positif si l'on évite les pièges du corporatisme mais il ne changera rien d'essentiel.

C'est par le bas qu'il faut étendre la socialisation de l'industrie française, non pas en supplantant le capitalisme là où il réussit, mais en le relayant là où il est défaillant. L'économie française a tout à y gagner. Il ne s'agit pas ici, seulement, de reconnaître des droits nouveaux aux salariés. Il faut surtout leur transférer des responsabilités — la totalité des responsabilités. A l'évidence, cela ne peut se faire que dans de petites entreprises. Or c'est là, précisément, que l'on rencontre les situations sociales les plus pénibles, les plus injustes. C'est donc là, aussi, que la solidarité nationale doit se porter en toute priorité.

Distribuer des béquilles à tous les carnards boiteux sans proposer de solution efficace ne résout rien. La réduction générale des charges sociales ne peut être qu'un calmant temporaire. Au contraire, si l'on aidait le personnel à prendre en main ses affaires en lui apportant des concours financiers, des conseils, des commandes — sans lui donner, pour autant, de garantie de succès — alors on pourrait, dans un certain nombre de cas — pas tous, hélas ! —, obtenir de véritables guérisons, des successions réussies et des créations originales.

Tous les observateurs sérieux, qu'ils soient ou non favorables aux nationalisations, craignent que, dans de très grandes sociétés, la sortie du capitalisme n'entraîne une baisse de productivité. La « fonctionnarisation », nul n'en parle dans les sphères officielles mais tout le monde y pense.

Pour les verriers d'Albi, les « Manuest » et tant d'autres travailleurs, l'autogestion se révèle au contraire dynamisante. Seul handicap : la naissance de petites coopératives fabriquant des meubles, des vêtements ou des chaussures n'intéresse personne. Depuis trente ans, toute la politique industrielle française s'articule autour des seules entreprises géantes et des secteurs de pointe. Dans sa volonté de « rupture avec le capitalisme » la gauche n'a pas fait autre chose. Un colbertisme a remplacé l'autre. Ainsi, les salariés les mieux pourvus d'argent, d'avantages et de garanties vont-ils être les premiers bénéficiaires de la nouvelle politique économique.

Après avoir rencontré le meilleur de la condition salariée, il nous faut explorer le pire et, pour le trouver, quitter définitivement le secteur public.

Les gargotes infâmes, les galetas sordides se trouvent surtout dans le monde capitaliste. L'État patron, sans loger tous ses enfants à la même enseigne, leur procure toujours un minimum de confort. Un minimum au-dessus du minimum. Les plus basses rémunérations y dépassent le S.M.I.C. de 25 %. Dans l'industrie privée, au contraire, près de 20 p. 100 des salariés, soit 2 millions de personnes, ne sont que des smicards améliorés. Un monde connaît encore la vraie, la totale misère, l'autre pas.

Après avoir visité quelques sociétés quatre étoiles, sautons brusquement jusqu'aux entreprises bidonvilles, celles que tout salarié voudrait fuir s'il en avait le moyen. En nous dirigeant vers le textile et l'habillement, nous sommes assez certains de rencontrer les pires spectacles du misérabilisme ouvrier. Quelques exceptions, aussi rares qu'heureuses, ne changent pas le paysage.

De ces industries, le Français n'entend jamais que de mauvaises nouvelles. Les uns après les autres, les établissements se meurent. Généralement dans le silence et l'indifférence, sauf lorsque le bilan est si lourd qu'il est déposé dans un fracas de tous les diables. Boussac, Willot, tempêtes et naufrages se succèdent.

Pour les soutiers des vieux rafiots en perdition, les conditions de vie sont effroyables, comme le montre ma consœur Martine Allain-Regnault dans un reportage publié par *les Nouvelles littéraires :*

« Levées à 3 heures du matin. Prêtes à 3 h 15 pour aller à

vélomoteur jusqu'au car des Lainières. “ Ramassées ” entre 3 h 30 et 4 heures selon le parcours. Chaque matin, les ouvrières du bassin minier du Pas-de-Calais arrivent à moitié endormies, après un trajet de 30, 40 ou 50 kilomètres, à 4 h 40 aux portes de Roubaix. Vingt minutes plus tard, après avoir revêtu leur blouse, éventuellement pris un petit déjeuner, elles vont entrer dans la danse, la cadence des Lainières. Huit heures durant, interrompues par une pause de vingt minutes, elles vont, telles des machines, compléter le travail des machines. Une dévideuse automatique va distribuer des pelotes de 50 grammes, les ouvrières du « pelotonnage » auront pour mission, sans gestes inutiles et le plus vite possible, d'étiqueter les pelotes, de retirer les pelotes, de remettre la machine en route pour les pelotes suivantes, pendant qu'elles empaquettent les précédentes. Un paquet, une minute, sous l'œil vigilant de « contredames ». C'est ce que l'on appelle une tâche répétitive avec prime de rendement selon la cadence.

« 13 h 30, elles reprendront le car pour 40 ou 50 kilomètres, reprendront la mobylette pour finir le trajet, rentreront à la maison vers 15 heures ! Ainsi, chaque jour, elles passent en dehors de chez elles douze heures, pour un travail épuisant et sans intérêt, rémunéré sur la base de huit heures, qui leur assurera une fin de mois oscillant, primes de rendement incluses, autour de 3 000 F. »

Ce pourrait être extrait d'un roman de Zola. Mais non. Cela se passe en 1982. C'est de l'actualité. Pour être durs, ils sont durs les patrons du textile. Que pourraient-ils être d'autre, dans l'état d'extrême faiblesse économique où ils sont ? Leur survie tient du miracle, un miracle qui s'appelle « sur-exploitation de la main-d'œuvre ». Et pourtant, même cette survie est menacée. Ainsi, le 4 novembre 1981, ont-ils fini par descendre dans la rue pour manifester comme leurs ouvriers, pour clamer leur misère. Et revendiquer. Toutes banderoles déployées, ils demandaient une protection renforcée contre la concurrence étrangère, une diminution des charges sociales, la suppression de la taxe professionnelle, faute de quoi disparaîtraient 150 000 emplois dans les prochaines années. Patrons-syndicats, même combat ! Dans de nombreuses villes de France, ce jour-là, les cortèges patronaux et les cortèges ouvriers scandaient les mêmes slogans : « Défendons l'industrie, défendons l'emploi. »

Il ne s'agit ici que de cela. L'amélioration des salaires ou des conditions de travail paraît hors de portée. Il est facile de montrer que tout alourdissement des charges salariales entraînerait la perte de l'emploi. Dans ce secteur, c'est l'économie libérale qui régit le domaine social. Pour le pire.

Tout le textile français se porte mal, depuis des années. Ce déclin se lit dans les chiffres du commerce extérieur. Pour « les fils et filés ou ouvrages textiles en filés », ainsi que s'expriment les douaniers, la France a perdu 500 millions de francs en 1979. Autant en 1980. En ce qui concerne « la bonneterie et articles d'habillement », le déficit est passé de 1 milliard en 1979 à 1,5 milliard en 1980. Les effectifs diminuent inexorablement. Le textile occupait 1,5 million de personnes en 1930. Il était descendu à 800 000 en 1954. Et la dégringolade se poursuit : 540 000 en 1978, 520 000 en 1979...

Si encore ces compressions de personnel correspondaient à une augmentation de la productivité ! Hélas. Si l'on trouve ici comme dans d'autres secteurs des entreprises dynamiques, innovatrices et compétitives, on y rencontre plus souvent ce capitalisme familial héréditaire, de troisième, quatrième ou cinquième génération, incapable d'assurer sa fonction patronale, vivant sur l'entreprise au lieu de la faire vivre et la laissant dépérir au lieu de la moderniser.

Si le textile, fabrication et traitement des fibres, a fait quelques efforts de modernisation, l'habillement sauf exceptions n'a presque pas évolué depuis le XIXe siècle. Près des trois quarts des entreprises sont toujours des P.M.E. La mécanisation se limite souvent à la machine à coudre. Ici, on préfère miser sur les bas salaires et les hautes cadences, plutôt que d'investir son argent dans les technologies modernes comme la conception assistée par ordinateur ou la découpe au laser. L'ouvrière se bat mains nues contre ses concurrents d'Asie.

L'investissement dans cette industrie est le plus bas de tous : 550 000 F par personne pour le textile en 1979, 280 000 F pour l'habillement. C'est cinq fois moins que dans la chimie, la construction électrique ou l'aéronautique. Les entreprises ne sont que de vastes ateliers de « piqueuses », de « couturières » et de « coupeuses » travaillant avec des méthodes et des moyens artisanaux. On compte 0,37 p. 100 d'ingénieurs, 0,86 p. 100 de techniciens dans l'habillement. Dans les industries modernes, au contraire, les ingénieurs représentent environ 5 p. 100 des effectifs et les techniciens entre 10 et 20 p. 100.

Mais l'État, grand protecteur de tant de secteurs industriels aux réalisations prestigieuses, l'État qui a englouti tant de milliards dans l'industrie depuis trente ans, qu'a-t-il fait pour donner un second souffle à ce capitalisme dégénéré ? La réponse claque : rien.

Le colbertisme gaulliste voulait accrocher son nom à des réalisations prestigieuses : avions, fusées, centrales nucléaires, ordinateurs. Pas à des chemises, des pantalons et des caleçons. Il a laissé le textile mener seul un combat bien au-dessus de ses forces. Le libéralisme giscardien, pariant sur les forts, ceux, précisément, qui avaient été aidés dans la période précédente, a suivi la même politique. Un simple fait suffit à tout résumer. En 1979, l'aéronautique — qui représente 110 000 emplois — a reçu 3,4 milliards de francs de l'État au titre de la recherche industrielle. Le textile, avec ses 520 000 salariés, 4,2 millions. Vous avez bien lu, mille fois moins ! Voilà pourquoi l'on doit déverser, trop tard et à contretemps, des milliards de francs pour éviter un effondrement total. Comble de l'incohérence, le gouvernement prétend maintenant sauver les industries textiles et ouvrir notre marché aux produits du tiers monde !

Telle est la situation socio-économique du textile et de l'habillement. Elle n'était pas inéluctable. Des exemples heureux de réussites industrielles prouvent qu'avec l'aide de techniques modernes, les entreprises françaises pouvaient rester compétitives dans ce domaine. Mais les gouvernements successifs ont délibérément choisi de s'intéresser à des secteurs plus prestigieux. Ce choix abandonna toute cette branche au « laisser-faire » libéral qui n'est plus qu'un « laisser-aller » lorsqu'un capitalisme défaillant ne peut faire face à une situation difficile. Pour les salariés il ne restait plus qu'à devenir le sous-prolétariat français constamment aligné sur le sous-prolétariat mondial.

A l'ordinaire, les travailleurs immigrés forment le gros de cette main-d'œuvre. Tel n'est pas le cas dans l'habillement. Ils ne sont ici que 6 p. 100 contre 10,5 p. 100 en moyenne nationale. Non, le travailleur docile et sous-payé qui permet à cette industrie de survivre, c'est la femme : près de 90 p. 100 de la main-d'œuvre est féminine.

Bien que le niveau d'instruction soit extrêmement bas (80 p. 100 des ouvrières n'ont aucun diplôme), le travail exige une certaine qualification. N'importe qui ne peut pas couper le tissu, manier l'aiguille ou rentabiliser la machine. Les gestes s'apprennent en un mois environ. Mais il faut une bonne année de pratique pour parvenir à tenir les cadences ; très élevées, elles supposent une grande dextérité. Ces ouvrières ne sont donc pas des manœuvres ou de simples ouvrières spécialisées, pas tout à fait non plus des ouvrières qualifiées. On les appelle des « ouvrières spécialisées-qualifiées », les non-qualifiées ne formant guère plus du quart de la main-d'œuvre.

Parlons donc salaires. On comptait en juillet 81, 35 p. 100 de smicards : l'un des taux les plus élevés dans l'industrie. En 1975, la rémunération annuelle moyenne d'une ouvrière de l'habillement n'était que de 16 000 F. Moyenne nationale : 17 000 F pour les ouvrières et 25 250 F pour les ouvriers. Pendant ce temps, l'ouvrière qui avait la chance de travailler dans la distribution du gaz ou de l'eau, dans le pétrole ou les assurances, gagnait 30 000 F, la chimie, l'aéronautique ou l'électronique les payaient entre 20 000 et 25 000 F.

Depuis, la situation ne s'est en rien améliorée. C'est toujours dans l'habillement que les rémunérations sont les plus basses. Entre octobre 79 et octobre 80, le taux horaire brut n'y a augmenté que de 14,9 % contre 16 % dans l'électricité et l'électronique, 17,2 % dans les plastiques, 18,2 % dans l'imprimerie. La crise s'aggrave, les gains diminuent — en valeur relative, du moins. Or, il s'agit bien souvent de salaires au rendement. Alors que cette forme de rémunération, la plus contraignante, n'est imposée qu' à 15 p. 100 des ouvriers de l'industrie, elle touche entre 20 et 40 p. 100 du personnel dans le textile. Par ailleurs, les primes, treizième mois et autres avantages, qui représentent 22 % de la masse salariale dans la banque ou l'assurance et 16 % dans la chimie, n'en constituent ici que de 4 à 8 %. Une misère. Et la moitié des entreprises ne verse pas un sou en plus du salaire régulier.

Les conditions de travail sont des plus dures. La discipline est stricte, l'interdiction de parler fréquente, les cadences les plus élevées possible puisque la productivité ne repose que sur elles. Quant aux horaires, ils impliquent deux, quand ce n'est pas trois équipes quotidiennes. Seul point favorable : les accidents sont rares.

Les compensations sont limitées au strict minimum. Les conventions collectives sont toujours les moins favorables. Les Facteurs Non Monétaires positifs sont le plus souvent inexistants. En 1976, les entreprises du textile accordaient à leur personnel quatre semaines de congé contre cinq dans les entreprises du tertiaire, et aucun congé spécial aux mères pour maladies d'enfants. Pour le logement, elles s'en tenaient au minimum légal. Elles n'avaient généralement pas de cafétéria dans l'établissement et, à l'exception du paternaliste Boussac, le budget des œuvres sociales se situait en dessous de 1 % de la masse salariale. Dans les grandes entreprises comme dans les autres.

La formation, quand elle est réelle, dans les sociétés d'une certaine taille, ne cherche qu'à perfectionner les ouvrières dans leur travail ou à leur donner des informations extra-professionnelles. En revanche, on ne tente pas de leur faire acquérir de nouvelles compétences débouchant sur une éventuelle promotion, pour la raison simple qu'un tel objectif est totalement illusoire.

Dans un dossier consacré à la main-d'œuvre de l'industrie textile, le Centre d'études et de recherches sur les qualifications note que « la finalité de la formation professionnelle continue destinée aux ouvriers du textile ne vise donc pas à l'acquisition de nouvelles compétences et ne se donne pas pour objectif de promouvoir le travailleur dans les emplois textiles organisés en filières professionnelles [...]. La finalité professionnelle est d'autant moins évidente pour les stages destinés aux ouvriers que les possibilités réelles de promotion sont faibles. » Cette absence de motivation et de perspective est accentuée par le fait que « quand on remonte en arrière [...], les chefs de service sont tous fils de chefs de service ».

En un mot, être ouvrière dans l'habillement c'est l'être à vie, à moins que... L'insécurité atteint ici son comble. Le taux de licenciements économiques a été constamment le plus élevé de toute l'industrie au cours des dernières années. Il est le double de celui que l'on observe dans la mécanique, le triple de ceux de la chimie ou de l'électronique, 25 fois plus fort que celui des banques. Inutile de dire que les renvois ne se font pas « en douceur ». Au maximum, la convention collective prévoit trois mois d'indemnités contre quatorze dans la chimie, douze dans la pharmacie, dix-huit dans la banque. Heureux encore est le personnel, lorsque l'entreprise en difficulté ne se contente pas de modifier l'itinéraire du car de ramassage pour mettre certaines ouvrières dans l'impossibilité de venir travailler. L'emploi atteint un tel degré de précarité que les employeurs n'engagent même pas de main-d'œuvre intérimaire ou sous contrat à durée déterminée. A quoi bon !

Dans ces conditions insupportables, les ouvrières n'ont guère qu'un moyen de défense : l'absentéisme. Il s'élève dans le textile à 10,2 p. 100 contre une moyenne nationale de 7,3 p. 100. Seules les équipes travaillant de nuit dans le textile s'absentent peu : 5,4 p. 100 seulement. Une bizarrerie qui s'explique aisément : elles se composent essentiellement d'immigrés, plus « dociles » que les Français.

Quant à la grève, on n'y croit pas : arme dérisoire pour un combat désespéré. Le « taux de propension à la grève » n'est que de 0,09 p. 100 dans l'habillement contre 0,3 dans l'électricité, 0,6 dans les métaux, 0,4 dans l'automobile. Face à un patronat si fortement protégé par sa faiblesse économique, il n'est aucune amélioration notable possible. Alors on subit, en attendant la catastrophe finale pour sortir de l'entreprise et en appeler à l'État. Encore faut-il appartenir à une grosse société pour avoir quelque espoir d'être entendu.

L'exemple du textile n'est nullement isolé. Il est représentatif de toute une partie de l'industrie française, dans laquelle on retrouve les mêmes caractéristiques : activités traditionnelles, capitalisme familial héréditaire, utilisation d'une main-d'œuvre abondante et bon marché, faible niveau technique, absence d'aides publiques, prédominance des P.M.E., etc. Tels sont les secteurs des cuirs et peaux, du bois et du meuble, de certaines industries alimentaires ou de mécanique... Aucun d'eux n'a inspiré les rêves de grandeur gaulliste plus intéressés par la création d'industries nouvelles que par la rénovation de celles qui existaient déjà.

Ce choix a livré une main-d'œuvre peu qualifiée aux plus rudes secousses du marché. On retrouve donc partout les mêmes situations sociales : bas salaires, menaces sur l'emploi, absence de tout salaire indirect — avantages ou garanties —, perspectives très réduites de promotion. Ici, le progrès économique n'est pas passé et cette défaillance interdit tout progrès social réel. On en est à assurer la survie des entreprises. Et rien de plus.

Le plus triste, c'est que, même dans l'habillement, il existe aujourd'hui des machines perfectionnées mises au point par l'Institut textile de France qui permettent aux ouvrières françaises de ne pas se battre à armes égales avec les ouvrières du tiers monde. Mais le marché ne pardonne pas le double handicap d'une gestion capitaliste défaillante et d'une politique étatique inexistante. Il eût fallu l'une ou l'autre au moins. Il n'y eut rien.

A moins d'entrer dans une de ces sociétés modernisées, voilà donc un secteur à éviter absolument pour les salariés. Mais ceux-ci n'ont généralement pas le choix : bien souvent, ces industries, disséminées dans la province sous-industrialisée, représentent la seule possibilité locale d'embauche.

La condition de ce sous-prolétariat évoque davantage celle des Grecs, des Portugais ou des Algériens que des Français. Et ce n'est pas par hasard. Le libre-échangisme s'étend désormais à toute la planète. Il oppose à la main-d'œuvre française les multitudes misérables du Sud ou les travailleurs sous-payés de l'Est. De ce fait, une nouvelle division internationale du travail se met en place. Elle conduit les dirigeants d'entreprises à aligner leurs coûts salariaux ou à exporter les unités de production. A pousser ce jeu trop loin, la France serait prise en tenaille entre la paupérisation de sa main-d'œuvre et la disparition de ses industries. Fort heureusement, la totalité de l'économie française n'est pas laissée sans défense face au tiers monde. Certains secteurs industriels ne sont pas du tout concernés, d'autres disposent d'atouts techniques. Mais des pans entiers de notre industrie se sont laissé aspirer par le formidable tourbillon planétaire qui, aujourd'hui, les attire au fond. La concurrence est d'autant plus vive qu'elle porte sur des biens de consommation et sur un marché totalement libre.

Ces inégalités de situations face au libre-échange entraînent des inégalités de condition en France même. Le sous-prolétariat français est, pour ainsi dire, enchaîné au sous-prolétariat mondial, alors que les salariés les mieux lotis vivent à l'écart de cette compétition dévastatrice. Entre ceux qui se voient imposer le libéralisme à l'échelle planétaire et ceux qui en sont protégés, se joue le système des inégalités transversales.

Le pire est de se battre contre des pays à très bas salaires. Par bonheur, cette lutte implacable n'est imposée qu'à certaines industries qui emploient massivement un personnel sous-qualifié et recourent peu aux techniques modernes. Il ne s'agit pas obligatoirement d'activités traditionnelles. Des secteurs de pointe : électromécanique, électronique, mécanique, téléphone, photo, plastique..., font encore une place importante à des opérations manuelles de montage-assemblage, réalisables à meilleur compte dans les pays à bas salaires. Le sous-paiement y est également de rigueur. Lorsqu'il ne suffit pas, l'usine est fermée et reconstruite en Asie. Qu'on ne s'étonne donc pas de voir des sociétés comme Thomson-Brandt, Radiotechnique, Océanic ou C.G.C.T., être aussi, dans certaines branches, de mauvais payeurs. Leurs usines de montage étant en tout point comparables à celles du tiers monde, les salaires ne peuvent être trop différents. Un tricot, un téléviseur se promènent librement dans le monde et le moins cher finit toujours par gagner... sauf s'il rencontre une frontière fermée. Dès lors que le coût de la main-d'œuvre est important dans le prix de vente d'un produit, le travailleur français est certain d'être sous-payé. Le libre-échangisme lui confère un statut de sous-développé.

Mais la substitution entre la main-d'œuvre française et étrangère peut s'exercer en France même par le phénomène de l'immigration. Ses effets sont limités par les lois sociales qui s'imposent, théoriquement, à tous les employeurs et employés. Il n'en reste pas moins que le travailleur manuel français se voit constamment opposer le travailleur manuel étranger et que cette pression défavorise les cols bleus par rapport aux cols blancs qui, eux, ne la ressentent pas.

La situation s'améliore lorsque la main-d'œuvre la plus pauvre ne participe pas à la compétition. Ainsi dans l'industrie automobile, les pays industriels n'ont pas installé de grandes usines dans les pays à très bas salaires et ceux-ci n'ont pas encore développé d'industrie exportatrice. Les ouvriers Peugeot ou Renault ne sont donc en concurrence qu'avec ceux de Volkswagen, Fiat, British Leyland, Ford ou General Motors. Cette « occidentalisation » a permis le développement du progrès social à la Régie Renault. Il a suffi, pourtant, qu'intervienne un nouveau partenaire, le Japon, pour tout remettre en cause : le seul décalage des charges sociales — joint à l'excellente technique japonaise — a déjà resserré l'étau sur les travailleurs français de l'automobile. Où en serions-nous si nos frontières étaient grandes ouvertes aux firmes japonaises ?

En matière d'entreprises, *« small is not beautiful »*. Passant en revue la condition salariale, le sociologue François Sellier constate que les ouvriers et employés des grandes sociétés bénéficient « d'une série d'avantages spécifiques à cette entreprise, souvent d'ailleurs expressément garantis par un accord collectif. [...] Non seulement les salaires des entreprises de plus de 500 salariés sont significativement plus élevés [...] mais encore les avantages sociaux y sont plus favorables en montant et en diversité, en particulier grâce aux œuvres sociales des comités d'entreprise. Quant à la stabilité de l'emploi, bien qu'elle soit généralement élevée dans les grandes entreprises, elle ne saurait cependant se comparer avec celle du secteur public[1]. »

Effectivement, en 1980, le coût horaire moyen des ouvriers était de 16,61 F dans les entreprises de 10 à 49 personnes, atteignant 27,58 F dans celles de 5 000 personnes et plus, la moyenne nationale s'élevant à 19,94 F. Pour revenir à notre exemple du textile, le salaire horaire de 16,40 F était intermédiaire entre

1. *Français, qui êtes-vous ?*, François Sellier, Documentation française, 1981.

celui de 14,62 F, que l'on payait dans les entreprises de 10 à 49 salariés et celui de 18,71 F, que versaient les entreprises employant plus de 1 000 personnes.

C'est dire que, si l'on réduit ces deux facteurs, vieille industrie et P.M.E. d'un côté, industrie moderne et grandes sociétés de l'autre, on observe déjà des écarts considérables. Toujours en 80, l'ouvrière de la chaussure ne touchait que 13,50 F de l'heure dans les entreprises de 10 à 49 personnes, alors que l'ouvrier d'une grosse entreprise gagnait 29 F de l'heure dans l'aéronautique, 26,90 F dans la construction automobile, 31,80 F dans le pétrole.

La triste condition des ouvriers dans les industries de main-d'œuvre et dans certaines P.M.E. s'explique en partie par des différences de qualification et, à ce titre, est parfaitement justifiée. C'est un fait que l'ouvrier de chez Matra est généralement plus compétent que celui de chez Boussac. Mais cette surqualification n'est-elle pas, pour une large part, liée à l'entreprise elle-même ?

Les secteurs de pointe vivent en phase avec le progrès technique. Il leur faut sans cesse moderniser leurs procédés de fabrication et la nature même de leurs produits. Cette évolution, qui entraîne parfois une déqualification du travail, oblige également à développer la compétence de certains travailleurs. L'effort de formation peut alors correspondre à une gamme d'emplois, partant du niveau le plus bas, et qui dessinent des perspectives de carrière absentes dans les industries de pure main-d'œuvre ou de très petite taille.

Ainsi les faibles salaires correspondent-ils à un avenir professionnel bouché, alors que les salaires moyens n'excluent généralement pas une possibilité de progression. C'est ce que constatait Christian Baudelot, chercheur de l'I.N.S.E.E. au terme d'une enquête sur les bas salaires. Ayant comparé l'évolution des plus mal payés entre 1970 et 1975, il conclut : « On n'échappe pas rapidement au bas salaire et à son environnement immédiat : toutes zones de bas salaires et tous sexes confondus, 77,7 p. 100 des bas salaires de 1970 perçoivent encore en 1975 un salaire moyen inférieur au salaire moyen ouvrier. »

Commencer comme smicard, c'est pratiquement se condamner à le rester toute sa vie. Et cela tient bien moins à l'absence de formation initiale qu'au type d'entreprise qui vous emploie. Celles qui payent correctement offrent des possibilités de promotion inexistantes dans celles qui payent le plus mal. La sous-qualification devient donc, au fil des ans, la conséquence et non la cause des inégalités de salaires.

Le retard social des P.M.E. tient moins, cependant, à leur taille qu'aux secteurs concernés. En effet, le mouvement de concentration qui a restructuré l'industrie française au cours des trente dernières années ne s'est pas produit également dans toutes les branches. Les petites et moyennes entreprises représentent 80 p. 100 du chiffre d'affaires dans le bois, les deux tiers dans le papier et le textile, la moitié dans la mécanique, le tiers dans la chimie, moins du quart dans la construction électrique et électronique, et seulement 8,5 p. 100 dans la construction aéronautique et navale, 6,8 p. 100 dans la construction automobile, 2,9 p. 100 dans la production d'énergie. Or, ces pourcentages sont inversement proportionnels à l'effort d'investissement. La leçon est claire. Les industries traditionnelles, celles-là mêmes qui sont exposées à la concurrence des pays à bas salaires, n'ont pas fait l'effort de modernisation qui leur aurait permis de supporter le choc de l'économie planétaire. Qu'elles soient essentiellement composées de P.M.E. ne fait qu'ajouter à leur faiblesse, bien que Boussac et de grands groupes papetiers se soient eux aussi effondrés.

Dans le marché mondial, seule une technique supérieure permet de survivre. Or le capitalisme moderne tout comme les politiques industrielles se sont détournés des industries traditionnelles pour investir dans des secteurs nouveaux ou en renouveau. Dédaignant ces produits à faible valeur ajoutée et faible rentabilité, on préfère miser sur le progrès technique plutôt que sur la seule exploitation de la main-d'œuvre. Sans doute voit-on de grandes sociétés multinationales installer des usines dans les pays du tiers monde, mais pas pour fabriquer des tricots, des meubles ou des chaussures. L'avantage présenté par le seul coût du travail est très fragile. Un concurrent peut toujours trouver ailleurs des coûts plus bas encore. En outre, les gains réalisés sur des productions aussi ordinaires ne sont pas substantiels. Non, les grandes sociétés parient d'abord sur la technologie. Elles en attendent la compétitivité et même la supériorité. D'autant que les industries à haute technicité sont aussi celles qui ont une haute rentabilité.

De ce point de vue, les entreprises de petite taille ne sont nullement disqualifiées. Toute l'histoire de l'électronique américaine a montré que les nains avaient leur place à côté des géants. En France, nombre de P.M.E. ne sont attardées sur le plan social que parce qu'elles sont largement cantonnées dans des secteurs en retard sur le plan économique.

Elle est bien disparate, cette flotte qui navigue sur l'océan du libéralisme. On y trouve tout, du vieux rafiot, faisant eau de toutes parts, au paquebot de croisière flambant neuf. Dominant l'ensemble, l'État, gendarme et protecteur, intervient pour porter secours à tel bateau ou l'intégrer dans son sillage. Mais cette intervention, loin de corriger les plus flagrantes inégalités, les aggrave systématiquement, la puissance publique, depuis trente ans, ne s'étant intéressée qu'à la grande industrie moderne.

Pour l'aérospatiale, l'électronique, le nucléaire et, cas particulier, la sidérurgie, elle dépense sans compter. Au service des industries de pointe et des plus grosses entreprises, les milliards des contribuables coulent à flot. L'État paye la recherche, finance les investissements, accorde des prêts avantageux, passe des contrats, aide les exportations. C'est vrai pour les sociétés nationales, vrai également pour nombre de celles qui ont rejoint en 1982 le giron étatique.

Voici, selon la Commission de l'Industrie du VIIIe Plan, la répartition des aides publiques à l'industrie en 1978, en dehors des grandes entreprises nationales :

AIDES SPÉCIFIQUES SECTORIELLES

Aéronautique	1591 millions de francs
Construction navale	1041 millions de francs
Électronique et Informatique	450 millions de francs
Sidérurgie	507 millions de francs
Agro-alimentaire	204 millions de francs
Papier journal	27 millions de francs
Dotations en capital	580 millions de francs
Total	4400 millions de francs

Les secteurs en difficulté : textile, bois, cuir, mécanique, ne sont même pas mentionnés. Quant à l'énergie, aux télécommunications ou à l'armement, ils sont financés — largement — sur des budgets particuliers.

On comprend bien la volonté des gouvernements gaulliste, pompidolien puis giscardien de promouvoir une nouvelle industrie française, plutôt que de s'en tenir aux branches traditionnelles vieillissantes. En pratique — mais personne n'eut le courage de le dire —, cette politique condamnait des milliers d'ouvriers à végéter au S.M.I.C. jusqu'au jour où ils se retrouveraient chômeurs. Ainsi fut fait dans l'indifférence générale. Car cette aide sélective de l'État fit naître de puissants lobbies, notamment dans l'aéronautique ou le nucléaire, qui accaparèrent toute l'attention des médias. Qui, en France, n'a entendu parler des malheurs de Concorde entre 1970 et 1975 ? Et, qui à l'époque, se souciait du drame qui couvait dans les vallées vosgiennes ?

Ainsi les plus graves échecs dans les secteurs de prestige purent-ils être « effacés » sans que les travailleurs aient trop à en souffrir. Le contribuable est toujours intervenu pour que l'abandon des programmes Concorde, Mercure ou des centrales nucléaires graphite-gaz n'ait pas de conséquences fâcheuses pour le personnel de l'Aérospatiale, de Dassault ou du C.E.A. Dans le même temps, les petites entreprises de la France sous-industrialisée fermaient une à une rejetant leurs petits paquets d'ouvriers. Dix par ici, dix par là : comme les fermes, les P.M.E. naissent et meurent en silence. A plusieurs reprises, la grande presse a signalé les menaces de licenciements au C.E.A., licenciements qui n'eurent en définitive jamais lieu. En revanche, elle n'a pas glissé trois lignes de faire-part sur la disparition de ce « tiers monde » français.

Entre les conditions économiques, l'engagement capitaliste et l'intervention massive de l'État, on voit bien comment a pu se mettre en place ce dédoublement de l'industrie, entraînant celui de la condition salariale. Tout a été fait pour développer les secteurs industriels portés par le marché libéral, mais rien pour empêcher de couler ceux qui étaient en difficulté. Politique que l'on retrouve d'ailleurs dans de nombreux pays industriels.

Quel rôle les luttes sociales ont-elles joué dans le développement de ces inégalités ? Les marxistes estiment que le niveau de salaire dépend largement du degré de combativité des travailleurs. Dans *les Travailleurs face au capitalisme,* manuel d'initiation économique établi par « Culture et Liberté », on peut lire : « L'histoire du mouvement ouvrier montre que c'est en se regroupant au sein d'organisations capables de mener leurs luttes que les travailleurs ont réussi à imposer une amélioration de leurs conditions de vie [...]. La conscience qu'ont les travailleurs de l'appui que peut constituer une organisation syndicale dans la lutte pour leurs revendications salariales est, d'autre part, très inégalement répartie dans la classe ouvrière [...]. Elle est, par exemple, particulièrement faible dans les régions aux traditions culturelles ou politiques rétrogrades [...][1]. » Voilà qui est net : le niveau de salaire suit le taux de syndicalisation. Si l'ouvrier gagne peu, c'est qu'il n'est pas capable de lutter de manière efficace pour ses revendications.

La réalité est beaucoup plus complexe : le capital tend par nature à s'investir dans les secteurs à haute rentabilité, non dans ceux qui sont en déclin. Les actions revendicatives ne peuvent, dans les établissements en difficulté, ni contraindre les patrons à augmenter les salaires au-delà des limites fixées par la compétitivité ni obliger les investisseurs à moderniser les entreprises. Une attitude très dure des salariés conduira soit à la fermeture des

1. *Les Travailleurs face au capitalisme,* Culture et Liberté, Points, Seuil, 1976.

usines, soit à l'utilisation d'une main-d'œuvre de réserve, moins exigeante.

A l'opposé, dans les secteurs modernes, le progrès social se fait de façon non pas spontanée, mais pseudo-conflictuelle. De Dassault à I.B.M. nous avons vu que les ouvriers ont obtenu des avantages substantiels sans multiplier les grèves. Certes, le fait d'être puissamment syndicalisé permet de tirer un meilleur parti d'une situation économique favorable. Le partage, cependant, peut s'établir à partir d'une convergence des intérêts et non pas seulement au terme d'une lutte ouverte.

C'est surtout dans le cadre de l'intervention étatique — des mécanismes non libéraux — que l'action des salariés aura une influence décisive sur leur sort. En l'absence même de tout blocus, le seul déclenchement d'un conflit social majeur peut suffire à faire entrer en scène les pouvoirs publics, comme ce fut le cas dans la sidérurgie et la construction navale. Ici, les travailleurs ne disposaient pas de l'arme du blocus, mais de celle de la révolte : à Longwy, par exemple, lors de la grande crise sidérurgique.

Il est certain que les gouvernements ne se seraient pas montrés aussi larges envers ces secteurs et que, par conséquent, les ouvriers auraient beaucoup plus souffert, s'il n'y avait pas eu un risque d'explosion sociale. Si la construction navale avait été éparpillée en un millier de P.M.E. implantées dans toutes les régions, sans doute aurait-elle périclité sans recevoir l'assistance des fonds publics. L'existence, à Saint-Nazaire, La Ciotat ou Dunkerque de puissantes concentrations ouvrières, fortement syndicalisées et possédant une longue tradition de luttes, a forcé les vannes budgétaires. L'activité et les salaires ont pu être maintenus, le contribuable a payé. La preuve en est que dans tous ces cas tandis que l'État volait au secours des salariés dans les grandes entreprises, il abandonnait ceux des sous-traitants qu'on licenciait sans le moindre ménagement. L'exemple de Manufrance est édifiant à cet égard.

La force syndicale est elle-même liée à des circonstances particulières. Il est significatif que la puissance publique n'ait pris d'intérêt au drame textile qu'à travers l'effondrement de l'empire Boussac avec ses milliers de salariés. Les fermetures de petites entreprises qui se succédaient depuis des années n'avaient jamais éveillé sa sollicitude.

Pour les travailleurs qui, tous, cherchent à se faire protéger contre les mauvais coups de l'économie libérale, il ne suffit pas d'avoir une « conscience syndicale » : il faut surtout se trouver dans des conditions favorables. La véritable inégalité entre salariés ne vient pas de leur plus ou moins grande organisation, laquelle n'est jamais qu'une conséquence. La cause première réside dans leur plus ou moins grande faculté de mener une action efficace pour interpeller la société dans son ensemble. Comme les situations sont extrêmement variables à cet égard, les conditions ouvrières sont fort inégales. Et ces différences seront d'autant plus grandes si l'État, ne répondant qu'à la force, décide d'aller toujours au secours des mieux armés, accentuant ainsi constamment les injustices.

X

OUVRIERS OU EMPLOYÉS PRÉCAIRES OU STATUTAIRES...

« L'histoire de toute société jusqu'à nos jours est l'histoire de la lutte des classes. » Toute la pensée contemporaine est marquée par l'axiome fameux qui ouvre le *Manifeste communiste* de 1848. C'est particulièrement vrai en France, où cette notion de classe a diffusé très au-delà de la paroisse marxiste. Chacun s'y réfère implicitement, sans toujours en mesurer l'ambiguïté.

Curieusement, Marx n'a jamais donné la définition en deux lignes de ce qu'il entend par « classe ». Lénine fut plus explicite : « On appelle classes de vastes groupes d'hommes qui se distinguent par la place qu'ils tiennent dans un système historiquement défini de la production sociale, par leur rapport [...] aux moyens de production [...][1]. » Arrêtons-nous là, l'essentiel est dit.

L'originalité de cette classification est de se fonder sur l'économique et non sur le social. Les bourgeois ne sont pas « les riches », ni les prolétaires « les pauvres ». Ce sont les conditions d'insertion dans le système productif, la place tenue et la relation entretenue avec l'ensemble de l'organisation économique qui déterminent l'appartenance. Selon que l'on détient le capital ou vend son travail, cultive la terre ou sert l'État, on est capitaliste, ouvrier, paysan ou fonctionnaire.

Certaines classes sont condamnées à l'hétérogénéité sociale. C'est le cas de la paysannerie, avec ses riches propriétaires ter-

1. Cité par Robert Fossaert, *la Société,* t. 4, « Les classes », Seuil, 1980.

riens et ses petits exploitants, de la bourgeoisie avec ses modestes rentiers et ses gros capitalistes. D'autres, au contraire, devraient être homogènes. La classe ouvrière, notamment, est appelée à former un prolétariat indifférencié.

Dès 1885, Engels observe en Grande-Bretagne d'importantes disparités de condition entre les ouvriers des fabriques, ceux des professions regroupées en puissants syndicats et les autres, enfin, qui constituent la masse prolétarienne. Cette « aristocratie ouvrière » sera toujours ressentie comme une gêne par les marxistes, par Lénine, entre autres, qui s'en méfie terriblement. Les raisons en sont évidentes.

Le prolétariat ouvrier, promu moteur de l'évolution historique, ne peut accomplir sa fonction messianique que dans l'unité. Certes, le travailleur mieux traité reste un ouvrier sur le plan économique. Mais la différenciation sociale n'entraîne-t-elle pas inévitablement une désolidarisation politique ? Une classe segmentée, divisée, désunie ne peut accomplir la grande révolution prolétarienne et manquera son rendez-vous avec l'Histoire. L'unité de classe est donc essentielle ; elle suppose, peu ou prou, une certaine uniformité sociale.

Pour Marx, il ne faisait pas de doute que l'uniformisation serait la conséquence de la paupérisation : « Les intérêts, les situations se nivellent de plus en plus au sein du prolétariat, à mesure que le machinisme efface les différences du travail et ramène presque partout le salaire à un niveau également bas[1]. » Les inégalités ouvrières observées par Engels n'étaient donc qu'un épiphénomène, que gommerait l'évolution économique du capitalisme. Tous les ouvriers seraient également pauvres et unis — d'autant plus unis par les luttes revendicatives : « Le vrai succès des luttes, écrit Marx, est moins le succès immédiat que l'union grandissante des travailleurs[2]. »

A cette massification s'oppose le particularisme des corporations. Chaque ville, chaque profession, chaque groupe s'efforce de se faire reconnaître une condition originale en fonction de la

1. *Le Manifeste communiste.*
2. *Ibid.*

plus ou moins grande position de force qu'il tient dans la société. Ce regroupement par petites unités autour d'avantages, de droits et d'intérêts de F.N.M. communs crée des liens très forts, qui l'emportent aisément sur une solidarité à plus grande échelle. Le schéma marxiste est donc menacé par la différenciation sociale, car il implique que le système économique lui-même soit relativement uniforme (toutes les industries connaissant à peu près la même situation), que tous les travailleurs soient à peu près dans le même rapport de force (aucun groupe ne tenant à lui seul un point stratégique) et, enfin, que les luttes revendicatives prennent la forme de grandes batailles frontales, mobilisant toute la classe ouvrière d'un seul tenant.

L'évolution s'est faite dans un sens tout différent. Les secteurs industriels ont connu des destins variés, les uns prospérant, les autres périclitant, les entreprises même se sont partagées entre les plus dynamiques et les moins productives. La société n'a cessé de se complexifier, divisant à l'infini le rôle des hommes, les uns restant liés à des tâches d'exécution indifférenciées, les autres occupant des postes clés à divers niveaux de la production.

Quant à l'action revendicative, elle a rapidement basculé des mouvements de masse aux conflits locaux. Lorsque Marx écrit son œuvre, 90 p. 100 des salariés sont des ouvriers industriels ou agricoles. En sorte qu'il emploie indifféremment les mots « salariés », « ouvriers », « travailleurs » ou « prolétaires » pour désigner la population qui vend sa force de travail. En 1876, on ne compte encore que 770 000 employés. En 1911, ils sont déjà 1 800 000. On trouve aujourd'hui, dans la population active, environ 4 millions de cols blancs pour 8 millions de cols bleus. Comment intégrer ce changement dans le schéma initial ?

Comme le souligne bien Jacques Julliard, les marxistes ont toujours eu un certain mal à situer les employés par rapport aux ouvriers. « L'entreprise de distillation fractionnée du corps populaire est allée plus loin dans la tradition marxiste. A la suite de Marx lui-même, elle a toujours distingué entre la classe ouvrière *stricto sensu*, formée par les fournisseurs directs de travail productif et créateurs de plus-value, et le reste des salariés, ceux par exemple du commerce, des banques, des services, qui concourent à la réalisation de la plus-value, mais ne participent pas directement à sa production. On voit ainsi apparaître, aux côtés de la classe ouvrière proprement dite, une quasi-classe ouvrière[1]. »

Si l'on s'en tient aux critères économiques, on ne voit pas de raison de distinguer le fraiseur de la caissière, le comptable de l'ajusteur, la dactylo de la couturière. A des stades différents, ils tiennent des places équivalentes dans le processus de production. Cette distinction, note Julliard, « est devenue largement caduque ». On peut bien séparer les cadres, surtout les cadres supérieurs, nettement différenciés sur le plan économique et très proches du capital. Mais, pour les salariés d'exécution, faut-il classer à droite ceux qui ont les mains calleuses et à gauche ceux qui les ont blanches ?

Les actions revendicatives, loin de prendre un caractère massif, se sont de plus en plus parcellisées. L'entreprise est devenue le cadre de 90 p. 100 des conflits. Le progrès social s'accomplit par percées ponctuelles, accords d'entreprise, contrats d'établissement, statuts professionnels ou conventions collectives, bien plus que par une marche de l'ensemble de la population.

Le front est à l'arrière : rassemblé autour du minimum assuré à tous par le pouvoir politique, il ne comporte que les retardataires. La plupart des salariés vivent, en fonction de leurs positions particulières, au-dessus de ce plancher.

D'un côté, le néo-corporatisme fait éclater la condition salariée en une multitude de conditions différentes. De l'autre, la référence doctrinale maintient les grands schémas unificateurs. Économiquement, 85 p. 100 des travailleurs sont pareillement des salariés vendant leur force de travail. Socialement, ils en tirent les partis les plus divers en raison de l'hétérogénéité qui règne dans le système productif. Chacun selon l'heure, le lieu ou les circonstances se réclamera de sa classe économique ou de sa corporation sociale. Les groupes de salariés les plus puissants

1. Faire, *Crise et avenir de la classe ouvrière,* Points, Seuil, 1979.

défendent mordicus leurs différences. Entendons-nous bien. On ne se bat pas seulement pour maintenir l'acquis, mais également pour préserver les écarts.

Cette attitude, bien entendu, ne peut être affichée puisqu'il faut toujours respecter le mythe unitaire. Je me souviens d'avoir entendu, lors d'un débat sur l'enseignement, un professeur parler des difficultés particulières rencontrées dans sa classe par « les enfants des travailleurs ». Après la réunion, je lui demandai s'il professait dans un riche collège privé en Suisse. Étonné, il me dit que son établissement se trouvait dans la région parisienne — dans la banlieue ouvrière, me précisa-t-il. Quels étaient donc les « enfants de non-travailleurs » auxquels, implicitement, il opposait ces « enfants des travailleurs » ? A l'évidence il voulait parler des « enfants d'ouvriers » et faisait spontanément l'amalgame.

Le monde des salariés se trouve généralement réparti en quatre grandes C.S.P.[1] : ouvriers, employés, cadres moyens, cadres supérieurs, selon cette représentation, l'éclatement se serait fait en quatre segments à peu près homogènes sur le plan salarial (le seul que l'on prenne en compte pour mesurer les inégalités) : rien n'est plus faux. Si, même, on ne s'en tient qu'à l'aspect monétaire, la réalité est toute différente : la voilà exprimée par ce graphique du C.E.R.C. (voir graphique ci-contre).

Comme le soulignent les chercheurs du C.E.R.C. : « Les inégalités au sein des catégories sont en général plus grandes que celles entre les moyennes des catégories... Nous voyons d'importants chevauchements entre les différentes catégories[2]. » Au premier coup d'œil, on constate que les « amphores » n'ont pas toutes la même forme. Celle des cadres est très étirée, celle des ouvriers particulièrement élargie. Cela montre que la condition ouvrière reste la plus homogène, encore qu'elle comporte une pointe qui atteint largement le niveau des cadres moyens. Quant aux employés les mieux traités, ils dépassent couramment les cadres moyens. Or, dans les deux cas, le minimum de départ est

1. Catégorie socioprofessionnelle.
2. C.E.R.C., *3e rapport sur les revenus des Français*, Albatros, 1981.

proche du S.M.I.C. Telles sont donc ces disparités monétaires, elles-mêmes révélatrices de différences non monétaires, qui traduisent l'éclatement de la condition salariale.

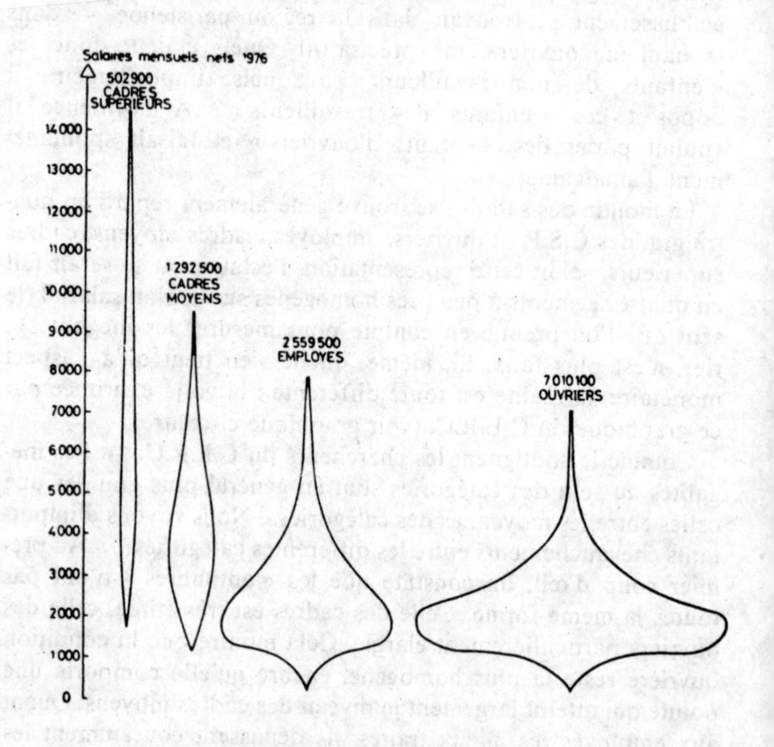

RÉPARTITION DES SALARIÉS
SUIVANT LE MONTANT DE LEUR SALAIRE,
PAR CATÉGORIE SOCIOPROFESSIONNELLE.

Dans la réalité, l'existence d'une « aristocratie salariée et ouvrière » se trouve généralement gommée des discours politiques et syndicaux. Chacun se réclame de la condition prolétarienne, quelle que soit sa situation véritable. Le cas des « ouvriers du livre » est symptomatique. Par leurs rémunérations, leurs statuts d'emploi, leurs horaires de travail, ils sont fort éloignés des travailleurs manuels situés tout en bas de l'échelle. Leur condition les rapprocherait des contremaîtres, des agents de maîtrise, voire des cadres. Seul point commun avec des ouvriers, ils travaillent sur des machines. A ce compte, le commandant de bord pourrait aussi se dire « ouvrier » : il pilote bien une « machine volante ». La corporation sait qu'il est bon de se dénommer « ouvriers » pour « populariser les luttes » dans l'opinion. C'est pourquoi moins on partage la condition du prolétariat ouvrier, plus il est souhaitable de s'en réclamer.

Les confédérations syndicales sont particulièrement gênées par cet éclatement. D'un côté, elles doivent coller aux intérêts des corporations les plus puissantes dont elles tirent l'essentiel de leur force. Que serait la C.G.T. si elle ne contrôlait pas E.D.F., Renault et quelques autres forteresses ? 4 millions de travailleurs dispersés et inorganisés pèsent moins que quelques catégories « bloquantes ». D'un autre côté, ces confédérations savent que cette division est source d'affaiblissement. Elles en viennent même à imputer cet éclatement aux manœuvres patronales : « Le patronat fractionne les conventions collectives, multiplie les statuts [...]. Cette politique tend à diviser les travailleurs, à marginaliser l'intervention syndicale, à destructurer la classe ouvrière qui, dans son combat syndical, s'est unifiée sur la base de ses intérêts de classe. Cette volonté de division des travailleurs en groupes dont les intérêts seraient opposés, touche au cœur notre stratégie », écrit la C.F.D.T.

Sans doute le patronat peut-il se frotter les mains, en voyant les salariés lancer de petites attaques ponctuelles et non la grève générale annonciatrice du Grand Soir. Il serait pourtant naïf d'attribuer les grandes disparités intersectorielles à son machiavélisme. Sur le marché libéral, il est inévitable qu'apparaissent des inégalités économiques génératrices d'inégalités sociales. Les patrons du textile et de l'aéronautique n'ont pas besoin de se concerter pour verser des salaires différents.

Une économie moderne a spontanément tendance à morceler la condition salariée et à susciter le néo-corporatisme. Les syndicats, loin de s'y opposer, se mobilisent derrière les plus puissantes corporations. Du coup, cette tactique devient théorie. Le progrès social, au lieu d'être poussé par l'effort de tous, doit être tiré en avant par les plus favorisés. C'est l'exemple connu des avantages arrachés par les ouvriers de Renault et qui, peu à peu, ont été étendus à l'ensemble de la classe ouvrière. Il existe donc bien une pratique syndicale visant à entretenir, sinon à développer, les inégalités au sein de la population salariée, afin d'obtenir une progression différentielle et non uniforme.

Les grandes inégalités transversales naissent d'une alliance objective entre patronat et salariés pour insérer le progrès social dans le développement d'une économie libérale. C'est ce que constate Edmond Maire, en s'interrogeant sur les possibilités de « réunifier réellement la classe ouvrière ». « Il ne suffit pas, estime-t-il, de répondre sentimentalement à ce problème [...]. Dans notre système politique, fiscal et contractuel, il ne servirait à rien, par exemple, d'imposer une modération des salaires des entreprises les plus prospères dans l'espoir de permettre un rattrapage des salaires les plus bas dans les autres entreprises. Cette approche aurait pour seul effet d'accroître les profits des entreprises qui sont déjà en position dominante [...]. Prenons un autre exemple : celui des avantages sociaux. Les situations sont très variables d'une entreprise à l'autre, en matière de loisirs, de centres de vacances, d'équipements sportifs et culturels, etc. Certains militants ont envisagé d'aller vers une sorte de mutualisation de ces avantages sociaux, les entreprises prospères payant davantage à un " pot commun ". Ce serait une façon de procéder à une réduction des inégalités par le haut. L'expérience de la C.F.D.T. dans ce domaine montre qu'une proposition de ce type est encore très en avance sur la mentalité moyenne des ouvriers de chez Renault, de l'E.D.F. [...] et d'ailleurs [...]. Si l'unité de la classe ouvrière est bien un jeu stratégique pour la période à venir, le principal problème est celui des moyens à mettre en œuvre pour y parvenir[1]. »

La pire confusion vient de l'amalgame entre ouvriers et employés également promus « travailleurs ». S'il est vrai que leurs conditions économiques sont très comparables, leurs conditions sociales, elles, n'ont rien de semblable. En dépit de toutes les disparités, le monde ouvrier se distingue radicalement du tertiaire car le jeu socio-économique s'est constamment déroulé à son détriment, en sorte qu'il supporte un lot d'inconvénients sans commune mesure avec celui des cols blancs.

En termes de pure méritocratie, la différence n'est guère considérable. Bien des employés ont tout juste un brevet, quand ce n'est pas un simple certificat d'études. De nombreux ouvriers, au contraire, possèdent une solide qualification professionnelle. S'il existe, au départ, un décalage entre nos deux C.S.P., il pourrait aisément se corriger par le biais de la formation professionnelle destinée aux adultes.

Les Français, dans leur ensemble, ont fait un remarquable effort pour ne pas savoir ce qui se passe dans les usines ou sur les chantiers. Cols bleus, cols blancs, la frontière est parfaitement étanche. L'impression n'en est que plus forte lorsqu'un témoignage brut nous parvient sur la condition ouvrière. C'est ce qui fit le succès d'estime du livre de Robert Linhart, *l'Établi* en 1978. Comme un certain nombre d'étudiants touchés par le gauchisme, Linhart était allé « s'établir » O.S. chez Citroën. Sa description de l'usine et de la chaîne fut pour beaucoup un dur rappel à certaines réalités[2].

« Trois sensations délimitent cet univers nouveau. L'odeur : une âpre odeur de fer brûlé, de poussière, de ferraille. Le bruit : les vrilles, les rugissements des chalumeaux, le martèlement des tôles. Et la grisaille : tout est gris, les murs de l'atelier, les carcasses métalliques des 2 CV, les combinaisons et les vêtements de travail des ouvriers. Leur visage même paraît gris, comme si s'était inscrit sur leurs traits le reflet blafard des carrosseries qui défilent devant eux [...].

1. *Crise et avenir de la classe ouvrière, op. cit.*
2. *L'Établi*, Robert Linhart, Éditions de Minuit, 1978.

« Une fois accrochée à la chaîne, la carrosserie commence son arc de cercle, passant successivement devant chaque poste de soudure ou d'opérations complémentaires : limage, ponçage, martelage [...]. Comme il n'y a pas d'arrêt, c'est aux ouvriers de se mouvoir pour accompagner la voiture le temps de l'opération. Chacun a ainsi, pour les gestes qui lui sont impartis, une aire bien définie quoique aux frontières invisibles : dès qu'une voiture y entre, il décroche son chalumeau, empoigne son fer à souder, prend son marteau ou sa lime et se met au travail. Quelques chocs, quelques éclairs, les points de soudure sont faits, et déjà la voiture est en train de sortir des trois ou quatre mètres de poste. Et déjà, la voiture suivante entre dans l'aire d'opération. Et l'ouvrier recommence. »

Fausse impression de lenteur, constatée par cet « établi » lorsque à son tour il doit prendre son poste sur la chaîne : « Une nouvelle carrosserie s'avance, lente et menaçante : il va falloir refaire les gestes pour de vrai. Vite, le chalumeau, ah non ! j'oubliais, les gants d'abord, où est l'étain ? Bon sang, qu'elle avance vite, déjà au milieu du parcours, un coup de flamme, merde ! trop d'étain, rattraper ça à la palette, il y en a partout... Mouloud me l'enlève des mains. Encore un essai... Non, ça ne va pas. Je suis consterné, je dois lancer à Mouloud un regard chaviré..., la chaîne m'a rejeté. Pourtant, elle paraît avancer si lentement...

« Quel esprit, quel corps peut accepter sans un mouvement de révolte de s'asservir à ce rythme anéantissant, contre nature, de la chaîne ? L'insulte et l'usure de la chaîne, tous l'éprouvent avec violence, l'ouvrier et le paysan, l'intellectuel et le manuel, l'immigré et le Français. Et il n'est pas rare de voir un nouvel embauché prendre son compte le soir même du premier jour, affolé par le bruit, les éclairs, le monstrueux étirement du temps, la dureté du travail indéfiniment répété, l'autoritarisme des chefs et la sécheresse des ordres, la morne atmosphère de prison qui glace l'atelier. »

Ils sont, en France, 600000 travaillant à la chaîne, 490000 dont le rythme de travail est imposé par le déplacement automatique d'une pièce, 1030000 qui doivent suivre la cadence d'une machine, 3610000 qui doivent respecter des temps précis pour faire un travail répétitif et 2660000 dont la rémunération est conditionnée par le respect d'une certaine cadence dans le travail.

	Proportion pour 100 employés	*Proportion pour 100 ouvriers*
Salariés travaillant en 2 équipes alternantes	2	9,5
Salariés travaillant en 3 équipes alternantes	0,9	5,3
Salariés travaillant avant 6 heures du matin	1,6	9,4
Salariés finissant entre 20 heures et 24 heures	6	9,1
Travail de nuit, occasionnel ou régulier	4,5	14,5
Travail le dimanche, occasionnel ou régulier	12,7	14,2
Salariés travaillant à la chaîne	(0,9)	7,6
Cadence imposée par le déplacement automatique d'une pièce	(0,4)	6,3
Cadence imposée par des normes ou délais très courts	13	31,3
Cadence imposée par une machine automatique	2	12,3
Salarié ayant un travail répétitif	19,5	32,2
Rémunération dépendant du rythme de travail	12,8	18,2
Effort physique important	49,3	88,4
Niveau de bruit empêchant d'entendre la voix	0,9	7,1
Bruits occasionnels très forts ou très aigus	14,5	41,4
Empêchement de parler (bruit, isolement, interdiction)	17,5	44,5
Température « souvent » ou « toujours » trop élevée	10,8	29,1
Au moins un inconvénient : saleté, humidité, courants d'air, odeurs	27,1	71,4

L'usine, ce n'est tout de même pas le bagne. Mais le bureau non plus, comme le montre ce tableau comparatif publié en 1980 par l'Agence Nationale pour l'amélioration des conditions de travail[1], après une enquête auprès de 20 000 salariés.

N'en déduisons pas cependant que tous les employés mènent la belle vie. Seuls les mieux payés et les plus avantagés jouissent de conditions de travail satisfaisantes. Il existe, en outre, une différence certaine entre les employés du commerce et ceux des bureaux.

Sur le plan des rémunérations, tout d'abord, on notait en 1974 des rémunérations, annuelles moyennes de 39 586 F dans les banques, 33 407 dans les assurances, dans le commerce de gros, alors que les salaires s'effondrent dans le commerce de détail : entre 23 000 et 24 000 F. Ensuite, il va de soi que les horaires et contraintes diverses sont généralement bien plus pénibles dans les boutiques que dans les bureaux.

A ce sous-prolétariat en col blanc, il faudrait encore ajouter beaucoup d'autres catégories : aides-soignantes, standardistes, « demoiselles » des chèques postaux, tabulatrices, etc., qui ont ainsi leur lot de contraintes, financières ou autres. La comparaison serait évidemment plus frappante et plus significative si elle ne portait que sur le véritable « employé de bureau ».

Travail plus pénible, plus dangereux aussi. En 1977, 590 ouvriers se sont tués sur des chantiers, 239 dans des usines métallurgiques, 233 dans des opérations de transport ou de manutention. La fréquence des accidents est de 152 pour 1 000 chez les ouvriers, 20 pour 1 000 chez les non-ouvriers. Les plus menacés sont les ouvriers qualifiés. Presque aussi nombreux que les employés, ils totalisent 42 p. 100 des accidents graves contre 8 p. 100 aux cols blancs. Cinq fois plus. Même différence en ce qui concerne les maladies professionnelles dont les plus graves — silicose, benzolisme, saturnisme, asbestose — sont pratiquement toutes liées à des travaux ouvriers. Nous savons que tout cela se traduit par une espérance de vie, à trente-cinq ans, inférieure de deux à quatre ans pour les ouvriers. Les faits ne se trompent pas : le monde ouvrier est le plus frappé par le cancer et les manœuvres sont la seule catégorie de Français dont l'espé-

1. *Les Conditions de travail en France,* Lettre d'information de l'A.N.A.C.T., n° 38.

rance de vie tend à diminuer. Enfin, la longévité supérieure des femmes se réduit nettement, lorsque celles-ci sont O.S. ou manœuvres.

Jusqu'en 1970 l'ouvrier a été une sorte de salarié de seconde zone par rapport à l'employé. Payé à l'heure, il ne jouissait pas des mêmes garanties, sans que cela paraisse anormal. Bénéficiant enfin de la mensualisation qui leur accordait la couverture minimale à laquelle les autres avaient déjà droit, il n'en a pas moins été astreint, jusqu'à une période toute récente, aux horaires les plus longs, aux départs en retraite les plus tardifs.

L'horloge pointeuse est encore la règle à l'usine, l'« exception » au bureau. Quant à l'Administration... La répression de l'absentéisme est bien plus rigoureuse à l'usine. Dans 24 p. 100 des cas, l'absence donne lieu à retenue sur le salaire, contre 5 p. 100 des cas seulement pour l'employé. A l'inverse, 7 p. 100 des employés jouissent d'horaires à la carte, contre 1 p. 100 seulement des ouvriers.

Passons sur la discipline, plus rigoureuse à l'usine, le licenciement, plus brutal, et venons-en aux rémunérations. Les cols blancs gagnent plus — pas beaucoup plus, en moyenne : moins de 10 %. Au 1er avril 1981, le salaire mensuel de l'ouvrier était de 3700 F contre 4000 pour l'employé. Mais cette vision instantanée ne suffit pas : on touche son salaire tout au long de sa vie et il est possible d'accepter un temps une basse rémunération si l'on entretient l'espoir de voir sa situation s'améliorer au cours des années.

C'est à ce stade qu'apparaît la véritable inégalité monétaire. En 1975, selon les calculs de l'I.N.S.E.E., l'employé de bureau de vingt ans ne gagnait que 12 % de plus que l'O.S. et 23,5 % de plus que le manœuvre. Mais, à quarante ans, la différence employé-O.S. avait atteint 24 % et l'écart employé-manœuvre 61 %. Car l'augmentation à l'ancienneté, de règle dans les bureaux, est encore exceptionnelle ou très limitée à l'usine. Dans cette statistique, on découvre que l'ouvrière de dix-huit ans est payée 11550 F en salaire net annuel et celle de soixante ans 18260. Tandis que l'employée rémunérée 11000 F seulement à dix-huit ans, dépasse les 25500 à partir de quarante ans. L'une, ayant pris de l'âge, a vu son salaire augmenter de 58 % ; l'autre, de 132 %[1].

L'écart serait encore plus grand si l'on tenait compte des anciens employés passés dans l'encadrement. Le fait n'est pas rare. L'Administration, les banques, les assurances, les organismes sociaux ont mis en place des filières de formation-concours qui permettent, à ceux qui en ont la capacité, de faire carrière à partir d'emplois subalternes. En dépit des bonnes intentions de M. Stoléru, les carrières ouvrières sont toujours aussi difficiles et ne mènent guère plus loin que la maîtrise. L'ouvrier devenu cadre : c'est la merveille que l'on montre. Dans toutes les révoltes d'O.S. qui ont eu lieu depuis une dizaine d'années, cet horizon bouché, cet avenir sans espoir reviennent comme un leitmotiv dans les doléances. Commencer à la chaîne, bien des travailleurs l'acceptent. Savoir qu'on y finira, c'est intolérable.

Cette malédiction ouvrière, les Français la sentent peu ou prou. En 1976, un sondage publié par *Paris-Match* montrait que si la moitié des jeunes Français acceptaient d'être coursiers à 1 700 F par mois, 22 p. 100 seulement consentiraient, pour ce salaire, à faire un métier d'O.S. A 3 500 F, ils étaient 78 p. 100 à bien vouloir porter des plis, mais 59 p. 100 seulement à se résigner au travail à la chaîne. Rappelons, pour fixer les idées, qu'à l'époque le S.M.I.C. correspondait à 1 500 F.

En 1981, selon un sondage publié par *l'Usine nouvelle,* 68 p. 100 des Français n'aimeraient pas travailler dans l'industrie et 70 p. 100 des ouvriers trouvent leur travail sans intérêt.

Ce refus de la condition ouvrière se traduit concrètement par la défection des travailleurs les mieux armés, c'est-à-dire les hommes français.

1. *Les Salaires dans l'industrie, le commerce et les services en 1975,* Coll. de l'I.N.S.E.E.

OUVRIERS NON QUALIFIÉS (pour 100)

	1962	*1968*	*1975*
Français			
Hommes	62,4	60,7	54,8
Femmes	26,3	24,2	28,2
Étrangers	11,3	15,1	17

La tendance est nette et ne cesse de s'amplifier. La classe ouvrière est en passe de devenir en majorité féminine et étrangère. Alors que le nombre global des O.S. n'augmente que de 1,4 p. 100 par an, celui des femmes O.S. s'accroît de 3,7 p. 100. Le phénomène est encore plus marqué pour les manœuvres, dont le nombre global ne varie pratiquement plus tandis que celui des femmes manœuvres, qui, en 1975, représentait déjà 38 p. 100 du total, croît de 3,6 p. 100 l'an. C'est l'inverse pour les ouvriers qualifiés, catégorie de plus en plus mâle et française. Face à la concurrence des hommes qui fuient la basse condition ouvrière, les femmes ne peuvent plus espérer se voir reconnaître une qualification et le nombre des ouvrières qualifiées diminue de 1 p. 100 par an.

Les travailleurs français n'acceptent plus, c'est évident, la condition ouvrière qu'à son niveau supérieur. S'agit-il d'une réaction générale et inévitable ? Certainement pas. Mais la France semble prendre un plaisir pervers à brimer systématiquement les plus méritants de ses travailleurs.

Car c'est bien la France qui dégrade ainsi la condition ouvrière. Oh, n'exagérons rien ! Dans aucune économie capitaliste libérale on ne voit bouleverser la hiérarchie entre travail intellectuel et travail manuel. Pourtant, d'importants écarts existent d'un pays à l'autre. En 1975, l'hebdomadaire *le Point* constatait qu'en Suède le caissier de banque, l'infirmière, le conducteur d'autobus, l'instituteur et le capitaine gagnent moins que l'ouvrier qualifié, alors que c'est l'inverse en France. Selon le C.E.R.C., la différence manuels-non-manuels était, en 1975, de 30 p. 100 en Allemagne fédérale, de 37 p. 100 aux Pays-Bas, de 70 p. 100 en France et de 75 p. 100 en Italie. En France l'ouvrier gagne 5 % de moins que l'employé, en Allemagne, il gagne 10 % de plus. L'examen social de *l'Expansion* (1980) fait apparaître que les multinationales payent mieux leurs ouvriers en Allemagne qu'en France :

	Allemagne	France
FORD (horaire)	30,30	19,10
HOECHST (mensuel)	5 500	3 870
S.G.P.M. *(id.)*	6 043	4 416
SHELL *(id.)*	5 792	3 513

Fait significatif : pour les cadres, les meilleurs salaires sont versés tantôt en Allemagne et tantôt en France.

Plusieurs facteurs se conjuguent pour expliquer cette dévalorisation. Tout d'abord, le retard industriel de la France. L'ouvrier n'est, comparativement, pas mieux traité dans les pays latins, alors qu'il se situe plus haut dans l'échelle sociale des pays germaniques, scandinaves et anglo-saxons, dont l'industrialisation est plus avancée : où l'on voit que notre structure sociale est encore celle d'un pays sous-industrialisé, sinon sous-développé.

D'autre part, les moyens de pression de la classe ouvrière ont été généralement moins forts que ceux des cols blancs. La production, nous l'avons vu, se prête moins que les services à l'effet de blocus.

Enfin, et surtout, les ouvriers ont subi une concurrence qui n'a guère affecté les employés, celle des immigrés. Pour la plupart des emplois industriels, on peut toujours appeler un Algérien, un Sénégalais, un Portugais ou un Yougoslave pour faire ce que le Français dédaigne. Les employés, même au niveau du planton, de la vendeuse ou du coursier, sont protégés par la barrière linguistique. C'est ce que révèlent les statistiques du ministère du Travail pour 1976 :

EMPLOIS TENUS
PAR LES TRAVAILLEURS ÉTRANGERS (pour 100)

Manœuvres	O.S.	O.Q.	Employés	Agents de maîtrise	Cadres
16,1	38,3	34,8	6,7	2,1	1,7

Butant sur les obstacles de la langue et des qualifications, les 2 millions d'immigrés se sont massivement orientés vers les emplois manuels. Du coup, la classe ouvrière a été soumise à une double pression. Celle de la main-d'œuvre sous-payée du Sud et celle des travailleurs étrangers en France même. Elle était donc en position de totale faiblesse sur le marché du travail. Sa condition ne pouvait que se dégrader. En valeur relative s'entend. Toutes les campagnes entreprises, depuis une dizaine d'années, pour redonner un prestige au travail manuel n'ont guère modifié cette situation. Les ouvriers ont bien diminué en partie leur décalage avec les cadres, grâce à la réduction générale des inégalités. Mais les positions n'ont pas changé par rapport aux employés sur le plan salarial. De 1975 à 1980, la progression fut de 66,8 % dans les deux catégories. Seul avantage notable : l'extension de la mensualisation et les progrès réalisés au cours des toutes dernières années, sur le double plan des horaires et de l'âge de la retraite. La semaine de trente-neuf heures et le repos à soixante ans les alignent, provisoirement, sur les autres travailleurs. En cela, du moins, la montée du chômage aura été favorable.

L'avenir est loin d'être rassurant. La révolution technique en cours dans les usines amène cette redoutable question : les robots vont-ils remplacer les ouvriers ? Gardons-nous de conclure hâtivement, au vu d'un atelier automatisé dans une usine d'automobiles. La machine est très loin d'avoir chassé l'homme hors de la production industrielle. Pourtant, il ne fait aucun doute que l'évolution se produit dans ce sens. On ne voit pas comment nombre d'emplois de ce genre pourrait ne pas disparaître dans les années qui viennent, le choix étant des plus limités, entre l'introduction des robots ou la perte du travail au profit de l'étranger. Certes, il est bon de remplacer des emplois d'ouvriers par des emplois de techniciens, encore faut-il que les hommes puissent bien passer des uns aux autres.

Les plus récentes tendances sur le marché de l'emploi sont inquiétantes. Si le taux de chômage est actuellement plus fort parmi les employés que parmi les ouvriers, la dynamique s'exerce en sens contraire. Dominique Schnapper note que « dans la population inscrite à l'A.N.P.E. depuis plus d'un an, la part des ouvriers des deux sexes et des employés s'est accrue[1] ».

Jacques Méraud constate de son côté, dans son rapport de conjoncture au Conseil économique et social de juillet 1981, que « la montée récente du chômage a été plus forte pour les métiers d'ouvriers de l'industrie ». Le danger est donc réel de voir la classe ouvrière subir un énorme coup de boutoir dans les dix prochaines années. Le résultat serait d'accroître encore la pression concurrentielle sur le marché du travail, ce qui, joint à la concurrence internationale, ne sera guère favorable à la revalorisation de la condition ouvrière.

On pourrait alors assister, tout à la fois, à une disqualification des travailleurs non qualifiés et à une déqualification des emplois ouvriers, ainsi que l'explique Michel Cézard : « L'automatisation entraîne la disparition de nombreuses tâches de manœuvres et d'O.S., d'où un accroissement induit de la proportion des ouvriers qualifiés parmi les ouvriers. Cependant, contrairement à ce qu'on aurait pu penser à priori, les tâches des ouvriers surveillant les installations automatisées, même si elles sont en moyenne plus qualifiées que le travail parcellisé de la phase de mécanisation, ne nécessitent pas en général de véritable formation professionnelle ; les ouvriers surveillants-opérateurs souvent anciens ouvriers qualifiés, ressentent d'ailleurs leur niveau de qualification comme moins élevé que celui des emplois qu'ils possédaient avant[2]. »

Ainsi, le sauvetage d'une partie des emplois industriels serait-il très loin de se conjuguer avec cette fameuse revalorisation du travail manuel et de la condition ouvrière. On ne cumule pas, sans en subir les graves inconvénients, tous les handicaps

1. *L'Épreuve du chômage*, Dominique Schnapper, Idées/Gallimard, 1981.
2. *Les Qualifications ouvrières en question*, Michel Cézard, coll. I.N.S.E.E., 1978.

qui s'attachent au monde ouvrier : concurrence ouverte, à l'intérieur et à l'extérieur, avec des travailleurs sous-payés ou sous-payables ; faible efficacité des actions revendicatives, particulièrement du recours à la grève ; organisation du travail héritée du siècle passé ; pression croissante de la mécanisation ; faibles possibilités de formation. L'ouvrier, c'est assez clair, ne pouvait qu'être le perdant de notre système économique et social.

Il existe encore un monde inférieur : celui de la précarité. La grande entreprise moderne frappe d'abord par sa complexité. Bureaux d'études, service du personnel, usines de production, réseau de vente, direction financière et commerciale... Une multitude de fonctions des plus diverses sont imbriquées dans l'organigramme qui, de ce fait, devient indéchiffrable. Les travailleurs s'y trouvent répartis selon leurs compétences, leurs places et leurs grades hiérarchiques. On ne s'étonnera pas de rencontrer, chez un constructeur automobile, des médecins, des peintres, des ajusteurs, des ingénieurs, des comptables, des informaticiens, des pâtissiers, des publicitaires, des juristes, des électriciens, des jardiniers. Autant de qualifications qui correspondent à des conditions de travail et de rémunération fort diverses. Du moins tous ceux qui concourent à l'activité de la société sont-ils logés à la même enseigne. Ils bénéficient pareillement des conventions collectives, du contrat d'établissement, du statut du personnel, etc. A l'unité économique de production que constitue l'entreprise, doit répondre l'unité sociale de travail que forme son personnel.

Telle était effectivement la règle jusqu'à la période récente. Ceux qui travaillaient pour un même patron étaient traités sur un même pied... d'inégalité. Certes, il y eut toujours des entorses au principe. Une entreprise n'est pas un monde autarcique. Elle fait appel occasionnellement à l'extérieur, soit pour assurer certaines tâches particulières, soit pour se procurer momentanément un petit supplément de main-d'œuvre. Rien que de très normal et ces concours extérieurs n'avaient pas posé de problèmes jusqu'au début des années 70. Il paraissait naturel de s'adresser à une agence de publicité pour dessiner une affiche, ou d'engager quelques dactylos pendant la période des congés d'été. Ni le dessinateur ni la secrétaire n'avaient le « statut-maison », ce qui était logique puisqu'ils ne faisaient que passer. L'unité sociale de l'entreprise n'était pas remise en cause par ces cas particuliers. Or, en l'espace d'une décennie, celle-ci a volé en éclats. Il est encore trop tôt pour voir comment ce changement sera lui-même remis en cause par le « Changement ». Mais voyons d'abord ce qu'il en était au début de 1981.

Mettons tout de suite à part la fourniture classique. Un fabricant achète naturellement à d'autres producteurs une partie de ce dont il a besoin : matières premières, machines ou, même, pièces détachées. Renault ou Peugeot se fournissent auprès d'autres sociétés pour les tôles, les vitres, les pneus, ils se procurent à l'extérieur des machines-outils et même des composants d'automobiles. A quoi bon construire soi-même des postes de radio ou des horloges de bord !

Les travailleurs qui participent ainsi depuis l'amont à la production n'ont évidemment pas le statut de l'entreprise cliente. Les fournisseurs sont, eux-mêmes, de vrais industriels qui peuvent, éventuellement, assurer à leur personnel une situation équivalente ou supérieure à celle qu'offriraient leurs clients.

Mais les constructeurs peuvent franchir un pas de plus dans le recours à l'extérieur : ainsi lorsqu'ils font appel à la sous-traitance. En ce cas, ils ne se contentent pas d'acheter des marchandises disponibles sur le marché, ils font fabriquer par d'autres une partie de leurs propres produits. C'est là une situation tout à fait classique. Une entreprise principale conçoit un objet très complexe : avion, ensemble hospitalier, locomotive ou centrale nucléaire. Elle en devient le maître d'œuvre et promoteur mais préférera utiliser les compétences d'autres firmes plutôt que d'étendre ses activités à toutes les branches concernées.

La nécessité d'une telle interaction au sein du tissu industriel est évidente. Toutefois, le sous-traitant, plus que le fournisseur, est en position de dépendance puisqu'il ne conçoit pas ses propres fabrications, ne les exécutant, au contraire, « qu'à la commande ». Dans l'industrie, le champ de la sous-traitance peut être plus ou moins étendu. A volonté. I.B.M. fabrique ses propres composants électroniques tandis que certains de ses concurrents les font faire par des firmes spécialisées. Quant aux géants japonais de l'automobile, ils utilisent largement la sous-traitance, ne conservant dans leurs entreprises que les opérations spécifiques.

Sur le plan social, l'écart est souvent grand entre le constructeur principal et les sous-traitants. Le premier est généralement un « gros » et les seconds sont des P.M.E. L'un assure donc à son personnel un statut qu'on ne retrouvera pas chez les autres.

Qui plus est, les sous-traitants vont subir de plein fouet tous les heurts de la conjoncture. La relation entre le marché et le travailleur n'est plus sociale, mais purement commerciale. Si les commandes baissent, la grande société s'efforce d'amortir le choc pour ses employés au détriment de la sous-traitance.

Toute la France vit les yeux fixés sur la santé des grandes entreprises. Si Renault, Peugeot, l'Aérospatiale ou autres géants licencient, c'est le désastre. S'ils maintiennent l'emploi, tout va bien. En réalité, la casse commence en amont, au sein de la sous-traitance. Mais nul n'en parle. D'autant que le constructeur principal, mis en sous-emploi par la conjoncture, rapatrie le travail qu'il fait sous-traiter. Autant de licenciements évités chez lui, autant de licenciements provoqués chez ses subordonnés. C'est au sous-traitant, plus faible dans la hiérarchie industrielle, de supporter les aléas du marché et de servir de tampon à l'entreprise principale.

Il n'est pas étonnant que ce système s'étende lorsque s'accroît l'insécurité libérale. Désormais les grands groupes sous-traitent au maximum et ne sont limités, dans cette « extériorisation » du travail, que par la nécessité d'occuper le personnel permanent et protégé dont ils ne peuvent se défaire. La sous-traitance va pénétrer à l'intérieur même de l'entreprise. De l'usine. Deux salariés, travaillant côte à côte, pourront, l'un appartenir à l'employeur principal, l'autre à une P.M.E. Il se pourra même que la P.M.E. en question ait été créée de toutes pièces par la société mère, qui aura trouvé cette solution plus commode que la constitution d'une division supplémentaire. Ainsi est-ce à l'intérieur — et non à l'extérieur — de l'entreprise que la sous-traitance s'est le plus développée au cours des dernières années.

Autre catégorie de personnel en situation précaire : les intérimaires. Ils sont « loués » à des sociétés de travail temporaire qui leur versent leurs salaires et se font payer par les entreprises utilisatrices. L'employeur n'est pas le même, le statut non plus, encore une fois.

La situation est sensiblement la même pour les personnels liés par un contrat à durée déterminée. Ceux-là, tout en ayant été engagés par la société où ils travaillent, ne jouissent pas des avantages du contrat classique qui se prolonge indéfiniment, jusqu'à ce qu'il y soit mis fin, par la démission du salarié ou par une procédure de licenciement. Ils seront employés trois mois, six mois, un an, puis, leur temps accompli, devront partir.

L'employeur, cependant, peut avoir besoin de ces postes de travail au-delà du terme prévu. Jusqu'aux nouvelles ordonnances, il s'efforcerait de trouver une astuce pour éviter l'engagement permanent d'un statutaire : renouveler le contrat d'intérim avec l'intéressé, ou avec un autre travailleur, multiplication des contrats à durée déterminée.

L'éclatement social de l'entreprise est relativement récent. Jusqu'au début des années 70, l'appel à des fournisseurs ou à la sous-traitance était un pur problème de politique commerciale. Tout s'emballe à partir du moment où la concurrence devient plus âpre, où les employeurs redoutent de se trouver bloqués avec des effectifs excédentaires, mais cette évolution est difficile à suivre, comme le remarque la C.F.D.T. dans *le Tertiaire éclaté*[1] : « Du point de vue des statistiques, de l'emploi, la sous-traitance est encore plus difficile à cerner que l'intérim, dans la mesure, d'une part, où il ne s'agit pas d'une branche d'activité mais d'un type de contrat commercial entre entreprises et, d'autre part, où le mot de sous-traitance renvoie à deux pratiques tout à fait distinctes :

« Traditionnellement, une entreprise sous-traitante est une P.M.E. ayant sa propre unité de production et qui travaille sous

1. *Le Tertiaire éclaté,* C.F.D.T. avec J.-Ph. Faivret, J.-L. Missika et D. Wolton, Points, Seuil, 1980.

contrat pour une entreprise plus grande, dans des créneaux d'activité très précis...

« La " nouvelle sous-traitante ", si l'on peut dire, correspond aux entreprises qui n'ont pas d'unité de production autonome et dont les salariés travaillent dans l'entreprise utilisatrice. Celle-ci sous-traite des activités qui correspondent à des fonctions internes et ne peuvent être effectuées que sur place. Il s'agit d'une prestation de service [...]. S'il n'est pas possible actuellement de savoir le nombre exact de salariés concernés par cette situation de travail, on peut noter tout de même que la branche des " services divers " qui regroupe notamment les entreprises prestataires de services " sur place ", a embauché entre 1962 et 1975, 990 000 salariés supplémentaires, soit 36 p. 100 des emplois créés en France depuis 1962. »

Ce silence de la statistique ne doit, bien sûr, rien au hasard. Les informations que l'on peut recueillir sont donc essentiellement ponctuelles et proviennent de sources syndicales. Elles montrent bien l'ampleur du phénomène : la C.F.D.T. note que, dans le secteur bancaire, « toute une catégorie de travailleurs qui, autrefois, faisaient partie du personnel bancaire est passée, aujourd'hui, sous une autre casquette juridique tout en travaillant en permanence pour et souvent dans les banques. Il s'agit du personnel de nettoyage, des dactylos, des déménageurs, du personnel d'entretien, de gardiennage, des secteurs ouvriers (bâtiment, électriciens, plombiers, etc.), du personnel de transport de fonds[1]. »

Autres exemples, cités par l'U.P.S.M.-C.F.D.T. : « [...] dans les grandes entreprises comme I.B.M. ou la S.N.E.C.M.A., 10 p. 100 du personnel se trouve ainsi en situation de sous-traitance directe : nettoiement, gardiennage, entretien, transport [...]. » Un inspecteur du travail de Moselle, Patrick Quinqueton, a observé que « dans une entreprise de 1 200 salariés de ma région, la direction reconnaît elle-même qu'il y a 1 000 travailleurs en sous-traitance et que ce travail pourrait être fait directement dans l'entreprise ». Autre cas, relaté par cet inspecteur du travail : « Une filiale de Pechiney-Ugine-Kuhlman est elle-même

1. *Le Tertiaire éclaté, op. cit.*

une entreprise de sous-traitance, qui emploie quelque 2500 salariés répartis dans toutes les usines P.U.K. de France. Et cette entreprise de sous-traitance, elle-même, a sa propre agence de travail temporaire[1] ! »

On retrouve de telles situations dans toutes les grandes sociétés, notamment dans les secteurs modernes. En 1978, au Centre d'études nucléaires de Cadarache, le Commissariat à l'énergie atomique faisait travailler 34 entreprises sous-traitantes en sorte que, sur les 4000 salariés employés dans le centre, 2340 seulement jouissaient d'un statut propre au C.E.A. Au Centre de Saclay, ce sont 90 sous-traitants qui sont utilisés. Le C.N.E.S., dans son centre de Toulouse, étendrait la sous-traitance interne à la moitié de ses effectifs.

Comment faire le tri entre sous-traitance normale et sous-traitance abusive ? Seule, une étude, cas par cas, permettrait de faire la différence entre décentralisation industrielle et discrimination sociale.

La croissance de l'intérim, elle, apparaît clairement dans les statistiques. Elle fut relativement lente jusqu'en 1970. Depuis, c'est l'explosion. En l'espace d'une décennie, le nombre des entreprises d'intérim a été multiplié par 5, le chiffre d'affaires par 10. Les contrats sont passés de 1 à 2 millions entre 1975 et 1979. Les effectifs concernés ont doublé entre 74 et 76, jusqu'à atteindre environ 2 p. 100 des salariés.

Encore ces chiffres sont-ils trompeurs, toutes les entreprises ne recourant pas dans les mêmes proportions aux travailleurs temporaires. Dans les secteurs qui font massivement appel aux intérimaires, on atteint couramment des pourcentages doubles ou triples.

Une enquête de François Rérat du Centre d'étude de l'emploi, sur les rôles de l'intérim dans l'industrie, montre que « le recours au personnel intérimaire est d'autant plus fréquent que les établissements sont de grande taille ou développent une activité industrielle ». Alors que 7,9 p. 100 seulement des établissements de toutes tailles emploient du personnel intérimaire, le

1. *Travail précaire*, Club socialiste du livre, 1980.

pourcentage atteint 44,7 p. 100 pour les établissements de plus de 500 salariés. Cette pratique est relativement concentrée dans les industries de transformation — en particulier celles qui se servent de techniques modernes — ou de pointe : aéronautique, chimie, armement, construction électrique et électronique, téléphonie. Significatif est le fait que ces gros utilisateurs de main- d'œuvre temporaire pratiquent une politique salariale « favorable » et font également appel aux sociétés de service.

Importance du recours aux intérimaires

	Nombre de semaines de travail conclues pour 1 000 salariés
Construction navale, aéronautique, armement	1 439
Pétrole, gaz naturel	1 313
Industrie chimique	801
Construction mécanique	737
Construction électrique et électronique	663
Travail des métaux	482
Sidérurgie	448
Habillement	62
Cuir et chaussure	27

Le tableau est parlant : il confirme que ce sont les « bons patrons » qui utilisent massivement des intérimaires. Bien souvent, ces établissements bénéficient des marchés d'État et appartiennent à de grands groupes.

Ces travailleurs intérimaires, quoique comportant une forte proportion d'ouvriers, ont des qualifications très diverses : en revanche, les emplois qu'ils occupent excluent « ceux où l'intervention de l'opérateur coûte cher au sens du risque encouru » : risque dû au coût des machines, au coût d'une erreur entraînant une perte de production. On ne confie les postes de responsabilité qu'à des « permanents ».

Parallèlement à l'intérim, augmente le nombre des contrats à durée déterminée : on estime aujourd'hui à 1,5 p. 100 de la main-d'œuvre totale, le pourcentage des salariés sous contrat temporaire.

Impossible de dire que le phénomène est entièrement nouveau. Ainsi, l'État a toujours entretenu une population importante de hors-statuts, contractuels, vacataires, auxiliaires en marge de la fonction publique. Ils sont aujourd'hui probablement 500 000, attendant d'être intégrés jusqu'à ce que d'autres soient engagés à leur place dans les vestibules de l'Administration.

En revanche, l'embauche systématique sur contrats à durée déterminée dans le secteur privé est bien une nouveauté des années 70. Désormais, dans la plupart des grandes entreprises, celles où les demandeurs d'emplois rêvent d'entrer, une bonne moitié des engagements a lieu dans de telles conditions et les employeurs veillent à ne pas renouveler les contrats afin de ne pas les voir se transformer, *de facto,* en contrats définitifs. Les salariés viennent donc travailler un temps puis retournent pointer au chômage. A l'A.N.P.E. les fins de contrats à durée déterminée ou de travail par intérim sont devenues la première cause d'inscription.

A travers ces trois formes de travail précaire : sociétés extérieures, utilisation d'intérimaires et contrats à durée déterminée, c'est bien toute une organisation qui s'est rapidement mise en place. « Ainsi a pu se constituer le " double marché du travail " dont font état la plupart des analystes contemporains de la situation de l'emploi en France. A côté des " vrais " salariés protégés par les statuts ou les conventions collectives, l " armée de réserve " des travailleurs temporaires, intérimaires, occasionnels, vacataires, constituée en grande partie de jeunes, de femmes, d'immigrés, fournit aux entreprises un " volant de main-d'œuvre " dont l'exploitation demeure légalement possible [1] », remarque Nicole Questiaux.

On peut donc observer le phénomène de l'éclatement social à deux niveaux : micro-économique et macro-économique. Au niveau de l'entreprise, tout d'abord, la communauté unique

1. *Le Pouvoir du social,* Jacques Fournier et Nicole Questiaux, P.U.F., 1979.

s'est transformée en une nébuleuse à noyau stable. Toute une population mouvante tantôt s'y trouve mêlée, tantôt le quitte, mais ne lui est jamais liée pas un statut commun, tandis qu'à la périphérie gravitent des tas de satellites en interaction constante.

Socialement, le premier cercle offre le meilleur de la condition salariale, telle qu'on peut la vivre en France aux différents niveaux de qualification. Économiquement, il regroupe des fonctions bien particulières dans l'entreprise : organisation et contrôle de la production, emplois de responsabilité, postes stratégiques.

Les autres salariés connaissent une condition beaucoup moins favorable et, surtout, n'ont droit à aucune sécurité. Qu'ils soient temporaires, intérimaires ou appartiennent à des entreprises extérieures, ils peuvent perdre leur emploi brutalement, avec un préavis très bref et sans véritable indemnisation.

Ainsi retrouve-t-on à l'échelle nationale, deux populations. D'un côté, bien installée dans des entreprises-forteresses, la main-d'œuvre stable, garantie, qui ne bouge plus et vit loin des convulsions. De l'autre, sortant du chômage le temps d'un emploi pour y replonger aussitôt après, ignorant la sécurité des statuts et des conventions, le peuple incertain et malheureux de la précarité.

Hommes, adultes, qualifiés se trouvent dans les forteresses ; jeunes, femmes, étrangers, ouvriers, non qualifiés, campent dans les fossés. Ceux dont le profil répond au premier type ont un espoir de s'intégrer au noyau stable, les seconds paraissent condamnés à erreur d'un emploi précaire à une inscription à l'A.N.P.E.

Cette politique du noyau stratégique et de la nébuleuse est systématiquement appliquée par la société des avions Marcel Dassault-Bréguet Aviation. En l'espace de dix ans le chiffre d'affaires a pratiquement décuplé passant de 1,7 à 12,5 milliards de francs, mais les effectifs n'ont progressé que de 12 000 à 16 000 personnes. Ici on pratique depuis longtemps l'extériorisation du travail en ne conservant que la partie la plus noble dans l'entreprise. C'est ainsi que, pour le Mirage F, la société ne conserve que le tiers du travail et à peine le quart pour les Falcon. Par le jeu des fournitures et de la sous-traitance, la « nébuleuse » Dassault peut être estimée à 95 000 personnes. En outre l'entreprise a payé en 1980 120 millions de francs pour la location de personnel temporaire.

La stratégie est claire : on ne veut qu'être maître d'œuvre et se décharger des tâches banales de production afin d'éviter les problèmes de suremploi si les commandes venaient à baisser. Du coup rien n'est trop pour « les Dassault ». Le salaire moyen en 1982 atteint 10 000 F par mois et 6 500 pour les ouvriers. Inutile d'insister sur la très haute qualification de ce personnel, lorsqu'on paye aussi généreusement ses employés, on peut les choisir... et les garder.

En soi cette décentralisation de la production aéronautique est éminemment salutaire. Il serait désastreux que toute cette industrie se concentre à la S.N.I.A.S. et chez Dassault, et la fertilisation de tout un tissu industriel à partir de quelques centres paraît bien préférable. Mais cette politique correspond aussi, et pour une part non mesurable, à une discrimination entre travailleurs. Elle ajoute aux inégalités monétaires naturelles des inégalités de statut infiniment plus contestables étant donné la superbe moisson de F.N.M. que récoltent les salariés de Marcel Dassault.

Parmi les nombreux artifices qui permettent aux entreprises d'extérioriser ainsi le travail, la « filiation » est de plus en plus fréquente. Un exemple caractéristique : « La N.T.I.-Lyon, société de travail informatique, était une filiale créée par la B.N.P. pour fournir un service supplémentaire à ses clients. Puis, changement de stratégie, elle s'en est désintéressée et l'a dissoute. La boîte faisait, par exemple, toute la paye de l'usine P.U.K. : si les travailleurs avaient été, comme cela se passait auparavant, membres du service comptabilité de P.U.K. ou s'ils avaient été membres d'un service de la B.N.P., on aurait cherché la possibilité de les recaser dans l'entreprise. Mais ils se sont retrouvés dans une boîte qui, de fait, n'existait plus, les contrats ayant été transférés vers une autre filiale[1]. »

Jean-Paul Bachy[2] évalue à 3,5 millions de personnes cette

1. *Le Tertiaire éclaté, op. cit.*
2. *Ibid.*

« classe ouvrière bis », qui n'est pas seulement « ouvrière » mais qui constitue plutôt un « sous-salariat ».

Pour les grandes sociétés, le premier objectif de cette politique est évident : alléger leurs coûts salariaux, directs ou indirects. Elles recourent préventivement à ces solutions, chaque fois qu'une décroissance à terme des effectifs est prévisible.

Pratiques fort courantes, nous l'avons constaté, dans les entreprises qui bénéficient des grands contrats publics. C'est ainsi que la fusée Ariane a été construite en majorité par des travailleurs placés en situation précaire mais de haute qualification. Lorsque, passé la phase de développement, la continuation du programme mobilisera moins de personnes, la réduction pourra s'opérer sans licenciements. Ce n'est pas pour autant que des techniciens ayant participé à l'aventure ne se retrouveront pas au chômage.

Il existe une autre raison au développement de ce double marché du travail — moins avouable, mais dont il faut parler. Le personnel statutaire est généralement bien armé pour faire respecter des normes de sécurité très strictes et imposer des conditions de travail convenables. Contre le « sale boulot », les syndicats sont toujours prêts à déclencher des grèves ou à exiger des primes supplémentaires. Pour les directions, il y a donc tout intérêt à évacuer ce genre de tâches.

Cette pratique a été adoptée par les banques et pas uniquement pour le nettoyage des locaux : il existe également des tâches pénibles dans le travail bancaire proprement dit. Depuis plusieurs années déjà, des machines ont été mises au point qui avalent des liasses impressionnantes de chèques et les traitent à toute allure. Malheureusement, elles sont incapables de déchiffrer les gribouillis inscrits à la main et « en toutes lettres ». L'homme seul sait lire ce qu'il écrit. Préalablement à ce traitement automatique, il doit donc retranscrire en un langage accessible à la machine le montant et le nom du destinataire. A priori, ce n'est pas une opération bien pénible. A posteriori, lorsque vous avez ainsi « postmarqué » des milliers de chèques les uns après les autres, vous ne pouvez douter qu'il s'agisse là du travail le plus fastidieux qui soit.

Difficile de l'imposer à l'aristocratie des cols blancs que constituent les employés de banque. D'autant que les chèques doivent être postmarqués la nuit afin d'être traités dans la matinée, pour venir en compensation à midi. Une telle corvée ne pouvant être infligée au personnel statutaire, elle a été dévolue à des sociétés de service. Chez elles, toute la nuit, des employées, payées au rendement, sont assises devant leurs claviers, regardant défiler les chèques à toute vitesse et tapant inlassablement les inscriptions péniblement déchiffrées. Le lendemain matin, les employés des banques n'ont plus qu'à enfourner les documents ainsi préparés dans de grandes machines de traitement automatique. Il va de soi que les employées astreintes au postmarquage ne jouissent d'aucun des nombreux avantages prévus par le statut de la banque. La S.N.C.F. a sous-traité, de même, du « sale boulot » sur les voies et les P.T.T., sur les chantiers.

On extériorise les tâches les plus pénibles — les plus dangereuses aussi. Périodiquement, la presse fait état d'accidents mortels dans les grandes aciéries, notamment à Usinor Dunkerque, l'une des plus meurtrières de France. Pourtant, dans le rapport social de l'établissement pour 1978, vous lisez : « Nombre d'accidents mortels : 1. » Les journalistes inventeraient-ils les accidents ? Il est vrai qu'il existe une autre ligne : « Nombre d'accidents dont est victime le personnel de prestation de service dans l'établissement. » La réponse à cette question est significative : « Renseignement inconnu ». Explication des syndicats : « A Usinor Dunkerque depuis 1962, il y a eu 74 accidents mortels dont 56 concernent des travailleurs d'entreprises sous-traitantes, dont un grand nombre d'intérimaires qui acceptent les travaux dangereux refusés par les travailleurs fixes, mieux informés des risques, mieux organisés et qu'on ne peut pas renvoyer du jour au lendemain[1]. »

Autrement dit, l'entreprise a sous-traité à des sociétés de service des fonctions reconnues dangereuses et ce sont des travail-

1. *Travail précaire.* Enquête militante sur l'emploi des femmes, Club socialiste du livre, 1980.

leurs en situation précaire qui vont se risquer près de la gueule des hauts fourneaux.

Les organisations syndicales protestent généralement contre ces situations mais, sachons-le, elles ne sont guère soutenues par le personnel. Il existe, de ce point de vue, une complicité objective et secrète entre les statutaires et la direction. Les responsables syndicaux en conviennent en privé. A ce niveau, la « division des travailleurs » est parfaitement efficace.

La solidarité avec les travailleurs précaires n'existe guère que dans le secteur public — et pour une raison évidente. Dans ce monde hors marché où la sécurité est en quelque sorte naturelle, l'intégration de tous ne peut menacer personne. L'État ne licenciera pas plus ses fonctionnaires après avoir titularisé les auxiliaires. Il n'en coûte donc rien au personnel de se solidariser avec des compagnons de travail moins favorisés. Il en va différemment dans les entreprises soumises aux aléas de la conjoncture. Nul n'ignore plus, dans ce cas, que la main-d'œuvre précaire protège le personnel permanent. Si tout le monde est placé sur le même pied, les menaces, en cas de difficultés, se répartiront sur toutes les têtes. On ne dit pas les choses aussi crûment. C'est pourtant bien ainsi que l'on raisonne, sans se l'avouer.

A l'échelle de l'entreprise comme à celle de la nation, on veut la paix sociale et non la justice, on donne systématiquement les avantages aux mieux organisés et les inconvénients aux plus faibles. Ainsi voyons-nous s'y reproduire le système inégalitaire qui structure désormais la société tout entière. Dans un cadre comme dans l'autre les groupes qui assurent les fonctions vitales et sont, tout à la fois, indispensables dans leur action et redoutables dans leurs colères, se trouvent gratifiés de garanties contre les risques de l'économie libérale. Du coup les pressions se trouvent reportées sur une minorité de la population, qui en souffre d'autant plus qu'elle est seule à en supporter le poids.

Jusqu'au début des années 70 tous les salariés ont plus ou moins bénéficié du progrès qui a substitué le travail-statut au travail-marchandise. Puis, brusquement, c'est l'éclatement. L'évolution en cours est parachevée pour les uns, remise en cause pour les autres. Il est impossible de dissocier les deux termes de l'alternative. Ils sont liés dans les faits puisque les employeurs qui accordent les meilleurs garanties sont les mêmes qui recourent aux différentes formes de travail précaire. Manifestement, l'un entraîne l'autre. L'accumulation de la sécurité et des avantages appelle celle de l'insécurité et des inconvénients.

De fait, la main-d'œuvre statutaire jouit d'assurances et de droits acquis incompatibles avec une activité industrielle. Qu'est-ce que la stabilité parfaite dans un monde changeant ? Même l'Administration ne peut s'accommoder d'une trop grande rigidité dans la gestion de son personnel. Comment peut-on accorder la sécurité de l'emploi à tous les enseignants, alors que les sinusoïdes de notre démographie ne cessent de faire varier les populations à enseigner ? Comment peut-on procéder à tous les ajustements sectoriels ou circonstanciels, avec des fonctionnaires figés dans leurs statuts ?

La vie exige plus de souplesse que cela. D'où le recours à un nombre impressionnant d'auxiliaires dans la fonction publique : « C'est le développement des garanties qui leur furent accordées (retraite, avancement, stabilité de l'emploi...) qui suscita le recrutement d'agents ne bénéficiant pas les mêmes droits », notent très franchement les chercheurs du C.E.R.C. Le fonctionnaire français étant le plus protégé du monde, l'Administration française doit nécessairement utiliser un personnel de complément.

Ce qui est vrai pour les fonctions étatiques l'est encore bien plus pour les activités économiques. Qui peut sérieusement croire que, sur un marché constamment bouleversé par la crise, la concurrence, l'innovation, on puisse assurer la stabilité sur tous les plans : emploi, salaires, conditions de travail, etc. ? Ce n'est pas sérieux. Les grandes compagnies japonaises, rappelons-le, ne garantissent que l'emploi et rien de plus. Or, le statut des grandes et bonnes entreprises va très au-delà. Il exclut, en particulier, les ajustements par compression des salaires, les mutations autoritaires, les changements de position, etc. Il s'agit bien d'un « quasi-fonctionnariat », selon l'expression de Michel Verret, c'est-à-dire d'une assurance tous risques contre les avatars de l'économie libérale.

En période d'expansion et même de croyance en l'expansion éternelle, ces rigidités se supportent aisément. Lorsque surviennent les temps difficiles, qu'il ne suffit plus de foncer tout droit, lorsqu'il faut sans cesse changer de cap, modifier sa stratégie, s'adapter à un monde turbulent, elles peuvent devenir mortelles. L'économie de marché est irrémédiablement incompatible avec la fonctionnarisation des salariés. C'est pourquoi le patronat a brusquement modifié la gestion de son personnel lorsqu'il a vu venir la fin de la croissance.

N'oublions pas, en effet, que l'évolution précédente, celle qui s'est traduite par une amélioration très sensible de la condition salariée, n'a pas seulement été arrachée par les luttes sociales, elle a également correspondu à une nouvelle conception du management. Les entreprises modernes qui se développent dans les années 60 en recourant à des techniques de pointe n'ont plus rien à voir avec les vieilles industries de main-d'œuvre. Il ne s'agit plus de mettre au travail des bataillons de piqueuses et de coupeuses, il faut constituer des équipes complexes et intégrées de personnel hautement qualifié pour fabriquer des radars, des ordinateurs, des avions, des médicaments. Pour mener à bien des tâches aussi complexes, on ne peut se contenter d'acheter et de rejeter le travail des uns et des autres, comme l'on fait pour la cueillette des cerises ou l'abattage des arbres. Le succès repose sur l'art de faire travailler des hommes ensemble, de marier les compétences, d'enrichir les relations. Rien de tout cela ne peut se faire sans la stabilité.

A une époque où l'on se disputait les professionnels de qualité sur le marché du travail, le problème n'était pas de pouvoir se débarrasser de ses salariés mais de pouvoir les garder. Pour s'attacher leurs personnels, les directions vont enrichir le statut qu'elles leur proposent, pas seulement par l'argent. Comme l'on sait, les Facteurs Non Monétaires de toutes sortes créent des liens encore plus efficaces : les charges supplémentaires qu'entraînent ces mesures ne sont qu'un investissement sur l'homme, devenu la première richesse de l'entreprise.

Dès cette époque, il eût été suffisant, sans doute, de n'avantager que le noyau opérationnel et d'oublier la main-d'œuvre banale. Mais, dans le climat général d'euphorie, on préférait étendre à tous le bénéfice d'un statut maison qui contribuait à la paix sociale. Dès qu'il a paru que cette politique devenait trop lourde pour pouvoir faire face à la crise qui s'annonçait, le capitalisme a choisi le réalisme économique en rejetant sur le marché du travail tous les salariés qui ne faisaient pas directement partie du noyau stratégique : on a sacrifié la justice à l'efficacité, comme l'exige la compétition sur le marché concurrentiel.

Pour une gauche, toujours désireuse de mettre en avant l'impératif social, la tentation est grande d'étendre à tous les travailleurs les avantages et garanties gagnés par les plus favorisés. Ce n'est évidemment pas possible. Une fois de plus, les réalités économiques ne s'accommodent pas de n'importe quel progrès social. Les entreprises ne peuvent renoncer brusquement aux commodités du double secteur et réintégrer tous ceux qui travaillent pour elles. Les premières dispositions prises par le gouvernement socialiste visent à supprimer les abus les plus scandaleux, car, bien souvent, le système fut poussé très au-delà de ce qu'exigeait la simple compétitivité. Le recours à la main-d'œuvre non garantie dispensait de toute politique du personnel, un peu comme l'I.V.G. tient parfois lieu de méthode contraceptive. La solution de dépannage devenait une méthode ordinaire de gestion, et l'on accentuait jusqu'à l'odieux l'écart entre les différentes sortes de salariés.

Le gouvernement a le souci, et la sagesse, de ne pas prendre des mesures radicales qui ne supprimeraient la peste du travail précaire que pour répandre le choléra du chômage ; c'est dire qu'il ne pourra pas aller beaucoup plus loin dans la réglementation. D'ores et déjà, on enregistre une baisse sensible d'activité dans les entreprises de travail intérimaire.

Pour pousser plus avant, il faudrait redistribuer les droits et avantages parmi tous ceux qui travaillent dans ou pour une même entreprise. Or, une fois de plus, on bute sur le principe des droits acquis. Malgré le changement de conjoncture économique, les mieux nantis — les plus forts — exigent de conserver intégralement ce qu'ils ont obtenu. Qu'importe la crise, puisqu'ils sont, relativement, « hors marché ». Les ajustements devront donc avoir lieu dans la frange non protégée. On pourra soit continuer comme avant en laissant aux travailleurs précaires leur statut de salariés au rabais, soit prendre des mesures plus contraignantes vis-à-vis des employeurs, au risque de voir l'entreprise renoncer aux travailleurs temporaires ou extérieurs sans embaucher pour autant.

Une chose paraît assurée ; ce n'est pas avant un fort long temps que l'obligation de solidarité ira jusqu'à faire redistribuer, entre tous les « travailleurs », les garanties et avantages du personnel titulaire.

XI

LA STRATÉGIE DE LA FERMETURE

Marie de Médicis, reine de France, aimait les pierres, les perles et les diamants. A la folie. Comme tout mari volage, Henri IV aurait bien accordé à son épouse ce genre de compensation, mais les finances du royaume n'y suffisaient pas. Le budget de la reine était fixé *ne varietur* à 400 000 livres par an et Marie se laissait séduire par des bijoux valant des dizaines, voire des centaines, de milliers de livres. Le roi eut donc recours à un expédient traditionnel : la création de charges. Comme l'explique Michel Carmona : « Chaque fois qu'un apprenti termine son apprentissage, et devient apte à se voir reconnu comme maître, il sollicite du roi la délivrance de lettres de maîtrise, qui donne lieu à la perception d'un droit variant entre 8 et 20 écus (24 et 60 livres). Le nombre de maîtrises est fixé par le roi et il suffit d'en créer une ou deux dans chaque métier pour que le montant des droits correspondants atteigne des sommes très importantes[1]. »

En temps ordinaire, le roi limitait strictement le nombre des maîtres admis dans chaque métier, maintenant ainsi l'étroit corset corporatiste qui enserrait la France. Mais pour satisfaire Marie, pleine de disgrâces conjugales, il fallait de l'argent, énormément d'argent, et le roi se mit à créer des maîtrises. Énormément de maîtrises.

C'est alors que les corporations engagèrent une véritable gué-

1. *Marie de Médicis,* Michel Carmona, Fayard, 1981.

rilla juridique contre le pouvoir central afin de s'opposer à ces « créations d'emplois », ainsi qu'on ne le disait pas encore. « Les corporations se plaignent d'une inflation de créations, qui diminuent [...] la valeur des maîtrises et, comme elles contrôlent la source, c'est-à-dire le nombre des apprentis et la durée de l'apprentissage, elles s'arrangent pour que les maîtrises créées ne soient pas pourvues avant de longs délais », raconte Carmona. C'est pourquoi les corporations, pour fermer la profession à de nouveaux venus, n'hésitaient pas à payer les droits de ces charges supplémentaires, jugeant qu'il en coûtait moins de supporter le versement de ce tribut à l'État que de partager le marché et ses profits avec d'autres.

Dans un certain nombre de pays méditerranéens ou du tiers monde, le voyageur qui sort de la gare, valise à la main, est assailli par des chauffeurs qui se disputent l'honneur de le transporter. On marchande le prix, on consent des rabais, et l'élu, trop heureux d'avoir enlevé l'affaire, en passe par toutes les conditions de son client : destination, bagages, animaux, famille encombrante, etc. Presque partout à l'Ouest, une file de taxis attend jour et nuit devant les gares. Les chauffeurs, serviables, efficaces, font leur travail au service du client. Ni plus ni moins. Dans les pays communistes, le chauffeur morne, indifférent, ne retrouve toute son amabilité et sa serviabilité qu'à l'idée de son pourboire. En devises étrangères, si possible. En France... on fait la queue. Attentes de la pénurie et du rationnement, typiques des organisations malthusiennes. Sous la pluie, en hiver, aux heures de pointe, les jours de vacances, à la borne de stationnement ou au téléphone, on attend.

Ailleurs, c'est le taxi qui cherche le client. En France, à Paris notamment, c'est l'inverse. Ne dramatisons pas. On n'attend pas toujours, c'est vrai..., seulement aux heures où l'on est pressé, où tout le monde est pressé. C'est alors que l'insuffisance de l'offre par rapport à la demande éclate. Il n'est, pour s'en rendre compte, que de voir les Parisiens se disputer une voiture aussi férocement qu'un arrivage de viande dans un magasin polonais. « Mais enfin, madame, j'étais là avant vous... — Mais pas du tout j'étais allée au-devant pour lui faire signe... — Vous ne manquerez pas de toupet ! »... Et chacun sait qu'à Paris on peut toujours arriver avec une demi-heure de retard en disant : « Je suis désolé, mais je n'ai pas trouvé de taxi. »

Et tout cela paraît absolument normal. Nul Français ne se dit qu'apparemment les voitures ne manquent pas, les candidats chauffeurs non plus, en sorte que l'abondance, et non la pénurie, devrait régner. Et sans doute en serait-il ainsi, à Paris comme ailleurs, si on laissait jouer les lois du marché. Mais une solide corporation est là, qui s'y oppose en permanence.

Les anciens chauffeurs vous raconteront qu'ils ont connu une époque où le taxi guettait le client... et qu'ils n'en gardent pas un fameux souvenir. C'était dans les années 30, et n'importe qui pouvait prendre son auto et faire le taxi. Résultat : on comptait 22 000 voitures pour l'agglomération parisienne. La concurrence était dure, on gagnait mal sa vie. A cause des nouveaux, bien sûr. Parfois, les anciens tentaient de les dissuader avec des arguments musclés. Le client ne s'apercevait de rien. Il y avait pourtant des faillites et l'ambiance n'était pas bonne dans la profession.

Les taxis ne sont pas dépourvus d'arguments pour se mettre à l'abri des méfaits du libéralisme. A l'occasion, ils bloquent le centre des villes. Dans une bourgade, ce n'est pas bien efficace. A Paris, si. Et le gouvernement cède, afin de rétablir la circulation. Ainsi, en octobre 81, les Parisiens ont-ils été pris dans les sargasses d'une mer de taxis, figée par leur colérique corporation. Le but de ce grand blocage était d'obtenir une détaxe du carburant. Un cadeau de 180 millions bien vite accordé par le gouvernement socialiste, qui poursuivait en cela la politique de ses prédécesseurs et renouait avec celle du Front populaire. Ne pas déplaire aux taxis parisiens est une constante de la politique française depuis un demi-siècle.

Au plus fort de la crise — la Grande —, voulant avoir leur part d'une politique sociale qui avait surtout profité aux salariés, les chauffeurs de la capitale s'agitèrent beaucoup. En 1937, le gouvernement du Front populaire leur donna un statut. Il fallait désormais une licence de stationnement pour exercer la profession, ce qui, *ipso facto,* instaurait un *numerus clausus*. Des règlements précis quant aux conditions de travail et aux tarifs s'imposaient à tous : on venait de sortir de la jungle libérale.

C'est ainsi qu'il n'y eut plus, en 1960, que 12500 taxis pour la région parisienne, près de moitié moins qu'un quart de siècle plus tôt. Les artisans disposaient d'une « plaque », assez comparable aux « charges » des officiers ministériels. Ils en étaient propriétaires et pouvaient la revendre à un éventuel successeur. Au début des années 60, le rapport Rueff-Armand ne manqua pas d'épingler cette « entrave à l'expansion économique » et préconisa deux réformes : la création de mille licences supplémentaires par an et la suppression du commerce des permis. Vingt ans plus tard, il n'y a toujours que 14300 taxis parisiens, en dépit de l'accroissement de la population et de l'élévation du niveau de vie. Quant à la deuxième réforme, elle commence tout juste à être appliquée et les candidats sont toujours obligés de faire la course aux licences, laquelle se monnaye près de 80000 F. Ceux qui veulent passer par la Préfecture, au lieu de se débrouiller directement avec un chauffeur partant en retraite, doivent patienter une dizaine d'années, avant de se voir offrir une autorisation.

Contrepartie de cette réglementation, les prix ne sont plus fixés à la tête du client, ce qui évite certaines déconvenues aux étrangers qui, dans les pays de libre tarification, sont souvent grugés par leurs automédons. C'est une sécurité pour les passagers. D'autre part, les pouvoirs publics, l'œil rivé sur l'indice des prix, limitent les hausses et ne les concèdent qu'à la veille d'une manifestation bloquante. Les chauffeurs, en dépit de ce régime protecteur, ne roulent donc pas sur l'or et les taxis parisiens ne sont pas exagérément chers, comparés à ceux des capitales étrangères.

Ils réussissent, au dire de la direction des Impôts, à être les rois de l'évasion fiscale. Toutes proportions gardées, s'entend. Ils déclarent la moitié de leurs revenus réels. C'est ainsi qu'en 1978 un chauffeur de taxi gagnait effectivement 4680 F par mois, soit un peu plus qu'un cadre moyen, mais était imposé au forfait sur une base de 2200 F, c'est-à-dire moins que le salaire moyen des ouvriers et employés : la profession, dans son immense majorité, échappe presque totalement à la pression fiscale puisqu'elle est, en outre, dispensée de la T.V.A. sur l'achat de ses véhicules, ainsi que de la vignette.

Tout cela ne constitue qu'une très basse Privilégiature mais assure une bonne situation, eu égard au nombre de candidats disponibles sur le marché du travail. Car le gouvernement pourrait créer quelques milliers d'emplois très rapidement sans qu'il en coûte rien aux finances publiques. Les attentes diminuant, le service serait amélioré. Mais les chauffeurs risqueraient de voir se réduire leurs revenus. Cela suffit à expliquer que la corporation gronde et montre les dents chaque fois qu'un technocrate persuade un ministre de délivrer des licences supplémentaires. Il en va de même dans les villes de province, lorsqu'un maire imprudent accorde des autorisations à des voitures de petite remise qui feront librement le taxi. C'est même un excellent moyen, pour un édile, de faire connaissance avec les chauffeurs de sa ville.

Les travailleurs indépendants, tout comme les salariés, n'apprécient guère le libéralisme et sa loi de l'offre et de la demande, qui fait fluctuer les prix, ni sa concurrence ouverte, qui attire les jeunes loups dès que l'on s'est trouvé un vert pâturage. Leur rêve secret ou avoué, poursuivi ou réalisé, c'est d'entourer leur domaine d'une double rangée de barbelés et de connaître la sécurité du salarié tout en conservant leur indépendance. Ici comme ailleurs, le libéralisme c'est l'ennemi. Il faut l'aménager, afin qu'il vous porte vers le haut lorsque les vents sont favorables et ne puisse vous faire régresser lorsqu'ils s'inversent.

Il n'est pas facile de gagner ainsi sur les deux tableaux, mais pour les indépendants, ce jeu correspond à une longue tradition. Alors que le salariat a commencé sous le signe du libéralisme total, de l'insécurité absolue et n'a conquis son statut que progressivement, le travail non salarié, au contraire, s'est développé au fil des siècles dans un cadre protégé : celui des corporations. Pendant la Révolution, la loi Le Chapelier, interdisant toute association entre gens du même métier, a brutalement jeté à bas ces protections et lancé le commerce, l'artisanat et les professions libérales dans une mêlée ouverte. Depuis lors, les uns et les autres s'efforcent de mettre sur pied un néo-corporatisme, non pas conservateur comme l'ancien — car les travailleurs indépendants, plus encore que les salariés, entendent bien profiter de l'expansion pour s'enrichir — mais dynamique, c'est-à-dire permettant de prospérer derrière de solides vannes qui laissent passer ce qui leur est bon et bloquent ce qui ne leur vaut rien.

Les mieux établis dans ce genre de système sont les héritiers directs de l'Ancien Régime. Nous l'avons vu avec les notaires ou les commissaires-priseurs. Ils ne sont pas les seuls. La plupart des professions ayant affaire à la Justice et à l'Administration ont troqué une limitation de la concurrence contre un contrôle de l'État. On devient ainsi un auxiliaire de l'Administration, remplissant une mission de service public, assumant des responsabilités para-étatiques, sans pour autant être soumis à la maigre pitance des rémunérations administratives et sans se colleter avec la meute des concurrents tel un vil commerçant.

De la simple reconnaissance du titre, au monopole total de la fonction et de la compétence territoriale, il est différents degrés dans la fermeture.

Les greffiers aux tribunaux de commerce jouissent des plus fortes bastilles puisqu'ils sont le point de passage obligé, le seul possible, de toute procédure devant leur juridiction. Position confortable qu'ils savent défendre à l'occasion. Ils ne manifestent guère d'enthousiasme pour les réformes visant à simplifier les créations d'entreprise qui auraient pour conséquence de réduire le nombre de leurs actes. A ce stade, le titulaire de la charge vit rigoureusement comme un fonctionnaire, sinon que, au lieu de toucher un traitement de l'Administration, il est payé par ses clients.

A l'opposé, l'expert judiciaire n'a rien de protégé que son titre. Seules les 12 000 personnes dont les noms ont été couchés sur les listes des cours d'appel ont le droit de s'en prévaloir, mais les juges peuvent toujours chercher ailleurs les compétences nécessaires pour éclairer leur religion. Ainsi toute la France des travailleurs indépendants se tourne-t-elle vers l'État pour « organiser » et « moraliser » la compétition. Dans l'intérêt du public, cela va de soi.

Bien abrités derrière leur titre d'officier ministériel, titulaires de leur charge, ayant, dans le ressort de leur tribunal d'instance, le monopole de la signification et de l'exécution des actes de justice, les 2700 huissiers ne risquent guère de s'enrhumer dans les tempêtes de la concurrence ou de la crise économique. Signifiant et saisissant, constatant et recouvrant, ils gagnaient plus de 20000 F par mois en 1980, alors qu'un cadre supérieur devait se contenter de 11880 F et un professeur agrégé en fin de carrière de 12500 F. Ce n'est pas mal pour un emploi qui n'exige, comme diplôme universitaire obligatoire, que la capacité en droit ou le D.U.G. Outre un examen professionel, reconnaissons-le.

Ce traitement un peu modeste nous interdit d'introduire un huissier en Haute Privilégiature, mais étant donné la modicité de sa qualification, la sécurité de son emploi et la faible contrainte de son métier, le rapport travail/salaire qui caractérise sa profession vaut bien celui des grands privilégiés. D'autant qu'en plus de ces fonctions de justice, nos huissiers peuvent exercer pour leur compte des métiers de cumul comme celui d'agent d'assurance, syndic de copropriété, gérant d'immeubles...

Belle situation, ficelée par un *numerus clausus* qui, en l'espace de dix ans, n'a fait passer le nombre des titulaires que de 2 426 en 1968 à 2 671 en 1978, alors que celui des actes traités passait de 4 811 à 7 768. Tranquillisons-nous, les huissiers ne se tuent pas au travail pour abattre semblable besogne. Ils ont engagé du personnel, tout simplement. Le nombre des clercs et employés a augmenté pendant cette décennie de 5 600 à 9 500. Si les charges se sont développées, les revenus des titulaires se sont accrus et le verrouillage fait des officiers ministériels en place les premiers bénéficiaires de cette expansion.

Infiniment plus glorieux que le triste huissier apparaît le brillant avocat. On imagine difficilement un huissier célèbre alors que le barreau possède ses ténors, vedettes du Tout-Paris, éloquentes consciences de nos médias. Voilà bien une profession qui a su faire sa place au soleil.

Pas tant que cela, cependant. Les maîtres de la justice-spectacle cachent les innombrables tâcherons de la plaidoirie : le statut de l'avocat n'est guère protecteur. Certes, il confère le monopole de la plaidoirie. Il faut être inscrit au barreau — pas forcément à celui du tribunal où se juge l'affaire — pour assurer la défense. Mais la profession a complètement raté sa fermeture. Tous les jeunes juristes rêvant de défendre la veuve et l'orphelin peuvent devenir avocats s'ils réussissent l'examen professionnel : le C.A.P.A. Le résultat prévisible de cette porte ouverte, c'est que le nombre des avocats a pratiquement doublé entre 1968 et 1978. Du coup, la compétition est devenue féroce sur le marché de la défense. Si les avocats célèbres gagnent grassement leur vie à la tête d'imposants cabinets, les avocaillons courent après la moindre affaire pour des honoraires de misère. En 1978, le revenu moyen de l'avocat qui, selon le fisc, serait sous-évalué de 50 %, n'atteignait que 9 900 F. Même en redressant les chiffres, cela ne fait pas la moitié des gains d'un notaire. Or, le nombre des jeunes avocats augmente désormais plus vite que celui des procès. Il est probable que le décalage s'accentuera encore dans les années à venir. Certains grands professionnels conserveront leur réputation, leur clientèle et leur position, tandis que l'immense majorité des nouveaux devra se contenter de parts toujours plus petites du gâteau. Elle crée beaucoup d'emplois, la profession des avocats : le revenu de ses membres en pâtira. C'est fatal. A laisser trop de gens venir s'asseoir à table...

Comme toute délimitation de territoire, celles qui séparent des professions voisines ne peuvent que provoquer des conflits frontaliers. Que l'on considère, ainsi, les experts-comptables qui, outre le monopole du titre, ont celui de la comptabilité. Ils jouissent d'une situation bien assise qui leur permettait en 1978, de gagner 13 370 F par mois. Leur chasse gardée attire irrésistiblement la jalousie, notamment celle des conseillers juridiques et fiscaux. Mais les challengers n'ont pas le même poids que les champions. Seul leur titre est protégé. Pour le porter, il faut figurer sur une liste établie par le procureur de la République. On peut cependant fort bien donner des consultations juridiques et rédiger des actes sans être conseiller juridique. Et, comme tout peuple mal assuré sur sa terre, les conseillers lorgnent celle de leurs voisins, les experts en l'occurrence. Point crucial : la comptabilité. Les experts-comptables ont le monopole de la tenue, la centralisation, l'ouverture, l'arrêt, la surveillance, le redressement et la révision des comptes. Et s'ils ne bénéficient pas d'un *numerus clausus* légal, ils peuvent tout de même, par le biais de la formation, contenir la concurrence dans des limites supportables. Au même titre que les conseillers juridiques, ils sont autorisés à conseiller leurs clients et ne s'en privent pas. Tiens ! Le conseiller, lui, regarde parfois de plus près la comptabilité, la vérifie, la rectifie. C'est alors que les experts-comptables se rebiffent. A plusieurs reprises, ils ont traîné devant les tribunaux des conseillers fiscaux qui avaient voulu toucher de trop près aux comptes. Et ceux-ci ont été condamnés. Ah mais ! Interdit de brouter sur la grasse pelouse comptable. Se voyant disputer leurs propres herbages, les conseillers juridiques et fiscaux devaient se contenter, en 1978, de 8 500 F par mois... avec un très convenable taux de dissimulation de 35 %.

Ministère de la Justice et ministère des Finances tentèrent à plusieurs reprises de jouer les juges de paix entre ces professions querelleuses. En vain. On ne se laisse dépouiller d'un monopole que par la force. Tant pis pour les conseillers juridiques et fiscaux, qui feraient bien de se méfier des conseillers en tout genre, en gestion, en marketing, qui prolifèrent dans une complète anarchie et empiètent également sur leur terrain. Seuls peuvent être poursuivis les imprudents qui se parent d'un titre prêtant à confusion avec le leur.

Le monopole des experts-comptables fait enrager bien d'autres gens. Ceux des centres de gestion, par exemple. Dans *le Monde,* en décembre 1981, ils ont publié un « Appel aux Élus de la Nation » sous la forme d'un énorme placard publicitaire pour dénoncer la loi scélérate de Vichy créant ce droit et pour demander la suppression de ce monopole « sans précédent en Europe ! »

Plus malheureux que les conseillers juridiques sont les ingénieurs-conseils. Un beau titre mais que n'importe qui peut inscrire impunément sur sa carte de visite. Les intéressés n'ont pas encore réussi à le faire protéger. Et bien d'autres professions encore se battent pour obtenir une reconnaissance officielle. C'est le cas des « agents privés de recherche » qui font florès dans les films policiers sous l'appellation de « détective privé » et dont le titre est aussi accessible que l'était naguère une décoration de Zanzibar.

Cela contriste Christian Borniche, le président de leur chambre nationale, la C.N.A.R. Le 23 février 1982, à la tête d'une délégation, il est venu discuter au ministère de la Justice des « bases d'une réglementation professionnelle ». Ses déclarations au journal *le Monde* résument bien le lamento de tous les saltimbanques en quête de sédentarisation et de notabilité. « Nous souffrons cruellement de l'absence d'un statut véritable, explique-t-il [...], aucun texte ne garantit notre qualification aux yeux du public, ni ne nous garantit nous-mêmes contre la présence parmi nous de personnes douteuses, n'importe qui pouvant, quand il le veut, ouvrir une agence [...]. » On semble donc s'acheminer vers la délivrance d'un carte officielle et l'établissement d'une liste d'agences reconnues. Déjà la C.N.A.R. demande le droit de poursuivre ceux qui utiliseraient abusivement le titre et de contrôler la qualification de ceux qui voudraient s'en prévaloir. Se pressant aux portes de l'Administration s'annoncent, pareillement, les agences matrimoniales avec un semblable discours, débouchant sur des revendications identiques.

Ainsi la stratégie de la fermeture doit-elle se plier à deux lois impératives : procéder par étapes, invoquer l'intérêt du public. En un premier temps, on ne demande que la reconnaissance du titre, à seule fin de fournir une garantie à la clientèle. Les professionnels établis vont donc contrôler les candidats, ne vérifiant, à ce stade, que le savoir des catéchumènes et non leur nombre. En un second temps, pour « éliminer les brebis galeuses », on obtient le monopole de l'activité elle-même. Que nul n'exerce s'il n'a été certifié, labellisé, estampillé. Si tout marche bien, les autres verrous seront ensuite posés : *numerus clausus,* honoraires tarifés, compétence territoriale, etc. — dans le seul intérêt du consommateur, bien sûr.

Cette trame est aussi celle des innombrables professions de la santé. Le corps humain est aujourd'hui un lieu de bataille privilégié. Chaque corporation prétend s'en approprier un morceau. « L'œil, c'est nous ! », « Ne touchez pas aux pieds, ils nous appartiennent », « Massez, mais ne piquez pas, piquez, mais ne coupez pas ! » La *Leçon d'anatomie* de Rembrandt s'est transformée en foire d'empoigne à la Dubout ; chacun des personnages, qui écoutaient pieusement le maître, s'étant tout à coup précipité sur le corps pour le dépecer. Seule conserve sa sérénité Déesse Sécu, version moderne de la Fortune aveugle, qui fertilise les terres les plus ingrates de ses remboursements providentiels.

Au maximum de la fermeture sont les pharmaciens. Ils sont protégés dans leur titre et leur fonction, pour le commerce des médicaments et des articles « vendus exclusivement en pharmacie », comme on ne devrait pas dire. La Sécurité sociale et les mutuelles, remboursant la plupart de ces produits, en facilitent grandement la consommation. Les prix réglementés évitent la concurrence sauvage qui casse les prix. Une pharmacie « pas chère » ça n'existe pas. Sauf les mutualistes : voilà l'ennemi.

Enfin et, surtout, un *numerus clausus* bien verrouillé par le régime de Vichy en 1941. La loi, inchangée depuis quarante ans, prévoit des conditions très strictes d'implantation pour les officines. Une pharmacie par tranche de 3 000 habitants, dans les villes de plus de 30 000 habitants, une pharmacie pour 2 500 habitants, dans les villes de 5 000 à 30 000 habitants, etc. Le préfet peut, tout de même, après avis des syndicats de pharmaciens, accorder par dérogation des autorisations d'ouvertures supplémentaires. De ce fait, la profession s'est sensiblement élargie. Au cours de la dernière décennie, la France est passée de 17 500 officines à 20 800 et il se crée environ une officine nouvelle par jour. C'est une concession à l'ouverture, qui reste encore modeste par rapport à la poussée des candidats.

Car le marché du médicament est aussi « porteur » qu'une vraie lame de surf. Entre 1971 et 1979, l'accroissement de la consommation a été, en volume, de 7,1 p. 100 l'an, assurant aux pharmacies le même rythme de croissance. Devant ce pactole qu'alimente sans cesse la Sécurité sociale, on peut tout à la fois accepter quelques nouveaux venus et continuer de prospérer. De fait, le prix de cession d'une pharmacie dépasse aujourd'hui 1,5 million de francs et le profit courant, net avant impôts, atteignait déjà 280 000 F en 1977. Grâce à ces solides protections, la crise a été supportée sans grandes douleurs. Entre 1971 et 1979, les excédents bruts d'exploitation ont augmenté de 25 p. 100 en volume. De plus en plus les pharmaciens s'associent à la tête des officines, ce qui réduit leur charge de travail mais a également, légèrement fait baisser le revenu moyen dans la profession. Ainsi troque-t-on un peu d'argent contre beaucoup de temps libre, ce qui, à ce niveau de ressources, n'est pas une mauvaise affaire : on vit bien dans la pharmacie et l'on continuera à y bien vivre aussi longtemps que les pouvoirs publics ne bousculeront pas l'ordre corporatiste en multipliant les dérogations ou en soutenant davantage les pharmacies mutualistes.

Dans les professions de la santé comme dans les professions juridiques, les corporations les plus glorieuses ne sont pas forcément les mieux pourvues. Nous l'avons vu avec les notaires et les avocats. Nous le découvrons ici avec les pharmaciens et les médecins. La célébrité est aussi incompatible avec la pharmacie qu'avec le notariat. Elle s'accorde aussi bien avec le barreau qu'avec la médecine. Les grands patrons deviennent les prédicateurs en chef des médias et le professeur Minkowski se dit même accablé par le poids de son propre vedettariat !

Force est de constater qu'une nouvelle fois ce n'est pas la réussite individuelle qui protège les privilèges, bien au contraire. Elle est généralement le résultat d'une compétition, à l'intérieur même de la profession, qui nuit à l'organisation de cette dernière. Les groupes homogènes qui se dérobent aux feux de la rampe et refusent les vedettes savent mieux élaborer leur défense.

Prestigieux, le métier de médecin l'est assurément. Tout le système de la santé tourne autour de lui. L'homme de l'art prescrit, le reste suit. Place éminente, difficile à tenir tant elle excite de convoitises. Ou, disons-le plus diplomatiquement, tant elle suscite de vocations.

A première vue, la corporation est solidement retranchée dans son statut. Elle jouit d'un double monopole, celui du titre et de la fonction (qui ne connaît le redoutable « exercice illégal de la médecine » ?). Il existait cependant une faille : l'ouverture de la profession. Dans les années 50-60, chacun pouvait s'engager dans le cursus conduisant au serment d'Hippocrate, mais le chemin était long et les nouveaux arrivants point trop nombreux. Ce fut l'âge d'or de la médecine libérale.

Toutes les conditions sont alors réunies pour faire le bonheur des thérapeutes. La France, au sortir de la guerre, est complètement sous-médicalisée, avec une densité de praticiens par habitant inférieure à celle de l'Espagne ! Ce très petit nombre se partage un marché en forte croissance. Entre 1959 et 1980, la part des dépenses de santé a doublé dans le budget des ménages, passant de 6,6 à 13 %. Accroissement prodigieux, si l'on songe que le revenu lui-même a doublé dans cette période. Au prestige social traditionnel des médecins, s'ajoute une nouvelle prospérité matérielle. Les spécialistes du marketing font d'eux leur cible favorite : ils incarnent « la population homogène à haut niveau de vie et de consommation » dont rêve chaque commerçant. Des prospectus de toutes sortes, joints à l'abondante littérature médicale, font déborder les boîtes aux lettres de nos toubibs. Le promoteur d'une marina de luxe sur la Côte d'Azur décida, pour simplifier sa prospection, de centrer tous ses efforts sur cette seule « caste » : il vendit fort bien ses appartements. Nul ne songe à cette époque qu'il faille se méfier des jeunes et clore la prairie pour empêcher le sur-pâturage. Au contraire, la corporation voit dans l'afflux des nouveaux médecins la marque même de sa vitalité et de sa puissance.

C'est à la fin des années 60 que la vague régulière qui remplit les facultés devient raz de marée. De 8 500 nouveaux inscrits en 1963, ils sont 17 869 en 67 et l'on atteint le sommet de 23 318 en 1974. En dix ans, le nombre des vocations a quadruplé ! Du danger pour les gens heureux de trop se montrer. Pourtant, la profession ne s'en inquiète guère. C'est l'Administration qui s'alarme la première, ne sachant que faire face à pareil déferlement. Les facultés sont incapables de distribuer une formation satisfaisante à une telle quantité d'étudiants. Dès 1972 est mise en œuvre une politique restrictive au niveau de la deuxième année, un *numerus clausus* qui ne dit pas encore son nom, destiné à maintenir la qualité de l'enseignement. La profession ne s'émeut que sept années plus tard quand la vague l'atteint réellement : c'est effectivement ce que montrent les chiffres des nouveaux médecins formés annuellement.

1963	2 582	1971	3 648	1976	8 245
1967	2 717	1972	4 018	1977	9 186
1968	3 207	1973	4 718	1978	8 931
1969	3 365	1974	6 048	1979	8 687
1970	3 354	1975	7 499		

A partir de 1974, lorsque la foule des néophytes devient par trop envahissante, la corporation exige un renforcement du *numerus clausus.* Car elle se sait menacée. Dans les années 60, l'augmentation lente et régulière des effectifs était plus que compensée par celle, si rapide, du marché. Mais les dépenses de santé ne croîtront plus autant que par le passé, faute de quoi les Français en viendraient à dépenser, pour se soigner, plus qu'ils ne gagnent. C'est donc au moment où le marché est sur le point de se stabiliser que le nombre des médecins connaît sa plus forte augmentation. La conséquence se devine aisément.

La fermeture est sans doute intervenue trop tard pour garantir longtemps le niveau de vie atteint par le corps médical. Le plan gouvernemental prévoyait de stabiliser, d'abord, puis de réduire progressivement le nombre des diplômes décernés chaque année. Ainsi en est-on arrivé à une quasi-stagnation, en dessous de 9 000. Depuis l'arrivée de la gauche au pouvoir, cette politique restrictive a été interrompue. Or, en poursuivant à ce rythme, c'est-à-dire en maintenant le *numerus clausus* à son niveau actuel, le nombre des médecins, d'environ 50 000 au début des années 60 et de 106 000 à l'heure actuelle, atteindra 150 000 en 1985 et 180 000 en l'an 2000 : un acroissement très difficile à supporter sur le plan matériel si l'on admet que, d'une façon ou d'une autre, le « marché de la santé » ne se développera plus que lentement.

Cette expansion de la population médicale, si elle menace le niveau de vie des médecins, n'est pas forcément mauvaise pour les Français. On peut utiliser, de manière efficace, un encadrement médical plus important pour développer la prévention et l'action sociale. Dans cette optique, il faudrait payer un nombre plus grand de personnes, ce qui ne pourrait se faire sans une réduction de gains des intéressés. D'ores et déjà, les jeunes médecins, dans les zones urbaines fortement médicalisées, ont le plus grand mal à se faire une clientèle. Jadis, il suffisait de deux ans pour remplir une salle d'attente. Aujourd'hui, les nouveaux venus doivent s'évertuer pendant de longues années, chassant le patient pour 4 000 F par mois. Dure condition après de si longues études et une si rude sélection. Tout naturellement, ces médecins sont tentés par le salariat. Sans doute n'y gagneront-ils pas ce qu'ils auraient pu espérer dans la médecine de cabinet, mais ils ne courront pas non plus les mêmes risques. Il y a gros à parier que, dans les prochaines années, des dizaines de milliers de jeunes réagiront ainsi. Combien de temps faudra-t-il pour que cette tendance devienne majoritaire et que la profession elle-même demande le bénéfice du salariat ? C'en sera fini du médecin « riche », il sera rentré dans le rang. Au niveau des cadres.

Ce n'est qu'un scénario. Il en est d'autres envisageables. En outre, la situation n'est pas la même pour les généralistes et les différents spécialistes : les chirurgiens ou les radiologistes se défendent toujours fort bien. Mais on voit sur cet exemple la rente de situation que procure la fermeture et la menace que représente l'ouverture. Si, demain, la profession notariale s'ouvrait, il suffirait de quelques années pour que le notaire passe du rang de P.-D.G. à celui de cadre.

Tout proches des mécecins, nous trouvons les chirurgiens dentistes : même statut et même croissance des effectifs. Ils étaient 20 571 en 1970, 30 321 en 1980. Toutefois, la profession a la chance de ne suivre qu'avec un certain retard l'évolution de la médecine. Ici ne semble pas encore avoir été atteint le seuil de saturation en régime libéral. La corporation « se défend » mieux. Alors qu'en 1972, ses gains étaient comparables à ceux des généralistes, ils dépassent aujourd'hui ceux des spécialistes. Selon le C.E.R.C., les revenus annuels des dentistes sont passés, en francs constants, de 110 000 F en 1972 à 170 000 en 1978, tandis que le revenu du généraliste est pratiquement resté étale autour de 120 000 F. Le même type de *numerus clausus* est désormais appliqué dans les deux professions, mais les dentistes ont compris la leçon et, quoique de façon moins bruyante que les médecins, ils multiplient les pressions aurpès de l'Administration pour limiter plus encore les futures générations d'arracheurs de dents.

L'inflation des effectifs est également le cauchemar de plusieurs professions paramédicales. Ainsi, les masseurs kinésithérapeutes pourraient-ils s'estimer heureux. Ils ont obtenu la reconnaissance de leur titre, le monopole de la fonction et voient leurs actes remboursés par la S.S. lorsque ces derniers sont pratiqués sur prescription médicale. Mais ils souffrent d'une cruelle surpopulation et la naissance de 1 500 petits « kinési » par an n'est pas faite pour arranger les choses. La corporation milite donc pour une vigoureuse politique de *birth control,* faute de quoi la ration de chacun diminuera inévitablement.

Avant de prétendre limiter la concurrence, il faut d'abord se faire doter d'un statut paramédical. Les uns y arrivent, les autres pas. La reconnaissance du titre réserve l'exercice de la profession aux détenteurs du diplôme et permet d'avoir un contact direct avec la clientèle. Il faut ensuite obtenir le remboursement des actes par la Sécurité sociale afin de voir s'ouvrir le marché. C'est alors seulement qu'on peut songer à fermer la corporation. Chaque métier adapte sa tactique à sa situation.

Les psychologues qui abordent le premier stade de la fermeture ont, eux aussi, manifesté cette préoccupation lors d'un colloque organisé en juin 81. « Dans notre intérêt comme dans celui du public, il faut clarifier la situation », expliquait Charles Bonnet, maître de recherche au C.N.R.S. « Nous voudrions définir le psychologue comme une personne ayant reçu cinq années de formation universitaire, correspondant à un diplôme d'études supérieures spécialisées, plus une formation pratique. » Souci d'organisation bien compréhensible dans un métier en pleine prolifération anarchique, avec 35 000 étudiants censés recevoir dans les universités une formation qu'aucun titre officiel ne sanctionne.

Bien d'autres professions de la santé se battent pour un label protégé : esthéticiennes, secrétaires médicales, diététiciens, etc. « Chaque discipline faisant l'objet d'un enseignement et chaque métier plus ou moins spécifié veulent devenir une profession avec la reconnaissance du titre, le monopole de la fonction, le remboursement de l'acte et, à terme, le *numerus clausus* », constate un directeur au ministère de la Santé.

Ces pressions prennent toutes les formes. Ainsi, la nouvelle profession des psychorééducateurs et psychomotriciens fit intervenir plusieurs parlementaires pour obtenir, au-delà du titre déjà reconnu, le remboursement des actes et le monopole de la fonction. A la grande fureur des kinésithérapeutes, qui n'entendent pas se voir retirer les soins aux handicapés.

Car on se chamaille de tous les côtés pour délimiter les compétences. Prenez le pied. Il appartient également au pédicure, au podologue et au médecin orthopédiste. Le médecins, pouvant toujours tout faire, voudrait contenir l'ambition du podologue, lequel entend bien cantonner le pédicure dans l'épluchage des cors. La bouche appartient au médecin stomatologiste et au chirurgien dentiste. Le premier, s'estimant seul qualifié pour toute intervention d'une certaine importance, ne laisserait au dernier que le traitement des caries et le détartrage. Mais le dentiste à son tour subit l'assaut des prothésistes dentaires. Ceux-ci ne sont que des artisans et ne forment pas une profession paramédicale. Suprême injustice puisque les audioprothésistes jouissent d'un tel statut.

La différence n'est pas de pure gloriole. Les uns peuvent traiter directement avec les patients et se faire payer par eux, tandis que les autres ne doivent connaître que les médecins. L'enjeu de l'affaire est en or, c'est le cas de le dire. On sait que la prospérité des dentistes se fonde largement sur les prothèses, car il leur arrive, dit-on, de faire la culbute entre l'achat au prothésiste et la vente au patient. Les fabricants voudraient faire affaire directement avec le client, afin de gagner plus en échappant aux services de l'intermédiaire. Les dentistes, on s'en doute, ne l'entendent pas de cette oreille et menacent de fonder leurs propres sociétés de prothèses pour se passer des artisans. Du coup, ceux-ci en rabattent et se contentent de demander qu'interdiction soit faite aux dentistes de vendre des prothèses. Les dentistes pourraient alors fabriquer celles qu'ils placent eux-mêmes mais pas une de plus.

Dent pour dent... œil pour œil : cette bataille vaut bien celle qui, traditionnellement, oppose ophtalmologistes et opticiens. Ces derniers ont obtenu d'examiner eux-mêmes la vue et de recommander les lunettes qu'ils vendent. Rage des médecins de l'œil, qui veulent contenir les opticiens dans les limites de la lunetterie. Présentement l'examen fait par l'opticien, n'étant pas effectué par un médecin, n'est pas remboursé. Les uns voudraient qu'on interdise cet acte, les autres qu'on en accorde le remboursement.

Chaque corporation se démène pour obtenir « dans le seul intérêt du malade » sa part du marché bien protégée. Les orthophonistes, profession jeune en croissance rapide, ne souhaitent pas encore la limitation. Il leur faut être plus nombreux pour pouvoir ensuite devenir des interlocuteurs valables de l'Administration et étendre leur statut. Les modestes pédicures, eux non plus, ne demandent pas de *numerus clausus.* C'est que le sujet n'inspire pas grand monde. Au cours des dix dernières années, la profession n'est passée que de 5 744 personnes à 6 822. Pourvu que l'on maintienne encore longtemps la mode des talons hauts et des souliers serrés, il y aura du travail pour tous.

Les acupuncteurs voudraient le remboursement de leurs soins, les psychanalystes aussi. Les thermalistes trouvent les cures insuffisamment prises en charge... Si le Français ne meurt pas de tous les maux qui l'assaillent, il succombera à tout le bien que lui veulent les corporations en lutte pour le droit exclusif de le guérir.

Rien n'est si irritant que cette mise en avant de l'intérêt général dès que l'on défend un intérêt particulier. Car l'argument, abusivement employé, n'est généralement pas faux. Qui donc voudrait en revenir aux temps où n'importe quelle personne « ayant le don » pouvait se proclamer guérisseur ? Le fait est que les pouvoirs publics se doivent de vérifier la compétence de ceux qui prétendent soigner leurs semblables. De là à demander qu'ils leur confèrent un statut corporatif, il n'y a qu'un léger biaisement du discours, qui n'est pas toujours remarqué.

Prenez ces médecins de nos voitures que sont les garagistes. Eux aussi sont investis d'une responsabilité. Que se passe-t-il, s'ils réparent mal les freins ou revissent insuffisamment les roues ? Un accident est vite arrivé... Ils voudraient donc obtenir la reconnaissance de leur titre. Pas encore le monopole de la réparation automobile, rien que le label officiel pour ceux qui présenteraient certaines garanties, c'est-à-dire ceux qui sont déjà en place. Pourquoi pas ? Mais qui devra posséder cette qualification, le patron qui tient les comptes ou le réparateur qui met ses mains dans le moteur ? La sécurité de l'automobiliste voudrait qu'on retienne la seconde solution, mais les professionnels proposeront sans doute la première, qui pourra limiter le nombre des garages et n'apportera pas forcément une plus grande garantie au public. C'est toute l'ambiguïté.

Le cas de la coiffure est exemplaire. Si un mauvais coup de bistouri dans le ventre risque d'être irréparable, un coup de ciseau de trop dans les cheveux n'a que des conséquences limitées. On pourrait donc être tenté de laisser chacun se chercher son Figaro à ses risques et périls. On pourrait également dire qu'une mauvaise coupe constitue une atteinte grave à l'identité et décider que nul ne touchera aux cheveux de son semblable s'il n'est titulaire d'un diplôme. Qu'a-t-on fait en réalité ? La loi de 1946 stipula qu'il faudrait être titulaire d'un brevet, délivré par la profession, pour ouvrir un salon. Voilà qui n'empêchera pas un maladroit de se faire la main sur votre chevelure, mais qui a pu donner à la corporation un certain droit de contrôle sur son propre développement : le nombre des salons de coiffure est passé de 65 000 à 57 600 en l'espace de vingt ans, bien que les Français, devenus plus riches pendant ce temps, aient prodigué plus de soins à leurs cheveux. Cela dans l'intérêt du public et sans aucune pratique malthusienne, c'est juré. La profession a même obtenu des pouvoirs publics le classement des salons en établissements « de luxe » et « pas de luxe », ce qui permet aux premiers, en période de contrôle des prix, de pratiquer de plus hauts tarifs.

Ne croyez pas qu'avec tout cela on gagne sa vie. Le bénéfice fiscal déclaré des coiffeurs n'était en 1977 que de 2 230 F par mois, inférieur de 15 % au salaire des ouvriers et employés. Il est vrai que l'on confond ainsi les gains des patrons et ceux des employés, que les inspecteurs du fisc parlent d'une dissimulation de 60 %, mais n'allons pas couper les cheveux en quatre...

Toutes les professions artisanales demandent aujourd'hui une reconnaissance impliquant une qualification obligatoire et contrôlée. C'est le refrain que l'on entend dans toutes les chambres de métiers. Quoi de plus souhaitable dans l'abstrait ? Mais les arrière-plans sont évidents. Il s'agit, encore et toujours, de limiter la concurrence, de se défendre contre le libéralisme. Il n'est, pour s'en convaincre, que d'entendre les syndicats professionnels expliquer à leurs adhérents comment ils doivent établir leurs prix. Théoriquement, ils leur apprennent à calculer leurs coûts. En réalité, ils leur disent quel prix pratiquer, celui-ci devant toujours permettre au moins productif de survivre et assurer une rente de situation au plus efficace — bref : écarter l'incertitude concurrentielle.

Et lorsqu'un membre de la corporation refuse de jouer le jeu, il provoque une levée de boucliers. On se rappelle la fameuse histoire du boulanger Rodriguez qui vendait sa baguette 1 F. Les boulangers eurent vite fait de mettre à l'index non seulement leur confrère trop combatif, mais également les industriels qui lui avaient fourni un matériel plus productif. Le prix fixe, rémunérateur pour tous, c'est le rêve naturel de tous ceux qui « sont à leur propre compte ». Et les clients, qui craignent toujours d'être perdants au jeu de la concurrence, ne sont pas les derniers à soutenir cette revendication. C'est autant de travail en moins pour le consommateur qui n'aura plus à rechercher les boulangeries pas chères. En sorte qu'à nouveau on peut prétendre ne parler que dans l'intérêt du public.

Du coup, certains commerçants désirent à leur tour se corporatiser, dans l'intérêt de l'aimable clientèle. Car les métiers du commerce voudraient eux aussi faire imposer la qualification obligatoire. Il faudrait un diplôme de crémier pour ouvrir une crémerie, un diplôme de limonadier pour ouvrir une bouteille, un diplôme de camelot pour ouvrir la bouche. Le tout, bien sûr, sous le contrôle de la profession. Cependant, l'incompétence du commerçant n'est guère préjudiciable qu'à son propre intérêt : s'il gère mal, il fermera boutique, le client n'aura pas trop à en souffrir. Qu'importe ! il faudrait donner à la corporation un moyen de contrôler l'accès à ces métiers.

C'est bien là tout le problème, comme on l'a vu avec la loi Royer qui, prétendant sauver le petit commerce, n'a fait bien souvent que donner des rentes de situation à de grandes surfaces en interdisant l'installation d'un concurrent. Dieu sait pourtant que la boutique est utile à la vie sociale, lorsque le commerçant relève le défi de la concurrence et apporte un service personnalisé. Mais l'obsession est toujours la même : assurer sa survie et sa sécurité — par l'élimination de la concurrence. Toutes les structures professionnelles poussent irrésistiblement l'ensemble des travailleurs dans ce sens.

Dans l'hôtellerie, la très grande majorité des exploitants ne possède pas le C.A.P. professionnel. Or, le Crédit hôtelier ne favorise, avec ses prêts bonifiés, que les titulaires du diplôme, ce qui élimine bien des candidats valables si l'on en juge par ceux qui exercent aujourd'hui cette profession. En outre, l'étude du dossier se révèle très rarement favorable lorsque l'établissement projeté risque de par trop nuire aux hôtels existants.

Les organisations professionnelles ne sont, en fait, que le très fidèle reflet de leurs membres, dont les comportements s'expriment bien plus crûment lorsqu'ils se manifestent spontanément. Voyez ce qu se passe sur les marchés forains. Les commerçants, titulaires de concessions, ne supportent pas la moindre concurrence supplémentaire. Le maire d'une ville moyenne me racontait ses démêlés avec les volaillers de son marché, à cause d'une vieille paysanne qui venait vendre une douzaine de poulets et quelques œufs à leurs côtés. Un ministre, en tournée dans une province, pas tellement reculée, s'entendit proposer par des commerçants du cru un plan visant tout simplement à fixer le nombre des différents commerces qu'on pourrait ouvrir dans chaque ville ! Comme les pharmacies. Pourquoi pas ?

Ainsi, et particulièrement en temps de crise, toutes les professions dites indépendantes ne rêvent que d'une organisation corporatiste rigide qui leur apporterait une garantie de ressources, une sorte de salaire indexé sur le chiffre d'affaires. Ne resterait du marché que la marge de manœuvre permettant de gagner un peu plus en s'évertuant davantage ou de vivre un peu mieux en se contentant de moins.

Rien là que de très naturel et de très légitime. On ne voit pas pourquoi les 15 p. 100 de Français non salariés seraient d'une essence différente des 85 autres. Mais les avantages que représente une moindre concurrence pour un chef d'entreprise, loin de venir en déduction des gains escomptés, servent, au contraire, à accroître son bénéfice. C'est la fermeture qui enrichit, l'ouverture qui appauvrit. Autrement dit, plus on se bat et moins on gagne. Certes, la compétition ouverte favorise les plus doués et leur permet même de faire fortune. Elle pénalise pourtant le plus grand nombre et, surtout, elle apporte ce fléau redouté : l'insécurité.

La précarité est la condition même de la vie agricole. Entre les caprices de la météorologie et les fluctuations du marché, le paysan ne sait jamais ce qu'il gagnera l'année suivante. Par comparaison, la plupart des professions indépendantes s'apparentent au fonctionnariat. Seul avantage : le monde paysan ne connaît pas le chômage. Mais qu'est-ce qu'une sécurité du travail qui n'apporte aucune garantie de revenus ? Échapper à l'anxiété du lendemain est donc une obsession pour les travailleurs de la terre. Le système tradionnel y parvenait tant bien que mal, par un large recours à l'autarcie. La ferme produisait l'essentiel de sa subsistance et ne dépendait de ses ventes que pour le surplus, sinon le superflu. Lorsque l'année était mauvaise, l'habitude des privations, quelques provisions en réserve et le recours à la consommation de ses propres produits permettaient de franchir la passe difficile. L'agriculture française a vécu dans ce monde clos jusqu'à la Seconde Guerre mondiale. Ou, plutôt, elle a vivoté misérablement ; mais le protectionnisme assoupissant écartait autant les espoirs que les désillusions.

En quelques décennies, le monde agricole a basculé de l'autarcie à l'ouverture. La ferme est devenue une entreprise qui achète pour produire et vend pour survivre. La consommation « maison » s'est réduite comme peau de chagrin. Les dettes ont remplacé les réserves et les vicissitudes économiques se sont ajoutées aux aléas climatiques. Au total, les incertitudes se sont accumulées sur des exploitations plus fragiles. La profession se devait d'en appeler aux pouvoirs publics pour éviter les rigueurs du brutal libéralisme agricole.

Ce secteur, cependant, ne peut se fermer comme d'autres par un *numerus clausus.* Limiter le nombre des agriculteurs n'a aucun sens puisque la véritable source de production réside dans la terre et non dans les hommes. Si une population réduite de paysans produit des récoltes excédentaires, cela n'empêchera pas les prix de s'effondrer et les revenus de baisser. Si la baisse devient telle que les exploitations soient déficitaires, l'augmentation de taille ne fera qu'accroître le déficit. La profession, ou, plutôt, les professions du monde agricole ont dû recourir à des stratégies originales pour obtenir ce minimum de sécurité.

Tout se joue ici sur les prix. Ils sont conditionnés par la production tant régionale que mondiale, laquelle est aussi imprévisible qu'incontrôlable : impossible de maîtriser les cours sur le marché international. C'est ce que l'on constate pour des denrées soumises à tous les caprices de la spéculation erratiques : les pays producteurs vivent sur une sorte de *scenic railway* qui jette à bas tous leurs plans de développement. Telle serait la situation des agriculteurs modernes en libre-échangisme intégral. C'est un peu — mais un peu seulement car eux aussi savent se protéger — celle des *farmers* américains qui sont branchés en permanence sur la bourse des céréales à Chicago. A l'opposé, économiquement et géographiquement, se trouvent les paysans soviétiques, radicalement déconnectés de toute information sur les prix auxquels se vendent leurs récoltes. Kolkhoziens salariés, ils ont également perdu l'incertitude des lendemains et la maîtrise de leur exploitation.

L'agriculteur français entend tenir le milieu entre ces deux extrêmes. Il ne veut être ni un salarié ayant renoncé à son autonomie, ni un entrepreneur soumis aux variations du marché. Être indépendant et responsable, dans le cadre de son exploitation, mais assuré de son revenu ou, à tout le moins, d'un revenu minimum, telle est sa revendication.

Impossible d'obtenir satisfaction dans un système strictement libéral, d'où serait absente toute organisation des exploitants. Si chacun suit l'offre et la demande, les fluctuations ne font que s'amplifier et les paysans, selon l'expression cruelle des citadins, « pleurent quand la récolte est abondante car les prix s'effondrent et pleurent encore quand elle est déficitaire parce qu'ils ne produisent pas assez ». Or, ces cycles sont inévitables sur un marché complètement désorganisé. Il a suffi qu'en 1980 la salade se vende bien dans le Sud-Ouest pour que tout le monde veuille en cultiver, ce qui a entraîné une surproduction et la chute des cours l'année suivante. Au contraire, si l'on réduit la production, de mauvaises conditions, climatiques ou autres, pourront toujours survenir, qui rendront la récolte à ce point insuffisante que les importations interdiront aux producteurs de toucher les dividendes de la pénurie. Et les cycles recommenceront.

S'organiser, mais comment ? Pour une profession isolée, c'est toujours difficile. Afin de stabiliser leurs revenus, les éleveurs de porcs ont bien créé une caisse de péréquation censée leur verser, certaines années, des subventions pour compenser la chute des cours et à laquelle, d'autres années, ils devraient cotiser lorsque les cours seraient au plus haut. Dans la réalité, le système s'est révélé impraticable : il marchait dans un sens mais pas dans l'autre. Les années de « porc gras » tout le monde acceptait les subventions, les années de « porc gras » l'argent ne rentrait pas dans les caisses. A l'échelle régionale, pour des productions spécialisées, les producteurs bretons de choux-fleurs, d'artichauts ou de pommes de terre nouvelles ont pu, en s'organisant au sein de la profession, éviter les excédents et maintenir les prix. C'est un progrès, mais limité, coûteux, contraignant et insatisfaisant.

Dans ce domaine également, le seul moyen véritable de se soustraire aux contraintes du marché libéral, c'est l'aide de l'État. L'agriculteur entend obtenir cette protection sans aliéner sa liberté.

Maître chez soi, il veut décider de ses productions, gérer son exploitation en toute indépendance, et non se voir imposer des directives. Méfiant depuis toujours vis-à-vis de l'extérieur, il veut vivre à comptes fermés sans devoir ouvrir sa comptabilité à une Administration toujours soupçonneuse. Avec tout cela, il lui faut une garantie quant à son pouvoir d'achat.

Rien d'exorbitant ni même de singulier dans cette exigence. Le médecin libéral qui souhaite pratiquer souverainement les actes médicaux remboursés par la société ne raisonne pas autrement.

C'est par le biais des prix que se résout cette contradiction entre liberté et sécurité : non pas le prix imposé, qui interdit de profiter des hausses, mais le prix garanti, qui préserve des baisses. Un prix « politique » pour tout dire, qui se substitue au prix économique du marché.

Le prix garanti présente un triple avantage. Les pressions corporatistes, inefficaces contre les lois de l'offre et de la demande, peuvent peser sur le nouveau système. L'indépendance de l'exploitant, à l'intérieur de ces nouvelles règles du jeu, est entièrement préservée. L'aide de l'État, enfin, ne prend pas la forme déplaisante d'une subvention directe mais se trouve occultée par des mécanismes complexes et peu compris du public.

Au début des années 60, l'instauration du Marché commun agricole crée une opportunité exceptionnellement favorable. Institutionnalisée par un traité international, la protection communautaire sera acquise une fois pour toutes. Dans son principe du moins. Mais qui va l'obtenir ? Étendre à toutes les productions le système des prix garantis coûterait une fortune. En effet, chaque profession joue de ses disparités internes pour obtenir un plancher tel qu'il rentabilise les exploitations les moins productives et assure du même coup la prospérité des plus performantes. C'est commode mais cher. L'Europe verte n'étend son tarif protecteur qu'à certains produits, laissant les autres fluctuer au gré du marché.

Les grands bénéficiaires de cette mesure seront les céréaliers, qui se voient offrir des prix garantis sans limitation de quantité. Les betteraviers jouissent également d'un régime très favorable quoique assorti de quotas de production. A l'opposé, la viande, les fruits et les légumes n'entrent pas totalement dans le giron communautaire. Choix significatif qui n'est pas sans justifications économiques.

Les céréales constituent la grande culture de base, aisément commercialisable sur le marché mondial et indispensable à l'élevage. A l'époque, c'est un secteur en pleine modernisation et que l'on peut avoir intérêt à privilégier. Sur le plan social, en revanche, ce serait plutôt l'inverse : les plus gros, les plus riches agriculteurs de France sont des céréaliers et des betteraviers. En outre, dans ces grandes exploitations, qui s'orienteront de plus en plus vers la monoculture, les conditions de travail sont particulièrement agréables. En dehors des grandes époques, labours, semailles, moissons, il y a peu à faire dans la ferme. Les producteurs de céréales furent les premiers à prendre de longues vacances. Au contraire, l'éleveur, généralement moins riche, est constamment tenu par le soin des bêtes. Sept jours sur sept, trois cent soixante-cinq jours par an, il faut être là. Pour un métier aussi contraignant, la rémunération est rarement satisfaisante. La situation est la même pour les producteurs de fruits et légumes dont les récoltes connaissent d'énormes variations d'une année à l'autre. Socialement, il eût été plus juste d'avantager l'élevage que la culture, mais les rapports de force ont joué un sens contraire.

Depuis fort longtemps, les céréaliers sont les seigneurs du monde paysan. Ce sont les plus gros, les plus riches, les plus évolués. Ils ont su très tôt prendre le contrôle des productions stratégiques. A l'heure de l'Europe verte, il était inévitable qu'ils passent en premier. Si abondantes que soient leurs moissons, si déprimé que soit le marché mondial, ils étaient assurés de vendre à des prix rémunérateurs. L'Europe se chargeait d'écouler les excédents à grands renforts de subventions. Les éleveurs se trouvèrent pénalisés, puisqu'ils payaient à des prix élevés les céréales nécessaires à l'alimentation de leurs bêtes. A ce jeu, les gros céréaliers ne pouvaient que s'enrichir. D'autant qu'ils se mirent à vendre des blés fourragers à haut rendement au prix fort des blés panifiables.

Afin de ne pas limiter l'aide aux plus favorisés, des garanties furent offertes aux producteurs laitiers, qui représentent de très nombreuses petites exploitations, et aux viticulteurs, pour endiguer les colères du Midi. L'exclusion du système communautaire ne signifie pas que les autres productions ne reçurent aucune aide des pouvoirs publics. Tous les chemins de la subvention agricole ne passent pas par Bruxelles, mais, pour ces producteurs, il fallait, la crise venue, se mobiliser, manifester, bloquer les routes et envahir les préfectures afin d'obtenir une protection qui, pour d'autres, était un droit acquis.

La France est peu sensible à ce genre d'anomalie. Pour 90 p. 100 de Français citadins, le monde agricole forme un tout. Qui, en dehors des spécialistes, entend quelque chose à la politique agricole commune ? Quant aux grandes organisations représentatives, elles savent à merveille mettre les petits en avant pour défendre les privilèges des gros. Les gouvernements, peu soucieux de se fâcher avec une corporation si utile sur le plan électoral, jouent le jeu consciencieusement.

La crise s'abat sur le monde agricole comme sur le reste de la nation et s'attaque, ici, au revenu comme, ailleurs, à l'emploi. Ligotés par les accords communautaires, les gouvernements se servent de l'argument de « Bruxelles », bouc émissaire d'une austérité qu'en tout état de cause il eût été nécessaire d'appliquer. Les garanties fonctionnent mal, les revenus s'effritent après les très bonnes années 1972-1973. La colère monte de la terre : les agriculteurs forment désormais une catégorie comme les autres qui, par référence aux autres, exige le maintien de son pouvoir d'achat.

La grande culture céréalière est particulièrement frappée par l'enchérissement brutal des produits énergétiques : elle en utilise énormément, sous forme de carburant, d'engrais et de pesticides. Qu'on se rassure, la protection communautaire, quoique moins généreuse, est encore très efficace. Ce sont les autres exploitants qui entrent dans une période tourmentée. Un graphique du Service central des enquêtes et études statistiques du ministère de l'Agriculture illustre tout le profit qu'une corporation bien organisée peut tirer d'un système protecteur :

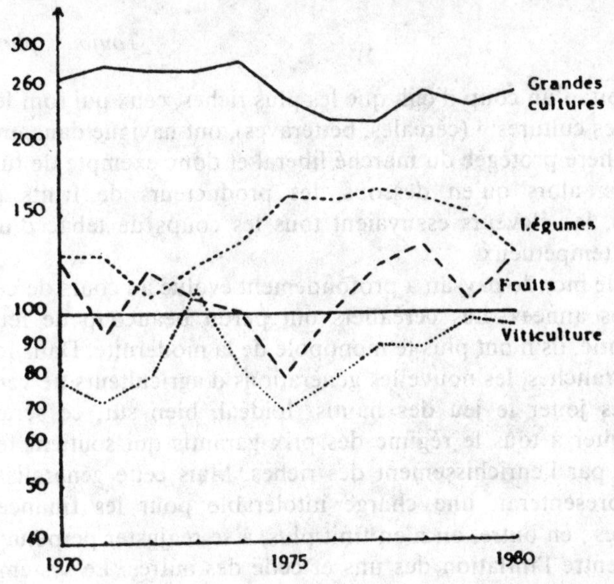

ÉVOLUTION DU R.B.E. MOYEN
PAR EXPLICATION EN FRANCS CONSTANTS
DANS LES PRINCIPALES ORIENTATIONS
TECHNICO-ÉCONOMIQUES DE 1970 À 1980.
Position par rapport à 100 = moyenne nationale.

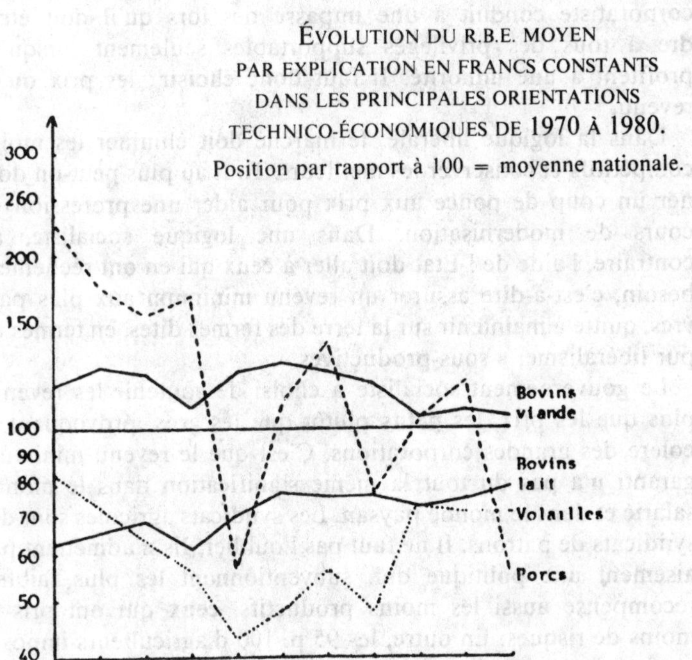

On voit, d'un coup d'œil, que les plus riches, ceux qui font les « grandes cultures » (céréales, betteraves), ont navigué dans une stratosphère protégée du marché libéral et donc exempte de turbulences, alors qu'en dessous, les producteurs de fruits et légumes, les éleveurs essuyaient tous les coups de tabac d'un marché tempétueux.

Mais le monde paysan a profondément évolué au cours de ces dernières années. Les céréaliers ont perdu beaucoup de leur suprématie, ils n'ont plus le monopole de la modernité. Dans les autres branches, les nouvelles générations d'agriculteurs ne veulent plus jouer le jeu des nantis. L'idéal, bien sûr, ce serait d'appliquer à tous le régime des prix garantis qui soutient les pauvres par l'enrichissement des riches. Mais cette généralisation représenterait une charge intolérable pour les finances publiques ; en outre, on n'en finit plus, à se réajuster perpétuellement entre l'inflation des uns et celle des autres. Le système corporatiste conduit à une impasse dès lors qu'il doit étendre à tous des privilèges supportables seulement lorsqu'ils profitent à une minorité. Il faut donc choisir : les prix ou le revenu.

Dans la logique libérale, le marché doit éliminer les moins compétitifs et conserver les meilleurs. Tout au plus peut-on donner un coup de pouce aux prix pour aider une profession en cours de modernisation. Dans une logique socialiste, au contraire, l'aide de l'État doit aller à ceux qui en ont réellement besoin, c'est-à-dire assurer un revenu minimum aux plus pauvres, quitte à maintenir sur la terre des fermes dites, en termes de pur libéralisme, « sous-productives ».

Le gouvernement socialiste a choisi de soutenir les revenus plus que les prix, les petits plutôt que les gros, provoquant la colère des grandes corporations. C'est que le revenu minimum garanti n'a pas du tout la même signification dans le monde salarié et dans le monde paysan. Les syndicats agricoles sont des syndicats de patrons. Il ne faut pas l'oublier. Ils n'admettent pas aisément une politique qui, subventionnant les plus faibles, récompense aussi les moins productifs, ceux qui ont pris le moins de risques. En outre, les 95 p. 100 d'agriculteurs imposés au forfait, c'est-à-dire sans revenus déclarés et vérifiés, s'habitueraient difficilement à la transparence monétaire. Enfin, chacun redoute de perdre sa liberté d'exploitant dans le cadre d'une politique trop dirigiste. Ainsi, les plus puissants, mais aussi les plus dynamiques des agriculteurs, qui ont connu les facilités des prix garantis ou des aides à l'exploitation, s'accommoderaient mal d'une politique sociale et d'une planification agricole. Ils ont le sentiment qu'on veut les pénaliser d'avoir réussi.

Pour les agriculteurs comme pour les pouvoirs publics, c'est l'heure de la vérité. L'ancien système corporatiste se lézarde sous la pression de la crise. Le marché libéral et ses caprices sont plus intolérables que jamais, et toute fonctionnarisation révulse le goût paysan de l'indépendance : il reste aux professions à s'organiser elles-mêmes pour mieux contrôler les mouvements désordonnés des prix. Autodiscipline toujours aussi difficile à réaliser. Quant à l'État, il continuera éternellement à fluctuer entre l'économique et le social, voulant tantôt pousser en avant les plus forts, tantôt porter à bout de bras les plus faibles, et n'ayant jamais assez d'argent pour tout faire. Voilà donc une bien belle construction corporatiste près de s'effondrer dans la tourmente. Elle n'est pas la seule.

Les parapluies, c'est bien connu, protègent de l'averse, mais pas de l'ouragan. Contrôler le marché du travail, c'est un des rêves des salariés. Difficile à réaliser. Une profession l'a presque réussi : celle du livre. Pourtant son système de défense résiste mal aux mutations brutales de la technique et de la conjoncture. Autre histoire exemplaire.

C'est le conflit du *Parisien libéré* qui, en 1974, a révélé au public l'organisation très particulière des imprimeries de presse parisiennes. Ici, les employeurs ont perdu la maîtrise du travail. Ils s'en remettent à la Fédération française des travailleurs du livre C.G.T., le « syndicat du livre » comme l'on dit, pour recruter le personnel et assurer la production. L'organisation syndicale agit comme une société de service, mais, et c'est le point capital, en position monopolistique. Car nul ne peut être embauché s'il n'a sa carte de la F.F.T.L. Il n'existe donc plus de marché du travail, plus de concurrence. Situation très favorable aux salariés ; les avantages qu'ils en ont tirés jusqu'à la crise actuelle étaient de trois ordres : l'argent, le temps, la sécurité.

Les salaires des ouvriers du livre sont élevés, c'est bien connu. Selon les fonctions occupées, le degré d'ancienneté, les heures supplémentaires, etc., ils naviguent entre 11 000 et 16 000 F par mois. Pour des « ouvriers », c'est évidemment considérable. On ne peut oublier, cependant, qu'il s'agit de travailleurs hautement qualifiés et que l'impression des journaux s'effectue dans des conditions très difficiles : bruit, cadences, tension, travail de nuit... Le métier est dur, ce qu'on omet souvent de dire.

L'organisation de la production, se faisant sous le contrôle des salariés, permet de réduire cette pénibilité, notamment en multipliant les postes de travail. Il est notoire que le nombre des travailleurs par machine est ici plus élevé que dans des usines classiques.

Les horaires effectivement accomplis sont aussi difficiles à cerner que ceux des enseignants. Les équipes assurent des « services » de cinq heures en théorie. Mais, en fait, on travaille à la tâche. Il faut faire sortir l'édition : lorsque c'est fait, le service est terminé. Bien souvent, il aura duré moins de cinq heures. En outre, les ouvriers du livre disposent de sept à neuf semaines de congés dans l'année.

La sécurité de l'emploi, enfin, était absolue puisque les ouvriers ont la haute main sur le marché du travail et sur les conditions de production. La formation est contrôlée par le syndicat, qui n'accepte dans la profession que le nombre de nouveaux venus correspondant aux possibilités d'embauche. Quant à l'offre de travail, elle dépend pour une large part du tout-puissant syndicat, qui définit les postes nécessaires à la production. En régime de technique stable, il doit y avoir des places pour tous et un patron ne peut évidemment pas licencier. Tout au plus a-t-il le loisir d'intervenir, très difficilement, pour réduire le nombre des personnes employées en fonction des machines mises en service. Mais ces arbitrages patrons-employés ont rarement été rendus en faveur de la plus haute productivité.

Situation idéale pour des « ouvriers » dont on peut se demander comment elle a pu se réaliser. L'histoire donne une partie de l'explication. Dès l'invention de l'imprimerie, le travailleur du livre fait figure de seigneur. Pour une raison simple : il sait lire et écrire, ce qui, longtemps, restera exceptionnel dans la classe ouvrière. Cette maturité intellectuelle favorise la syndicalisation. Alors que les autres professions ne sont que partiellement syndiquées et généralement en plusieurs organisations concurrentes, les ouvriers imprimeurs se regroupent tous dans le syndicat du livre qui devient très vite une institution.

Combatifs, compétents, organisés, les travailleurs du livre vont arracher, à l'étranger comme en France, des avantages qui les situent nettement dans l'« aristocratie ouvrière ». Toutefois, les résultats seront loin d'être les mêmes dans l'imprimerie de presse et l'imprimerie ordinaire ou « labeur ». C'est qu'ici également, l'issue des luttes ne tient pas seulement à l'ardeur revendicative, mais, tout autant, aux positions tenues : de ce point de vue, les deux sortes d'imprimerie sont fort différentes.

La presse, quotidienne ou hebdomadaire, se trouvait traditionnellement dans une situation économique très favorable. Elle ne redoutait pas la concurrence étrangère. Les Français ne vont pas se mettre à lire des journaux anglais ou italiens sous prétexte qu'ils sont moins chers. Donc, pas de produits étrangers sur le marché français. Seul risque : voir les lecteurs bouder les kiosques si les prix sont trop élevés. Mais, jusqu'à l'avènement des journaux télévisés, la presse écrite exerçait un monopole sur l'information quotidienne. Le public supportait les hausses pour ne pas se couper de l'actualité.

Pas de concurrence non plus des industries étrangères. Un quotidien, devant se faire imprimer sur place, quitte à utiliser le fac-similé pour ses éditions de province, ne peut recourir à une entreprise lointaine. Les patrons de la presse parisienne étaient donc liés aux imprimeries parisiennes.

Enfin, la grève est doublement efficace dans ce secteur. D'une part, elle frappe durement le patron en provoquant une perte irrattrapable. On ne vend pas le journal de la veille le lendemain. D'autre part, elle atteint tout autant la société en bloquant la circulation de l'information. Une « journée sans journaux », cela se remarque et cela frappait encore bien davantage avant le développement des médias radioélectriques.

La situation était d'autant plus favorable pour les ouvriers que, d'une part les journaux étaient des affaires florissantes et que, d'autre part, rien n'est si difficile à organiser que l'impression de quotidiens, avec ses délais très serrés, ses imprévus, ses à-coups. En s'en remettant au syndicat du livre, les patrons de presse se défaussaient d'une corvée et étaient certains, quoi qu'il arrive, de voir les éditions sortir à l'heure. Il importait peu que la solution soit un peu plus chère, la presse pouvait payer. La convention collective de 1921 qui assurait au syndicat du livre le monopole d'embauche arrangeait donc les deux parties.

A la Libération, la puissance syndicale se trouve renforcée par la nationalisation d'imprimeries de presse désormais regroupées au sein d'une société publique : la S.N.E.P. Comme interlocuteur à la tête de la plus grosse imprimerie de presse, les ouvriers du livre n'ont plus un patron capitaliste défendant son profit, mais un représentant de l'État moins pugnace. Le syndicat poussera donc ses avantages à la S.N.E.P. pour les étendre ensuite à toute la profession.

Les choses ne sont pas aussi faciles dans l'imprimerie de labeur. D'une part, la profession est éclatée à travers toute la France entre 5 500 petites imprimeries, 500 moyennes et 25 ou 30 grosses. Impossible d'étendre la discipline syndicale à un ensemble aussi vaste et aussi disparate. En pratique, le syndicat du livre ne contrôle vraiment que les plus grosses entreprises et encore s'y trouve-t-il bien souvent concurrencé par d'autres organisations. D'autre part, bien que le protectionnisme culturel joue encore fortement sur la chose imprimée — les Français n'achètent pas beaucoup de livres étrangers — les clients ne se privent pas de mettre les entreprises françaises en concurrence, ni même de recourir aux imprimeurs étrangers. Quant à la grève, elle n'a aucune efficacité particulière, mis à part le cas des hebdomadaires.

Les ouvriers du livre n'ont donc pu arracher dans l'imprimerie de labeur des avantages comparables à ceux de la presse parisienne. Les rémunérations, pour ne prendre que cet exemple, sont au moins deux fois plus basses. Pourtant, à cause de cette longue tradition d'organisation syndicale, ils ont obtenu de multiples garanties grâce à une convention collective qui définit avec une précision toute corporatiste leurs conditions de travail.

Chaque sous-profession, chaque poste, chaque tâche, tout est réglementé. A la composition, on distingue le « compositeur typographe qualifié travaux courants » du « compositeur typographe expérimenté tous travaux », le « correcteur tierceur » du « correcteur en langues exceptionnelles ». A l'impression, le « serveur » se distingue du « receveur », du « surveillant » et du « margeur », et l'on ne compte pas moins de dix catégories de « conducteurs » selon les types de machines. Pour chacune de ces fonctions et qualifications, les tâches sont scrupuleusement décrites, les rémunérations aussi, qui se calculent à partir du « point-labeur », lequel vaut environ 30 F en 1982. Ainsi, dans les grandes imprimeries de labeur, la politique du personnel est-elle réduite au minimum. Pour l'essentiel, tout est dit dans la convention collective... sauf l'imprévu qui va tout bouleverser.

Être ainsi soustrait à l'arbitraire patronal, à la concurrence intersalariale, suivre une carrière sans heurts et sans risques, c'est un avantage considérable pour des travailleurs qui n'entrent pas dans l'entreprise, diplômes en poche, avec l'idée de réussir une ascension fulgurante. Cette situation stabilisée suppose toutefois que l'environnement reste calme. L'organisation corporative ne peut contenir la poussée des nouvelles techniques ou des nouveaux concurrents que si celle-ci ne devient pas trop brutale. Or, ce sont de véritables ouragans qui vont s'abattre par vagues successives sur l'imprimerie. Face à ces assauts, la corporation s'efforce de préserver ses membres, mais, dans une économie de marché, on n'arrête qu'un temps le mouvement. L'histoire récente des soubresauts qui ont agité ce secteur illustre bien les possibilités et les limites d'une stratégie de fermeture face aux bouleversements de la technique dans une société de concurrence.

En l'espace de vingt ans vont se combiner le renforcement de la concurrence et le bouleversement des techniques. La concurrence, c'est d'abord l'entrée en vigueur du Marché commun au début des années 60. Désormais, les imprimeries de labeur sont en compétition ouverte avec les Allemands, les Belges ou les Italiens. Contrairement à ce que l'on a dit, le corporatisme n'est pas un handicap : il est pratiquement le même dans les autres pays européens. L'infériorité des entreprises françaises tient à leurs structures économiques. A l'étranger, les grandes imprimeries sont intégrées dans des groupes comme Bertelsmann en Allemagne, Mondadori en Italie, qui vont de l'édition à la diffusion. Elles disposent donc d'un marché captif, assuré par les commandes internes et qui permet d'être plus compétitif à l'extérieur. De fait, les Français résistent mal et cèdent sur leur propre marché. Symbole de cette reculade : les grands catalogues de vente par correspondance comme La Redoute ou Les Trois Suisses viennent d'imprimeries étrangères. Pour la presse écrite, la concurrence c'est la radio et, plus encore, la télévision. Les gens écoutent, regardent et n'ont plus le temps de lire. Les tirages baissent, les titres meurent. On passe ainsi de 6 millions d'exemplaires vendus dans la région parisienne au lendemain de la guerre à 3 millions aujourd'hui. Le marché s'est réduit de moitié.

Mais cela n'est rien encore. Les plus rudes coups viendront du progrès technique. En un premier temps, les procédés d'impression sont bouleversés par le passage de la typographie classique et ses caractères au plomb à l'offset. Pour les travailleurs, les conséquences sont doubles : quantitatives et qualitatives. D'une part, les nouvelles machines à grand débit nécessitent moins de personnes, d'autre part, un certain nombre de métiers du livre se trouvent condamnés.

Bien installés dans leur structure corporatiste, les ouvriers du livre ne voient pas venir la menace. La profession, patronat comme salariés, vit dans un immobilisme qui semble devoir durer toujours. Pourtant, à partir de 1970, les nouvelles machines entrent en service. Les dirigeants syndicaux qui ont senti le danger mettent en place une double stratégie, en amont et en aval, pour éviter la « casse ». A partir de 1972, ils profitent de ce qu'ils contrôlent l'entrée dans la profession pour arrêter pratiquement le recrutement. Mais cela ne suffit pas. En dépit du personnel excédentaire maintenu auprès des nouvelles rotatives, il faut inévitablement réduire les effectifs. Pour le faire « en douceur », on va agir sur la sortie.

Par l'accord de 1976, la garantie d'emploi est accordée contre un certain nombre de mesures visant à multiplier les départs. Par chance, la situation démographique est favorable, car beaucoup de « typos » sont âgés. En offrant des conditions très avantageuses à ceux qui se retirent à partir de cinquante-sept ans, on peut déjà éclaircir les rangs. A cette première mesure s'en ajoutent d'autres : primes pour départs volontaires, déplacements en province, mutation aux messageries, etc., qui réduisent encore les effectifs. Au total, la corporation perd en vingt ans le quart de ses membres.

Grâce à l'efficacité de sa protection, les lois du marché ont été « humanisées », les licenciements ont été évités, mais cela coûte cher. Le quotidien détient le ruban bleu de l'inflation. Son prix, en francs constants, est passé de 23 centimes en 1914 à 1 F en 1973 et 1,55 F en 1978. De ces hausses, le papier et les rédactions sont autant responsables que les ouvriers dont les salaires ne représentent, dans un journal, que 20 % des dépenses environ. Il n'en reste pas moins qu'on atteint la limite. Dans l'avenir on ne pourra plus jouer sur le prix pour escamoter les difficultés, la fuite des lecteurs risquant d'être plus forte que l'augmentation des recettes. Or, le pire reste à venir pour les ouvriers du livre.

La nouvelle révolution qui s'annonce, celle de la photocomposition assistée par ordinateur, remet radicalement en cause leur métier. Cette fois il ne s'agit plus seulement de l'impression, mais de la partie la plus noble du travail : la composition. Désormais, un journaliste peut frapper directement son article sur une machine à traitement de texte avec laquelle il peut corriger, calibrer, faire une prémise en page. Puis le secrétaire de rédaction organise sa page sur un écran cathodique en donnant des directives, très simples, à l'ordinateur qui arrange textes, titres et photos. La composition finie, il n'y a plus qu'à surveiller et entretenir les rotatives. A cette première menace s'adjoint celle de voir la télématique à domicile apporter sur des écrans domestiques toutes les informations de service : météo, résultats sportifs, petites annonces, programmes des spectacles, carnet mondain, publicité, loterie nationale, etc., rubriques qui font vivre aujourd'hui les quotidiens. Privés de ces recettes, beaucoup ne pourraient survivre à ce détournement.

A peine sorti d'une première épreuve, le syndicat du livre se remobilise dans la presse, non plus pour assurer un virage « en douceur », mais pour défendre son métier. Les dirigeants syndicaux n'ignorent pas que, dans une stricte optique de rentabilité, il sera de plus en plus tentant de se passer d'eux. D'autant que l'évolution des techniques facilitera l'utilisation de la photocomposition par des journalistes et que les patrons de presse devront avoir une gestion de plus en plus serrée pour assurer la survie de leur vie de leurs entreprises. Conclusion logique : les employeurs ne sont plus de bons interlocuteurs. Désormais, le syndicat du livre va davantage orienter sa stratégie vers les pouvoirs publics. Jusqu'où l'État peut-il protéger une corporation à ce point menacée par la double attaque de la télévision et de l'ordinateur ?

Dans le labeur, la situation n'est guère plus rassurante. Les nouvelles techniques apportent des gains de productivité qui dépassent largement la fonte naturelle des effectifs. Dans les petites et moyennes entreprises, on s'adapte, fût-ce en licenciant ; dans les grandes, la protection syndicale a barricadé la porte de sortie. Mais elle ne peut empêcher la concurrence de se faire plus dure. Les plus dynamiques en France et à l'étranger cassent les prix, et c'est ainsi que s'effondrent les uns après les autres, les géants : Lang, Chaix, Néogravure, Oberthur à Rennes, N.E.A. à Lille. Les naufrages se multiplient et les compressions de personnel, qui ne se sont pas faites en temps de marche normale, s'opèrent brutalement dans ces crises. Les armures corporatistes se révèlent inefficaces face au déchaînement de la concurrence.

Profitant de leur souplesse, de leur adaptabilité, les entreprises moyennes s'équipent du matériel le plus performant. Elles veulent être les premières à maîtriser les nouvelles techniques pour accroître leur part du marché. Pour les géants en difficulté commence la procédure classique d'appel aux pouvoirs publics. Patrons et salariés font alliance objective afin d'obtenir leur combativité centenaire pour ne pas être les laissés-pour-compte du progrès. Ils demandent le rapatriement en France du travail concédé à l'étranger. Les patrons discutent de modernisation dans les cabinets ministériels et reçoivent une aide destinée à leur permettre d'acheter des machines encore plus puissantes : les capacités augmentent soudain de 20 % l'an sur un marché qui stagne à 2 % de croissance annuelle. C'est la fuite en avant, au terme de laquelle les moins bien adaptés s'effondreront définitivement et laisseront la place aux survivants. Face au déchaînement de la concurrence et de la course à la productivité, les remparts corporatistes ne pourront résister éternellement. Le vieux navire, constamment renfloué au fil des ans, craque dangereusement dans la tempête libérale.

Pourtant, il est encore des ouvriers du livre heureux. Comme vous le devinez, ils vivent à l'écart du marché. Ce sont les travailleurs de l'Imprimerie nationale, tout d'abord, qui cumulent les protections de la fonction publique et du syndicat du livre. Ici l'on continue à imprimer annuaires téléphoniques — en espérant que le projet d'annuaire électronique ne se réalisera pas — et autres commandes administratives. C'est un gros paquebot de 3 000 personnes, où l'on ne jouit pas d'avantages extraordinaires mais d'où l'on regarde l'avenir sans crainte.

Les mieux organisés ne sont pas là. Il faut les découvrir rue Desaix à Paris. Ils impriment *le Journal officiel* et autres publications de la République : comptes rendus des débats parlementaires, Bulletin des annonces légales obligatoires, etc. Situation parfaite de monopole, pour cette entreprise publique de 660 personnes.

La position stratégique est évidente. Le J.O., c'est la voix de la France légale ; par lui lois, décrets et règlements, portés à la connaissance des citoyens, deviennent exécutoires. S'il ne paraît pas, l'État se trouve bloqué dans sa fonction législative et normative. On ne peut donc qu'accorder des avantages importants à ceux qui tiennent ce point de passage obligé de la vie politique.

A l'inverse, on ne transige pas avec la qualité du travail. Une coquille au *Journal officiel* peut avoir des conséquences désastreuses, puisque la plupart de ces textes doivent faire foi pour les administrés. L'obligation est bien remplie : on ne compte guère qu'une erreur pour cent pages. *Le Journal officiel* est le texte le mieux imprimé de France, ce qui prouve indiscutablement la qualité du personnel.

Cela reconnu, la petite Privilégiature de la rue Desaix n'est pas mal du tout. La forteresse, garantie à toute épreuve, est un monstre juridique en comparaison duquel les caisses d'épargne ne constituent qu'une légère anomalie. Imaginez au sein d'une entreprise publique une sorte de coopérative ouvrière, chargée de faire le travail. Il fallait l'inventer !

Le J.O., donc, est en fait imprimé par la Société anonyme à capital variable de composition et d'impression des journaux officiels de la République française, ce qui doit donner, sauf erreur, la « SACVCIJORF ». Imprononçable et inexplicable. Au centre, 180 ouvriers sociétaires détiennent chacun une action non rémunérée de 600 F. Sur le deuxième cercle sont répartis 248 ouvriers collaborateurs et, en troisième position, des ouvriers « suiveurs » qui ne jouissent d'aucune garantie statutaire. Cette société, constituée par les ouvriers du livre, va louer ses services au *Journal officiel* pour l'impression de ses publications. Invraisemblable symbiose : c'est la société qui établit les feuilles de paie et le directeur du J.O. qui verse l'argent.

Cet embrouillamini centenaire permet aux ouvriers du livre de contrôler le travail de l'intérieur même. Position la plus favorable qui soit pour les salariés et, en effet, l'on vit ici encore mieux que dans la presse parisienne, tout en supportant des servitudes comparables : ainsi le travail posté de nuit, ne l'oublions pas.

Les salaires de base sont sensiblement supérieurs à ceux de la presse, mais il s'augmentent d'une prime pour les sociétaires d'environ 20 à 25 % du salaire, plus une prime de résultat payée à tout le monde (10 000 F en 1981), plus les treizième et quatorzième mois : en additionnant tous les avantages, un compositeur travaillant la nuit peut toucher 20 000 F par mois. Notons encore que les ouvriers du J.O., qui ne sont pas des ouvriers d'État, ont leur propre système de retraite naturellement plus avantageux. La durée nominale du travail est, en outre, d'une demi-heure inférieure à celle de la presse parisienne, et passons sur les avantages divers, le plus important de tous étant, bien entendu, la sécurité de l'emploi.

Ici, le progrès technique n'a été introduit qu'avec une grande prudence en conservant des équipes qui travaillent le plomb et en jouant massivement de la préretraite dès cinquante-cinq ans. On n'a jamais licencié pour raisons économiques au J.O. et l'on ne va pas commencer. A l'abri de ces épaisses murailles corporatistes, personne n'a jamais entendu parler d'une crise dans l'imprimerie française.

En tant que journaliste, je travaille dans une profession ouverte. Certes, il existe bien la fameuse carte professionnelle. Elle ne confère cependant guère d'exclusivité, en dépit des tentatives çà et là dans les rédactions pour réserver à ses titulaires l'exercice du métier. Par ailleurs, l'entrée dans la profession n'est subordonnée à aucune condition de titre ou de diplôme et ne comporte aucune clause limitative. De ce fait, je suis titulaire de la carte 19261 alors que la commission va bientôt distribuer le numéro 49000. Seigneur Dieu ! Fermez cette porte avant que je ne m'enrhume.

Pour les journalistes, cet afflux constant signifie compétition et chômage. Un directeur peut toujours trouver sur le marché un remplaçant qui fera le travail à moins cher. Au sein des rédactions, la bagarre est féroce pour signer les grands papiers, décrocher un titre de Grand Reporter ou de Rédacteur en chef adjoint. Entre les journaux, c'est la lutte à mort pour conserver ses lecteurs ou arracher ceux des autres. Chaque mois, de nouveaux organes de presse ratent leur décollage ou meurent de sénescence.

Pour le public, le bilan n'est pas meilleur. C'est la surenchère constante pour faire du sensationnel à tout prix. Les plus hauts tirages sont souvent atteints par ceux qui visent le plus bas : compétition sans pitié, au détriment de la qualité. Un journaliste n'est pas toujours fier en regardant un kiosque et les lecteurs, dans l'ensemble, se voient souvent proposer une bien mauvaise chère. Une presse à scandale qui prospère et une presse d'opinion qui crève, de bons professionnels sans travail et des plumitifs qui s'enrichissent dans le « n'importe quoi », tel est le triste bilan du libéralisme et de la concurrence sauvage. Ne serait-il pas temps de moraliser tout cela dans l'intérêt supérieur de l'information ?

Au lieu de laisser proliférer la presse, on pourrait créer un Conseil supérieur des publications périodiques, le C.S.P.P., qui délivrerait les autorisations de paraître. Seuls se verraient accorder une licence les journaux et magazines offrant un minimum de qualité. La profession constituerait un Ordre veillant au respect de la déontologie, interdisant certaines outrances et sanctionnant les manquements à la discipline. Ainsi les lecteurs seraient-ils assurés de n'acheter que des publications présentant certaines garanties quant au sérieux de l'information et à la qualité de la présentation. Pour éviter la concurrence stérile qui multiplie les organes semblables, on s'efforcerait de donner à chacun son territoire sectoriel et régional. A quoi bon avoir dix journaux de tiercé, trois hebdomadaires de même tendance et tant de magazines féminins ou de télévision ? La concentration permettrait d'augmenter les tirages et de baisser les prix. Les lecteurs auraient tout à y gagner.

Pour les journalistes, il conviendrait de subordonner l'exercice du métier à la réussite d'un examen organisé par la profession et ouvert aux seuls titulaires de diplômes universitaires. On éviterait la multiplication des chômeurs en s'efforçant d'adapter l'offre à la demande, en n'acceptant chaque année qu'un nombre de candidats correspondant aux places à pourvoir dans les rédactions. Quel avantage pour le lecteur, certain que les articles ne seraient plus écrits que par des professionnels qualifiés et non par des folliculaires au rabais ! A l'intérieur même des rédactions, ne travaillerait-on pas mieux si des plans de carrière statutaires évitaient les phénomènes de vedettariat par lesquels des jeunes peuvent prendre le pas sur les anciens ?

Ainsi organisée, tant au niveau des entreprises que des salariés, la profession pourrait obtenir une aide plus afficace de l'État, permettant aux lecteurs de jouir du service public de l'information à meilleur prix et dans de meilleurs conditions...

Quel rêve, non pour les journalistes et directeurs de journaux, bien sûr, mais pour tous ces malheureux lecteurs que je vois aujourd'hui trompés, bornés par cette compétition absurde dont ils sont toujours les victimes ! N'est-ce pas ?

S'agissant des taxis, de la boulangerie, des agences immobilières, du notariat, de l'acupuncture ou de l'hôtellerie, ce genre de raisonnement ne choque guère. Il paraît aller de soi que la concurrence nuit au public et que ses limitations, revendiquées par les professionnels, sont conformes à son intérêt. En ce qui concerne mon métier, il existe ce vieux principe : la liberté de la presse, qui réfrène les tendances corporatistes. On admet la mauvaise presse comme une nécessité de la bonne, on croit à la concurrence en dépit de ses injustices. Pourtant, il n'est pas moins grave de voir imprimer de fausses nouvelles, d'être « désinformé », que d'avoir une mauvaise coupe de cheveux, une puce dans sa chambre d'hôtel, une baguette de pain pas fraîche ou une mauvaise voiture d'occasion.

Trêve de plaisanterie. Contrairement à ce qu'affirment les corporations, il n'y a pas de concordance automatique entre leurs intérêts et ceux des consommateurs. Sur certains points, c'est vrai, il peu y avoir des coïncidences. Mais, dans l'ensemble, il y a bel et bien opposition. La compétition fait le client roi, un roi qui comme tout souverain peut être grugé par ses courtisans.

Un roi tout de même. A lui de savoir exercer sa royauté, au lieu de s'en laisser dépouiller : c'est le fond du problème. Le consommateur inorganisé, incapable de faire jouer la concurrence, laisse se pervertir le marché. Peu à peu, l'offre s'impose à la demande, le client se fait berner. A ce stade, la tentation est grande de jeter la concurrence à tous les diables pour éviter des déconvenues au public. Et celui-ci est généralement consentant. Il préfère la solution de facilité, que lui offre le monopole, à l'exercice difficile de la fonction de consommateur. Or, les réglementations sont inutiles lorsque celle-ci est correctement remplie. Sur un marché professionnel, où des acheteurs qualifiés étudient longuement les produits avant de choisir, nulle limitation n'est nécessaire pour maintenir la qualité. Ceux qui ne sont pas compétents sont, naturellement et rapidement, éliminés. Essayez de vendre du matériel aéronautique de mauvaise qualité, vous verrez le résultat.

A terme, l'alternative : organisation des consommateurs ou organisation des professions, est inévitable. Il s'agit de savoir si le public veut s'aider lui-même ou se faire « aider » par les corporations.

XII

LA RÈGLE DU HORS-JEU

Les Français vivent sur deux images de leur pays, deux références héritées du XIXe siècle. Soit, une société de 54 millions d'individus entretenus dans une agitation perpétuelle par la compétition généralisée, soit, une société stratifiée en classes qui luttent les unes contre les autres en d'interminables batailles frontales. Deux images fausses.

Plutôt que le Far West fabuleux et ses cow-boys galopant dans la Prairie, ou bien la Grande Guerre et ses poilus enlisés dans les tranchées, la France contemporaine, dans ses aspects économiques et sociaux, évoque la société médiévale. On y trouve la réplique des grandes provinces unies derrière leur seigneur, des communautés bourgeoises, maîtresses des villes franches, des barons retranchés dans leurs citadelles inexpugnables, des corporations marchandes défendant leurs privilèges, des riches banquiers tirant les ficelles, des chanoines prospérant sur le revenu de leurs abbayes. Perdu dans les campagnes à l'abandon, le vain peuple s'efforce toujours de survivre parmi les combats, les épidémies et les famines. Tantôt rançonné tantôt embrigadé, il cherche éperdument une protection dans un monde imprévisible et menaçant. France des citadelles et France des terrains vagues, France des ordres et France du désordre, France des gagnants et France des perdants, tel est le dédoublement que provoque la crise dans le corps social. La vraie France est duale.

Les incertitudes économiques précipitent cette évolution. En toute hâte, de la Basse à la Haute Privilégiature, on fortifie qui son modeste village, qui son riche palais. Les ponts-levis se relèvent, les portes se referment. Tant pis pour ceux qui resteront dehors.

Ce mouvement est si conforme à l'histoire et la tradition françaises qu'il paraît plus involutif qu'évolutif. Un retour aux sources en quelque sorte, car la greffe libérale n'a jamais vraiment pris sur la mentalité française. Au XIXe siècle, lorsque triomphe la corporation des riches, elle ne sert qu'à légitimer l'impérialisme bourgeois au détriment de la noblesse et du prolétariat. Pendant la première moitié du XXe siècle, elle perd de sa vigueur ; la nation se coupe du marché, se fige dans le sous-développement et se résigne au déclin. Blocages et peur de l'avenir.

L'épopée des « Trente Glorieuses » a pu faire naître l'illusion que les Français s'étaient convertis au capitalisme libéral. Le peuple sédentaire s'était mis en marche ; dans les campagnes et dans les villes, dans les mots et dans les gestes, il manifestait un goût nouveau du changement, du risque, de l'entreprise, de la compétition. Mais le conformisme n'est pas le transformisme, le changement venait du dehors et non du dedans, il bouleversait la société sans convertir les esprits. Tous les pays occidentaux, la Grande-Bretagne mise à part, connurent à la même époque une même croissance. Preuve que le courant devait bien aider les rameurs et que la complicité des flots insufflait aux équipages l'exaltation des grandes régates.

Le libéralisme des années 50-60 était pourtant trompeur. Il assurait à la fois le plein emploi et la croissance du niveau de vie. Pour tous. Qui ne se serait accommodé d'un tel régime ? D'autant que les imprécateurs de la gauche, qui en dénonçaient les vices inhérents : chômage et paupérisation, donnaient à croire qu'on était bien là dans l'économie de marché pure et dure. Ainsi l'opinion, confondant le meilleur avec le pire, était-elle fondée à s'y rallier sans trop de réticences.

Dans l'histoire du libéralisme, cette époque constitue une anomalie. Nous le savons depuis que s'est opéré le retour à la normale. La règle, c'est la menace sur l'emploi et le pouvoir d'achat. Au moment où tombait le masque souriant, MM. Barre et

Monory entreprirent de prêcher le credo libéral. Bien évidemment, les Français rejetèrent des principes auxquels ils avaient pu se conformer en d'heureuses circonstances. Mais les illusions perdues sur l'économie de marché ne pouvaient se reporter sur l'économie planifiée. Dans leur esprit, la notion de pénurie est définitivement associée à celle de communisme et, de cela non plus, ils ne veulent pas.

Entre ces deux modèles, également refusés, la recette traditionnelle venue du fond des âges : le corporatisme a refait surface. Dans sa version moderne, c'est une organisation qui, avec l'aide de l'État, apporte à petite échelle ce qu'il faut de liberté, ce qu'il faut de sécurité, ce qu'il faut de bien-être pour satisfaire les secrètes aspirations de l'âme française.

Solution idéale qui, malheureusement, a un double défaut. D'une part, cette organisation de tissu social en places fortes laisse flotter dans les espaces vides toute une population à la dérive qui supporte le poids des ajustements inévitables. D'autre part, les remparts corporatistes ne suffisent pas à se protéger des grandes mutations technico-économiques. C'est alors que les demandes d'assistance se multiplient.

Or, comment échapper aux invasions, sans fermer les frontières, et entretenir la croissance, en se privant des forces qui la vivifient ? Cruelle alternative : il faut s'ouvrir pour rester riche, se fermer pour rester tranquille. Il y a cinquante ans, l'économie française pouvait vivoter à l'ombre de ses murailles protectionnistes, d'autant mieux que l'empire colonial étendait suffisamment l'espace clos. Mais l'état présent de prospérité, par l'ampleur des importations qu'il suppose, par le niveau productivité qu'il exige, ne peut se maintenir à l'écart du commerce mondial. La France se trouve condamnée à l'ouverture, donc aux turbulences, donc aux potions calmantes. Concilier le tout est l'art, infiniment délicat, de coupler l'économique et le social.

L'économie de marché est naturellement génératrice d'inégalités. Les producteurs les plus efficaces gagnent le plus d'argent. C'est vrai des entrepreneurs capitalistes, aussi des travailleurs indépendants et même des salariés, qui partagent, peu ou prou, le sort de leurs entreprises. Dans les circonstances favorables dont bénéficient les pays occidentaux, l'expérience démontre que cet enrichissement, pour être inégal, n'en est pas moins général. C'est sa justification. Seuls les agents économiques, en tant que tels, peuvent ainsi réussir et seule la compétition commerciale peut répartir les lots.

La politique sociale est réductrice d'inégalités. Son principe directeur n'est plus l'efficacité, mais la justice. Comment va-t-elle opérer ? Sur un plan général elle réglemente les rapports de travail au sein des entreprises, elle assure à tous une sorte de « condition française minimale », sur des points particuliers, elle peut concéder des avantages en compensation de servitudes ou venir au secours des catégories les plus éprouvées par la bataille. Alors que le système du marché est essentiellement multipolaire, avec ses milliers d'entreprises en lutte les unes contre les autres, le système de solidarité est, lui, focalisé sur l'État, générateur de l'ordre social.

Entre les deux se glisse désormais un troisième système, celui de la planification, du dirigisme économique, qui emprunte au premier ses motivations, au second son organisation. Polarisé sur la puissance publique, dispensatrice des contrats, des commandes, des aides aux entreprises, etc., il vise l'efficacité et non la justice. De ce point de vue, la politique industrielle du gouvernement est un peu le management de l'entreprise France.

Ces systèmes sont fort différents. Par les agents qu'on y rencontre : entreprises publiques ou privées dans le premier, groupes plus hétérogènes dans le second. Par les stratégies qui s'y déploient : la lutte dans les affaires ne suit pas les mêmes règles que la course à la subvention. Mais, au-delà de ces dissemblances, ils ont un point commun fondamental : la compétition. Évidente dans le premier système, elle ne l'est pas moins dans les deux autres, et c'est le point essentiel. Tous les groupes qui s'adressent à l'État, à titre économique ou à titre social, sont mus par des intérêts particuliers qu'ils s'efforcent de faire prévaloir sur ceux des autres. S'agissant d'entreprises qui se disputent un marché, la chose va de soi. Mais aussitôt que l'on quitte le strict plan commercial, la réalité des égoïsmes en concurrence est complètement occultée. C'est l'énorme tartufferie de la vie sociale française, dans laquelle plus on pense à soi et plus on parle des autres.

La perversion de la concurrence est inévitable dans les deux derniers systèmes, entraide et dirigisme, qui fonctionnent à contre-logique : celle du « qui perd gagne ». Si l'État n'a pas à y soutenir les plus forts, les plus forts sont les mieux placés pour obtenir le soutien de l'État. Telle est la contradiction de base.

Elle se trouve aggravée par le nécessaire couplage entre l'économique et le social. En apportant son aide aux moins productifs, le gouvernement risque d'entretenir des industries retardataires qui, au prix de grandes souffrances, auraient pu se moderniser si elles avaient été obligées de lutter. Or, le marché planétaire ne s'affronte pas avec une armée d'éclopés, de béquillards et d'assistés. Par quel moyen améliorer le sort des ouvriers dans les entreprises de main-d'œuvre, sans river aux chevilles de notre économie autant de boulets qui freineront sa progression ? Et quelle astuce permettra-t-elle de garantir un revenu décent aux agriculteurs les moins productifs, sans subventionner éternellement des exploitations déficitaires ? Miser sur la compétition en secourant les perdants, ce n'est pas aisé.

En outre, les mesures visant à renforcer les droits et avantages des salariés au sein des entreprises, ont vite fait de précipiter à l'A.N.P.E. les moins bien lotis. Qu'il s'agisse de revalorisation du S.M.I.C., de garanties d'emploi, de congés supplémentaires, etc., tout ce qui alourdit les charges des employeurs ne profite que très inégalement à la population salariée. Cela ne change rien pour la tranche supérieure qui jouit déjà de tous ces progrès, et ne peut améliorer la condition que d'une catégorie intermédiaire. En revanche, une telle politique fragilise les plus mal traités, ceux, précisément, qui devraient en être les premiers bénéficiaires. Il est donc impossible de se défausser du progrès social en le repassant par décret au seul patronat.

Mieux vaut, à ce stade, intervenir par le système de planification, en aidant les industries à se revigorer ; à partir de quoi les luttes revendicatives internes aux entreprises permettront aux travailleurs de recevoir les dividendes du progrès économique.

Au-delà des simples avantages monétaires, ce sont les garanties anticrise qui sont recherchées. Elles peuvent s'acquérir dans les trois systèmes. Sur le marché économique, nous l'avons vu, la réussite de l'employeur entraîne pour le personnel des rémunérations plus élevées et une relative protection. Un patron qui fait de bonnes affaires ne licencie généralement pas et accorde un bon statut. Mais rares sont les entreprises dont la position est assez solide pour donner une « garantie I.B.M. ». Cette mise hors jeu, totale ou partielle, par rapport au marché, ne peut se réaliser que dans les deuxième et troisième systèmes : ceux de la solidarité ou de la planification.

Sorti des contraintes économiques, l'État peut en théorie accorder des assurances tous risques. En pratique, il ne dispose que de moyens réduits consentis par les contribuables et doit faire des choix. Logiquement, ceux-ci devraient suivre trois directions : assurer, au-delà du S.M.I.C. ou des A.S.S.E.D.I.C., une « condition française minimale » garantie à tous, accorder des avantages en compensation d'inconvénients graves, apporter des « aides de crise » aux travailleurs les plus éprouvés par les mutations économiques. Dans les trois cas, il s'agit de se mettre au service des plus malheureux ou des plus valeureux, ce qui n'est pas une option facile à prendre. De plus aucune de ces trois formes d'intervention ne peut apporter cette sécurité dans la prospérité à laquelle aspirent tous les Français. Le minimum garanti est très insuffisant sur le plan des revenus, la compensation implique des servitudes et n'est que ponctuelle, quant aux aides de crise, elles adoucissent une épreuve mais ne l'évitent pas.

La France forte va chercher à détourner cette solidarité à son profit pour joindre à la sécurité totale — emploi et revenu — du travailleur soviétique, un bon niveau de vie occidental. C'est d'abord la corporation des riches, qui diminue les ressources disponibles en limitant le plus possible la redistribution monétaire. Puis la France organisée, qui s'empare des garanties à partager et n'en laisse plus à la France faible. Voyons cela.

Les premières mesures sont d'ordre général et visent à enrichir la « condition minimale » qui doit pouvoir éliminer la pauvreté dans un pays aussi riche que la France. Pour conduire cette action, on découple complètement le système social du système économique. Il en va ainsi des allocations logement, etc. qui doivent être assurées à tous, travailleurs ou chômeurs, indépendamment de leur statut dans le processus de production. Mais comment augmenter ce minimum alors que, de l'avis unanime, le montant des transferts sociaux et fiscaux atteint pratiquement le maximum supportable ?

Améliorer les prestations sans alourdir les prélèvements implique que l'on réduise le nombre des bénéficiaires. De ce point de vue, il est absurde de multiplier les services gratuits ouverts à tous, universités, bibliothèques, théâtres ou hôpitaux dont profite surtout la France moyenne ou riche. La gratuité doit être réservée aux plus démunis.

Seuls les ménages dont les ressources n'atteignent pas le seuil d'imposition fiscale devraient être exonérés de la redevance télévisée, recevoir des titres de transport gratuits, être totalement pris en charge pour les soins médicaux, etc. Éternel problème de la transparence : certaines catégories, qui dissimulent une part importante de leurs gains, bénéficieraient abusivement de cet effort collectif. Mais on sait que la dissimulation fiscale à bas niveau tend à être le privilège de certaines corporations, plus qu'une fraude généralisée.

En restreignant ainsi le champ de la solidarité, en lui donnant pour seul but d'assurer à tous des services essentiels, on provoquerait un double mécontentement. Celui de la France aisée, furibarde d'être mise à contribution pour offrir aux pauvres plus que « le manger », et celui de la France des « gagne-petit », irritée de ne pas bénéficier elle aussi de ces avantages. Seule, hélas ! l'occultation des transferts par le recours à la confusion budgétaire permet de diluer ce genre de grogne. On préfère maudire un État trop gourmand plutôt que voir son argent aller directement dans la poche d'un voisin plus défavorisé.

Les véritables difficultés apparaissent lorsque la collectivité doit agir de façon discriminatoire en assistant ponctuellement tel ou tel groupe de Français. Pour ce qui concerne les différents Facteurs Non Monétaires positifs, nous avons vu tout au long de ce livre que la société est incapable de les répartir équitablement. Tantôt l'injustice participe aux inégalités dans le système économique, tantôt elle est délibérément provoquée, dans le système de solidarité, quand l'État cède aux plus fortes pressions et non aux plus pressants besoins. N'y revenons pas.

On retrouve la même perversion dans les aides de crise. Au lieu d'apporter à tous les travailleurs chassés de leurs emplois une assistance équitablement répartie, on accorde à certains des chaloupes de sauvetage pour leur faire atteindre sans encombre le rivage de la retraite, tandis qu'on ne lance même pas une bouée aux malheureux qui se débattent seuls dans les tourbillons. La France, c'est clair, ne pourrait donner à tous les licenciés la moitié de ce qu'elle a consenti aux sidérurgistes pour amortir le coût humain de la récession lorraine.

Là encore, on ne secourt pas n'importe qui. C'est « l'aristocratie ouvrière », sidérurgistes, ouvriers du livre ou des chantiers navals et cheminots, qui est prise en charge et l'on n'entend jamais les appels au secours des smicards et crypto-smicards. Même quand il s'agit de rattraper ceux qui tombent, on choisit les plus forts.

Pour être efficace, une politique sociale ne devrait pas traiter également des choses inégales. C'est vrai. Mais, dans la mesure où l'inégalité des interventions accentue, au lieu de la corriger, celle des situations, mieux vaut prendre, sans doute, des dispositions assez générales, sur lesquelles pèsent moins les pressions.

Le troisième système, celui de la planification ou du dirigisme économique, ne poursuit pas d'objectifs sociaux directs. Lorsque l'État soutient des entreprises en difficulté, aide à la création de nouvelles industries, finance le développement de certains programmes, il cherche à renforcer l'économie française. La collectivité consent alors un effort pour aider les forts à se maintenir, les faibles à devenir forts mais non pour soutenir les perdants. Ici, c'est l'efficacité qui prime. Le développement des biotechniques ou de la robotique n'a pas à être juste. Il est utile.

Dans le cadre du dirigisme, l'intervention de l'État ne se traduit pas seulement par des subventions plus ou moins déguisées. Elle se produit chaque fois que le prix d'un service est supérieur à celui du marché. Or, les forces qui distordent le système de solidarité vont également distordre le système de planification dans le même sens. Les conséquences risquent d'être fort lourdes.

Les avantages dont jouissent les électriciens, aviateurs et autres citoyens de la Privilégiature sont discutables sur le plan social, mais n'ont que des conséquences économiques limitées car la France a indiscutablement besoin de lignes aériennes et d'électricité. Il faut simplement éviter que ce surcroît n'entraîne des pertes de marché face à la concurrence internationale. En revanche, le poids des corporations peut devenir catastrophique lorsqu'il parvient à fausser la planification même.

En dépit de toutes les mesures d'accompagnement, les compressions d'effectifs sont toujours pénibles. Pour les éviter, il faut que l'activité se maintienne à un niveau élevé qui ne correspond pas forcément à l'optimum économique. Ce que le marché ne peut faire, la politique industrielle, elle, en est capable. L'emploi s'en trouve sauvé — au moins momentanément —, mais la facture s'alourdit beaucoup.

La désastreuse affaire Concorde ne s'explique pas autrement. La construction d'une série fut imposée par la direction et les syndicats de la S.N.I.A.S. qui redoutaient qu'une interruption du programme n'entraîne des licenciements. Jamais le sauvetage d'emplois ne coûta aussi cher. Il eût été bien plus économique de payer les ouvriers à ne rien faire que de leur fournir en prime de coûteuses machines pour leur donner l'illusion de travailler. C'est un scénario similaire qui a conduit à la plus grande faillite de l'histoire industrielle française, celle de la sidérurgie[1].

Désormais, dans tous les grands secteurs aidés par l'État, on voit les syndicats s'allier aux directions pour faire pression.

1. L'histoire en est retracée dans l'excellent livre de Jean G. Padioleau : *Quand la France s'enferre*, P.U.F., 1981.

Sidérurgie, chantiers navals, aéronautique, nucléaire, partout les choix économiques sont faits en fonction d'impératifs sociaux inavoués. Officiellement, on annonce de grands objectifs industriels. En fait, on veut « donner du travail » aux salariés afin d'éviter une explosion sociale.

Exemple typique : le charbon. Les gisements français s'épuisent inexorablement, la production est passée de 61,22 millions de tonnes en 1958 à 23,21 en 1980. Le nombre des mineurs a chuté de même de 241 921 à 61 508. On ne compte plus que 27 350 ouvriers de fond dans les mines de charbon. Pourtant on est loin de s'en être tenu aux lois du marché. L'État a dû verser en 1980 2 milliards de francs pour rééquilibrer l'exploitation, et 1,5 milliard de charges sociales. En 1982, la subvention aux Charbonnages devrait atteindre entre 5 et 6 milliards de francs. Et les choses ne peuvent qu'empirer : les meilleures veines devront être bientôt abandonnées au profit de moins bonnes.

A cette très mauvaise situation sur le plan intérieur, il faut en opposer une autre, très favorable, sur le plan mondial : les réserves de charbon sont quasiment inépuisables, et la diversité des producteurs exclut tout étranglement du marché par un cartel façon O.P.E.P. On pourra donc toujours acheter tout le charbon qu'on veut et cela, à très bon compte par rapport aux prix de revient français. En effet, les conditions d'extraction sont tellement commodes dans les grands gisements étrangers que la compétition avec nos mines n'est guère possible. Pour le charbon, tous les spécialistes vous le confirmeront, le problème, c'est la consommation, non la production. Le vendeur cherche l'acheteur et non l'inverse. Ajoutons que la France utilise surtout ce combustible dans les centrales électriques et que, manque de chance, le charbon national n'est pas adapté à cet usage.

Mais les mineurs sont attachés à leur métier et, plus encore, la C.G.T. tient à conserver cette « forteresse ouvrière ». On relance donc la production nationale. C'est dire que l'on va envoyer au fond de mines de plus en plus profondes, de plus en plus difficiles, des hommes qui s'épuiseront à produire un charbon que l'on trouverait trois fois moins cher sur le marché mondial. Et, lorsque le dernier mineur aura remonté la dernière benne et perdu son travail, nous disposerons sans doute enfin des techniques de gazéification *in situ* qui devraient nous permettre de récupérer cette énergie à moindre coût. Surtout, à moindre peine... Avec l'argent économisé, nous aurions pu créer de bons emplois dans des industries de transformation modernes, en exploitant des filières techniques qui ne s'épuisent pas comme les filons géologiques.

L'affaire des Boeing 737 d'Air France appartient au même folklore. Le progrès technique, en permettant de piloter les avions modernes à deux personnes et non plus à trois, portait un coup sévère au corps des mécaniciens navigants évincés de la cabine. Les syndicats de navigants d'Air France s'opposèrent donc au pilotage à deux des 737 et la compagnie dut renoncer à les commander. Un certain nombre de lignes furent abandonnées, faute d'appareils modernes pour les exploiter. Et Air France perdit une partie de son marché au profit de la concurrence. Les années passant, l'absurdité de ce comportement suicidaire obligea les pilotes à revenir sur leurs positions et ce fut le ministre communiste Charles Fiterman qui, courageusement, donna le feu vert pour l'achat des Boeing 737. Ces années de blocage auront, en attendant, coûté à la compagnie nationale le dixième de ses heures de vol.

Sous de semblables pressions, on entretient des vignes pour alimenter les distilleries, des chantiers navals qui vendent les navires à mi-prix, des installations sidérurgiques qui ne peuvent écouler leur acier. Toute la politique industrielle est détournée au profit de secteurs qui, dans les meilleurs cas de figure, sont certes d'avenir, mais au détriment d'autres branches qui, pour avoir un lourd passé, n'en étaient pas moins susceptibles de se moderniser.

Entre le secteur libéral qui pervertit sa logique dans l'héritage, les positions dominantes et les ententes, le secteur social qui assiste en priorité les plus forts et le secteur planifié qui cède aux pressions corporatistes, la France forte joue le hors-jeu. Elle observe la partie qui se déroule sur le marché, sans entrer dans la mêlée, sans recevoir les horions, assurée seulement de décrocher sa médaille à la sortie. En or ou en chocolat.

Examinons de plus près cet art de la triche dans les trois systèmes. Tout est simple sur le marché libéral. Les joueurs sont sensiblement les mêmes : des producteurs individuels ou collectifs ; les principes sont connus. On les admet ou on ne les admet pas, mais ils sont relativement faciles à faire respecter pour peu que l'arbitre soit impartial et résolu.

Tout se complique dans les deux autres secteurs. Les acteurs sont indéfinissables. Une seule caractéristique : l'individu a cédé la place au groupe. Le petit épicier est remplacé par le C.I.D.-U.N.A.T.I., l'exploitant agricole par la F.N.S.E.A., le médecin par sa fédération syndicale, etc. Ces ensembles sont, cependant, totalement hétérogènes. Il y a des entreprises, mais qui ne jouent plus le jeu commercial traditionnel, des associations de consommateurs — trop faibles hélas ! —, des organisations patronales, des syndicats de salariés, des groupements de travailleurs indépendants et des représentants de tout et n'importe quoi.

Signe des temps : toutes les catégories veulent organiser leur représentation, et les postes de porte-parole sont de plus en plus courus. Non pas à la base — il est toujours aussi difficile de recruter l'encadrement syndical dans les entreprises privées —, mais dans les corporations bien organisées et au niveau national, où les places sont âprement disputées. Oublions un instant les « Grands Partenaires Sociaux », qui offrent à leurs dirigeants des postes équivalant à des portefeuilles ministériels sur le plan du pouvoir et de la notoriété. MM. Gattaz, Guillaume, Maire, Bergeron ou Séguy sont des vedettes à part entière du Tout-État. Mais, à l'arrière-plan, existe toute une bureaucratie représentative, dont le sort est entièrement lié à celui de l'organisation. C'est particulièrement évident dans le monde agricole où le syndicalisme et les différents organismes professionnels forment désormais une voie privilégiée d'ascension sociale. Que l'on songe, dans un autre registre, au rôle national que la représentation des parents d'élèves fit jouer au fameux Me Cornec. Ce genre de carrière peut réserver des satisfactions personnelles qui ne le cèdent en rien à celles des jouteurs politiques.

On finit par sombrer dans l'aberration complète avec l'autoproclamation de porte-parole prétendant s'exprimer au nom de catégories qui, par leurs dimensions mêmes, échappent à toute tentative sérieuse d'organisation. On voit ainsi surgir dans l'actualité des représentants des piétons, des automobilistes, des usagers, des malades, des braves gens, des contribuables, etc. Titres d'autant plus saisissants que parfaitement insaisissables mais dont on espère quelque jour tirer un statut officiel d'organisation représentative. Pour ces avocats de l'impossible, c'est la concrétisation officielle. Depuis que je suis à la télévision, j'entends citer les « représentants des téléspectateurs », qui devraient siéger dans les conseils d'administration. Tout le monde en parle avec le plus grand sérieux sans remarquer que, tous les Français étant téléspectateurs, seuls les parlementaires pourraient prétendre à ce titre. Mais non, l'habitude est prise et les dirigeants d'associations plus ou moins bidons se verront reconnaître le droit de dire : « Nous autres téléspectateurs... »

Sur le marché de la solidarité ou de la planification, ces partenaires hétéroclites jouent un jeu nécessairement biaisé. Impossible, en effet, de tenir le discours revendicatif classique. Face au patron, on défend sans complexe ses intérêts. « Nous voulons de l'argent, des avantages. » C'est clair et net. Il n'est pas nécessaire d'invoquer les grands principes, l'affrontement est franc, brutal.

Mais on ne s'adresse pas à la collectivité comme à un vil capitaliste. Il faut défendre soit l'intérêt général, soit la veuve et l'orphelin, étant entendu que, si réellement vous n'avez que ça à vendre, vous n'obtiendrez jamais rien. L'intérêt particulier s'enrobe dans l'intérêt général, l'aisance se revêt de haillons misérables, la force se dissimule sous l'apparence de la plus extrême faiblesse. Double langage permanent qui n'est rendu possible que par la loi générale du tabou. On ne doit pas dénoncer publiquement les ambiguïtés du discours corporatiste.

On ne demande pas à un porte-parole de prouver sa représentativité, à une profession d'ouvrir ses livres de compte, à un groupement de reconnaître son égoïsme catégoriel. Les contradictions doivent être ignorées. En public du moins. Car, sitôt la porte refermée, le même ministre, qui faisait mine de couper dans tous ces bons propos, se met à vitupérer ses interlocuteurs qui « ne représentent qu'eux-mêmes », « ne sont pas si malheureux qu'ils le disent » et « ne pensent qu'à augmenter encore leurs avantages au détriment de la collectivité ». Hypocrisie bien française.

Du fait qu'ils ne mettent jamais en avant que des sentiments altruistes ou éminemment respectables, ces groupements sont intouchables. Critiquer, contredire ou contester un « homme qui parle au nom de... » devient un crime de lèse-majesté. C'est injurier tout à la fois l'ensemble des gens, fort honorables, dont il se réclame et tous les idéaux, fort estimables, qu'il proclame.

Peu à peu, les grandes corporations en arrivent à ne plus parler qu'au nom de l'intérêt général, définitivement identifié à leurs intérêts particuliers. On ne revendique plus jamais pour soi, toujours pour les autres : la France, les usagers, le public, à moins de n'avoir pour mandants que les plus déshérités des hommes.

Il faut vraiment défendre les lépreux, les paralytiques ou les enfants en bas âge pour en venir directement au fait. Il devient, impossible de démêler les revendications catégorielles de la référence au bien commun. Dans les cas extrêmes d'ailleurs, celles-ci finissent pas disparaître complètement. Lorsque le Commissariat à l'énergie atomique, en contradiction avec tous les autres pays, présente le retraitement des combustibles irradiés comme la seule voie possible, allez savoir s'il défend son propre avenir ou celui du pays ? Il y a bien longtemps que les responsables du programme atomique français ne distinguent plus les deux.

Ce discours, jamais contredit, sombre dans l'irréalisme total. Au nom de la sécurité — celle des passagers et non celle de leur emploi —, les mécaniciens navigants défendaient le pilotage à trois alors que des rapports internationaux ont prouvé que, sur les avions modernes, le pilotage à deux ne présente aucun danger. Dans une même conférence de presse, l'industrie du verre peut prôner le double vitrage, au nom des économies d'énergie, et recommander l'utilisation des emballages en verre perdu.

Les ministres voient arriver sur leurs bureaux des projets dont ils ne savent plus jamais s'ils répondent à un besoin réel ou s'ils ne visent qu'à assurer des contrats à tel organisme ou telle entreprise. S'ils donnent le feu vert « pour voir », ils se heurteront à la « défense de l'emploi » au moment de vouloir faire machine arrière.

Ainsi, cette « main invisible », qui, sur le marché libéral, est supposée guider la recherche du profit individuel dans le sens de la prospérité nationale, s'est miraculeusement transposée sur les marchés de la solidarité et de la planification, dirigeant, non moins infailliblement, les intérêts catégoriels sur la voie du bien commun.

Il s'agit d'une véritable imposture. En dernier recours, le particulier et le général s'opposent toujours. A supposer même qu'il existe une certaine convergence à l'origine, celle-ci ne résistera pas à la poussée revendicative. On peut soutenir avec quelque apparence de raison que la société devrait donner « un peu plus » dans le secteur concerné. Consentir un effort pour les enseignants, les Bretons, les boulangers, les automobilistes, les marins-pêcheurs et les gitans est souvent justifié, même en termes de politique générale, même en tenant compte des arbitrages.

A ce stade-là, on pourrait encore dire : « Faire quelque chose pour nous profitera finalement à tout le monde. » Mais il n'est de groupe qui se contente de « quelque chose ». Naturellement et nécessairement, chacun veut « toujours plus ! » et ne borne son ambition qu'en fonction de ses moyens d'action. Ceux qui modèrent leurs exigences ne sont pas moins gourmands que les autres, ils sont seulement moins bien armés et, par bonne tactique, ne demandent pas beaucoup plus qu'ils peuvent espérer. Mais, aussitôt qu'ils se trouvent renforcés, ils poussent plus loin leur avantage. Il existe donc, en tout état de cause, une incompatibilité, quantitative sinon qualitative, entre les revendications catégorielles et la politique du pays. La somme des premières excède toujours — et dans des proportions vertigineuses — les possibilités de la seconde. Tout l'art du gouvernement consiste à repousser des demandes légitimes et respectables : le reste n'est qu'une routine, administration ou démagogie.

Ainsi, dans le meilleur des cas, et lors même qu'existerait cette bienheureuse convergence, les groupes particuliers ne pourraient défendre d'une même voix leurs intérêts et ceux de la collectivité tout entière. Voilà pourtant ce qui se fait tous les jours.

Plus on poursuit un objectif ponctuel et terre à terre, plus on prend de la hauteur jusqu'à embrasser tout l'horizon.

A ce jeu vicieux, la compétence se galvaude. Or, les professionnels doivent être les conseillers naturels des décideurs. Qui peut parler pédagogie sinon les enseignants, qui peut parler agriculture sinon les paysans, qui peut parler médecine sinon les médecins ? Mais, par ce biais du discours, l'autorité devient suspecte. Ayant écouté les hommes de l'art ou leurs représentants, il faut encore séparer le paidoyer de l'avocat et l'avis de l'expert. Que l'on s'en remette aux corporations ou qu'on les tienne systématiquement en suspicion, les deux attitudes sont également absurdes. Il ne faut rien faire sans les intéressés, et rien décider sans être désintéressé.

Ayant représenté les journalistes de télévision lors de la grande grève de 1968, j'ai pu me battre, tout au long de ces sept semaines de conflit, sur des positions claires. J'avais mission de défendre une certaine idée du service public et non des revendications catégorielles. Nous ne demandions pas des satisfactions matérielles, mais une organisation de l'information qui protège son indépendance. Malheureusement, les journalistes furent bien les seuls à séparer ainsi le particulier du général. C'est pour cela, précisément, qu'ils se retrouvèrent isolés et se firent sacquer. Il fallait jouer du double langage, mêler les deux discours afin de gagner sur un tableau au moins. La stratégie était évidente : négocier avec le pouvoir la revendication politique, qu'il ne voulait pas satisfaire, contre des avantages matériels, qu'il finirait par concéder. Je n'ai pas su.

N'est-il pas temps d'en finir avec ce jeu absurde ? Va-t-on longtemps encore supporter cette liturgie désuète des paroles pieuses cachant les sentiments aigres ? Faudra-t-il continuer à voir chaque ministre se faire l'avocat de ses administrés et non le représentant de la nation ? Retrouvons le discours franc, direct et loyal.

La défense des intérêts particuliers est parfaitement honorable, mais elle doit se présenter à visage découvert. Et, lorsqu'on prêche pour sa paroisse, la moindre honnêteté consiste à ne pas entonner la *Marseillaise.* C'est un air ou l'autre. Pas les deux à la fois. Telle devrait être la nouvelle règle du jeu. Avant d'aborder le discours général, il faut d'abord énoncer clairement l'objectif catégoriel que l'on poursuit et les avantages que le groupe pourrait tirer de la solution qu'il propose. Si les conseillers doivent être les encaisseurs, qu'à tout le moins, ils ne s'en cachent pas.

Comme les Français sont loin de cette honnêteté dans les relations sociales ! D'un côté, les rapports employeurs-employés passent par un absurde langage guerrier, de l'autre les rapports corporations-État versent dans l'irénisme. Ici, tout n'est que cupidité, affrontement, menaces, et là, grands sentiments, patriotisme et désintéressement. Tout cela est infantile. Chaque catégorie, chaque groupe doit pouvoir défendre égoïstement, naturellement et nécessairement, ses intérêts. Sans fausse pudeur et en annonçant ses moyens de pression.

Il paraît toujours choquant à des Français — pas à des Américains — que l'on traite avec cette brutalité la vie sociale en dehors de la rituelle « lutte des classes ». Sitôt que l'on sort de l'antagonisme patron-salarié, tout le monde doit être beau et gentil. Je pense au contraire qu'un groupe donné défend son intérêt sur les marchés de l'intervention étatique tout comme une entreprise sur le marché commercial. Avec le même acharnement, la même volonté égoïste, ou mieux égocentrique, d'obtenir le plus possible. L'organisme représentatif n'a pas pour objectif l'intérêt général, mais un intérêt particulier, et se trouve, de ce fait, en lutte avec tous ses concurrents. Pour n'être qu'indirecte du fait que chacun s'adresse à l'État, cette compétition est tout aussi féroce que celle du libéralisme économique. Là aussi, chacun s'efforce d'être le plus efficace possible. Au pouvoir politique d'arbitrer : je suis avocat et je plaide. Cette compétition est celle des messagers voulant atteindre en premier le souverain, celle des entreprises se disputant une clientèle. Elle n'a rien à voir avec la qualité des messages ou des produits.

Dans ces batailles pour interpeller la société, et arracher des avantages, tous les coups sont bons sans que, pour autant, les protagonistes soient « méchants ». Toutes les associations, tous les groupements, toutes les corporations rêvent d'avoir, comme les électriciens, la main sur le disjoncteur. Il est absurde de reprocher aux syndicats d'E.D.F. d'utiliser cette arme suprême et encore plus de prétendre qu'ils ne le font pas à des fins strictement égoïstes.

Il n'y a pas plus d'angélisme ici que dans les affaires. Nos balayeurs du métro n'avaient certainement qu'un regret : ne pas pouvoir bloquer la circulation des rames. Comme je les comprends ! S'ils avaient eu cette possibilité, sans doute même n'auraient-ils pas eu besoin d'y recourir. La menace aurait suffi. Bref, chacun ici se bat pour son propre compte ; dans l'intérêt de la collectivité si possible ; contre lui, si nécessaire.

L'égoïsme des corporations n'implique nullement celui de ses membres. Il m'arrive bien souvent d'être irrité par la mentalité étriquée qu'exprime le corps enseignant à travers ses organisations représentatives. Mais, tout au long de leurs études, mes enfants ont eu d'excellents professeurs qui ne ménageaient ni le temps, ni la peine, ni même l'affection qu'ils apportaient à leurs élèves. Même chose à la télévision où les syndicats se battent sur des positions étroitement catégorielles, mais où l'information télévisée ne pourrait tout simplement pas être livrée si, dans le travail de tous les jours, les uns et les autres n'allaient très au-delà des obligations réglementaires longuement négociées.

Il n'y a là rien que de très normal. Dans une organisation de défense, on met en commun ses intérêts, non son cœur. C'est pourquoi le comportement de groupe diffère totalement des comportements individuels. Ce n'est donc pas faire injure aux membres d'une profession que taxer d'égoïsme une position corporatiste.

Aucun progrès ne sera possible dans la société française aussi longtemps qu'on n'aura pas retrouvé un langage vrai dans les relations sociales, aussi longtemps qu'on maintiendra les règles du secret. Aujourd'hui, chaque groupe revendique, tout en cachant jalousement son jeu. Je demande à voir. Puisque le public est de plus en plus pris à témoin des grandes manœuvres, il faut obliger les partenaires à retourner leurs cartes. Du haut en bas de la Privilégiature, et du notaire au balayeur, que chacun fasse son inventaire public. Que l'on sache enfin au nom de quoi l'on sollicite le soutien, voire la compassion, des Français. Dans l'Amérique libérale, l'individu énonçait sa fortune en même temps que son nom ; dans la France corporatiste, que chaque groupe dise ses heurs et malheurs avant de présenter ses cahiers de doléances.

Aujourd'hui, les renseignements fournis par les intéressés sont presque toujours mensongers. Un organisme indépendant et impartial devrait faire le point publiquement sur la situation réelle et globale des parties en conflit. Avant de demander toujours plus, il faut d'abord ouvrir ses comptes. Messieurs les statisticiens, vous nous avez dit ce que gagnent les C.S.P.[1], c'est bien, mais un peu court. Il faut maintenant aller plus loin afin que nous fassions meilleur usage de notre solidarité.

Cette grande épreuve de vérité, profondément traumatisante dans la société actuelle, ne pourrait qu'être salutaire. Dès que les Français sauront, leur comportement changera. Ils ne confondront plus dans la même commisération le peuple des taudis et les habitants des Privilégiatures. Ils arbitreront différemment les confrontations dont ils sont l'enjeu et le gouvernement se trouvera libre de poursuivre la justice sociale ou l'efficacité économique sans être contraint par les groupes de pression.

Cette révolution-là ne peut être accomplie que par une politique de gauche. C'est donc maintenant qu'elle doit intervenir. La France moyenne, celle des petits avantages, ne pourra jamais admettre qu'on prétende la mettre à contribution alors qu'on maintient la corporation des riches dans les privilèges de la fortune établie. Pour tenir ce langage impopulaire, il faut, tout à la fois, avoir prouvé dans ses actes son engagement aux côtés des plus faibles et s'appuyer directement sur les catégories auxquelles on demande des sacrifices. Folies diront les experts-politiciens ! Il faut, au contraire, soigner sa clientèle. Or les gros bataillons de la gauche viennent de la France organisée. Il conviendrait donc d'éviter tout discours susceptible de leur déplaire. Ce raisonnement n'est vrai que toutes choses égales par ailleurs. Les Français notamment. Mais, précisément, le changement est apparu dans les faits et les hommes avant de se manifester dans la politique.

C'est une banalité de constater que la crise favorise l'alter-

1. C.S.P. : catégories socioprofessionnelles.

nance politique. En France comme ailleurs. Elle fait tomber les gouvernements, ici de droite et là de gauche. Cette instabilité du corps électoral traduit un refus global de la nouvelle conjoncture économique. Pour tous les peuples, les décennies heureuses 50-60 constituent la référence. La normalité. Les perturbations que nous connaissons depuis une dizaine d'années sont ressenties comme un dérèglement. Une pathologie. Les gouvernants, eux, deviennent des médecins ayant pour mission de rétablir la bonne santé de l'époque précédente. Mission impossible car cette prétendue bonne santé était, en réalité, un état tout à fait anormal. Celui d'un organisme dopé en quelque sorte. Comment la retrouver maintenant que nous avons perdu les amphétamines de la croissance ? Nous redécouvrons notre mauvaise vieille économie de marché qui, de crise en crise, ne cesse de s'adapter à des circonstances toujours mouvantes. Reconversion, chômage, faillite, expansion, récession en constituent la physiologie et non la pathologie. La bonne politique permet de contenir ces perturbations dans des limites supportables. Pas de les supprimer.

Le retour au monde d'avant la crise est d'autant plus impossible que l'environnement est beaucoup moins favorable et qu'il impose des efforts d'adaptation beaucoup plus grands. Toute majorité qui se fait élire sur la promesse de rétablir le plein emploi, l'expansion régulière, le maintien des équilibres, l'élévation continue du niveau de vie sera battue lors du prochain scrutin. Les électeurs, constatant que rien de tout cela ne s'est réalisé, voudront à nouveau changer de médecin. La gauche qui a pris le pouvoir sur un tel malentendu est condamnée à le perdre si elle n'est pas capable d'en sortir, c'est-à-dire si elle reste prisonnière des schémas politiques classiques.

Si longtemps que perdurent ces idées fausses, les Français sont en droit d'attendre une guérison rapide. Ils peuvent consentir quelques efforts pour sortir de la mauvaise passe actuelle, mais se refusent à toute remise en cause traumatisante. Il ne peut s'agir que d'un traitement provisoire et non d'une transformation permanente.

Concrètement cela signifie que les nouveaux groupes dominants confortent leurs positions. Ils le font de deux façons. Soit en accroissant les protections corporatistes dont ils bénéficient, soit en affaiblissant les possédants et soulageant les pauvres par la redistribution monétaire. Tel est le premier temps du discours socialiste sur le progrès social, celui qui ne peut que satisfaire l'électorat et qui, de fait, a permis la victoire du printemps 81. La France moyenne et organisée, en ayant focalisé sur l'argent la question des inégalités, a pu se retirer d'un jeu qu'elle arbitre à son avantage. Dans l'œuvre de justice sociale, elle s'implique comme partie prenante et non contribuante. Ainsi en arrive-t-on à cette situation parfaitement surréaliste d'un gouvernement qui, en pleine guerre économique mondiale, délibère sur les droits syndicaux des fonctionnaires dans l'Administration ou sur la suppression de toute concurrence dans le système éducatif.

Mais ces petits jeux du clientélisme électoral ont fait leur temps. N'en déplaise aux politiciens-conseils, toute majorité qui s'en tient à ces recettes se condamne. A en juger par la rapidité avec laquelle les Français ont commencé à s'interroger sur la politique suivie par la gauche au pouvoir, on peut même penser que le processus du « changement » — celui de majorité — est déjà engagé et se poursuivra inexorablement si le gouvernement n'adopte pas un langage radicalement neuf. Il faut maintenant apporter les réponses que l'opinion attend et redoute tout à la fois ; celles que taisent les hommes politiques. De droite comme de gauche.

Les Français doivent savoir que, pour des raisons tant nationales qu'internationales, leur niveau de vie actuel ne pourra être maintenu par les moyens qui permirent de le conquérir. Sur le plan mondial, la France a eu la chance d'appartenir à un petit groupe de nations dominantes. Or celles-ci ont perdu leur hégémonie. Le monde futur sera multipolaire et nul ne sait si l'Europe pourra en rester un centre majeur. La bataille sera donc plus difficile. Sur le plan intérieur, le développement économique s'est effectué au sein d'une organisation sociale hiérarchisée, inégalitaire et divisée. Mais il a eu pour résultat de bouleverser cette structure et celle qui tend à la remplacer se révèle plus rigide, moins efficace et non moins injuste. Bref la France risque de se retrouver plus faible dans un monde plus dur.

La redistribution monétaire, pour souhaitable qu'elle soit sur le plan de l'équité, ne correspond à aucun optimum économique. Un meilleur partage de l'argent n'améliore pas la compétitivité d'une industrie. Quant à l'extension des droits et garanties, elle risque de réduire toujours davantage les divisions mobilisables pour gagner les batailles économiques. Sur les marchés internationaux, on ne fait plus la guerre en armure.

Toute politique doit reposer sur la constatation qu'il n'y a pas de progrès social dans la récession économique, et qu'il n'y aura plus de prospérité assurée sans une lutte permanente et impitoyable à l'échelle mondiale. Si ces prolégomènes se révèlent faux et s'il apparaît qu'on peut s'enrichir sans souffrir, il ne sera pas trop difficile de s'adapter à cette situation inattendue.

Les Français sont beaucoup plus proches de ces réalités que ne le laisseraient croire les discours politiques. Fait significatif : ils ne font pas plus confiance à la gauche qu'à la droite pour vaincre le chômage ou l'inflation. D'ailleurs, aucun chef de parti, même dans l'opposition, n'ose plus promettre la sortie de la crise. Comme toujours le jeu politique se structure autour d'idées qui sont déjà dépassées au niveau des mentalités. Ceci ne contredit pas l'observation précédente : moins on espère guérir et plus on change de médecin. C'est connu.

La crise étant indissolublement liée à l'économie de marché laquelle est non moins indissolublement liée à un certain niveau de vie, nous sommes condamnés à nous en accommoder. Nous pourrons faire baisser les taux de l'inflation ou du chômage, accélérer le rythme de la croissance, rétablir certains équilibres, mais nous n'échapperons pas à la turbulence du monde futur, ni aux efforts constants d'adaptation qu'elle nous imposera. Il faut le savoir et le dire.

Cela posé, les conséquences s'ensuivent nécessairement. Un malade ne réagit pas de la même façon selon qu'il attend sa guérison ou qu'il sait devoir vivre avec son mal. Ainsi la France, ayant pris conscience qu'elle subira de façon permanente les contraintes économiques, doit revoir toute son organisation.

Il s'agit de combiner justice et efficacité dans cet état de crise chronique que le Léthé des 30 Glorieuses nous fait qualifier de « nouveau », alors qu'il a dominé tout le XIXe siècle et la première moitié du XXe siècle. Ce sera le thème du deuxième discours sur la solidarité, celui qui n'a toujours pas été tenu. Son objet ne sera plus le partage du gâteau monétaire, mais la répartition des contraintes économiques. Ses acteurs ne seront plus les riches et les pauvres, mais la France des citadelles et celle des champs de bataille. Cette fois c'est bien la France moyenne qu'il faut mettre à contribution et le gros tabou des « droits acquis » qu'il faut briser.

A nouveau les docteurs ès tactiques électorales vont lever les bras au ciel. « Folie ! Folie ! La gauche toucher aux droits acquis ! Ce serait une profanation. » Je n'en crois rien et je pense même le contraire. Miser sur les égoïsmes corporatifs faute de pouvoir les surmonter, c'est faire un très mauvais calcul, c'est, surtout, confondre l'expression des représentants et le sentiment des représentés. Bien des amis fonctionnaires m'ont avoué que l'affaire de la cotisation aux A.S.S.E.D.I.C. les avait profondément gênés. Ils considéraient comme normal d'être mis à contribution et n'appréciaient pas particulièrement l'encombrant « cadeau » du ministre Le Pors. En dépit des positions officielles de la C.G.T. sur la réduction du temps de travail, je demeure persuadé qu'en s'adressant directement aux Français le président de la République aurait fait accepter les amputations de salaire correspondant à la semaine des trente-cinq heures.

Cette conviction je la fonde sur la certitude que l'évolution en cours nous conduit à une impasse. Sur le plan économique la situation risque de se dégrader en raison des rigidités, des lourdeurs qui naissent inévitablement du corporatisme. Sur le plan social, les tensions auront tendance à s'exacerber à mesure que le fossé s'agrandira entre les deux France. Sur le plan politique enfin une majorité au pouvoir n'a rien à perdre dans le bouleversement de règles qui, de toute façon, la condamnent. Et c'est le point essentiel.

Le pseudo-changement consistant à gratifier les électeurs en attendant des jours pires n'offre aucune assise stable à la gauche. Soit qu'elle étende trop le champ de ses largesses et provoque un dérapage général de l'économie, soit qu'elle ne soigne que son électorat traditionnel et irrite les autres catégories, elle sera toujours lâchée en fin de course par les quelques centaines de milliers de Français qui, en leur temps, lâchèrent Giscard pour la rejoindre. Le seul avenir raisonnable pour le socialisme en France, c'est le pari risqué de la solidarité. La fameuse rupture, elle n'est pas à créer avec le capitalisme, mais avec les égoïsmes de groupes (au sein desquels les patrons ne forment jamais qu'une catégorie parmi d'autres) qui condamnent à terme tout progrès économique ou social. C'est sur une nouvelle règle du jeu social, adaptée à un monde difficile que peut se fonder un projet politique. De gauche ou de droite d'ailleurs, car nous n'avons pas tellement le choix.

Le principe de base est de faire participer tous les Français, à un titre ou à un autre, aux contraintes et servitudes d'une économie développée dans le monde contemporain. Dès lors que la redistribution monétaire est vigoureusement poursuivie, c'est le grand partage qu'il faut entreprendre immédiatement. La remise en cause générale des conditions. Qu'est-ce à dire ? Va-t-on refaire la guerre de religion à la française entre les libéraux, qui entendent faire assumer à tous l'insécurité du marché et les planificateurs, qui prétendent apporter à tous les bienfaits d'une sécurité absolue ? Rien n'est aussi absurde. Pourquoi faut-il que le même système soit imposé à l'ensemble de la population ? Une société moderne n'est pas une caserne à l'organisation monolithique. D'ores et déjà, les secteurs libéraux et socialisés s'imbriquent sans trop de difficulté. En tant que travailleur, l'enseignant français jouit d'une condition assez comparable à celle d'un enseignant soviétique. Le cadre d'une entreprise capitaliste n'a pas un sort très différent de son collègue américain. Cette diversité est source de richesse, il faut la développer au lieu de vouloir la supprimer. Que chacun s'insère dans la filière qui lui plaît, cela vaut mieux que de se battre pour imposer ses goûts à tous ses concitoyens. Il est également absurde de dénoncer l'entrepreneur capitaliste « qui ne pense qu'au fric » et le fonctionnaire « qui ne rêve que de se planquer ».

La tolérance sociale aussi, cela doit exister. Surtout lorsque les frères prétendus ennemis sont, en réalité, totalement complémentaires. Il est aussi nuisible d'imposer l'hypercompétitivité libérale à ceux qui aspirent à la sécurité que d'étouffer le dynamisme créateur des pur-sang capitalistes. La vocation de l'entreprise et la vocation du fonctionnaire sont au même titre respectables, et nécessaires. Mépriser l'une ou l'autre, c'est appauvrir le corps social.

Je plaide donc pour une société à la carte, qui offre une multitude de conditions différentes, depuis la sécurité totale jusqu'au risque maximum. Pour le droit de chacun à la différence sociale au sein de sa communauté. Et je requiers contre une société éclatée entre d'une part une Privilégiature, haute ou basse, qui ignore la crise, et d'autre part une population affaiblie, qui doit seule assumer la charge de l'économie libérale. Tout cela n'est-il pas contradictoire ?

Si l'on tolère que la France apporte à certains de ses enfants la double garantie de l'emploi et du revenu sans la faire payer en termes de niveau de vie, alors, effectivement, une société de choix n'est pas possible. Tout le monde voudra s'engouffrer dans les Privilégiatures qui offrent ce triple avantage et comme elles ne sauraient accueillir tous les Français, nombre d'entre eux resteront au-dehors. Exclus.

Par définition, le choix ne peut se faire qu'entre des options différentes, mais équitables. Si les aspects positifs sont dans les unes et les aspects négatifs dans les autres, c'est à nouveau la loi du plus fort qui présidera à la distribution. Posons en principe que tout partage qui met dans certains lots, sous forme de droits acquis, le tiercé gagnant : niveau de vie, garantie de revenu, sécurité de l'emploi, est source d'injustices. Si nous admettons que notre richesse est liée à l'économie de marché, nul ne peut y prétendre sans accepter en contrepartie certaines servitudes du système. Il faut donc nécessairement admettre une pénalisation sur l'un quelconque de ces atouts maîtres. C'est la loi fondamentale du partage.

Dans cette optique, la sécurité de l'emploi cesse d'être un privilège. Elle se paiera soit par un niveau de vie plus bas, soit par une incertitude sur le revenu. Disons pour simplifier que l'instituteur, garanti dans son travail et son revenu, n'est en rien un privilégié car son niveau de rémunération est inférieur à celui de sa catégorie. L'agriculteur, qui ne craint pas pour son emploi, ne connaît pas à l'avance le montant de ses bénéfices, etc.

La justice sociale aurait tout à gagner à ce que l'insécurité du revenu remplace progressivement l'insécurité de l'emploi dans le monde salarié. Ne revenons pas sur l'iniquité des licenciements économiques comme moyen de sauver la rentabilité. Au sein de petites entreprises ou lorsque certaines branches sont irrémédiablement condamnées, il n'est pas d'autre solution envisageable. En revanche, on peut procéder tout autrement au sein de grands groupes très diversifiés. Mais les garanties d'emploi ne peuvent être accordées gratuitement sous peine de constituer à nouveau des privilèges. Les contrats proposant une telle clause devront également prévoir un salaire variable en fonction des résultats — ceux de l'intéressé et ceux de la société —, des obligations de recyclage et d'affectation. La direction, obligée de conserver ses employés, pourrait leur demander d'acquérir une nouvelle qualification ou d'accepter un poste différent, impliquant au besoin un déplacement géographique. Là encore, il faut proposer d'autres contrats n'offrant ni cette garantie ni ces servitudes. Aux intéressés de choisir et de se conformer ensuite à leurs engagements.

A la télévision, certains réalisateurs ou producteurs travaillent au contrat, sans nulle garantie, d'autres sont salariés. Il est sain que l'alternative soit offerte à condition, évidemment, que le risque des uns corresponde à des gains plus élevés et la sécurité des autres à un revenu plus bas. Il en va de même dans le monde médical où certains choisissent le salariat, moins bien rémunéré, de la médecine hsopitalière, scolaire, du travail..., alors que d'autres veulent exercer en cabinet, avec l'espoir de gains plus élevés.

Rien n'est si difficile que de maintenir l'équité entre ces conditions différentes, mais rien ne serait plus absurde que de décréter le salariat pour tous ou la précarité obligatoire. Chaque fois que la diversité peut être introduite, il faut la favoriser et non la supprimer. Les hommes sont différents, c'est une chance à saisir. La normalisation est toujours la pire des solutions.

Je ne dissimule pas les obstacles formidables qui s'opposent à une telle redistribution. Aujourd'hui les uns ont le beau jeu, du carré d'as au brelan de valets, les autres rien que le rebut. Or, les groupes hors crise ont tendance à considérer que leur situation est simplement normale et qu'il convient d'améliorer celle des autres sans toucher à la leur. C'est également la position du

Parti communiste pour qui l'on ne doit pas gérer la crise du capitalisme, mais la faire disparaître en changeant de système.

Au contraire, mon raisonnement repose sur le postulat — fondé sur l'expérience mais indémontrable en théorie — que l'économie planifiée ne peut pas assurer le même niveau de vie que l'économie de marché, et que celle-ci ne se conçoit pas sans l'insécurité.

A partir de ces prolégomènes, il est juste que les Français qui échappent à l'économie de marché — ce qui ne veut pas dire quitter le système capitaliste, rappelons-le — subissent une amputation de pouvoir d'achat. Si la France faisait globalement la même opération, elle subirait la même pénalisation. Répétons-le, il n'est pas obligatoire de penser l'évolution en termes de tout ou rien, ou, plus exactement, de tous ou personne. Une fois que sera clairement fixé le prix à payer pour échapper aux contraintes libérales, on verra bien si les Français choisissent de sacrifier le revenu à la sécurité.

Le secteur fonctionnarisé s'étendra dans l'économie même, si telle est la volonté des travailleurs. Mais il n'est pas possible d'entretenir l'illusion qu'il existe aujourd'hui un modèle économique combinant les avantages des deux systèmes. Il peut seulement y avoir une cohabitation entre eux, ce qui n'est pas pareil.

Mais comment évaluer justement les conditions offertes aux uns et aux autres ? Ici une retraite précoce contre un travail de nuit, là une garantie de non-licenciement contre un salaire variable, ailleurs un sous-paiement de 30 % contre la double sécurité de l'emploi et du salaire, etc. Quelle balance permettra de comparer des marchandises aussi diverses ? La réponse sera donnée par le choix des Français. Quand les conditions offertes seront connues, on verra celles qui attirent massivement les candidats et celles qui les rebutent. Même en période de chômage, le marché du travail reste une source possible d'informations. Lorsqu'une profession n'attire plus que les immigrés, les femmes, les jeunes ou les travailleurs sans qualification, il est probable qu'elle est injustement traitée. A l'inverse, lorsque des candidats en position de force se disputent certaines places, c'est qu'elles sont bien attrayantes.

Lorsqu'on voit (sondage I.F.O.P. février 82) que 40 p. 100 des jeunes rêvent de devenir fonctionnaires, c'est évidemment que les métiers du commerce et de l'industrie sont maltraités non pas en soi, ce qui ne veut rien dire, mais par rapport aux besoins du pays.

La diversité présente de la société française n'est que le paravent de l'injustice. L'uniformisation, en tout état de cause, ne serait pas plus équitable. Seule une autre diversité qui naîtrait, elle, d'une volonté de justice et non des rapports de force peut correspondre à un réel progrès. Son principe de base serait de remplacer la règle du hors-jeu par une règle du jeu. C'est-à-dire un système de répartition des efforts qui ne laisse personne à l'abri de la bataille et qui, à l'inverse, n'exclut personne des récompenses. Ainsi la société de la carte forcée deviendrait-elle progressivement une société de la carte choisie.

Nous savons que les Français ne veulent ni du libéralisme triomphant ni du communisme rampant. Le néo-corporatisme actuel s'est mis en place spontanément. Il n'est soutenu par aucune doctrine, par aucun parti et n'est même pas reconnu officiellement dans son existence. C'est un pur état de fait. Il traduit donc, et de la façon la plus forte, une tendance profonde du corps social. Tout naturellement, et au travers des épisodes politiques les plus divers, celle-ci aura tendance à s'amplifier. La continuation de ce qu'on appelle la crise ne peut que précipiter cette évolution.

Dans les années à venir, on risque d'acculer à la révolte une population rejetée hors du système et d'autant plus incitée à se soulever que sa protestation ne pourra prendre aucune forme légale. En effet, cette exclusion ne résultera pas d'une loi injuste, dont on pourrait demander une modification. Elle sera la conséquence naturelle d'une organisation sociale, inscrite dans la réalité et non dans les textes. Lorsqu'on est broyé par une telle mécanique, lorsqu'on subit ce rejet sans cause, ce refus sans raison, la tentation devient irrésistible de recourir au plus désespéré de tous les arguments : la violence.

C'est donc ici et maintenant qu'il faut parler le vrai langage de la solidarité, celui qui, par le partage du revenu, des avantages et des garanties entre tous, permettra de réintégrer l'ensemble des Français — et des non-Français — dans la communauté nationale.

Homme d'information et non d'action, il ne m'appartient pas de définir plus avant une politique à mener. Seuls des responsables, au pouvoir ou dans l'opposition, mais toujours au contact des réalités sociales, peuvent définir chaque jour les mesures à prendre et la tactique à suivre. Ce genre d'évolution ne peut se conduire qu'en accord avec l'opinion. A vouloir faire les choses avec trop de précipitation ou de brutalité, on déclenche des blocages, des refus. De tout temps la provocation fut l'alliée de la réaction.

Aujourd'hui, sans autre passion que la justice, sans autre parti pris que celui des faibles, il faut simplement dire ce qui est. La fière devise gravée sur le fronton de nos mairies s'apparente trop à de la publicité mensongère. C'est « Liberté, Inégalité, Féodalité » qu'il faudrait inscrire. Et le seul fait d'appeler les choses par leur nom, nous obligerait à les voir pour ce qu'elles sont. Donc à les changer.

TABLE DES MATIÈRES

L'impression de ce livre
a été réalisée sur les presses
des Imprimeries Aubin
à Poitiers/Ligugé

pour France Loisirs